Aust

Kostenrechnung als unternehmensinterne Dienstleistung

GABLER EDITION WISSENSCHAFT

Unternehmensführung & Controlling

Herausgegeben von
Universitätsprofessor Dr. Wolfgang Becker
Otto-Friedrich-Universität Bamberg
und Universitätsprofessor Dr. Jürgen Weber
Wissenschaftliche Hochschule für Unternehmensführung (WHU) – Otto-Beisheim-Hochschule

Die Schriftenreihe präsentiert Ergebnisse der betriebswirtschaftlichen Forschung im Themenfeld Unternehmensführung und Controlling. Die Reihe dient der Weiterentwicklung eines ganzheitlich geprägten Management-Denkens, in dem das Controlling als übergreifende Koordinationsfunktion einen für die Theorie und Praxis der Führung zentralen Stellenwert einnimmt.

René Aust

Kostenrechnung als unternehmensinterne Dienstleistung

Mit einem Geleitwort
von Prof. Dr. Jürgen Weber

Springer Fachmedien Wiesbaden GmbH

Die Deutsche Bibliothek - CIP-Einheitsaufnahme

Aust, René:
Kostenrechnung als unternehmensinterne Dienstleistung
/ René Aust. Mit einem Geleitw. von Jürgen Weber.
- Wiesbaden : Dt. Univ.-Verl. ; Wiesbaden : Gabler, 1999
(Gabler Edition Wissenschaft : Unternehmensführung & Controlling)
Zugl.: Koblenz, Wiss. Hochsch. für Unternehmensführung, Diss., 1999
ISBN 978-3-8244-7019-8 ISBN 978-3-663-08664-2 (eBook)
DOI 10.1007/978-3-663-08664-2

Ursprünglich erschienen bei Betriebswirtschaftlicher Verlag Dr. Th. Gabler GmbH, Wiesbaden, und Deutscher Universitäts-Verlag GmbH, Wiesbaden 1999

Lektorat: Ute Wrasmann / Annegret Eckert

http://www.gabler.de
http://www.duv.de

Geleitwort

Die Kostenrechnung ist nach vielen Jahren eines konzeptionellen Stillstands sowie hoher praktischer Akzeptanz und Verbreitung wieder in den Fokus betriebswirtschaftlicher Betrachtung geraten. Praktische Schwächen der Kostenrechnung (hohe Komplexität u.a.m.) sowie Integrationstendenzen interner und externer Rechnungslegung führten zu erheblicher Kritik – auch von unserem Lehrstuhl. Die Anpassung der Kostenrechnung an veränderte Rahmenbedingungen bildet für uns seit langem einen wesentlichen Forschungsgegenstand, mit stark konzeptionell-theoretischem Schwerpunkt. Empirische Forschung fand bisher nur auf sehr bescheidenem Niveau statt. Diese Charakterisierung gilt im übrigen für die empirische Kostenrechnungsforschung in Deutschland generell. Bedarf an fundierter empirischer Arbeit bestand somit speziell wie generell. Die vorliegende Dissertation von *Aust* trägt in bemerkenswerter Weise dazu bei, diese Lücke zu schließen.

Die Arbeit ist im Rahmen eines gemeinsamen Forschungsprojekts der Lehrstühle für Marketing und für Controlling und Logistik entstanden. Im Projektdesign war es erklärtes Ziel, die jeweiligen Wissensbasen fruchtbar miteinander zu verbinden. Dieser Erwartung wird die vorliegende Arbeit in Gänze gerecht. Sie zeugt von einer intimen Kenntnis der Kostenrechnung ebenso wie von der sicheren Beherrschung des statistischen Instrumentariums. Die Betonung der internen Kundenorientierung der Kostenrechnung, insbesondere der Gestaltung der Geschäftsbeziehung zwischen Kostenrechner und Manager, ist in Deutschland außerhalb der WHU gänzlich neu. Die empirische Studie weist mit ihrer triadischen Struktur (gleichzeitige Befragung des CEOs, des Marketing-Managers und des Kostenrechners) eine auch international ungewöhnliche Güte auf.

Mit der Arbeit von *Aust* liegt eine exzellente Dissertation vor. Sie geht methodisch wie inhaltlich in erheblichem Maße über die bislang in Deutschland vorliegenden empirischen Erhebungen zur Kostenrechnung hinaus. Die Studie muß in ihrem für die Fragestellungen notwendigen komplexen Design auch international keinen Vergleich scheuen. Die Arbeit erschließt der Kostenrechnungstheorie durch die Integration dienstleistungs-, informationssystem- und marketingbezogenen Know hows einen wesentlichen neuen Impuls. Die Arbeit verbindet in vorbildlicher Weise theoretisch-konzeptionelle Argumentation mit empirischer Arbeit. Sie weist in jeder Phase der Diskussion eine klare, logisch schlüssige und prägnante Struktur auf. Dies ist angesichts der Komplexität der Themenstellung und des Designs der Untersuchung alles andere als selbstverständlich. Weiterhin gilt es die hohe wissenschaftliche Sorgfalt besonders hervorzuheben: *Aust* begründet stets, warum er welchen Weg wählt (und dafür andere Wege nicht einschlägt) und macht die Argumentation damit in hohem Maße nachvollzieh- und überprüfbar. Schließlich gilt ein besonderes Lob noch der akribischen Literaturarbeit: Nicht allein die vierstellige Zahl der Quellen überzeugt, sondern deren trotz hoher Zahl „sparsame" Verwendung: ein genaueres Studium der Fußnoten läßt schnell den Eindruck entstehen, daß stets nur das nötigste zitiert wurde. Durch diese Literaturarbeit schafft die Dissertation die Basis für andere empirische Arbeiten zur Kostenrechnung ebenso wie für die Integration der Ergebnisse in eine neue, ausgeweitete Sicht des so tradierten Informationsinstruments.

Alle Kostenrechner und Controller sollten sich intensiv mit der Aust schen Arbeit beschäftigen – es lohnt sich sowohl für Praktiker als auch für Wissenschaftler! Wer einen Beleg für diese Aussage sucht, möge kurz das fünfte Kapitel aufschlagen: Aust faßt hier zum einen die für die weitere Forschung wichtigsten Ergebnisse zusammen und gibt Vorschläge für weitere Forschungsanstrengungen. Zum anderen geht es *Aust* um praxeologische Aussagen („Managementempfehlungen für eine hohe Dienstleistungsqualität der Kostenrechnung"). Für zwei ganz unterschiedliche Zielgruppen werden übereinstimmend präzise, schlüssig und treffend wesentliche Hinweise für Aktivitäten gegeben, die allesamt dazu beitragen können, die Kostenrechnung als ein zentrales Instrument der Führung trotz aller derzeitigen Kritik und Konkurrenz zu erhalten.

PROF. DR. JÜRGEN WEBER

Vorwort

„Die Wahrheit liegt in der Bewährung." (Albert Einstein)

Die Kostenrechnung erfreute sich seit Jahrzehnten in deutschen Unternehmen einer hohen Akzeptanz und Verbreitung. In letzter Zeit mehrt sich jedoch die Kritik am Stand der Kostenrechnungsforschung und -praxis. An diese Diskussion knüpft die vorliegende Arbeit an. Sie untersucht die Kostenrechnung in der Perspektive einer unternehmensinternen Dienstleistung für das Management. In der Verbindung einer intensiven theoretischen Diskussion mit einer detaillierten empirischen Analyse werden die wesentlichen Angriffspunkte der Kritiker aufgegriffen sowie Praktikern und Forschern und Argumente präsentiert, um den kritischen Stimmen zur Kostenrechnung fundiert entgegenzutreten.

Die informationelle Unterstützung der Führung wurde schon im Verlaufe meines Studiums an der WHU Koblenz zu einem interessanten Forschungsgebiet für mich. Die intensive Beschäftigung mit der Kostenrechnung läßt sich vor allem auf ein Phänomen zurückführen, daß in meinen Augen widersprüchlich war: Einem allgemeingültigen Anspruch bestimmter Kostenrechnungsmethoden und -instrumente steht das Erfordernis gegenüber, sich bestimmten Kontexten und Personen anzupassen. So entstand die Idee zu einer empirischen Untersuchung, die sich genau dem Problem der Kontextabhängigkeit der Kostenrechnung widmen sollte.

Für die Möglichkeit, diese Vorstellung im Rahmen eines Forschungsprojektes umsetzen zu können, und für die entsprechende Übernahme der Begutachtung meiner Dissertation bedanke ich mich bei Herrn Professor Dr. Jürgen Weber und Herrn Professor Dr. Christian Homburg. Wortes des Dankes gelten auch Herrn Jan-Thido Karlshaus. Die Entwicklung von Ideen und Konzepten, aber auch die operative Bewältigung der Projektarbeit ließen sich gemeinsam einfacher und angenehmer bewältigen.

Mein besonderer Dank gilt Herrn Professor Dr. Jürgen Weber. Nur mit seinem Vertrauen, dem von ihm gewährten schöpferischen Freiraum, seiner Fairneß und seinem persönlichen Engagement wurde das erfolgreiche Gelingen meiner Arbeit möglich. Die Zusammenarbeit mit ihm habe ich in jeder Hinsicht als eine wertvolle Erfahrung empfunden. Er versteht es auf bewundernswerte Weise, ein angenehmes, konstruktives, forderndes und förderliches Umfeld am Lehrstuhl für Controlling und Logistik der WHU Koblenz zu schaffen.

Zum Erfolg der Dissertation haben viele Freunde und Kollegen beigetragen. Vor allem Herrn Dr. Norbert Knorren möchte ich für die kritische und sorgfältige Durchsicht des Manuskriptes und die zahlreichen und fruchtbaren inhaltlichen Diskussionen herzlich danken. Für die Hilfestellung bei der Bewältigung der methodischen Fragestellungen gilt mein Dank Herrn Dr. Jan Becker und Herrn Dr. Christian Pflesser. Für kritische Anregungen danke ich ebenso Frau Dr. Barbara Weißenberger und Herrn Dr. Malte Brettel sowie meinem Bruder, Herrn Renard Aust.

Die Unterstützung erfolgte aber nicht nur in Sachfragen. Meine Zeit am Lehrstuhl und an der WHU wurde durch die Hilfe und Unterstützung vieler Kollegen geprägt. Dafür und vor allem für die angenehme Atmosphäre danke ich stellvertretend Myriam Franken, Beata Kobylarz, Arno Antlitz, Eckart Bannmüller†, Michael Bauer, Hannes Blum, Dr. Hanns Goeldel, Dr. Markus Kückelhaus und Christian Langer.

Schließlich danke ich den Menschen, die meine Dissertation in allen ihren Phasen begleitet und unterstützt haben. Vor allem meine Freundin Minka Bäumges stand mir bei allen Höhen und Tiefen zur Seite und half, kleine und große Hindernisse aus dem Weg zu räumen. Gerade aber auch meinen Eltern gilt mein liebevoller Dank, denn ihre Förderung und ihr Vertrauen ließen mich die Aufgabe in Angriff nehmen und zu einem erfolgreichen Ende bringen.

RENÉ AUST

Inhaltsverzeichnis

Abbildungsverzeichnis XIII

Tabellenverzeichnis XV

1 Problemstellung 1

1.1 Der Ausgangspunkt der Untersuchung 1

1.1.1 Anzeichen einer Kostenrechnungskritik 1

1.1.2 Ursachen der theoretischen und praktischen Kritik an der Kostenrechnung 3

1.1.2.1 Veränderungen im Umfeld der Kostenrechnung 3

1.1.2.2 Die Kostenrechnung im neuen Umfeld 7

1.1.3 Fazit der Analyse der Kostenrechnungsdiskussion 10

1.2 Die Zielsetzung der Untersuchung 11

1.3 Der Gang der Untersuchung 13

2 Grundlagen und Ansatz der Untersuchung 15

2.1 Das heterogene Fundament betriebswirtschaftlicher Forschung 15

2.2 Der Forschungsansatz der Arbeit 20

2.3 Die theoretischen Bezugspunkte 23

2.4 Das grundlegende Forschungsdesign 25

2.5 Datenerhebung und Datenbasis 31

3 Rollen und Erfolgsmaßstäbe der Kostenrechnung 39

3.1 Die Kostenrechnung und ihre Informationsempfänger 39

3.2 Systematisierung der Rollen der Kostenrechnung ... 44

3.2.1 Das Spektrum möglicher Kostenrechnungsrollen ... 45
3.2.1.1 Ein Schema zur Einordnung der Kostenrechnungsrollen ... 45
3.2.1.2 Die Kostenrechnung in der Willensbildung ... 48
3.2.1.3 Die Kostenrechnung in der Willensdurchsetzung ... 54
3.2.1.4 Die Kostenrechnung in der Kontrolle ... 55
3.2.1.5 Die Kostenrechnung bei mehreren Handlungsträgern ... 56

3.2.2 Nutzungsarten und Unsicherheit als Systematisierungsansatz ... 62
3.2.2.1 Rationale und natürliche Modelle der Organisation ... 63
3.2.2.2 Entscheidungstypen infolge des Grades der wahrgenommenen Unsicherheit ... 65
3.2.2.3 Kostenrechnung und wahrgenommene Unsicherheit ... 66

3.3 Dienstleistungsqualität als Erfolgsmaßstab der Kostenrechnung ... 76

3.3.1 Erfolgsmaßstäbe von Informationssystemen ... 77

3.3.2 Die Konzeptualisierung der Dienstleistungsqualität ... 85

3.4 Der Zusammenhang von Rollen, Unsicherheit und Dienstleistungsqualität ... 94

3.4.1 Forschungshypothesen ... 94

3.4.2 Die Operationalisierung der Konstrukte ... 98

3.4.3 Zur Auswahl der Datenanalysemethode ... 110

3.4.4 Übersicht über die Ergebnisse der Analysen ... 115

4 Serviceorientierte Gestaltung der Kostenrechnung ... 121

4.1 Ableitung des Forschungsmodells ... 121

4.1.1 Erfolgsfaktoren der Kostenrechnung ... 122
4.1.1.1 Systemparameter der Kostenrechnung ... 123
4.1.1.2 Beziehungsparameter der Kostenrechnung ... 129

4.1.2 Kontextfaktoren der Kostenrechnung ... 135
4.1.2.1 Unternehmensexterner Kontext ... 136
4.1.2.2 Unternehmensinterner Kontext ... 138

4.1.3 Das Forschungsmodell im Überblick ... 144

4.2 Ableitung der Forschungshypothesen ... 148

4.2.1 Die Beziehung Kontext – Kostenrechnungssystem ... 149

4.2.2 Erfolgsauswirkungen von Systemmerkmalen ... 155

4.2.3 Erfolgsauswirkungen von Beziehungsmerkmalen ... 157

4.3 Die empirische Überprüfung der postulierten Zusammenhänge ... 160

4.3.1 Die Messung der relevanten Konstrukte ... 161

4.3.2 Die statistischen Analysemethoden ... 173

4.3.3 Die Ergebnisse der empirischen Analysen ... 176

4.4 Schlußfolgerungen für eine serviceorientierte Kostenrechnung ... 183

5 Hohe interne Dienstleistungsqualität – Weg und Ziel ... 187

5.1 Zusammenfassung der Forschungsergebnisse ... 187

5.1.1 Potentielle Rollen einer Kostenrechnung in Unternehmen ... 188

5.1.2 Ein kontext- und rollenadäquates Erfolgsmaß der Kostenrechnung ... 193

5.1.3 Dominanz von Beziehungsparametern für eine erfolgreiche Kostenrechnung aus Kundensicht ... 196

5.2 Grenzen der Untersuchung und Identifikation weiteren Forschungsbedarfs ... 201

5.3 Management-Empfehlungen für eine hohe Dienstleistungsqualität der Kostenrechnung ... 206

5.4 Fazit der Untersuchung ... 215

Literaturverzeichnis ... 217

Abbildungsverzeichnis

Abb. 1: Quellen des Veränderungsbedarfs der Kostenrechnung und Hindernisse ihrer kostenrechnungsinternen Berücksichtigung 10

Abb. 2: Forschungsstrategien nach Grochla, E. 1976, S. 637 und 1978, S. 98 20

Abb. 3: Übersicht über Merkmale der Stichprobe 38

Abb. 4: Idealtypischer Führungszyklus in Anlehnung an Weber, J. 1998, S. 30 46

Abb. 5: Überblick über die Vielfalt an Kostenrechnungsrollen 63

Abb. 6: Wahrgenommene Unsicherheit und Entscheidungstypen in Anlehnung an Burchell, S. et al. 1980, S. 13 und Hopwood, A.G. 1980, S. 225 66

Abb. 7: Der Zusammenhang von Rollen der Kostenrechnung und Grad der wahrgenommenen Unsicherheit 75

Abb. 8: Forschungsmodell zur Beziehung von Kostenrechnungsrollen, Umweltunsicherheit und Dienstleistungsqualität der Kostenrechnung 97

Abb. 9: Studien zur Kontextabhängigkeit der Kostenrechnung (Teil I) 146

Abb. 10: Studien zur Kontextabhängigkeit der Kostenrechnung (Teil II) 147

Abb. 11: Überblick über das Forschungsmodell 148

Abbildungsverzeichnis

Tabellenverzeichnis

Tab. 1: Informationen zum Faktor „Externe Komplexität" 99

Tab. 2: Informationen zum Faktor „Externe Dynamik" 100

Tab. 3: Informationen zum Faktor „Interne Komplexität" 101

Tab. 4: Informationen zum Faktor „Interne Dynamik" 101

Tab. 5: Angaben zum Konstrukt „Verwendung als Auskunftsapparat" 103

Tab. 6: Angaben zum Konstrukt „Verwendung als Lernapparat" 104

Tab. 7: Angaben zum Konstrukt „Verwendung als Begründungsapparat" 104

Tab. 8: Informationen zum Faktor „Potentialqualität der Kostenrechnung" 106

Tab. 9: Informationen zum Faktor „Prozeßqualität der Kostenrechnung" 107

Tab. 10: Informationen zum Faktor „Ergebnisqualität der Kostenrechnung" 109

Tab. 11: Ergebnisse der Regressionsanalysen der drei Kostenrechnungsrollen auf die Dienstleistungsqualität in drei Unsicherheitsklassen 117

Tab. 12: Ergebnisse des Vergleichs der standardisierten Regressionskoeffizienten der drei Kostenrechnungsrollen in den Unsicherheitsklassen 118

Tab. 13: Die Forschungshypothesen zur serviceorientierten Gestaltung der Kostenrechnung im Überblick 160

Tab. 14: Informationen zum Konstrukt „Kontakthäufigkeit" 162

Tab. 15: Informationen zum Konstrukt „Konfliktausmaß" 163

Tab. 16: Informationen zum Konstrukt „User Involvement" 164

Tab. 17: Informationen zum Konstrukt „Systemkomplexität" 166

Tab. 18: Informationen zum Konstrukt „Systemdynamik" 166

Tab. 19: Informationen zum Konstrukt „Externe Komplexität" 168

Tab. 20: Informationen zum Konstrukt „Interne Komplexität" 169

Tab. 21: Informationen zum Konstrukt „Externe Dynamik" 169

Tab. 22: Informationen zum Konstrukt „Interne Dynamik" 170

Tab. 23: Informationen zum Konstrukt „Kostenführerschaftsstrategie“ 172

Tab. 24: Informationen zum Konstrukt „Differenzierungsstrategie“ 172

Tab. 25: Ergebnisse der linearen multiplen Regressionsanalysen von Kontextvariablen auf Systemcharakteristika der Kostenrechnung 178

Tab. 26: Vergleich von Forschungshypothesen und Ergebnissen der Regressionsanalysen zur Kontextabhängigkeit der Kostenrechnung 180

Tab. 27: Ergebnisse der Regressionsanalyse von System- und Beziehungsmerkmalen auf die Dienstleistungsqualität der Kostenrechnung 181

Tab. 28: Ergebnisse der multiplen linearen Regressionsanalysen mit multiplikativen Moderationstermen auf die Dienstleistungsqualität 182

1 Problemstellung

Das Rechnungswesen wird gemeinhin als der zentrale historische Kristallationskern einer wissenschaftlichen Auseinandersetzung mit ökonomischen Fragestellungen betrachtet.[1] Die Kostenrechnung als ein Teil des umfassenden Spektrums aller Rechnungswesenaktivitäten hat sich in den letzten Jahrzehnten in vielen Unternehmen – vor allem im deutschsprachigen Raum – zu einem integralen Bestandteil des betrieblichen Informationssystems entwickelt.[2] Sie bildet die betrieblichen Aktivitäten wertmäßig ab und wird auf diese Weise dem an das gesamte Rechnungswesen gerichteten Anspruch gerecht, „Gesichtsinn der Unternehmung"[3] und bedeutendes Instrument der Unternehmensführung zu sein.

1.1 Der Ausgangspunkt der Untersuchung

Diese in der Vergangenheit und Gegenwart unbestrittene Bedeutung kostenrechnerischen Denkens kann allerdings nicht als ein Garant für eine sichere Zukunft der Kostenrechnung in der Unternehmenspraxis angesehen werden. Im Rahmen vielfältiger Rationalisierungsbestrebungen werden mehr und mehr betriebliche Aktivitäten mit Fragen nach ihrer Daseinsberechtigung und Wirtschaftlichkeit konfrontiert. In den letzten Jahren mehren sich die Anzeichen dafür, daß selbst die Kostenrechnung für derartige Analysen nicht unangreifbar ist. Nach einem kurzen Überblick über die kritischen Stimmen wird der Versuch unternommen, die Ursachen für den Bedeutungsverlust der Kostenrechnung aufzudecken.

1.1.1 Anzeichen einer Kostenrechnungskritik

Zwei getrennte Entwicklungstendenzen sind in der ***wissenschaftlichen*** Diskussion um die Kostenrechnung zu beobachten. Einerseits werden die traditionellen Methoden der Kostenrechnung wie die flexible Plankostenrechnung oder eine Deckungsbeitragsrechnung als nicht mehr zeitgemäß und überholt erachtet.[4] Die Folge dieser Einschätzung ist eine laufende Neuentwicklung und Einführung von modernen Kostenrechnungsmethoden bzw. Instrumenten

---

1 Vgl. Vörös, L. 1965, S. 9; Tiedtke, J. 1971, S. 18; Freimann, J. 1994, S. 13 f.; Weber, J. 1996a, S. 1; Schweitzer, M. / Wagener, K. 1998, S. 445.

2 Vgl. Chmielewicz, K. 1984, Sp. 3360; Szyperski, N. 1984, Sp. 1510; Horváth, P. 1994, S. 424; Weber, J. 1998, S. 159.

3 Krähe, W. 1973, Sp. 535.

4 Vgl. u.a. Horváth, P. 1991, S. 72 und Brede, H. 1993, S. 343.

des Kostenmanagements.[1] Ziel dieser Aktivitäten ist es, der Praxis ein Instrumentarium zur Verfügung zu stellen, das in einem erheblich besseren Maße den neuen Anforderungen an Manager und deren Entscheidungsproblemen entspricht. Typische Schlagworte dieses Engagements sind Methoden wie das Target Costing oder die Prozeßkostenrechnung. Diese wissenschaftlichen Aktivitäten sind jedoch vor dem Hintergrund einer immer wieder festzustellenden Divergenz zwischen dem theoretischen Wissensstand und den in der Praxis eingesetzten Instrumenten zu beurteilen.[2] Andererseits wird in der Theorie eine sehr intensive Diskussion um einen generellen Modifikationsbedarf einer Kostenrechnung geführt.[3] Selbst der Sinn einer eigenständigen, vom externen Rechnungswesen separaten Kostenrechnung wird dabei in Frage gestellt,[4] was allerdings sehr deutliche Gegenargumente herausgefordert hat.[5]

Neben dieser theoretischen Erörterung lassen sich auch in der ***Praxis*** Anzeichen für Kritik an der Kostenrechnung beobachten. In deutschen Großunternehmen mit erheblichen Auslandsaktivitäten werden die Kostenrechnungsaktivitäten bewußt auf einem niedrigen Niveau belassen oder reduziert. Vor allem die mangelnde internationale Verbreitung und die so auftretenden Verständnis- und Implementierungsprobleme bei ausländischen Tochtergesellschaften dienen als Begründung dafür. Diese Tendenz führt in einigen Unternehmen bis zu einem Verzicht auf eine eigenständige laufende Kostenrechnung. Die Berichtsstrukturen werden in diesem Fall an ein leicht modifiziertes externes Rechnungswesen angelehnt.[6]

Skeptische Stimmen finden sich aber nicht nur in international tätigen Großunternehmen. In kleinen und mittleren Unternehmen häufen sich die Widerstände gegen eine unreflektierte Übernahme der in Großunternehmen etablierten Kostenrechnungssysteme. Die Bemühungen mittelstandsgeprägter Verbände wie des VDMA um eine moderne Alternative zur traditionellen Kostenrechnung verdeutlichen die Brisanz dieser Meinung.[7] Als Argumente gegen einen Einsatz der Kostenrechnung dienen vor allem Beispiele von Unternehmen, die auf eine tradi-

[1] Vgl. Brede, H. 1994, S. 336 f. und Franz, K.-P. / Kajüter, P. 1997, S. 486-493.

[2] Vgl. Drury, C. / Dugdale, D. 1992, S. 344.

[3] Vgl. u.a. Schoenfeld, H.-M. 1984; Johnson, H.T. / Kaplan, R.S. 1987; Weber, J. 1989; Schneider, D. 1991; Flagg, J.C. / Hale, M.W. / Glover, H.D. 1992; Weber, J. 1992; Lowry, J. 1993; Kaiser, K. 1994; BFuP-Meinungsspiegel 1995; Weißenberger, B.E. 1996; Cooper, R. 1997; Männel, W. 1997; Weber, J. 1997a, S. 290-298; Weber, J. / Aust, R. 1998c.

[4] Vgl. exemplarisch Becker, G.M. 1998 und Küting, K. / Lorson, P. 1998c.

[5] Vgl. u.a. Pfaff, D. 1994c und Coenenberg, A.G. 1995.

[6] Vgl. beispielsweise Lehner, U. 1991, S. 138 für Henkel; Ziegler, H. 1994, S. 177 f. für Siemens; Menn, B.-J. 1995, S. 227 f. für Bayer; Daimler Benz 1997, S. II für DaimlerChrysler; Nebel, M. / Brandl, M. / Arnaout, A. 1998, S. 280 f. für MTU Motoren- und Turbinen-Union München GmbH.

[7] Vgl. Abteilung Betriebswirtschaft im VDMA 1997.

tionelle Kostenrechnung verzichtet haben, da diese als Innovationshindernis und wenig förderlich für ein ständiges Bemühen um Produktivitätssteigerungen angesehen wird.[1]

1.1.2 Ursachen der theoretischen und praktischen Kritik an der Kostenrechnung

Die nun folgende Analyse der Ursachen der Kostenrechnungskritik setzt vor allem bei den vielfältigen Entwicklungen in der Umgebung der Kostenrechnung an, berücksichtigt aber auch die Anpassungsfähigkeit der Kostenrechnungssysteme.

1.1.2.1 Veränderungen im Umfeld der Kostenrechnung

Unter Umfeldveränderungen werden im folgenden Entwicklungstendenzen in den Unternehmen und deren externer Umgebung diskutiert, die einen potentiellen Einfluß auf die Kostenrechnung haben.

ZUNEHMENDE UMWELTKOMPLEXITÄT UND -DYNAMIK

Eine sehr wichtige Quelle, aus der sich der Veränderungsdruck auf die Kostenrechnung speist, sind gravierende Veränderungen in ihrem Umfeld. Eine wachsende Komplexität und Dynamik nicht nur der unternehmensexternen Umwelt, sondern auch der internen Gegebenheiten hat unmittelbare Auswirkungen auf die Kostenrechnung sowie den Aufwand und das Resultat ihrer Abbildungsaufgabe.[2] Ein intensiverer Wettbewerb und sich immer schneller verändernde Kundenanforderungen auf den Märkten sind externe Anzeichen. Intern wandeln sich die Organisationsstrukturen oder führt eine für deutsche Unternehmen typische Differenzierungsstrategie zu sehr mannigfaltigen Produktprogrammen.[3]

Die Informationen, die das Management zur erfolgreichen Steuerung des Unternehmens oder eines Bereiches benötigt, wandeln sich mit immer schneller auftretenden Veränderungen der Märkte oder Technologien.[4] Neue Ansprüche an die Unternehmen wie eine stärkere Kunden- oder Marktorientierung bringen ebenfalls neue Anforderungen an die Informationssysteme mit

---

1 Vgl. Turney, P.B.B. / Anderson, B. 1989, S. 43-45; Horváth, P. 1991, S. 83-86; Drury, C. 1992, S. 2.

2 Vgl. Drury, C. 1992, S. 1; Flagg, J.C. / Hale, M.W. / Glover, H.D. 1992, S. 13; Schehl, M. 1994, S. 32-50; Weber, J. / Aust, R. 1997, S. 6-8.

3 Vgl. exemplarisch Männel, W. 1992, S. 105-109.

4 Vgl. Weber, J. / Aust, R. 1998c, S. 176.

sich.[1] Generell sind somit ein substantieller Wandel und eine zunehmende Komplexität der Informationsbedarfe der Manager festzustellen.[2]

INTERNATIONALE KONKURRENZ AUF DEN KAPITALMÄRKTEN

Eine zweite wichtige Ursache der Kritik an der Kostenrechnung ist in der wachsenden Bedeutung des Kapitalmarktes für die Unternehmensführung zu finden.[3] Im Zuge einer zunehmenden internationalen Konkurrenz um finanzielle Mittel ist in vielen Unternehmen eine stärkere Beachtung der Renditeinteressen des Aktionärs zu beobachten.

Eine konsequente Ausrichtung des Unternehmens an den Aktionärsinteressen – auch als Wertmanagement bezeichnet – umfaßt aber mehr als eine aktionärsfreundliche Informationspolitik, so daß sie sich umfassend auf alle Führungsteilsysteme auswirken muß.[4] Ein wertorientiertes Führungssystem beinhaltet somit auch die Steuerungs- und Informationssysteme, da gerade die Mängel traditioneller, unter anderem auf Daten des internen Rechnungswesens basierenden Kennzahlen zur Steuerung von Unternehmen als Ausgangspunkt zur Entwicklung wertorientierter Bewertungskonzepte angeführt werden.[5] Wertorientierte Kennzahlensysteme wie unternehmensindividuelle Werttreiberbäume[6] stehen somit in einem engen Konkurrenzverhältnis zur Kostenrechnung. Problematisch für die Kostenrechnung ist aber auch, daß die wertorientierten Steuerungskonzepte auf Ein- und Auszahlungen beruhen; Kosten und Erlöse eignen sich nicht zur Berechnung von Unternehmenswerten. Wenn eine Kopplung der Shareholder-Value-Konzepte an das Rechnungswesen vorgenommen wird, so kommen dafür eher die Systeme von Buchführung und Bilanzierung in Frage.[7]

GLOBALISIERUNG DER RECHNUNGSLEGUNG

Im internationalen Vergleich besitzen deutsche Rechnungslegungsprinzipien eine relativ geringe Bedeutung. Unter Beachtung der Entwicklung auf den Kapitalmärkten erlangen Vorschriften wie die International Accounting Standards (IAS) oder die US-amerikanischen Ge-

---

1 Vgl. generell u.a. Fritz, W. 1992; Jaworski, B.J. / Kohli, A.K. 1993; Slater, S.F. / Narver, J.C. 1995; Homburg, C. / Werner, H. 1998; Becker, J. 1999 und speziell für Rechnungswesen und Controlling u.a. Männel, W. 1995; Sill, H. 1995; Berndlmaier, A.F. / Klein, G.A. 1997; Homburg, C. / Daum, D. 1997b; Mertens, P. / Cas, K. / Meier, M. 1997; Weber, J. 1997c; Homburg, C. et al. 1998a; Köhler, R. 1998.

2 Vgl. Schehl, M. 1994, S. 278.

3 Vgl. u.a. Weber, J. / Aust, R. 1997, S. 8-9 und Küpper, H.-U. 1998, S. 517.

4 Vgl. Knorren, N. 1998, S. 29 und Pfaff, D. 1998, S. 493.

5 Vgl. Stewart, G.B. 1990, S. 22-55; Bischoff, J. 1994, S. 11-82; Lewis, T.G. 1995, S. 46-56; Rappaport, A. 1995, S. 19-51; Knorren, N. 1997, S. 206; Copeland, T. / Koller, T. / Murrin, J. 1998, S. 10.

6 Vgl. u.a. Lewis, T.G. 1995, S. 149-153 oder Weber, J. / Knorren, N. 1997, S. 32.

7 Vgl. Dirrigl, H. 1998, S. 546 und Küting, K. / Lorson, P. 1998a, S. 475.

neral Accepted Accounting Principles (US-GAAP) eine immer stärkere Relevanz auch für deutsche Unternehmen.[1] Die Globalisierung der Rechnungslegung bietet folglich für ein Rechnungswesen nach deutschen Vorschriften wenig Perspektiven.[2] Gerade in international tätigen Konzernunternehmen ist ein Bestreben zu erkennen, von einem kalkulatorisch geprägten internen Rechnungswesen zu einer Ergebnisrechnung zu finden, die auf Aufwands- und Ertragsgrößen basiert.[3]

Wenn man US-GAAP oder IAS als Zukunft der Rechnungslegung ansieht, bringt dies die Notwendigkeit mit sich, die Unterschiede zwischen externem und internem Rechnungswesen deutlich zu verringern.[4] Eine Bilanzierung nach US-GAAP bzw. IAS fördert die Konvergenz beider Systeme,[5] was immer zu Lasten des frei gestaltbaren und nicht von gesetzlichen Vorschriften abhängigen internen Rechnungswesens deutscher Prägung führen muß. Ein Bedeutungsverlust des traditionell orientierten internen Rechnungswesens ist damit vorprogrammiert.[6]

Selbst unabhängig von diesen internationalen Tendenzen zur Vereinheitlichung der Rechnungslegungsvorschriften finden sich in Deutschland viele Konzernunternehmen, die ihre internen Führungs- und Steuerungssysteme auf eine geschlossene Informationsbasis stellen möchten. Diese Unternehmen integrieren – spätestens auf der Ebene der Holding – das interne und das externe Rechnungswesen, um so divergierende Steuerungsimpulse zweier verschiedener Informationssysteme zu vermeiden.[7]

INTERNE KONKURRENZ DURCH ANDERE INFORMATIONSSYSTEME

Ein kundennahes Verhalten – also eine konsequente Orientierung an den Informationsbedarfen des Managements – ist für viele Kostenrechner noch immer Neuland.[8] Das Bewußtsein für die Bedeutung einer hohen internen Kundenorientierung scheint in der Kostenrechnung wie in anderen indirekten Wertschöpfungsbereichen derzeit wenig ausgeprägt.[9] An die Kostenrechnung werden indes vom Management Forderungen nach einer verstärkten Serviceorientierung

1 Vgl. exemplarisch Liener, G. 1995 und Obermeier, G. 1995.
2 Vgl. Haller, A. 1997, S. 271 und Weber, J. / Weißenberger, B.E. 1998, S. 27.
3 Vgl. Laßmann, G. 1995, S. 1049 f.
4 Vgl. Haller, A. 1997, S. 271; Küting, K. / Lorson, P. 1997, S. 12; Männel, W. 1997, S. 11; Küting, K. / Lorson, P. 1998a, S. 475; Weber, J. / Weißenberger, B.E. 1998, S. 30.
5 Vgl. Becker, G.M. 1998, S. 1102 und Küting, K. / Lorson, P. 1998c, S. 491.
6 Vgl. Küting, K. / Lorson, P. 1998b, S. 2309 und Weber, J. / Weißenberger, B.E. 1998, S. 27-40.
7 Vgl. Lehner, U. 1991, S. 135; Männel, W. 1997, S. 11; Küpper, H.-U. 1998, S. 536; Küting, K. / Lorson, P. 1998c, S. 492.
8 Vgl. Weber, J. 1997a, S. 292 f.; Weber, J. / Aust, R. 1997, S. 31 f.; Homburg, C. et al. 1998a.
9 Vgl. Bruhn, M. 1995b, S. 618.

gestellt. Das Management sieht sich zunehmend in einer Rolle als interner Kunde und leitet daraus Ansprüche an die Kostenrechnung ab.[1] Verschiedene Funktionen und hierarchische Positionen der Führungskräfte bringen heterogene Anforderungsprofile hervor. Die damit entstehende Vielfalt an Informationsbedarfen bietet Ansatzpunkte für andere Instrumente. An erster Stelle sind dabei Kennzahlensysteme zu nennen, die sich vollständig von kostenrechnerischen Informationen lösen und nur nicht-finanzielle Kennzahlen berücksichtigen.[2] Solche Extrempositionen beziehen allerdings nur wenige Wissenschaftler und Praktiker. Die Mehrheit setzt sich zwar für eine stärkere Berücksichtigung von nicht-finanziellen Kenngrößen ein, verzichtet aber nicht vollständig auf Erlös- und Kosteninformationen.[3]

Die hohe Aufmerksamkeit für nicht-finanzielle Kennzahlen ist darauf zurückzuführen, daß prozeß- und zeitnahe Kennzahlen besonders gut als Steuerungsgrößen unmittelbar im Wertschöpfungsprozeß geeignet sind.[4] Sie sind leichter zu ermitteln, da die entsprechenden Mengen-, Zeit- oder Qualitätsdaten nach ihrer Erhebung nicht in einem zweiten Schritt bewertet werden müssen. Finanzielle Informationen kommen oft zu spät und weisen nicht den konkreten Handlungsbezug auf, da sie für die Informationsempfänger zu wenig konkret auf ihre Entscheidungsprobleme passen.[5] Auf höheren organisatorischen Ebenen entstehen aufgrund der verschiedenen Dimensionen nicht-finanzieller Kennzahlen allerdings Aggregationsprobleme, die nur durch eine monetäre Bewertung zu bewältigen sind.

Angesichts der einander ergänzenden Stärken und Schwächen finanzieller und nicht-finanzieller Informationen entwickelten sich Kennzahlensysteme mit beiden Informationsarten zu einer ernstzunehmenden internen Konkurrenz zur Kostenrechnung. Auf vielfältige Art wird dabei versucht, neue Steuerungsgrößen mit traditionellen Kennzahlen zu verbinden.[6] Ein bekannter derartiger Ansatz ist ein mehrdimensionales Kennzahlensystem von Kaplan/Norton.[7] Mit der sogenannten „Balanced Scorecard" wird versucht, die Geschäftseinheit und ihre strategischen Ziele aus vier verschiedenen Perspektiven (Kunden, Geschäftsprozesse, Innova-

---

1 Vgl. Lehner, U. 1991, S. 138 und Cooper, R. / Kaplan, R.S. 1998, S. 119.

2 Vgl. exemplarisch Sellenheim, M.R. 1991.

3 Vgl. Weber, J. 1985; Hiromoto, T. 1988; Johnson, H.T. 1990; Brignall, T.J. et al. 1991; Bisgay, L. 1994; Horváth, P. 1997.

4 Vgl. Weber, J. / Aust, R. 1997, S. 9.

5 Vgl. Weber, J. 1997d, S. 9 f.

6 Vgl. u.a. Vitale, M. / Mavrinac, S.C. / Hauser, M. 1994; Weber, J. et al. 1994; Birchard, B. 1995; Weber, J. 1995c; Booth, R. 1996; Aust, R. 1997b; Lynch, R.L. / Cross, K.F. 1995.

7 Vgl. u.a. Kaplan, R.S. / Norton, D.P. 1992; Maisel, L.S. 1992; Kaplan, R.S. / Norton, D.P. 1993; Kaplan, R.S. 1994; Corrigan, J. 1995; Newing, R. 1995; Kaplan, R.S. / Norton, D.P. 1996a; Kaplan, R.S. / Norton, D.P. 1996b; Lingle, J.H. / Schiemann, W.A. 1996; McWilliams. B. 1996; Gleich, R. 1997; Weber, J. / Schäffer, U. 1998b; Weber, J. / Schäffer, U. 1998c.

tionsfähigkeit und Wachstum, Finanzen) zu beurteilen.[1] Damit soll den Entscheidungsträgern eine erweiterte Sicht auf die strategische und operative Situation der zu führenden Unternehmenseinheit ermöglicht werden. Neben der Balanced Scorecard finden sich in der Literatur zu Steuerungssystemen viele Vorschläge für ähnliche Scorecards, deren Struktur beispielsweise an den Wertschöpfungsprozeß[2] oder Eigenschaften von Dienstleistungen[3] angelehnt ist. Diesen Ansätzen ist das Bestreben gemeinsam, die Unternehmensaktivitäten aus verschiedenen Blickwinkeln zu betrachten und damit der mangelnden Aussagefähigkeit von Einzelkennzahlen oder der alleinigen Verwendung finanzieller Maßgrößen zu begegnen. Diese mehrdimensionalen Kennzahlensysteme dringen in Bereiche vor, in denen früher Kosteninformationen eine Monopolstellung inne hatten. Obwohl innerhalb dieser Instrumente Kosteninformationen eine Rolle spielen können, führt diese Entwicklung unmittelbar zu einem Konkurrenzverhältnis mit einem potentiellen Relevanzverlust für die Kostenrechnung.

1.1.2.2 Die Kostenrechnung im neuen Umfeld

Den aus den Umgebungsveränderungen resultierenden Angriffen stand und steht die Kostenrechnung nicht wehrlos gegenüber. In den letzten Jahren wurden neue Kostenrechnungsmethoden in der Theorie entwickelt und in der Unternehmenspraxis implementiert, um dem Relevanzverlust zu begegnen. Am weitesten verbreitet sind mittlerweile das Target Costing[4] und die Prozeßkostenrechnung.[5] Diese neuen Methoden zeigen deutlich, daß das Management mit neuen Problem- und Entscheidungsfeldern konfrontiert wird und die traditionellen Kostenrechnungsmethoden keinen ausreichenden Beitrag zur Problemlösung bieten können. Sogar diesen neuen Instrumenten wird kein substantieller Neuigkeitswert oder die Beseitigung unrealistischer Annahmen zugestanden.[6]

Als Hauptgrund für dieses Urteil sind die Vorzeichen anzusehen, unter denen die methodischen Neu- bzw. Weiterentwicklungen erfolgten. Bei der Entwicklung und Implementierung von Kostenrechnungssystemen, -methoden und -produkten stand ein immer wieder vorausgesetzter Hauptzweck der Kostenrechnung im Vordergrund: die ***Fundierung von Entscheidun-***

---

1 Vgl. Kaplan, R.S. / Norton, D.P. 1996a, S. 7-9.

2 Vgl. Keegan, D.P. / Eiler, R.S. / Jones, C.R. 1989.

3 Vgl. Brignall, T.J. et al. 1991.

4 Vgl. u.a. Seidenschwarz, W. 1993; Coenenberg, G. / Fischer, T. / Schmitz, J. 1994; Rösler, F. 1996; Seidenschwarz, W. et al. 1997; Horváth, P. / Gleich, R. / Schmidt, S. 1998; Weber, J. 1998, S. 74-80.

5 Vgl. u.a. Horváth, P. / Mayer, R. 1989; Coenenberg, A.G. / Fischer, T.M. 1991; Horváth, P. et al. 1993; Männel, W. 1995; Schneider, R. 1996; Aust, R. 1997a; Weber, J. 1998, S. 175-180.

6 Vgl. Glaser, H. 1992, S. 288; Weber, J. 1995d; Hermann, U. 1996, S. 25; Pfaff, D. / Weber, J. 1997, S. 466-469.

gen des Managements.[1] Diese Ausrichtung der Kostenrechnung läßt sich in der Begründung der Entwicklung von Kostenrechnungssystemen und -instrumenten beobachten.[2] Eine Beschränkung auf ein solches Rollenverständnis führt unweigerlich zu fehlgeleiteten Ansprüchen an eine Kostenrechnung und ihre Instrumente sowie zu falschen Interpretationen der Anwendung kostenrechnerischer Verfahren in der Unternehmenspraxis. Kostenrechner überprüfen nur unzureichend, inwieweit sie mit einer solchen Ausrichtung ihrer Aktivitäten den tatsächlichen Bedarfen des Managements entsprechen.

Eine weitere Ursache für unzureichende Veränderungen findet sich in der Entstehungsgeschichte der in der Unternehmenspraxis vorzufindenden Kostenrechnungssysteme. Das Management sieht sich prinzipiell mit einem sehr weiten Spektrum heterogener Entscheidungsprobleme konfrontiert.[3] Kostenrechner haben trotz der Komplexität und Verschiedenartigkeit der zu berücksichtigenden Entscheidungen oftmals den Versuch unternommen, alle Problemfelder in ein System zu integrieren – schrittweise entstanden hochintegrierte ***Multizwecksysteme***.[4] Paradebeispiel derartiger Bestrebungen ist das Ideal einer zweckneutralen Grundrechnung als Basis für eine variable Auswertungsrechnung im Rahmen der Riebelschen Einzelkosten- und Deckungsbeitragsrechnung.[5]

Die Implementierung und laufende Pflege dieser Multizwecksysteme gestaltet sich jedoch sehr schwierig. Die Strukturen des Systems werden beim Versuch der umfassenden Abbildung der betrieblichen Aktivitäten extrem komplex.[6] Die beträchtlichen Mengen an Informationen überfordern sowohl die Systembetreiber als auch die Informationsempfänger. Transparenzdefizite sind die logische Folge.[7] Die Kompliziertheit des Multizwecksystems behindert so die adäquate Erfüllung von einzelnen Zwecken.[8] Letztlich muß grundsätzlich in Frage gestellt werden, ob es mit einem einzigen System gelingen kann, eine Vielzahl divergenter An-

---

[1] Vgl. Baldus, T. 1969, S. 79; Tiedtke, J. 1971, S. 23; Bungenstock, C. 1995; Schweitzer, M. / Küpper, H.-U. 1995, S. 7; Küpper, H.-U. 1998, S. 519; Pfaff, D. / Weber, J. 1998, S. 152-158; Schweitzer, M. / Wagener, K. 1998, S. 438.

[2] Vgl. u.a. Riebel, P. 1956, S. 278 f.; Schmalenbach, E. 1956, S. 5 f.; Heinen, E. / Dietel, B. 1991, S. 1159; Horváth, P. et al. 1993, S. 609; Kilger, W. 1993, S. 10; Reichmann, T. 1993, S. 114; Riebel, P. 1956, S. 278 f.; Pfaff, D. / Weber, J. 1997, S. 462 f.

[3] Vgl. u.a. Alewell, K. / Bleicher, K. / Hahn, D. 1971; Heinen, E. 1976, S. 18-28; Hauschildt, J. et al. 1983; Heinen, E. 1985, S. 125-153; Heinen, E. 1986, S. 327-392; Schäfer, E. 1991, S. 332; Köhler, R. 1992; S. 838 f.

[4] Vgl. u.a. Weber, J. / Weißenberger, B.E. / Aust, R. 1997b, S. 33.

[5] Vgl. Riebel, P. 1979; Riebel, P. / Sinzig, W. 1991; Sinzig, W. 1992; Riebel, P. 1994a; Riebel, P. 1994b; Weber, J. / Weißenberger, B.E. 1997.

[6] Vgl. Weber, J. / Aust, R. 1997, S. 25 f. und Homburg, C. et al. 1998a, S. 14.

[7] Vgl. Weber, J. 1997a, S. 294.

[8] Vgl. Cooper, R. / Kaplan, R.S. 1998, S. 110.

forderungen zu erfüllen.[1] Die untrennbare Wechselbeziehung von Rechnungszwecken und -inhalten, die in der Kostenrechnungstheorie immer wieder beschrieben wurde,[2] verhindert das Erreichen einer solchen Zielsetzung. Zusätzlich stellt die hohe Komplexität eine Ursache für die ausgeprägte Systemorientierung der Kostenrechner dar, da die systembedingte Ressourcenbelastung kaum Raum für konsequente Kunden- bzw. Kontextanalysen läßt.

Obwohl die Probleme eines Multizwecksystems durchaus erkannt werden, setzen nur wenige Arbeiten an Veränderungen der ***Gesamtkonzeption*** der Kostenrechnung an. In Reaktion auf eine steigende Komplexität und Dynamik der Umgebung der Kostenrechnung schlägt Weber die Realisation eines Selektiven Rechnungswesens vor.[3] Eine laufende Basisrechnung, die die Erfüllung der Anforderungen des externen Rechnungswesens und ein Kostenbewußtsein aller Mitarbeiter sicherstellt, wird um ein fallweises Set von Sonderrechnungen ergänzt, die auf spezielle Entscheidungsprobleme zugeschnitten sind.[4] Die nicht mehr beherrschbare Komplexität eines Multizwecksystems wird durch die Beschränkung auf wenige Basisrechnungen verhindert, während die fallweisen Rechnungen die Flexibilität der Kostenrechnung gewährleisten.[5] Die Vorschläge für derartige Kostenrechnungssysteme, die durch ihren Ansatz an der Grundkonzeption die Schwierigkeiten eines Multizwecksystems umgehen, sind bisher weder in der Wissenschaft rezipiert, noch in der Praxis verbreitet.

Generell muß festgestellt werden, daß der Umfang der Diskussion verschiedener Rollen der Kostenrechnung und den damit verbundenen Auswirkungen auf die Systeme und Produkte noch nicht ihrer außerordentlichen Bedeutung entspricht. Eine intensive theoretische Auseinandersetzung mit Zwecken der Kostenrechnung beschränkt sich auf die Unterscheidung einer Verhaltens- und Entscheidungsorientierung.[6] In empirischen Untersuchungen werden die Aufgaben der Kostenrechnung in der Unternehmenspraxis regelmäßig über relativ ähnliche Kataloge von Einsatzfeldern erfaßt, ohne daß diese Listen systematisch abgeleitet oder die Ergebnisse vor dem Hintergrund bestimmter Theorien diskutiert werden.[7]

---

1 Vgl. Kaplan, R.S. 1988, S. 104; Schneider, D. 1991, S. 772; Jahnke, H. / Chwolka, A. 1998, S. 675.

2 Vgl. Clark, J.M. 1923, S. 175-203; Schmalenbach, E. 1956, S. 6; Golembiewski, R. 1964, S. 335; Kosiol, E. 1964b, S. 70-72; Weber, H.K. 1977, S. 115.

3 Vgl. Weber, J. 1996c und Weber, J. 1996d.

4 Vgl. Weber, J. 1992, S. 193 f.; Weber, J. 1993b, S. 23; Weber, J. 1994a, S. 7; Bungenstock, C. 1995, S. 361; Weber, J. 1995b, S. 579 f.

5 Vgl. Weber, J. 1996d, S. 201.

6 Vgl. u.a. Bruns, W.J. / DeCoster, D.T. 1969; Demski, J. / Feltham, G. 1976, S. 8; Weber, J. 1994b; Pfaff, D. 1995a; Pfaff, D. 1995b; Pfaff, D. 1996; Wagenhofer, A. 1997; Weber, J. / Aust, R. 1997, S. 34-37.

7 Vgl. u.a. Eschenbach, R. / Ohner, M. 1981; Küpper, H.-U. 1983; Krauß, W. / Eifert, M. 1990; Weber. J. 1993c; Lange, J.-U. / Schauer, B.D. 1996; Währisch, M. 1996; Weber, J. / Aust, R. 1998d.

Insgesamt zeigt sich somit, daß momentan weder in der Wissenschaft, noch in der Unternehmenspraxis erfolgversprechende Entwicklungstendenzen erkennbar sind, die Kostenrechnung an die neuen Herausforderungen anzupassen.[1] Gerade die in der Unternehmenspraxis vorzufindenden Systeme sind starr und traditionell verhaftet.[2] Ein eingeschränktes Rollenverständnis der Kostenrechnung grenzt die Suche nach Lösungen zu sehr ein, wodurch moderne Instrumente nur Teilaufgaben lösen können, aber nicht die Basisproblematik komplexer Multizwecksysteme beseitigen.

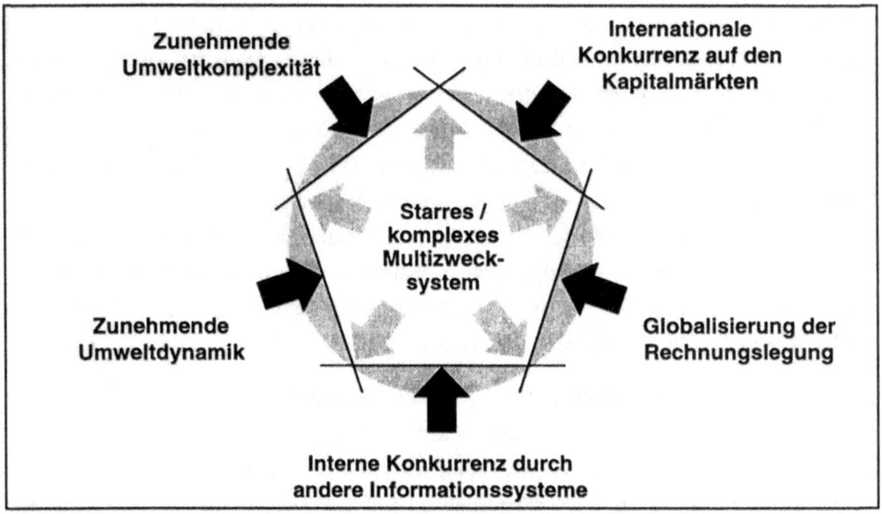

Abb. 1: Quellen des Veränderungsbedarfs der Kostenrechnung und Hindernisse ihrer kostenrechnungsinternen Berücksichtigung

1.1.3 Fazit der Analyse der Kostenrechnungsdiskussion

Die beschriebene Diskussion um den Modifikationsbedarf von Kostenrechnungssystemen in deutschen Unternehmen, die in Abb. 1 zusammengefaßt ist, läßt sich in zwei zentrale Kritikpunkte integrieren:

- Einerseits sind Defizite hinsichtlich der Ausrichtung des Informationssystems Kostenrechnung zu beobachten. Bei den Kostenrechnern dominiert ein stark auf die Entscheidungsorientierung fokussiertes Rollenverständnis. Andere mögliche Zwecke,

---

[1] Vgl. Hermann, U. 1996, S. 28 f.
[2] Vgl. Homburg, C. et al. 1998a, S. 39.

die eine Kostenrechnung in Unternehmen erfüllen kann, werden durch diese sehr einseitige Betrachtung unberechtigterweise vernachlässigt. Ein Konflikt zwischen der von den Kostenrechnern erwarteten Nutzung ihrer Informationen und dem tatsächlichen Nutzungsverhalten der Manager ist so unvermeidbar. Die Erreichung einer hohen internen Kundenorientierung[1] erweist sich so als sehr schwierig.

- Andererseits erfolgt die Gestaltung der Kostenrechnung zu eigenzentriert. Faktoren, die zwar außerhalb der Kostenrechnung liegen, aber die Gestaltung und den Erfolg der Kostenrechnung beeinflussen, werden nur sehr sporadisch berücksichtigt und beobachtet. Veränderungsprozesse hinsichtlich dieser Einflußfaktoren im Umfeld müßten die Kostenrechnung zwar betreffen, werden aber nur selten beachtet.[2] Der Erfolg bzw. der Wertbeitrag der Kostenrechnung wird – wenn überhaupt – nur unsystematisch erfaßt. Eine intensive Suche nach Erfolgsmaßstäben für die eigene Arbeit, mit deren Hilfe man die Auswirkungen von Kontextveränderungen abbilden könnte, ist in der Kostenrechnung bis heute eine zu selten wahrgenommene Aktivität.

1.2 Die Zielsetzung der Untersuchung

An die abgeleiteten Kritikpunkte knüpft unmittelbar die Zielvorstellung für diese Arbeit an. Mit der Untersuchung sollen Gestaltungsempfehlungen für eine rollen- und kontextadäquate Kostenrechnung entwickelt werden. Zwei voneinander getrennte Teilziele lassen sich damit unterscheiden:

Die Untersuchung strebt in einem ersten Schritt die Ableitung und Begründung möglicher Rollen einer Kostenrechnung in Unternehmen an. Die Systematisierung der Rollen eines Informationssystems Kostenrechnung soll ein grundsätzliches Verständnis dafür schaffen, wie das Management Kostenrechnungsinformationen nutzt. Diese Zielsetzung umfaßt die Identifikation von Treibern, über die einzelne Rollen der Kostenrechnung zu besonderer Bedeutung gelangen. Kostenrechnungsmanager sollen so einen detaillierten Einblick in die Vielfalt der Anwendungsfelder einer Kostenrechnung in Unternehmen erhalten.

Zum zweiten sollen im Rahmen der Untersuchung kontextabhängige Erfolgsfaktoren für das betriebliche Informationssystem Kostenrechnung analysiert werden. Auf dieser Analyse können dann Gestaltungsempfehlungen für eine Kostenrechnung basieren, die sich konsequent an

1 Vgl. Vandermerwe, S. / Gilbert, D.J. 1991; Beck, J. / Denkeler, F. / Spahl, T. 1994; Neuhaus, P. 1996; Kricsfalussy, A. 1997; Biermann, T. / Dehr, G. 1998; Reiß, M. / Schuster, H. 1998.

2 Vgl. Welge, M.K. / Amshoff, B. 1997, S. 66 f.

den Bedürfnissen des Managements orientiert[1] und sich infolgedessen durch eine hohe Qualitätsbeurteilung ihrer internen Kunden auszeichnet. Die Arbeit wird so der Forderung von Brink gerecht, der folgendermaßen formuliert:

> „Eine *systematische Wirkungsanalyse der Einflußfaktoren* [der Umgebung auf die Kostenrechnung] ist unverzichtbar und muß in den Vordergrund der Bemühungen von Forschung und Praxis gestellt werden. Das *situative Forschungsparadigma* bietet hier vielversprechende Möglichkeiten für die Weiterentwicklung der Kostenrechnungstheorie und -pragmatik."[2]

Diese abstrakten Zielvorstellungen lassen sich konkretisieren. Die Untersuchung widmet sich – vereinfacht formuliert – den folgenden Fragestellungen:

- Welche Rollen kann ein Führungsinstrument Kostenrechnung in Unternehmen grundsätzlich erfüllen?
- Wie lassen sich diese Rollen der Kostenrechnung systematisieren, bzw. von welchen Faktoren hängt es ab, welche Rollen für ein spezielles Unternehmen Relevanz erlangen?
- Über welche Gestaltungsparameter verfügen Kostenrechner, um den Erfolg ihrer Aktivitäten zu beeinflussen?
- Welche Faktoren hat ein Kostenrechnungsverantwortlicher bei der Gestaltung der Kostenrechnung und ihrer Produkte zu beachten, die nicht in seinem unmittelbaren Einflußbereich liegen?

In Erfüllung dieser Zielsetzung soll mit der Arbeit versucht werden, substantielle Ursachen für die beschriebene extensive Kritik an der Kostenrechnung zu beseitigen bzw. Wege aufzuzeigen, über die es möglich wird, kritische Meinungen zu vermindern. Die Kostenrechnung ist ein zentraler Bestandteil des betrieblichen Informationssystems. Ihre bewußte und zielgerichtete Gestaltung ist eine wichtige der vielen Herausforderungen an Unternehmen in einer wissensbasierten Gesellschaft.[3]

---

1 Vgl. Mason, R.O. / Mitroff, I.I. 1973, S. 485.

2 Brink, H.-P. 1992, S. 181 (Hervorhebungen im Original).

3 Vgl. u.a. Deshpandé, R. 1982, S. 91; Güldenberg, S. / Eschenbach, R. 1996, S. 4; Spender, J.-C. 1996; Goh, S. / Richards, G. 1997, S. 581; Kloot, L. 1997, S. 48; Nonaka, I. / Takeuchi, H. 1997.

1.3 Der Gang der Untersuchung

Die vorliegende Arbeit knüpft – wie schon beschrieben – an die facettenreiche Kritik an der aktuellen Kostenrechnung in Unternehmen an. Bevor jedoch eine konkrete Beschäftigung mit den zentralen Fragestellungen der Untersuchung beginnen kann, ist eine genaue Analyse der forschungsprogrammatischen Basis und der damit verbundenen Forschungsmethodik erforderlich. Dieses Fundament der Arbeit wird im Kapitel 2 gelegt. Neben dem Forschungsansatz werden die theoretischen Bezugspunkte, das grundlegende Vorgehen der Arbeit und die Charakteristika der empirischen Erhebung vorgestellt.

Als konkreter inhaltlicher Ausgangspunkt der Analyse der Kostenrechnung, der möglichen Rollen, potentieller Einflußfaktoren und Erfolgsmaßstäbe dient in Kapitel 3 zunächst die Darstellung des Kostenrechnungsverständnisses, welches der Untersuchung zugrunde liegt. Danach werden mögliche Zwecke der so definierten Kostenrechnung in Unternehmen beschrieben und systematisiert. Forschungsergebnisse aus sehr verschiedenen Bereichen werden dazu benutzt. Dieser Untersuchungsschritt zeigt auf, um welche Felder das aktuelle Rollenverständnis einer Kostenrechnung sinnvollerweise erweitert werden kann bzw. unter welchen Voraussetzungen bestimmte Kostenrechnungsaufgaben eine besondere Relevanz in Unternehmen besitzen. Die Beurteilung einer realen Ausprägung einer Kostenrechnung muß zwingend diese Rollen und die Merkmale ihrer Widerspiegelung in Systemen und Produkten der Kostenrechnung vor Augen haben.

Die Evaluation von Kostenrechnungssystemen ist auf einen adäquaten Meßansatz angewiesen. Deshalb werden im Anschluß an die Diskussion von potentiellen Rollen der Kostenrechnung Erfolgsmaßstäbe für die Kostenrechnung als spezielle Ausprägung eines betrieblichen Informationssystems vorgestellt. Die Dienstleistungsqualität wird als ein möglicher rollen- und kontextübergreifender Erfolgsmaßstab identifiziert. Anschließend werden Forschungshypothesen abgeleitet, die die Dienstleistungsqualität mit einem kontextbasierten Systematisierungsansatz für Rollen der Kostenrechnung in Beziehung setzen. Die Forschungshypothesen werden anhand empirischer Daten auf die Gültigkeit der postulierten engen Beziehung zwischen Kontext, Rollen und Dienstleistungsqualität der Kostenrechnung überprüft.

Die Untersuchung in Kapitel 4 nutzt die theoretisch und empirisch abgeleitete Bedeutung der Dienstleistungsqualität als möglichen Erfolgsmaßstab der Kostenrechnung, der mit Rollen und Kontext in einer untrennbaren Verbindung steht. In Anknüpfung an eine Vielzahl von Vorarbeiten und unter systematischer Aufbereitung der Literatur wird ein Forschungsmodell abgeleitet, das mögliche Erfolgsfaktoren einer serviceorientierten Kostenrechnung in ihrer Abhängigkeit von potentiellen Kontextfaktoren enthält. Für die im Forschungsmodell enthaltenen Variablen werden Forschungshypothesen entwickelt, die die Beziehung zwischen den

Erfolgsfaktoren und der Dienstleistungsqualität als Erfolgsmaßstab sowie die Beeinflussung dieser Beziehung durch Kontextfaktoren betreffen. In mehreren Analyseschritten werden diese Forschungshypothesen einer empirischen Überprüfung unterzogen. Die Resultate der empirischen Analysen erlauben es sodann, Empfehlungen für eine kontextadäquate und erfolgsstiftende Gestaltung der Kostenrechnung abzuleiten.

Abschließend werden im Kapitel 5 die theoretischen und empirischen Einsichten der Untersuchung zusammengefaßt. In wissenschaftlicher Perspektive wird der Erkenntnisbeitrag der Arbeit abgeschätzt und in Beziehung zu den Aussagegrenzen des gewählten Forschungsansatzes gesetzt. Zur Erfüllung der pragmatischen Zielsetzung tragen die praxisbezogenen Managementempfehlungen bei, die abschließend aus den Forschungsergebnissen resultieren. Der Praxis sollen auf diese Art und Weise theoretisch begründete und empirisch überprüfte Leitgedanken und Gestaltungshinweise präsentiert werden, die bei ihrer Umsetzung zu einer für das Management potentiell wertvolleren Kostenrechnung beitragen.

2 Grundlagen und Ansatz der Untersuchung

Die Erfüllbarkeit der beschriebenen Zielsetzung der Untersuchung steht in einem sehr engen Bezug zur adäquaten Auswahl der Forschungsmethodik der Arbeit. Diese Aufgabe wird in diesem zweiten Kapitel der Arbeit geleistet. Sowohl die Vorgehensweise als auch die Gründe für die einzelnen Untersuchungsschritte werden dabei aufzeigt. Das grundlegende Forschungsdesign der Arbeit verbindet Elemente einer intensiven theoretischen Diskussion der Forschungsfragen mit einer detaillierten empirischen Analyse. Eine solche Vereinigung konzeptioneller und empirischer Argumente ist für die Forschung auf dem Gebiet der Kostenrechnung unüblich. Für beide Elemente muß die Basis gelegt werden, wodurch die folgenden Erläuterungen deutlich umfangreicher als in Untersuchungen sind, die ausschließlich konzeptionell oder empirisch argumentieren. Eine zusätzliche Ursache für den Detaillierungsgrad der folgenden Ausführungen liegt im Meßansatz, der für deutsche Forschungsaktivitäten auf dem Gebiet der Kostenrechnung atypisch und aus diesem Grunde besonders erklärungsbedürftig ist. Schließlich fordert gerade der empirische Schwerpunkt der Untersuchung eine feste theoretische Verankerung, um kritischen Stimmen schon im vorhinein wenig Angriffspunkte zu bieten.

2.1 Das heterogene Fundament betriebswirtschaftlicher Forschung

Der vorherrschende Wissenschaftspluralismus[1] und die daraus resultierende Entwicklung einer Vielzahl verschiedener Orientierungen in der Betriebswirtschaftslehre verhindern die Ableitung eines vollständigen und umfassenden Merkmalskatalogs zur generellen Einordnung von Wissenschaftsauffassungen.[2] Trotz dieser Einschränkung ist eine Analyse von Forschungsansätzen für diese Arbeit von Nutzen, um die Ausgangsbasis des Forschungsprozesses – zumindest näherungsweise – zu offenbaren und nachfolgend die eigene Vorgehensweise der Untersuchung stringent ableiten zu können. Jede Wahrnehmung, also auch die im Rahmen wissenschaftlicher Tätigkeit, ist durch ein gewisses Maß an Subjektivität gekennzeichnet. Die Realität ist unmöglich in ihrer ganzen Fülle vorurteilsfrei und unbelastet erfaßbar.[3] Gewisse Prämissen der eigenen Wissenschaftsauffassung, die wie mit jeder anderen Forschungsaktivi-

---

1 Vgl. Schanz, G. 1975c, S. 307.
2 Vgl. Schweitzer, M. 1978, S. 14.
3 Vgl. Dubin, R. 1976, S. 37; Popper, K.R. 1984, S. 75 f. und S. 380.

tät untrennbar verbunden sind,[1] sollten deshalb beschrieben und offenbart werden, um die Ergebnisse von Forschungsprozessen vor einem verläßlichen Hintergrund beurteilen zu können.[2]

Mit Wissenschaftszielen, wissenschaftstheoretischen Grundkonzeptionen und Forschungsstrategien werden im folgenden drei Dimensionen zur Klassifikation von betriebswirtschaftlichen Forschungsaktivitäten erläutert. Neben diesen existieren zwar weitere Differenzierungsmerkmale für Forschungsaktivitäten, zu denen beispielsweise philosophische Richtungen der Wissenschaft, eine Dichotomisierung von Aussagen, die Unterscheidung institutionen- und funktionsorientierter Forschung sowie klassifikatorische, komparative und quantitative Forschungsbemühungen zählen.[3] Diese werden an dieser Stelle nicht näher analysiert, sondern nur erwähnt, um die Komplexität der Aufgabe einer wissenschaftstheoretischen Fundierung zu verdeutlichen.

WISSENSCHAFTSZIELE ALS WIDERSPIEGELUNG DES ZWECKBEZUGS

Forschungsaktivitäten unterliegen einem Zweckbezug, anhand dessen sich vier verschiedene Wissenschaftsziele unterscheiden lassen, für die der Charakter der angestrebten wissenschaftlichen Aussagen eine zentrale Rolle spielt:[4]

- Das essentialistische bzw. ***deskriptive*** Wissenschaftsziel beinhaltet die Aufgabe, die zu untersuchende Realität zu beschreiben, um das Wesen der zu untersuchenden Sachverhalte zu erkennen und in möglichst exakte Begriffe zu fassen.[5] Es führt zu empirischen, faktischen bzw. deskriptiven Aussagen, die den beobachteten Realitätsausschnitt definieren sowie Wahrnehmungen systematisieren und typisieren.[6]

- Das ***theoretische*** Wissenschaftsziel strebt die Erklärung von realen Vorgängen an.[7] Durch eine geistige Durchdringung der Realität werden allgemeingültige Einsichten, Orientierungen und Aussagen gewonnen und zu Theorien verdichtet.[8] Theoretische

1 Vgl. Hunt, S.D. 1990, S. 1.
2 Vgl. Schanz, G. 1975c, S. 308 und Werhahn, P.H. 1989, S. 4.
3 Vgl. u.a. Schweitzer, M. 1978, S. 10-13; Raffée, H. 1989, S. 14 f.; Osterloh, M. / Grand, S. 1995, S. 4 f.
4 Vgl. Kosiol, E. 1964a, S. 744-752; Schweitzer, M. 1978, S. 9 f.; Chmielewicz, K. 1994, S. 9.
5 Vgl. Chmielewicz, K. 1978, S. 421 und Schweitzer, M. 1978, S. 3 f.
6 Vgl. Wild, J. 1971, S. 328; Grochla, E. 1976, S. 634; Koch, H. 1977, S. 296; Grochla, E. 1978, S. 69; Arndt, J. 1985, S. 13; Tietzel, M. 1988, S. 7; Fritz, W. 1992, S. 60; Homburg, C. 1998, S. 58.
7 Vgl. Kosiol, E. 1964a, S. 745; Kubicek, H. 1975, S. 13; Grochla, E. 1976, S. 632; Schweitzer, M. 1978, S. 6 f.
8 Vgl. Kieser, A. / Kubicek, H. 1978a, S. 14; Amshoff, B. 1993, S. 14; Hamprecht, M. 1996, S. 11.

bzw. explikative Aussagen (Hypothesen) basieren auf diesen Theorien und prognostizieren die Ausprägung der in einer Theorie eingeschlossenen Variablen.[1]

- Das ***pragmatische*** Wissenschaftsziel besteht in der Gestaltung der Realität über die zweckbezogene, nicht notwendigerweise theoriegeleitete Ableitung von Aussagen, die als eine Orientierungshilfe zur Lösung praktischer Probleme angesehen werden können.[2] Praktische Konsequenzen von Forschungsaktivitäten werden mit instrumentellen bzw. praxeologischen Aussagen bezweckt.[3]

- Das ***normative*** Wissenschaftsziel beinhaltet die Einbeziehung von Werturteilen in betriebswirtschaftliche Aussagensysteme;[4] die Wissenschaft entwirft Normen und beschreibt so ein Idealbild, das es für die Handlungsträger anzustreben gilt. Normative Aussagen beziehen sich auf eine gewünschte, vom Forscher als richtig und erstrebenswert anerkannte Realität.[5]

WISSENSCHAFTSTHEORETISCHE GRUNDKONZEPTIONEN UND IHRE BASIS

Die gegenwärtigen Wissenschaftsprogramme entstanden in einer intensiven Auseinandersetzung mit den klassischen Erkenntnistheorien. Als wesentliche Strömungen dieser bis in die griechische Antike zurückreichenden Schulen lassen sich der klassische Empirismus und der klassische Rationalismus identifizieren.

Der ***klassische Empirismus*** sieht Sinneswahrnehmungen als die ausschließliche Quelle der Erkenntnis und endgültigen Prüfstein des Wahrheitsgehalts von Aussagen.[6] Ein Erkenntnisfortschritt wird durch das Zusammenspiel von laufender, vorurteilsfreier Beobachtung sowie Sammlung und Verallgemeinerung beobachtbarer Tatbestände (Induktion) erreicht. Der ***klassische Rationalismus*** oder Intellektualismus akzeptiert dagegen allein die Vernunft als Ur-

1 Vgl. Wild, J. 1971, S. 328; Grochla, E. 1976, S. 634; Grochla, E. 1978, S. 70; Arndt, J. 1985, S. 13; Fritz, W. 1992, S. 60; Homburg, C. 1998, S. 58.

2 Vgl. Kosiol, E. 1964a, S. 745; Kubicek, H. 1975, S. 13; Grochla, E. 1976, S. 632; Köhler, R. 1977, S. 304; Kieser, A. / Kubicek, H. 1978a, S. 14; Schweitzer, M. 1978, S. 6 f.; Szyperski, N. / Müller-Böling, D. 1981, S. 162 f.

3 Vgl. Grochla, E. 1976, S. 634; Grochla, E. 1978, S. 55 und S. 70 f.; Fritz, W. 1992, S. 60; Homburg, C. 1998, S. 58.

4 Vgl. Chmielewicz, K. 1976, S. 422; Steinmann, H. et al. 1976, S. 70; Köhler, R. 1977, S. 304; Schweitzer, M. 1978, S. 7-9.

5 Vgl. Wild, J. 1971, S. 328; Kieser, A. / Kubicek, H. 1978a, S. 60; Arndt, J. 1985, S. 13 und Tietzel, M. 1988, S. 7.

6 Vgl. u.a. Albert, H. 1975, S. 22 f.; Schanz, G. 1975a, S. 58; Kern, M. 1979; S. 14; Deshpandé, R. 1983, S. 102; Arndt, J. 1985, S. 13; Raffée, H. 1989, S. 16-24; Behrens, G. 1993, Sp. 4764; Laughlin, R.C. 1995, S. 70 f.; Homburg, C. 1998, S. 59.

sprung und Meßlatte der Erkenntnis.[1] Idealerweise verläuft der Erkenntnisprozeß von der Grundposition eines vorurteilsfreien Geistes aus deduktiv entsprechend logischer Gesetzmäßigkeiten durch Begreifen, Verstehen und Vernunft. Beide Radikalpositionen – Empirismus und Rationalismus – wurden stark kritisiert.[2]

In Weiterentwicklung der klassischen Erkenntnistheorien lassen sich zwei neuere wissenschaftstheoretische Grundkonzeptionen unterscheiden. Diese lösen sich – unabhängig von den im folgenden geschilderten erheblichen Divergenzen – zumindest vom absoluten Wahrheits- und Unfehlbarkeitsanspruch, der den beiden klassischen Erkenntnistheorien inhärent war.[3] Einerseits handelt es sich dabei um den Konstruktivismus und andererseits um den kritischen Rationalismus. Beide Grundpositionen haben in der Betriebswirtschaftslehre zu zahlreichen Methodenkontroversen geführt.[4]

Der ***Konstruktivismus*** stellt die Idee einer unvoreingenommenen, zwanglosen und nicht-persuasiven Begründung in den Mittelpunkt einer wissenschaftstheoretischen Konzeption.[5] Wahrheiten gelten nur dann als begründet bzw. anerkannt, wenn bestimmte Bedingungen in der Diskussion dieser Argumente erfüllt werden.[6] Von diesem pragmatischen, vom Transsubjektivitätsprinzip[7] geprägten Wahrheitsmodell ausgehend, wird Forschung als sprachliches Handeln angesehen,[8] das auf die Erreichung eines Einverständnisses der Beteiligten am Diskurs und damit der Forschung abzielt.[9]

Der ***kritische Rationalismus*** vertritt in vielerlei Hinsicht eine Gegenposition zum Konstruktivismus. Er kann als eine „partielle Synthese der klassischen Erkenntnistheorien"[10] und Weiterentwicklung des logischen Empirismus[11] angesehen werden. Ihm wird ein starker Einfluß auf die wissenschaftstheoretische Orientierung der Betriebswirtschaftslehre zugestanden.[12]

---

1 Vgl. u.a. Albert, H. 1975, S. 21 f.; Schanz, G. 1975a, S. 62 f.; Kern, M. 1979; S. 12 f.; Homburg, C. 1998, S. 59; Laughlin, R.C. 1995, S. 70.

2 Vgl. u.a. Kern, M. 1979, S. 22-24; Schanz, G. 1977a; Schanz, G. 1979, S. 128.

3 Vgl. Kern, M. 1979, S. 17-19 und Anderson, P. 1983, S. 23.

4 Vgl. Raffée, H. / Abel, B. 1979, S. 3-7.

5 Vgl. Kambartel, F. 1974a, S. 66-68; Kambartel, F. 1974b, S. 17; Steinmann, H. / Braun, W. 1979, S. 201; Behrens, G. 1993, Sp. 4772.

6 Vgl. Lorenzen, P. 1974, S. 47-97; Gerum, E. 1979; Raffée, H. / Abel, B. 1979, S. 6 f.; Steinmann, H. / Braun, W. 1979, S. 200-202.

7 Vgl. Steinmann, H. et al. 1976, S. 64 f. und Braun, W. 1979.

8 Vgl. Gerum, E. 1979, S. 205 f.

9 Vgl. Kambartel, F. 1974a, S. 68.

10 Kern, M. 1979, S. 25.

11 Vgl. Ulrich, P. / Hill, W. 1979, S. 175.

12 Vgl. u.a. Schanz, G. 1975c, S. 323; Grochla, E. 1978, S. 60; Schanz, G. 1988, S. VIII; Albach, H. 1993, S. 9; Homburg, C. 1998, S. 60.

Mit dem Grundsatz des konsequenten Fallibilismus sieht der kritische Rationalismus jede menschliche Erkenntnis, jede vermeintliche Wahrheit und jedes Verfahren zur Erkenntnisgewinnung prinzipiell als vorläufig und fehlbar an.[1] Im Sinne einer methodischen Rationalität werden sie ständig mit Erfahrungstatsachen oder Alternativtheorien konfrontiert. Das Falsifikationsprinzip[2] kommt zur Anwendung, und Theorien werden anhand ihres Erklärungsgehalts vorläufig akzeptiert.[3] Über die systematische Elimination von Irrtümern nähert sich der Erkenntnisstand einer Wirklichkeit an, die unabhängig von der menschlichen Wahrnehmung existiert (kritischer Realismus);[4] die Realität ist aber infolge der Unvollständigkeit und Subjektivität der menschlichen Beobachtungen bzw. Sinneswahrnehmungen nie perfekt beschreibbar.[5]

KLASSIFIKATION VON FORSCHUNGSSTRATEGIEN

Die Betriebswirtschaftslehre zeichnet sich durch einen Pluralismus an Forschungsstrategien, d.h. an Methoden der Erreichung und Evaluation wissenschaftlicher Erkenntnisse, aus. Oftmals wird dabei die Klassifikation von Grochla angeführt, der drei Strategien unterscheidet:[6]

- Die sachlich-analytische Forschungsstrategie zielt auf die „Durchleuchtung komplexer Zusammenhänge und die Erarbeitung von Handlungsgrundlagen“[7]. Sie basiert vorrangig auf Plausibilitätsüberlegungen und einem spekulativen Element, um einen informativen Bezugsrahmen erstellen zu können.

- Die empirische Forschungsstrategie zeichnet sich vor allem durch das Bemühen aus, systematisch und mit bestimmten statistischen Methoden Erfahrungen zu gewinnen. Aussagen werden an der Realität auf ihren Wahrheitsgehalt geprüft.

- Im Rahmen der formal-analytischen Forschungsstrategie werden abstrakte Problemstrukturen mit Hilfe formaler Modellbildung vereinfacht beschrieben, um für bestimmte Entscheidungsprobleme rationale Problemlösungen aufzeigen zu können.

---

1 Vgl. Albert, H. 1976, Sp. 4677; Abel, B. 1979, S. 217; Popper, K.R. 1984, S. 75 f.; Chmielewicz, K. 1994, S. 96.

2 Vgl. Raffée, H. 1974, S. 34; Köhler, R. 1977, S. 319; Grochla, E. 1978, S. 60; Koertge, N. 1979, S. 230-234; Popper, K.R. 1984, S. 47-59; Behrens, G. 1993, Sp. 4765; Chmielewicz, K. 1994, S. 101-105.

3 Vgl. Meyer, W. 1979a, S. 40 und 1979b, S. 50.

4 Vgl. Schanz, G. 1973, S. 134; Albert, H. 1976, Sp. 4677; Koertge, N. 1979, S. 234-238; Raffée, H. / Abel, B. 1979, S. 4; Chmielewicz, K. 1994, S. 95.

5 Vgl. Grochla, E. 1978, S. 60; Raffée, H. / Abel, B. 1979, S. 5; Albert, H. 1980, S. 47; Opp, K.-D. 1993, S. 202-206.

6 Vgl. Grochla, E. 1976, S. 634 und 1978, S. 67-100.

7 Grochla, E. 1976, S. 634.

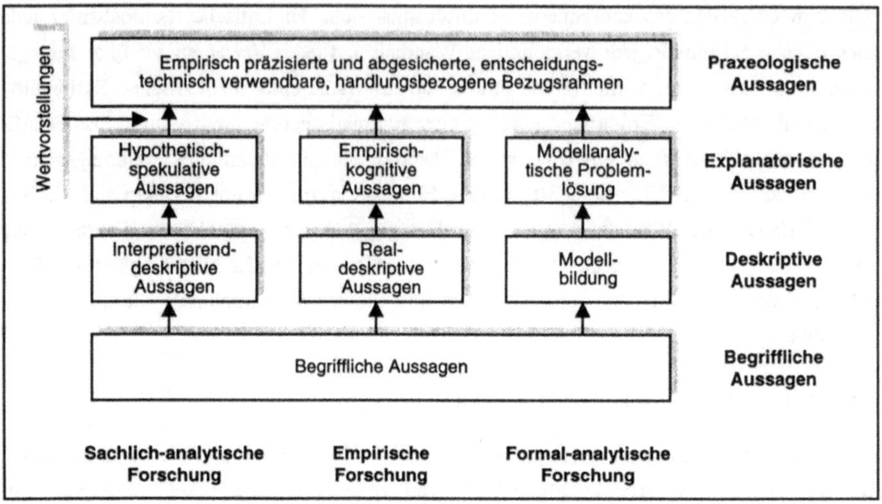

Abb. 2: Forschungsstrategien nach Grochla, E. 1976, S. 637 und 1978, S. 98

Wie aus Abb. 2 ersichtlich, werden alle drei Forschungsstrategien generell als geeignet angesehen, wissenschaftlich nachprüfbare Aussagensysteme zu generieren. Als besonders vielversprechend wird allerdings eine pluralistische Konzeption von Forschungsstrategien zur Erreichung von handlungsnahen Aussagesystemen angesehen.[1]

2.2 Der Forschungsansatz der Arbeit

Nach diesem detaillierten Einblick in Differenzierungsmerkmale wissenschaftlicher Aktivitäten soll nun die eigene Position innerhalb dieses Merkmalsspektrums beschrieben werden. Mit der vorliegenden Untersuchung wird beabsichtigt, einen Beitrag zum pragmatischen Wissenschaftsziel der Betriebswirtschaftslehre zu leisten. Die Forschungsbemühungen sind somit darauf ausgerichtet, der Unternehmenspraxis mit Hilfe der erarbeiteten Ergebnisse die Lösung aktueller Probleme zu erleichtern. Konkret heißt dies für diese Arbeit, dem interessierten Manager wissenschaftlich fundiert Defizite in der aktuellen Kostenrechnungspraxis und Wege zu deren Beseitigung aufzuzeigen.

Die vorliegende Arbeit steht in der Tradition des kritischen Rationalismus. Grundlegende Basisannahme ist die Akzeptanz einer Welt unabhängig von der subjektiven Wahrnehmung

[1] Vgl. Grochla, E. 1976, S. 637 und 1978, S. 93-97 sowie Hopwood, A.G. 1978, S. 3.

durch den in den Forschungsprozeß involvierten Wissenschaftler. Die zu treffenden Aussagen über den Gegenstand der Untersuchung – die in der Unternehmenspraxis etablierten Kostenrechnungen und ihr spezifisches Umfeld – werden so realitätsnah wie möglich erfolgen. Die entwickelten Theorien werden einer ständigen und konsequenten kritischen Beurteilung unterzogen.[1] Prinzipiell werden die Forschungsergebnisse als bestmögliche Annäherung an die Wirklichkeit interpretiert, die sich in einer Überprüfung an realen Gegebenheiten und im Lichte von alternativen Aussagesystemen bewähren müssen. Damit wird in der Untersuchung kein Absolutheitsanspruch erhoben, sondern dem Prinzip der schrittweise zunehmenden Bestätigung[2] und der Popperschen Sicht gefolgt, daß „jede Erklärung weiter erklärt werden kann durch eine Theorie oder Vermutung von höherer Universalität."[3]

Die so beschriebene forschungstheoretische Orientierung der Arbeit entspricht den Prinzipien des wissenschaftlichen Realismus.[4] Diese Grundposition knüpft an den kritischen Rationalismus an, zeichnet sich aber durch ein höheres Maß an Realitätsnähe aus[5] und fördert in hohem Maße die pragmatischen Zielvorstellung der Untersuchung.

Das pragmatische Wissenschaftsziel und die wissenschaftlich-rationale Grundposition müssen von einer adäquaten Forschungsstrategie begleiten werden. Die Untersuchung verbindet eine sachlich-analytische mit einer empirischen Orientierung, wobei der Schwerpunkt eindeutig bei einer empirisch-quantitativen Forschungsstrategie liegt. Hauptargument für diese Konzentration sind die hohen Erfolgschancen einer Verbindung von empirischer Forschung mit dem pragmatischen Wissenschaftsziel.[6] Für eine Verknüpfung mit einer sachlich-analytischen Ausrichtung der Forschungsaktivitäten sprechen mehrere Argumente:

- Mit der Bezugnahme auf sachlich-analytische Prinzipien zur Entwicklung wissenschaftlicher Theorien vermeidet die Untersuchung die Schwächen eines radikalen Empirismus bzw. theorielosen „Dataismus".[7] Diese Positionen werden dadurch überwunden, daß an die Ideen einer kritizistischen Lösung[8] und eines theoriegeleiteten

1 Vgl. Lindsay, R.M. 1993, S. 242.
2 Vgl. Carnap, R. 1936, S. 425; Carnap, R. 1953, S. 48; Anderson, P. 1983, S. 19; Opp, K.-D. 1993, S. 206-209.
3 Vgl. Popper, K.R. 1994, S. 203.
4 Vgl. Carnap, R. 1936; Carnap, R. 1937; Causey, R.L. 1979, S. 197 f.; Leplin, J. 1981; Leplin, J. 1984; Leplin, J. 1986; Hunt, S.D. 1990, S. 8-12.
5 Vgl. Homburg, C. 1998, S. 80.
6 Vgl. Kubicek, H. 1975, S. 32.
7 Vgl. Schanz, G. 1975a, S. 58; Schanz, G. 1977a, S. 66; Schanz, G. 1977b, S. 294; Schanz, G. 1979, S. 128.
8 Vgl. Schanz, G. 1975a, S. 65-74.

Empirismus angeknüpft wird.[1] Dabei sollte aber beachtet werden, daß die Ansprüche an die theoretischen Aussagengebäude vom Stand der Wissenschaft im entsprechenden Untersuchungsfeld[2] und den grundsätzlichen Merkmalen sozialwissenschaftlicher Forschungen[3] abhängen sollten.

- Die Untersuchung trägt zu einem konstruktiven Zusammenwirken bzw. einer ausgewogenen Mischung verschiedener Forschungsstrategien[4] auf dem Gebiet der Kostenrechnung bei. „Die empirische Forschung zum internen Rechnungswesen ist recht begrenzt."[5] Sachlich- und formal-analytische Untersuchungen werden im Vergleich zu quantitativ-empirischen Analysen häufiger durchgeführt.[6] Infolgedessen werden „empirische Forschungsarbeiten zur Effizienz der Kostenrechnung und zur Gestaltung der Kostenrechnung"[7] gefordert, weshalb eine Schwerpunktsetzung auf empirische Argumente besonders lohnend erscheint.

- Die vorliegende Arbeit ist in eine langjährige Forschungstradition am Lehrstuhl für Controlling und Logistik der WHU Koblenz eingebunden. Die umfangreichen Erfahrungen mit der sachlich-analytischen Forschungsstrategie wurden für die Untersuchung nutzbar gemacht.[8] Von besonderer Bedeutung sind die extensiven Arbeiten auf dem Gebiet des internen Rechnungswesens.[9]

Zusammenfassend läßt sich festhalten, daß sich die Untersuchung dem pragmatischen Wissenschaftsziel und den Prinzipien des wissenschaftlichen Realismus verpflichtet sieht. Zur Erreichung der Zielsetzung wird vornehmlich eine quantitativ-empirische Forschungsstrategie verfolgt, wodurch die Untersuchung in der Nähe des pragmatischen Zweigs des situativen Ansatzes anzusiedeln ist.[10] Elemente der sachlich-analytischen Forschungsorientierung fließen in die Konzeption der Untersuchung ein, um die Defizite einer rein positivistischen Forschung zu beheben, von erheblichen Vorarbeiten profitieren zu können und zu einem besonders erfolgversprechenden Methodenpluralismus im Bereich des internen Rechnungswesens beizutragen.

---

1 Vgl. Feyerabend, P.K. 1970, S. 325 f.; Schanz, G. 1975b, S. 802 und 1975c, S. 326-329; Szyperski, N. / Müller-Böling, D. 1981, S. 178-183; Tietzel, M. 1988, S. 3.

2 Vgl. Witte, E. / Grün, O. / Bronner, R. 1975, S. 797.

3 Vgl. Kubicek, H. 1975, S. 48-53; Witte, E. 1981b, S. 18; Homburg, C. 1998, S. 61.

4 Vgl. Grochla, E. 1976, S. 619; Jick, T.D. 1979, S. 602; Mattessich, R. 1993, S. 207.

5 Küpper, H.-U. 1993, S. 603. Vgl. anders Coenenberg, A.G. / Haller, A. 1993, Sp. 513.

6 Vgl. Klemstine, C.F. / Maher, M.W. 1984, S. 16.

7 Brink, H.-P. 1992, S. 181.

8 Vgl. u.a. Bungenstock, C. 1995; Hamprecht, M. 1996; Schäffer, U. 1996; Brettel, M. 1997; Goeldel, H. 1997; Bach, S. et al. 1998; Knorren, N. 1998; Weber, J. 1998.

9 Vgl. u.a. Weber, J. 1983b; Weber, J. 1985; Weber, J. 1990a und 1990b; Weber, J. 1991; Weber, J. 1992; Weber. J. 1993c; Weber, J. 1994b; Weber, J. 1995b; Weber, J. 1997a und 1997b.

10 Vgl. Kieser, A. / Kubicek, H. 1978b, S. 109 und Brink, H.-P. 1992, S. 171.

2.3 Die theoretischen Bezugspunkte

Die vorliegende Forschungsarbeit ist – wie noch ausführlicher zu erläutern sein wird[1] – in ihrer Argumentation konsequent von systemtheoretischen Erkenntnissen geprägt und baut auf einem breiten Fundament bisheriger Arbeiten auf, die dem Gebiet der Kostenrechnung bzw. des internen Rechnungswesens zurechenbar sind. Die Forschung im Bereich der Kostenrechnung kann auf eine lange Tradition zurückblicken. Bedeutende Vertreter der deutschsprachigen betriebswirtschaftlichen Forschung wie Schmalenbach[2] oder Heinen[3] beschäftigten sich intensiv mit Fragen der wertmäßigen Abbildung der betrieblichen Aktivitäten vor dem Hintergrund typischer Entscheidungsprobleme des Managements. Eine systematische Darstellung der Vielzahl von Forschungsergebnissen auf dem Gebiet des internen Rechnungswesens ist angesichts der Fülle und Diversität der Beiträge[4] an dieser Stelle nicht möglich. Dennoch soll ein spezielles Charakteristikum der bisherigen Untersuchungen erneut[5] aufgegriffen werden, um den Ansatzpunkt der vorliegenden Arbeit besser nachvollziehen zu können.

Forschung auf dem Gebiet des Rechnungswesens steht überwiegend in der Tradition analytischer Forschungsstrategien. Sachlich-analytisch ausgerichtete Arbeiten dominieren, aber auch formal-analytische Arbeiten besitzen eine beachtenswerte Bedeutung. Es existieren im Vergleich dazu nur relativ wenige empirische Beiträge, die den Bereich der Kostenrechnung und des Rechnungswesens im allgemeinen betreffen.[6] Die vorliegende Untersuchung soll einen Beitrag zur Schließung gerade dieser empirischen Forschungslücke leisten. Die relativ geringe Anzahl derartiger Arbeiten auf dem Gebiet des Rechnungswesens macht es somit unumgänglich, auf empirische Beiträge aus angrenzenden Forschungsfeldern zurückzugreifen, um die dort vorhandenen Vorarbeiten auf ihre Übertragbarkeit zu testen. Diese naheliegenden Bezugspunkte sollen nun beschrieben werden.

An erster Stelle dieser benachbarten Theoriefelder ist die Forschung zur Gestaltung und zum Management von ***Informationssystemen*** zu nennen. Von Nutzen für die empirische Untersuchung der Gestaltung und des Erfolgs der Kostenrechnung können neben vielen vorwiegend konzeptionellen Arbeiten zu Informationsverarbeitungsprozessen in Unternehmen die empirischen Erfahrungen in der Analyse von Managementinformationssystemen und ihren Kontext- und Erfolgsfaktoren sein. Die enge Beziehung zur Kostenrechnung, die eine der wesentlichen

---

1 Vgl. vor allem Abschnitt 3.2.2.3 Kostenrechnung und wahrgenommene Unsicherheit.
2 Vgl. Schmalenbach, E. 1956.
3 Vgl. Heinen, E. 1983.
4 Vgl. Laßmann, G. 1995, S. 1052.
5 Vgl. Abschnitt 2.2 Der Forschungsansatz der Arbeit.
6 Vgl. Küpper, H.-U. 1993, S. 602.

Quellen eines solchen Informationssystems ist, fördert eine Einbeziehung in die vorliegende Studie. Zusätzlich erfordern es die beschriebenen aktuellen Defizite, das Rollenverständnis einer Kostenrechnung vor dem Hintergrund der generellen Bedeutung von Informationen in Organisationen zu diskutieren.

Die Kostenrechnung und das Rechnungswesen allgemein werden vor allem in internationalen Studien als ein zentraler Bestandteil des ***Managementkontrollsystems*** angesehen und diskutiert. Diese breitere Perspektive erlaubt es, für die Analyse möglicher Rollen der Kostenrechnung in Unternehmen erfolgversprechende Bezüge zu anderen Theoriegebieten herzustellen.[1]

Das auf die Fundierung von Entscheidungen fokussierte Rollenverständnis der Kostenrechnung[2] weist unmittelbar auf einen weiteren Anknüpfungspunkt der Untersuchung hin. Spezielle Entscheidungstypen werden vielfach als der Ursprung bestimmter Kostenrechnungssysteme gesehen. Eine intensive Beschäftigung mit ***entscheidungsorientierten*** Arbeiten der Betriebswirtschaftslehre[3] besitzt für diese Untersuchung somit eine besonders hohe Bedeutung. Konzeptionelle und empirische entscheidungstheoretische Arbeiten werden angesichts ihrer zentralen Rolle in der Kostenrechnungstheorie und -praxis gründlich analysiert, wobei zugleich die wichtigen Bezüge zu verhaltensorientierten Argumenten in der Organisationstheorie[4] beachtet werden.

Die Kostenrechnung versorgt Manager mit führungsrelevanten Informationen. Diese Aufgabe kann deshalb als eine ***interne Kunden-Lieferanten-Beziehung*** betrachtet werden. Da eine solche Perspektive für Forschungsaktivitäten im Bereich des internen Rechnungswesens relativ unüblich ist, die Forschung in diesem Bereich hingegen zu einem beachtlichen Wissensstand geführt hat,[5] erscheint es lohnend, eine derartige Verbindung herzustellen. Mit einer solchen Entscheidung bietet sich gleichzeitig die Gelegenheit, an Arbeiten zur (internen) Kundenorientierung bzw. Kundenzufriedenheit, zum internen Marketing und der Beurteilung von (internen) Dienstleistungen anzuknüpfen.

Neben diesen inhaltlichen Verknüpfungen werden auch in methodischer Sicht Bezüge hergestellt, die weitgehend atypisch für Forschungsaktivitäten im Bereich der Kostenrechnung sind. Die im Vergleich zu konzeptionellen Beiträgen ohnehin seltenen empirischen Kostenrech-

---

1 Vgl. Ansari, S.L. 1977, S. 107-111; Flamholtz, E.G. / Das, T.K. / Tsui, A.S. 1985, S. 38; Merchant, K.A. 1985, S. 67; Otley, D.T. 1985, S. 16; Otley, D.T. 1994, S. 298.

2 Vgl. Abschnitt 1.1.2.2 Die Kostenrechnung im neuen Umfeld.

3 Vgl. exemplarisch Heinen, E. 1970a und Heinen, E. 1991.

4 Vgl. u.a. Hofstedt, T.R. / Kinard, J.C. 1970; Dermer, J.D.1975; Hofstedt, T.R. 1976; Libby, R. / Lewis, B.L. 1977; Macharzina, K. 1981; Petersen, K. / Patzke, H. 1986; Birnberg, J.G. / Shields, J.F. 1989; Burgstahler, D. / Sundem, G. 1989; Birnberg, J.G. 1993; Schanz, G. 1993; Schoenfeld, H.M.W. 1993.

5 Vgl. exemplarisch Wermeyer, F. 1994.

nungsstudien nutzen – wie auch in anderen Theoriefeldern nicht unüblich[1] – vorrangig deskriptive Analyseverfahren bzw. einzelne einfache Dependenzanalysen ohne systematische Querverbindungen. In der vorliegenden Untersuchung wird der Bedarf an Dependenzanalysen systematisch aus theoretischen Aussagegerüsten abgeleitet. Dieses Vorgehen knüpft damit an die Leitgedanken des Kontingenz-[2] und des Konfigurationsansatzes[3] an, die eine hohe Bedeutung in der Betriebswirtschaftslehre besitzen. Mit einem konsequenten Rückgriff auf ein theoretisch abgeleitetes Gedankengerüst und die Verbindung mit der sachlich-analytischen Forschungsstrategie soll der häufig geäußerten Kritik eines unzureichenden theoretischen Fundaments des situativen Ansatzes[4] begegnet werden. Die Beziehung zu diesem umfangreichen Forschungsfeld wird insbesondere deshalb hergestellt, weil als einer der beiden zentralen Kritikpunkte an der aktuellen Kostenrechnungspraxis die mangelhafte Berücksichtigung von Veränderungen im Umfeld herausgearbeitet worden ist.[5] Die vorliegende Untersuchung kann in der Suche nach kostenrechnungsexternen Einflußfaktoren auf einer breiten Erfahrungsbasis aufbauen, die sowohl das Vorgehen einer solchen Analyse als auch mögliche Inhalte betrifft.

2.4 Das grundlegende Forschungsdesign

Die Erläuterung der wissenschaftstheoretischen Einordnung und der Vorgehensweise der Untersuchung wiesen nachdrücklich auf die zentrale Rolle einer empirischen Analyse innerhalb der Studie hin. Der Versuch, eine möglichst hohe Übereinstimmung von theoretischen Aussagen mit der Realität zu erreichen, spiegelt sich im Forschungsdesign[6] wider.

Jede Phase der Untersuchung wurde mit einer gründlichen ***Literaturanalyse*** eingeleitet. In den vom jeweiligen Untersuchungsschritt betroffenen Forschungsgebieten wurden die entsprechenden Resultate zusammengefaßt, um aus der sich ergebenden Übersicht Defizite der bisherigen Forschungsbemühungen abzuleiten. Die Formulierung der speziellen ***Forschungsfragen*** stellte jeweils den zweiten Schritt der Analyse dar. Basis dafür war die Zusammenfas-

[1] Vgl. Martin, A. 1989, S. 212.

[2] Vgl. u.a. Woodward, J. 1958; Thompson, J.D. 1967; Lawrence, P.R. / Lorsch, J.W. 1969; Pugh, D.S. et al. 1969; Grochla, E. / Welge, M.K. 1975; Sathe, V. 1975; Pugh, D.S. / Hickson, D.J. 1976; Staehle, W. 1976; Pugh, D.S. / Payne, R.L. 1977; Witte, E. 1981a; Tosi, H.L. / Slocum, J.W. 1984; Van de Ven, A.H. / Drazin, R. 1985; Fry, L.W. / Smith, D.A. 1987; Miller, D. 1992a; Hauschildt, J. / Grün, O. 1993.

[3] Vgl. u.a. Miller, D. / Friesen, P. 1980; Miller, D. 1981; Miller, D. / Friesen, P.H. 1984; Hoffmann, J.J. et al. 1992; Dess, G.G. / Newport, S. / Rasheed, A.M.A. 1993; Ketchen, D.J. / Thomas, J.B. / Snow, C.C. 1993; Meyer, A.D. / Tsui, A.S. / Hinings, C.R. 1993; Ostroff, C. / Schmidt, N. 1993; Miller, D. 1996; Scherer, A.G. / Beyer, R. 1998.

[4] Vgl. u.a. Tiessen, P. / Waterhouse, J.H. 1978; Schoonhoven, C.B. 1981; Drazin, R. / Van de Ven, A.H. 1985; Ginsberg, A. / Venkatraman, N. 1985; Tietzel, M. 1988.

[5] Vgl. Abschnitt 1.1.3 Fazit der Analyse der Kostenrechnungsdiskussion.

[6] Vgl. Nieschlag, R. / Dichtl, E. / Hörschgen, H. 1997, S. 685.

sung bisheriger Erkenntnisse in den entsprechenden Forschungsfeldern und der dabei identifizierte Forschungsbedarf.

Unmittelbar an die Forschungsfragen anknüpfend, wurde sodann ein ***Forschungsmodell*** entwickelt, das die wesentlichen Untersuchungsinhalte ordnete und über ***Forschungshypothesen*** in Beziehung zueinander setzte. Das Verständnis für die Untersuchungsinhalte und deren Beziehungen baute in seinem Kern erneut auf bisherigen Studien auf. Zusätzlich wurden Expertenmeinungen von Professoren und Managern einbezogen, um den aktuellen Stand in Wissenschaft und Praxis bezüglich inhaltlicher und methodischer Aspekte abzubilden. Die Untersuchung betraf teilweise sehr komplexe, nicht-beobachtbare Phänomene und Merkmale. Bei ihnen bzw. ihrer abstrakten Widerspiegelung handelt es sich um Konstrukte.[1] Der theoretischen Erarbeitung von möglichen Konstruktdimensionen wurde besondere Aufmerksamkeit zuteil. Ein tiefgehendes Verständnis für die Konstrukte und mögliche Dimensionen wurde vor allem durch einen Rückgriff auf schon vorhandene und dokumentierte Beschreibungen der Inhalte und – bei empirischen Studien – deren Umsetzung in Meßinstrumente entwickelt.

Dieser sogenannten ***Konzeptualisierung***[2] folgte eine Umsetzung der Untersuchungsinhalte in ein Instrument für eine empirische Analyse. Die Entwicklung einer Meßvorschrift zur Feststellung von Merkmalsausprägungen an spezifischen Objekten wird als ***Operationalisierung*** bezeichnet.[3] Bei komplexen Konstrukten werden dazu Indikatoren benutzt. Bei einfachen, direkt beobachtbaren Merkmalen kommt eine direkte Messung zur Anwendung. Die vorliegende Untersuchung nutzte beide Meßansätze. Der Schwerpunkt lag infolge des komplexen Charakters der Untersuchungsinhalte und nicht existierender objektiver Skalen bei der indikatorgestützten Messung.[4] Die vorläufige Konzeptualisierung und Operationalisierung der Untersuchungsinhalte schloß mit einer Gruppierung der Fragen bzw. Indikatorgruppen zu einem Fragebogen.[5]

In einer engen Verbindung mit den beschriebenen Schritten zur Entstehung des Forschungsmodells sowie zur Konzeptualisierung und Operationalisierung erfolgte die Festlegung der Erhebungsmethode, der Untersuchungseinheit und der Ansprechpartner der empirischen Erhebung. Der folgende Abschnitt 2.5 geht auf diese Fragestellungen detailliert ein. Ein ***Pre-Test***

---

1 Vgl. Kubicek, H. 1975, S. 95; Bagozzi, R.P. / Fornell, C. 1982, S. 24; Bagozzi, R.P. / Phillips, F.W. 1982, S. 465; Meffert, H. 1991, S. 145; Sharfman, M.P. / Dean, J.W. 1991b, S. 711; Homburg, C. / Giering, A. 1998, S. 114.

2 Vgl. Kieser, A. / Kubicek, H. 1992, S. 67.

3 Vgl. Kieser, A. 1971, S. 240; Kubicek, H. 1975, S. 94; Churchill, G.A. 1979, S. 67; Kieser, A. / Kubicek, H. 1992, S. 72 f.; Homburg, C. / Giering, A. 1996, S. 5.

4 Vgl. exemplarisch Kroeber-Riel, W. 1992, S. 182-185.

5 Vgl. Bouchard, T.J. 1976, S. 380-382.

des Erhebungsinstruments bei potentiellen Zielpersonen komplettierte diese Untersuchungsphase, die der empirischen Erhebung vorausging.[1] Hierzu wurden insgesamt 16 persönliche Interviews mit Managern aus den Bereichen Marketing bzw. Vertrieb, Kostenrechnung bzw. Controlling und mit Geschäftsführern bzw. Geschäftsbereichsleitern durchgeführt. Die Überprüfung der Verständlichkeit, Vollständigkeit und Eindeutigkeit der verwendeten Indikatoren führte zu kleineren Anpassungen der Skalierung und der Formulierung bestimmter Indikatoren, die aus den Anregungen und der Beobachtung der Teilnehmer am Pre-Test resultierten. In Abweichung zur idealtypischen Vorgehensweise bei der Konzeptualisierung und Operationalisierung von komplexen Konstrukten[2] wurde auf eine Grobkonzeptualisierung und die folgende empirische Erhebung zur Validierung des Meßinstruments verzichtet. Diese Verfahrensweise ist aber wenig problematisch, da die Meßansätze des Erhebungsinstruments in einem erheblichen Maße auf bewährte Skalen zurückgreifen. Für eine Beschreibung der Durchführung der ***Erhebung*** und der Merkmale der Stichprobe sei erneut auf den folgenden Abschnitt 2.5 verwiesen.

An die empirische Erhebung schloß sich die Beurteilung der Validität (Gültigkeit) und Reliabilität (Zuverlässigkeit) der Messung an. Mit ***Reliabilität*** wird der Grad der formalen Genauigkeit beschrieben, mit dem ein bestimmtes Merkmal gemessen wird. Dabei geht es nicht darum, ob der gemessene Wert tatsächlich das beabsichtigte Merkmal erfaßt. Im Mittelpunkt steht vielmehr die Frage nach der Präzision und Stabilität des Meßinstruments. Von einer hohen Reliabilität wird dann gesprochen, wenn ein Meßverfahren unter der Voraussetzung konstanter Meßbedingungen zu reproduzierbaren Ergebnissen führt.[3]

Unter ***Validität*** versteht man die Gültigkeit einer Messung bezüglich der typischen Eigenschaften des Meßobjekts, also die konzeptionelle Richtigkeit einer Messung.[4] Somit interessiert, ob tatsächlich das gemessen wird, was gemessen werden soll. Dabei lassen sich eine interne und eine externe Validität unterscheiden:[5]

- Die interne Validität beurteilt den Einfluß von Störgrößen auf das Untersuchungs- und Erhebungsdesign. Ziel ist eine eindeutige Messung, das heißt, daß Veränderun-

---

1 Vgl. Bouchard, T.J. 1976, S. 381; Aaker, D.A. / Day, D.S. 1983, S. 193 f.; Bagozzi, R.P. 1994a, S. 42 f.

2 Vgl. Churchill, G.A. 1979, S. 66 und Homburg, C. / Giering, A. 1996, S. 12.

3 Vgl. Campbell, J.P. 1976, S. 189; Carmines, E.G. / Zeller, R.A. 1979, S. 11; Peter, J.P. 1979, S. 6; Churchill, G.A. 1991, S. 495; Ives, B. / Olson, M.H. / Baroudi, J.J. 1983, S. 788; Backhaus, K. et al. 1996, S. 394; Berekoven, L. / Eckert, W. / Ellenrieder, P. 1996, S. 87; Nieschlag, R. / Dichtl, E. / Hörschgen, H. 1997, S. 722 f.

4 Vgl. Carmines, E.G. / Zeller, R.A. 1979, S. 12; Bagozzi, R.P. / Phillips, L.W. 1982, S. 468; Berekoven, L. / Eckert, W. / Ellenrieder, P. 1996, S. 88; Homburg, C. / Giering, A. 1996, S. 7.

5 Vgl. Cook, T.D. / Campbell, D.T. 1976, S. 225 sowie S. 234 sowie Berekoven, L. / Eckert, W. / Ellenrieder, P. 1996, S. 88 f.

gen in den abhängigen Größen ausschließlich auf Variationen der unabhängigen Variablen zurückgeführt werden können.

- Die externe Validität hat eine besondere Bedeutung für Feldexperimente. Bei ihr geht es um eine Übertragbarkeit der in einer Erhebung gewonnenen Erkenntnisse auf eine Grundgesamtheit, andere Situationen oder Zeitpunkte. Mehrere Validitätsarten lassen sich bei der externen Validität unterscheiden. Dazu zählen die Inhalts-, Kriteriums-, Konvergenz-, Diskriminanz- und nomologische Validität.[1]

Die Bedeutung beider Facetten eines Meßansatzes wird besonders deutlich, wenn man den mit einer Messung verbundenen Fehlerterm in seine unsystematische, zufallsbedingte Komponente und in seine systematische, von zufälligen Einflußgrößen unabhängige Komponente unterteilt.[2] Eine Messung wird dann als reliabel bezeichnet, wenn sie zu konsistenten, von Zufallsgrößen unbeeinflußten Ergebnissen führt. Validität erfordert nicht nur Freiheit von zufälligen Fehlern im Sinne einer reliablen Messung, sondern zusätzlich die Abwesenheit von systematischen Fehlern. Eine so erreichte hohe Güte der Messung sorgt dafür, daß der Meßansatz die tatsächliche und inhaltlich gewünschte Merkmalsausprägung widerspiegelt. Validitäts- und Reliabilitätsfragen gehören zu den zentralen, disziplinübergreifenden Forschungsproblemen der letzten Jahre[3] und werden deshalb in dieser Untersuchung sehr intensiv behandelt.

Die ***Güte der Konzeptualisierung und Operationalisierung*** der in der Untersuchung benutzten Konstrukte wurde mit Hilfe dieser Reliabilitäts- und Validitätsbegriffe beurteilt. Die begrenzte Erfahrungsbasis in Studien zum (internen) Rechnungswesen[4] erforderte die Übertragung eines im Marketingbereich verbreiteten Vorgehens auf den Gegenstand dieser Untersuchung.[5] Der ähnliche Charakter der Untersuchungsinhalte bzw. vergleichbare Konstrukte ermöglichten die Anwendung des in einer Vielzahl empirischer Studien bewährten Instrumentariums.

---

1 Vgl. u.a. Campbell, J.P. 1976, S. 202-204; Carmines, E.G. / Zeller, R.A. 1979, S. 17-27; Bagozzi, R.P. / Phillips, L.W. 1982, S. 460; Ives, B. / Olson, M.H. / Baroudi, J.J. 1983, S. 788 f.; Hildebrandt, L. 1984, S. 42 f.; Churchill, G.A. 1991, S. 489-495; Fritz, W. 1992, S. 135-139; Bearden, W.O. / Netemeyer, R.G. / Mobley, M.F. 1993, S. 3-6; Gruner, K.E. 1996, S. 101 f.; Homburg, C. / Giering, A. 1996, S. 7; Kiedaisch, I. 1997, S. 64; Nieschlag, R. / Dichtl, E. / Hörschgen, H. 1997, S. 723 f.; Werner, H. 1997, S. 110 f.; Homburg, C. 1998, S. 70-72.

2 Vgl. Campbell, J.P. 1976, S. 187; Churchill, G.A. 1979, S. 65; Churchill, G.A. 1991, S. 488 f.; Berekoven, L. / Eckert, W. / Ellenrieder, P. 1996, S. 63.

3 Vgl. Michalos, A.C. 1979, S. 476.

4 Vgl. Küpper, H.-U. 1993, S. 603.

5 Vgl. Anderson, J.C. / Gerbing, D.W. 1993; Homburg, C. / Giering, A. 1996; Homburg, C. / Giering, A. 1998.

Das Fundament für ein Meßinstrument hoher Güte wurde in dieser Arbeit vor allem in der schon erwähnten qualitativen Analyse, also der systematischen Erarbeitung der Konstrukte mit den Elementen Literaturanalyse und Experteninterviews gelegt. Im Anschluß an die Datenerhebung erfolgte die Überprüfung der Qualität der Messung über die Beurteilung der Reliabilität und Validität der verwendeten Konstrukte. Die quantitative Analyse nutzte Reliabilitäts- und Validitätskriterien der ersten und der zweiten Generation.[1]

Als Gütekriterium der ersten Generation wurde neben der exploratorischen Faktorenanalyse und dem Cronbachschen Alpha die Item to Total-Korrelation benutzt:

- Mit der exploratorischen Faktorenanalyse wird die Faktorenstruktur untersucht, die den vorliegenden Indikatoren zugrunde liegt, sowie eine Zuordnung der Indikatoren zu Faktoren vorgenommen.[2] Diese Analyse erlaubt eine grobe Evaluation der Konstruktvalidität, indem die Höhe der Faktorladungen als Beurteilungskriterium für Konvergenz- und Diskriminanzvalidität interpretiert wird.[3]
- Das Cronbachsche Alpha ist ein Ansatz, mit dem die Reliabilität einer Gruppe von Indikatoren, die einen Faktor repräsentieren, gemessen werden kann.[4] Er weist auf die interne Konsistenz eines indikatorgestützten Meßansatzes hin.
- Die (Corrected) Item to Total-Korrelation gibt schließlich die Korrelation zwischen einem einzelnen Indikator und der Summe aller (übrigen) Indikatoren an, die demselben Faktor zugeordnet sind.[5] Diese Information kann so zur Optimierung von Skalen durch die Zuordnung bzw. Eliminierung einzelner Indikatoren genutzt werden.

Die so zur Anwendung gelangten Kriterien werden aufgrund einiger entscheidender Schwächen erheblich kritisiert.[6] Deshalb kamen in dieser Arbeit auch die strengeren Reliabilitäts- und Validitätskriterien der zweiten Generation zum Einsatz, die auf konfirmatorischen Fakto-

[1] Vgl. u.a. Homburg, C. / Giering, A. 1996, S. 8-11 und die diversen Beiträge in Fornell, C. 1982a und 1982b.

[2] Vgl. z.B. Weiss, D.J. 1976, S. 349 f.; Churchill, G.A. 1979, S. 69; Aaker, D.A. / Day, G.S. 1983, S. 480 f.; Gerbing, D.W. / Anderson, J.C. 1988, S. 188-190; Iacobucci, D. 1994; Backhaus, K. et al. 1996, S. 189-260; Brachinger, W. / Ost, F. 1996, S. 639; Gruner, K.E. 1996, S. 103 f.

[3] Vgl. u.a. Larcker, D.F. / Lessig, V.P. 1980, S. 127; Chenhall, R.H. / Morris, D. 1986, S. 25; Homburg, C. / Giering, A. 1996, S. 8.

[4] Vgl. u.a. Cronbach , L.J.1951; Nunnally, J.C. 1978; Churchill, G.A. 1979, S. 68 f.; Gerbing, D.W. / Anderson, J.C. 1988, S. 190; Backhaus, K. et al. 1996, S. 394-397; Gruner, K.E. 1996, S. 104 f.; Werner, H. 1997, S. 113 f.

[5] Vgl. Nunnally, J.C. 1978, S. 274; Gerbing, D.W. / Anderson, J.C. 1988, S. 188; Werner, H. 1997, S. 112 f.; Homburg, C. 1998, S. 86.

[6] Vgl. u.a. Bagozzi, R.P. / Phillips, L.W. 1982, S. 459; Hildebrandt, L. 1984, S. 44; Gerbing, D.W. / Anderson, J.C. 1988, S. 189; Bagozzi, R.P. / Yi, Y. / Phillips, L.W. 1991, S. 428 f.; Anderson, J.C. / Gerbing, D.W. 1993; Homburg, C. 1998, S. 86.

renanalysen[1] beruhen. Die konfirmatorische Faktorenanalyse stellt einen Sonderfall der Kovarianzstruktur- oder Kausalanalyse[2] dar. In ihrem Rahmen werden ex ante Beziehungsstrukturen zwischen den Faktoren und den zugehörigen Indikatoren in einem Meßmodell unterstellt, das nachfolgend intensiv auf Reliabilitäts- und Validitätsaspekte geprüft werden kann.[3] In der vorliegenden Untersuchung wurden folgenden Kriterien berücksichtigt:

- Mit der Indikatorreliabilität wurde für jeden der verwendeten Indikatoren ermittelt, welcher Anteil seiner Varianz durch den zugehörigen Faktor erklärt wird.[4] Im theoretischen Idealfall, in dem die Varianz des Indikators von Meßfehlern unbeeinflußt ist, nimmt die Indikatorreliabilität ihren maximalen Wert von Eins an.

- Während sich die Indikatorreliabilität nur auf einzelne Indikatoren bezieht, beurteilt man mit der Faktorreliabilität und der durchschnittlich erfaßten Varianz die wichtigere Frage, wie gut die Gesamtheit der Indikatoren einen bestimmten Faktor mißt.[5] Beide Größen wurden in der Untersuchung ermittelt und erlaubten so eine Beurteilung der konvergenten Validität eines Meßinstruments.[6]

- Eine Einschätzung der Konvergenzvalidität des Meßmodells wurde zusätzlich anhand eines Signifikanztests der Faktorladungen vorgenommen. Nur wenn die Faktorladungen der einzelnen Indikatoren über einen t-Test als signifikant von Null verschieden angesehen werden konnten, lag ein enger Zusammenhang zwischen dem Indikator und dem entsprechenden Faktor bzw. Konstrukt vor.[7]

- Schließlich wurden zentrale, von Homburg/Baumgartner vorgeschlagene globale Anpassungsmaße für Meßmodelle berechnet,[8] bei denen der Faktor bzw. das Konstrukt mehr als drei Indikatoren und dadurch Freiheitsgrade für die konfirmatorischen Analysen enthielt. Das inferenzstatistische Anpassungsmaß RMSEA (root mean squared error of approximation), die deskriptiven Maße GFI (goodness of fit index) und AGFI (adjusted goodness of fit index) sowie das inkrementelle Anpassungsmaß CFI

---

1 Vgl. u.a. Long, J.S. 1983 und Homburg, C. / Pflesser, C. 1999a.

2 Vgl. u.a. Boudon, R.1965; Asher, H.B. 1976; Förster, F. et al. 1984; Homburg, C. 1989; Homburg, C. 1991a; Homburg, C. 1992a und 1992b; Jöreskog, K.G. / Sörbum, D. 1993; Bagozzi, R.P. 1994b; Diamantopoulos, A. 1994; Homburg, C. / Baumgartner, H. 1995b; Brachinger, W. / Ost, F. 1996; Hildebrandt, L. / Homburg, C. 1998; Homburg, C. / Pflesser, C. 1999b.

3 Vgl. u.a. Bagozzi, R.P. / Baumgartner, H. 1994; Brachinger, W. / Ost, F. 1996, S. 639.

4 Vgl. u.a. Bagozzi, R.P. 1982, S. 156; Homburg, C. / Giering, A. 1996, S. 10; Homburg, C. 1998, S. 86.

5 Vgl. u.a. Homburg, C. / Baumgartner, H. 1995a, S. 170;

6 Vgl. Fritz, W. 1992, S. 134 und Homburg, C. 1998, S. 89.

7 Vgl. Bagozzi, R.P. / Yi, Y. / Phillips, L.W. 1991, S. 434; Homburg, C. 1998, S. 89; Homburg, C. / Giering, A. 1996, S. 11; Werner, H. 1997, S. 122 f.

8 Vgl. Homburg, C. / Baumgartner, H. 1995a, S. 172.

(comparative fit index) erlaubten die Beurteilung der Konsistenz des gesamten Meßmodells.[1]

- Die Beurteilung der Diskriminanzvalidität erfolgte über das Fornell-Larcker-Kriterium.[2] Dieses fordert, daß die durchschnittlich erfaßte Varianz eines Faktors größer ist als jede quadrierte Korrelation dieses Faktors mit einem anderen Faktor.[3]

Für eine ausführlichere Diskussion der Beurteilung der Konstruktreliabilität und -validität sowie eine Erläuterung der Anspruchsniveaus der beschriebenen Kriterien sei ebenfalls auf existierende Beiträge verwiesen.[4] Nur für das Cronbachsche Alpha soll von den in diesen Quellen genannten Werten abgewichen werden. In dieser Untersuchung soll wegen des explorativen Charakters der Untersuchung mit einem Anspruchsniveau von 0,6 gearbeitet werden.[5]

Dieses umfassende Prüfungsverfahren auf Reliabilität und Validität der Meßansätze erfolgte für jedes der in der Untersuchung enthaltenen Konstrukte separat. Erst danach wurden die konkreten Forschungsfragen mit Hilfe von ***Dependenzanalysen*** bearbeitet, in denen die theoretisch entwickelten Forschungsfragen mit den empirischen Daten konfrontiert wurden. Die zur Anwendung gelangten Datenanalyseverfahren, vor allem die Regressionsanalyse, werden an späterer Stelle[6] ausführlich erläutert.

Die ***Interpretation*** der Ergebnisse beinhaltete zunächst die Einordnung in die bisherigen Forschungsergebnisse und die Abschätzung des Beitrags dieser Untersuchung zu einem wissenschaftlichen Erkenntnisfortschritt. Die Resultate der statistischen Analysen wurden abschließend vor einem praktischen Hintergrund erläutert. Gerade der letzte Schritt – die Abschätzung der praktischen Konsequenzen – stellt ein unverzichtbares Element dieses Forschungsdesigns dar, um den Anforderungen des pragmatischen Wissenschaftsziels gerecht werden zu können.

2.5 Datenerhebung und Datenbasis

Eine fundierte Beurteilung der Gültigkeit und Qualität der Resultate empirischer Analysen kann nur mit detaillierten Kenntnissen über die Datengrundlage und ihre Entstehung erfolgen.

---

1 Vgl. Homburg, C. / Baumgartner, H. 1995a, S. 167-169 und Backhaus, K. et al. 1996, S. 397-400.

2 Vgl. Fornell, C. / Larcker, D.F. 1981, S. 46.

3 Vgl. Anderson, J.C. / Gerbing, D.W. 1993, S. 2; Homburg, C. / Giering, A. 1996, S. 11; Werner, H. 1997, S. 116; Homburg, C. 1998, S. 90.

4 Vgl. u.a. Fritz, W. 1992, S. 132; Homburg, C. / Baumgartner, H. 1995, S. 172; Homburg, C. / Giering, A. 1996, S. 13.

5 Vgl. exemplarisch Deshpandé, R. / Zaltman, G. 1982, S. 20 und Malhotra, N. 1993, S. 306.

6 Vgl. dazu die Abschnitte 3.4.2 Die Operationalisierung der Konstrukte und 4.3.2 Die statistischen Analysemethoden der Arbeit.

Deshalb werden im folgenden die Merkmale der Datenerhebung und der Stichprobe ausführlich dargestellt. Mit diesem Schritt sollen gleichzeitig Ansatzpunkte für künftige empirische Forschungsaktivitäten geboten werden.

Für die Festlegung der Datenerhebungsmethode, der Grundgesamtheit, der Untersuchungseinheit und der Zielpersonen war die generelle Zielsetzung der Arbeit von zentraler Bedeutung. Mit der vorliegenden Untersuchung sollten branchenübergreifende, für deutsche Industrieunternehmen typische Aussagen zur Kostenrechnung – aus Sicht der Kostenrechner und ihrer internen Kunden – erreicht werden. Ein zusätzlicher, die Datenerhebungsmethode beeinflussender Faktor war dabei die anspruchsvolle Methodik zur Beurteilung der Güte der Konzeptualisierung und Operationalisierung der Untersuchungsinhalte.

GRUNDGESAMTHEIT, UNTERSUCHUNGSEINHEIT UND KONTAKTPERSONEN

Für die Analyse der Kostenrechnung in deutschen Unternehmen erfolgte eine Eingrenzung auf den Wirtschaftsbereich des verarbeitenden Gewerbes. Im Hinblick auf die Zahl der in diesem Bereich beschäftigten Personen handelt es sich um den bedeutendsten Wirtschaftsbereich in der Bundesrepublik Deutschland: sowohl in Unternehmen aller Größenklassen als auch im Mittelstand ist in diesem Wirtschaftsbereich der größte Anteil an Erwerbstätigen beschäftigt.[1] Außerdem liegt im verarbeitenden Gewerbe eine sehr breite Erfahrungsbasis hinsichtlich des Einsatzes kostenrechnerischer Methoden vor. Einige Verbände dieser Industriezweige waren und sind überdies sehr stark an der Entwicklung von Instrumenten der Kostenrechnung und des Kostenmanagements beteiligt. Im einzelnen wurden die fünf nach Umsatz und Beschäftigtenzahl bedeutendsten Branchen (Maschinenbau, Elektrotechnik, Straßenfahrzeugbau, Chemische Industrie, Ernährungsgewerbe) untersucht, die zusammen etwa 50 Prozent des Umsatzes des gesamten verarbeitenden Gewerbes realisieren.[2]

Die als Geschäftseinheiten bezeichneten Untersuchungseinheiten sind folgendermaßen definiert worden:

> Untersucht werden organisatorische Einheiten, die mindestens drei Funktionen (z. B. Marketing/Vertrieb, Forschung & Entwicklung, Finanzen/Controlling oder Produktion) weitgehend einheitlich ausüben und von einer Person mit General-Management-Verantwortung geführt werden.

---

1 Vgl. Verband Deutscher Maschinen- und Anlagenbau 1995, S. 15-17 und Statistisches Bundesamt 1996, S. 193.

2 Vgl. erneut Verband Deutscher Maschinen- und Anlagenbau 1995, S. 16 f. und Statistisches Bundesamt 1996, S. 193.

Für kleinere Firmen und für Firmen, die keine Gewinn- und Verlust-Verantwortung unterhalb der Unternehmensebene ausweisen, entsprach die Untersuchungseinheit dem Gesamtunternehmen. Bei Unternehmen mit mehreren Geschäftsbereichen oder Divisionen wurde die einzelne Geschäftseinheit untersucht. In jedem Fall wurden nur Geschäftseinheiten in die Analyse einbezogen, in denen zum Zeitpunkt der Befragung mehr als 50 Mitarbeiter tätig waren. Dieses Größenminimum diente einerseits dazu sicherzustellen, daß in dem Unternehmen ein internes Rechnungswesen betrieben wurde. Andererseits ließ sich diese Mindestanforderung mit einem besonderen Charakteristikum der empirischen Erhebung begründen. Die Arbeit versucht insgesamt den Erfolg der Kostenrechnung bzw. Faktoren abzubilden, die diesen Erfolg beeinflussen. Neben einer Einschätzung der Controlling- und Kostenrechnungsverantwortlichen selbst interessiert für diese Frage vor allem die Wahrnehmung interner Kunden der Kostenrechnung. In jeder Untersuchungseinheit interessierte deshalb neben der Meinung des für die Kostenrechnung verantwortlichen Managers (Kostenrechnungsmanager) die Beurteilung eines Managers der Bereiche Marketing/Vertrieb (Marketingmanager) sowie eines Managers mit General-Management-Verantwortung, also eines Geschäftsführers, Vorstands bzw. Geschäftsbereichsleiters (General Manager). In Unternehmen mit weniger als 50 Mitarbeitern ist nicht davon auszugehen, daß diese drei Funktionen von unterschiedlichen Personen mit Führungsverantwortung erfüllt werden.

ZUR AUSWAHL DER DATENERHEBUNGSMETHODE

Die Kernbereiche der Untersuchung erforderten eine primärstatistische Erhebung.[1] Charakteristika der Kostenrechnung gehören nicht zum Standardrepertoire von schon existierenden Studien. Als besonders kompliziertes Element kommt in dieser Arbeit die Befragung von drei Ansprechpersonen je Untersuchungseinheit hinzu. Über ein solches Charakteristikum verfügt keine Erhebung der amtlichen Träger der Statistik. Allerdings konnte die Primärerhebung durch einige sekundärstatistische Analysen vorbereitet werden. Einige Recherchen, die sich auf Veröffentlichungen des Statistischen Bundesamts und des Verbandes Deutscher Maschinen- und Anlagenbau bezogen,[2] präzisierten die Vorstellungen über die in der Bundesrepublik Deutschland insgesamt tätigen Industrieunternehmen. Daneben wurden für die Identifikation von geeigneten Unternehmen und Ansprechpersonen intensiv die Möglichkeiten bestehender Adreßdatenbanken genutzt, in denen die Adressen um zahlreiche Zusatzinformationen wie

1 Vgl. Sarbin, T.R / Coe, W.C. 1969, S. 36; Schulze, P.M. 1990, S. 12; Bleymüller, J. / Gehlert, G. / Gülicher, H. 1991, S. 10; Churchill, G.A. 1991, S. 247; Nieschlag, R. / Dichtl, E. / Hörschgen, H. 1997, S. 681; Meffert, H. 1998, S. 148.

2 Vgl. Verband Deutscher Maschinen- und Anlagenbau e.V. 1995 sowie Statistisches Bundesamt 1996 und 1997.

Größen- oder Branchenangaben der Unternehmen oder Funktions- bzw. Hierarchieangaben potentieller Kontaktpersonen ergänzt waren.

Aus dem Ziel, branchenübergreifende Aussagen treffen zu können, und der Anwendung der Methoden der ersten und zweiten Generation zur Beurteilung von Validität und Reliabilität der Untersuchung[1] ergibt sich unmittelbar die Notwendigkeit eines relativ hohen Stichprobenumfangs.[2] Zur Erreichung dieser großen Stichprobe erschien die schriftliche Datenerhebung mittels eines standardisierten Fragebogens aus Kosten- und Zeitgründen als besonders zweckmäßig.[3] Weitere Argumente für eine schriftliche Fragebogenerhebung[4] waren die Möglichkeiten,

- an ein hohes Interesse der Unternehmenspraxis am Thema der Untersuchung anzuknüpfen,
- über relativ einheitliche Skalen einen hohen Standardisierungsgrad der Fragen zu erreichen,
- von einer hohen Zahl relativ homogener, aber regional verstreuter und nur schwer erreichbarer Zielpersonen kurzfristig Auskunft zu erhalten,
- über eine anonyme Teilnahme an der Studie den Rücklauf zu fördern und
- weitgehend den Einfluß des Forschers auf die Antworten auszuschalten, da der Einfluß auf die Befragungssituation wie beispielsweise in Interviews entfällt.

Trotz dieser Vorteile einer schriftlichen Befragung für diese Untersuchung mußten die mit dieser Erhebungsform verbundenen, zum Teil gravierenden Problembereiche beachtet werden.[5] Durch eine sorgfältige Planung der Erhebung wurde versucht, diese Schwierigkeiten – vor allem einen niedrigen Rücklauf als immer wieder genannten Hauptproblempunkt[6] – zu umgehen bzw. zumindest abzuschwächen. Die Vielzahl der ergriffenen Maßnahmen spiegelt sich im Ablauf der Erhebung wider, der im folgenden geschildert wird.

---

1 Vgl. Abschnitt 2.4 Das grundlegende Forschungsdesign.

2 Vgl. exemplarisch Homburg, C. / Baumgartner, H. 1995b, S. 1093 und Baumgartner, H. / Homburg, C. 1996, S. 146.

3 Vgl. u.a. Aaker, D.A. / Day, G.S. 1983, S. 152; Churchill, G.A. 1991, S. 341; Henze, A. 1994, S. 23 f.; Meffert, H. 1998, S. 150.

4 Vgl. u.a. Kanuk, L. / Berenson, C. 1975, S. 440; Aaker, D.A. / Day, G.S. 1983, S. 161; Whitley, E.W. 1985; Churchill, G.A. 1991, S. 341; Meffert, H. 1992, S. 202; Berekoven, L. / Eckert, W. / Ellenrieder, P. 1996, S. 114; Diamantopoulos, A. / Schlegelmilch, B.B. 1996, S. 505.

5 Vgl. u.a. Kanuk, L. / Berenson, C. 1975, S. 440; Hafermalz, O. 1976, S. 22-38; Lehmann, D.R. 1989, S. 63; Churchill, G.A. 1991, S. 341; Meffert, H. 1992, S. 202.

6 Vgl. Hafermalz, O. 1976, S. 28-31; Armstrong, J.S. / Overton, T.S. 1977, S. 396; Lehmann, D.R. 1989, S. 63; Diamantopoulos, A. / Schlegelmilch, B.B. 1996, S. 505.

DER ABLAUF DER DATENERHEBUNG UND STICHPROBENCHARAKTERISTIKA

Der Erfolg einer Fragebogenerhebung erfordert erhebliche ***Vorarbeiten***. Maßnahmen, die zu einer hohen Akzeptanz der Fragebogens und zur Minimierung von Mißverständnissen beim Ausfüllen führen sollten, wurden schon beschrieben. Dazu zählen hauptsächlich der Rückgriff auf bewährte Skalen, die qualitative Forschungsphase und der Pre-Test. Der Fragebogen wurde auf eine Länge von 9 Seiten beschränkt, um den Zeitaufwand für das Ausfüllen auf etwa 20 Minuten zu begrenzen. Spezielle, in der Literatur dokumentierte Empfehlungen zum Ablauf von Datenerhebungen wurden bei der Konzeption dieser Studie berücksichtigt.[1]

Parallel zur Optimierung des Fragebogens wurden umfangreiche Aktionen durchgeführt, um verläßliche und nützliche Informationen über potentielle Kontaktpersonen zu erlangen und einen adäquaten Rücklauf zu sichern. Dazu wurden die Möglichkeiten professioneller Adreßanbieter analysiert. Wie bereits dargestellt, beschränkte sich die Erhebung auf die fünf wichtigsten Branchen des verarbeitenden Gewerbes. Mit dieser Vorgabe wurde eine proportional geschichtete Zufallsauswahl[2] in der Datenbank einer dieser Adreßfirmen Ende Mai 1997 angestoßen. Der Datenbestand in dieser Datenbank entsprach laut Angaben des Unternehmens der Grundgesamtheit aller deutschen Unternehmen zum Zeitpunkt des Erwerbs. Der gekaufte Datensatz enthielt Angaben zu Unternehmen und deren Geschäftsführern. Unternehmensbezogen wurden die Adresse, die Telefonnummer und Angaben über Umsatz, Mitarbeiterzahl und Branche angefordert, während über die Ansprechperson die genaue Funktionsbezeichnung und die Hierarchiestufe geliefert wurden. Diese Daten wurden sodann für eine telefonische Identifikation von Geschäftseinheiten und deren verantwortlichen Managern genutzt. Die Definition der Untersuchungseinheit erforderte einen solchen Schritt, um die Qualität der Ausgangsdaten sicherzustellen. Die Zusammensetzung des Datensatzes wurde dabei nur unwesentlich dadurch verändert, daß einige der Unternehmen nicht identifiziert werden konnten und so aus dem Datensatz herausfielen.

Ergebnis dieser extensiven Vorarbeiten waren einerseits ein mehrfach getestetes Erhebungsinstrument und andererseits eine Datenbank mit Angaben zu Geschäftseinheiten und ihren General Managern, die auf Basis eines gekauften Datensatzes telefonisch identifiziert worden waren. Die ***erste Phase der Datenerhebung*** zur Akquisition von Teilnehmern am Forschungsprojekt schloß sich unmittelbar an die Vorarbeiten an. Im September 1997 wurde ein personalisiertes und von zwei Universitätsprofessoren unterzeichnetes Ankündigungsschrei-

---

1 Vgl. Kanuk, L. / Berenson, C. 1975; Bouchard, T.J. 1976, S. 382–384; Diamantopoulos, A. / Schlegelmilch, B.B. 1996.

2 Vgl. u.a. Meffert, H. 1992, S. 193; Bausch, T. 1995, Sp. 161; Berekoven, L. / Eckert, W. / Ellenrieder, P. 1996, S. 52-54; Nieschlag, R. / Dichtl, E. / Hörschgen, H. 1997, S. 730; Meffert, H. 1998, S. 144 f.

ben an die zuvor identifizierten General Manager in 1.163 Industrieunternehmen des verarbeitenden Gewerbes mit mindestens 50 Beschäftigten in den Branchen Maschinenbau, Straßenfahrzeugbau, Elektrotechnik, Chemische Industrie und Ernährungsgewerbe versandt, in denen die Zielsetzung des Projektes und der konkrete Nutzen für die Teilnehmer geschildert wurden.

Über ein beigefügtes Antwortfaxformular konnten die Adressaten der Schreiben ihre Teilnahmebereitschaft bekunden. Dieses Faxformular enthielt auch eine Liste der Forschungspapiere, die von den am Forschungsprojekt beteiligten Lehrstühlen herausgegeben werden. Jeder General Manager konnte bei einer Teilnahme an der Studie zwei Exemplare kostenlos bestellen. Um die Teilnahmebereitschaft darüber hinaus zu steigern,[1] konnten die General Manager außerdem einen individuellen Benchmarking-Bericht anfordern, in dem die spezifischen Ergebnisse ihrer Geschäftseinheit mit dem jeweiligen Branchendurchschnitt bzw. dem Durchschnitt der Unternehmen der entsprechenden Größenklasse verglichen werden sollten.

Im Rahmen dieser Phase des Forschungsprojektes sollte die Teilnahmebereitschaft der General Manager am Projekt gesichert werden. Außerdem wurden die General Manager dazu aufgefordert, die übrigen Ansprechpartner im Unternehmen zu identifizieren (Kostenrechnung sowie Marketing/Vertrieb), damit auch diese in späteren Phasen des Projektes persönlich kontaktiert werden konnten. Der außergewöhnlich hohe Aufwand in dieser Akquisitionsphase läßt sich mit der aus dem triadischen Design der Studie resultierenden Komplexität begründen. Da in jedem Unternehmen immerhin drei Manager in verantwortlichen Positionen mit einem Fragebogen konfrontiert werden sollten, erklärten sich nur wenige Manager zu einer Teilnahme an der Studie bereit. Deshalb wurde ein zweites Ankündigungsschreiben Anfang Oktober an die Manager verschickt, die sich noch nicht für eine Mitarbeit entschieden hatten. Die erste Phase der Untersuchung wurde etwa Mitte Oktober 1997 beendet. Von den kontaktierten Unternehmen erklärten sich insgesamt 143 zur Teilnahme an der Studie bereit (12,3 Prozent). Auf den ersten Blick erscheint dieser Anteil vergleichsweise gering. Aufgrund des aufwendigen Erhebungsdesigns, das die Befragung von drei Personen in jedem der teilnehmenden Unternehmen vorsah, ist dieses Ergebnis jedoch relativ zu Rücklaufquoten anderer, weniger komplexer Erhebungen von bis zu 20 Prozent zufriedenstellend.

Zu Beginn der ***zweiten Phase der Datenerhebung*** Ende Oktober 1997 erhielt jedes der Unternehmen, das seine Teilnahmebereitschaft zugesichert hatte, die Fragebögen und die beiden im Falle einer Teilnahme versprochenen und schon ausgewählten Veröffentlichungen. Jeder Fragebogen wurde von einem personalisierten Anschreiben begleitet, das insbesondere auf die

[1] Vgl. Diamantopoulos, A. / Schlegelmilch, B.B. 1996, S. 525.

geäußerte Bereitschaft zur Mitwirkung an der Studie hinwies. Die Anschreiben unterschieden sich in Abhängigkeit von der Funktion der Person, die den entsprechenden Fragebogen erhielt.

Die Nachfaßaktionen erfolgten situationsspezifisch. Teilweise wurde das gesamte Set der Fragebögen erneut versandt. In anderen Fällen wurden zuerst Faxerinnerungen an den General Manager, später an die Funktionsbereichsmanager und schließlich wieder die Fragebögen versandt. Als finales Mittel des Nachfaßprozesses wurden telefonische Erinnerungen genutzt. Der Datensatz wurde Mitte Januar 1998 endgültig geschlossen. Von den insgesamt 417 versandten Fragebögen wurden 376 zurückgesandt. Darunter befanden sich 114 Triaden. Dies entspricht einer Rücklaufquote von 90,2 Prozent – ein Ergebnis, das wir als ausgesprochen zufriedenstellend betrachten. Solche Fragebögen, die unvollständig ausgefüllt wurden, sind nicht in die weitere Datenauswertung einbezogen worden. Einzelne Fragebögen eines Unternehmens wurden nicht akzeptiert.

Im ***Anschluß*** an die Datenerhebung erfolgte die elektronische Erfassung der Fragebögen sowie eine intensive Fehlerkontrolle, die zum Ausschluß einer Reihe von Fragebögen führte, bei denen die Fragen nicht vollständig beantwortet waren. Eine Besonderheit dieser empirischen Erhebung stellte ihr triadisches Design dar, weshalb verhindert werden mußte, daß ein und dieselbe Person mehrere Fragebögen ausfüllte. Dies würde insbesondere die Gegenüberstellung der Einschätzungen verschiedener Managergruppen erheblich verzerren. Die wichtigste Maßnahme stellte die schon erwähnte individualisierte Ansprache der einzelnen Antwortpersonen dar. Darüber hinaus wurden im Rahmen der Fehlerkontrolle für alle Fragebögen eines Unternehmens, die gleichzeitig zurückgesandt worden waren, Schrift- und Wertekontrollen durchgeführt. Unregelmäßigkeiten führten zu telefonischen Rückfragen im Unternehmen und im Zweifel zum Ausschluß der Fragebögen aus dem Datensatz. Dies war auch die mögliche Folge von Differenzberechnungen für verschiedene Konstrukte. Die Werte eines bestimmten Konstruktes wurden für jeweils zwei Ansprechpartner eines Unternehmens verglichen. Wenn die beiden Manager über mehrere Konstrukte hinweg parallel geantwortet hatten, kam es zur erwähnten Schrift- und Wertekontrolle, telefonischen Rückfragen und erneut einem möglichen Ausschluß des entsprechenden Fragebogens aus der Stichprobe. Die Anwendung dieser Maßnahmen führte zum Ausschluß weiterer Bögen, so daß die effektive Stichprobe schließlich aus 360 vollständig ausgefüllten Fragebögen (86,3 %) bestand. Der bereinigte Rücklauf enthielt insgesamt 105 Triaden. Erste Datenanalysen bereiteten die Erstellung der Benchmarking-Berichte vor. Die Unternehmen erhielten Ende Februar 1998 die für die Teilnahme in Aussicht gestellten individuellen Benchmarking-Berichte, womit die Datenerhebung abgeschlossen wurde.

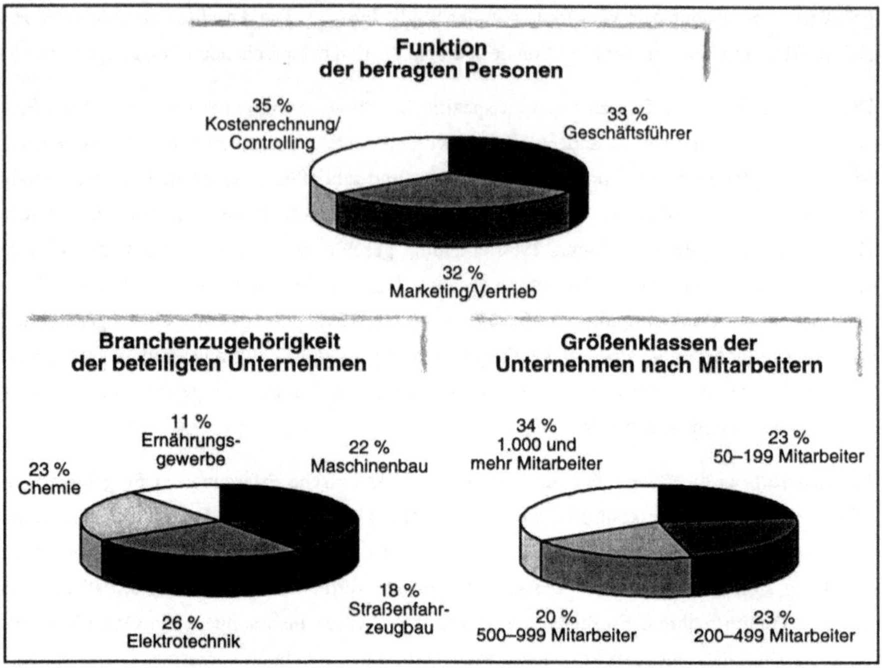

Abb. 3: Übersicht über Merkmale der Stichprobe

Die effektive Stichprobe setzt sich damit – wie in Abb. 3 dargestellt – zu nahezu gleichen Teilen aus Fragebögen der drei Informationsträger zusammen: Insgesamt 119 Fragebögen stammen von General Managern, 116 Fragebögen von Marketing- bzw. Vertriebs-Leitern und 125 Fragebögen von Kostenrechnungsmanagern. Die Unternehmen der Stichprobe verteilen sich annähernd gleichmäßig auf die betrachteten Branchen sowie auf mittelständische Unternehmen mit 50-499 Mitarbeitern (46 %) und große Unternehmen mit über 500 Mitarbeitern (54 %).

3 Rollen und Erfolgsmaßstäbe der Kostenrechnung

Mit Kostenrechnung werden sowohl in der Wissenschaft als auch in der Unternehmenspraxis unterschiedliche Sachverhalte beschrieben und angesprochen.[1] Dieses mannigfaltige Verständnis läßt sich bereits an der Nutzung von so unterschiedlichen Begriffen wie internes Rechnungswesen,[2] Betriebsbuchhaltung,[3] Kosten- und Leistungsrechnung,[4] Management Accounting,[5] (interne) Unternehmensrechnung[6] und Kosten- und Erlösrechnung[7] ablesen, ohne daß die damit adressierten Inhalte immer eindeutig voneinander abgegrenzt wären.

Bevor in diesem Kapitel ein Rollenverständnis für die Kostenrechnung erarbeitet werden kann, wird der Kostenrechnungsbegriff dieser Untersuchung zunächst detailliert erläutert. Nachfolgend werden mögliche Erfolgsmaßstäbe für die Kostenrechnung diskutiert, um abschließend den Zusammenhang eines dieser Erfolgsmaßstäbe – der wahrgenommenen Dienstleistungsqualität – mit einem Systematisierungsansatz für die Zwecke der Kostenrechnung empirisch zu überprüfen.

3.1 Die Kostenrechnung und ihre Informationsempfänger

Die Kostenrechnung wird allgemein als Teil des betrieblichen bzw. betriebswirtschaftlichen Rechnungswesens[8] und damit der umfassenden Systeme zur Informationsversorgung[9] angesehen. Deshalb soll die Definition der Kostenrechnung für diese Untersuchung ausgehend vom Rechnungswesen allgemein abgeleitet werden.

1 Vgl. Flagg, J.C. / Hale, M.W. / Glover, H.D. 1992, S. 8.

2 Vgl. Küpper, H.-U. 1993 und Laßmann, G. 1995.

3 Vgl. Bleicher, K. 1984, Sp. 1302 und Coenenberg, A.G. 1993, Sp. 3681.

4 Vgl. Brink, H.-J. 1978; Dellmann, K. 1984; Hummel, S. / Männel, W. 1986; Kloock, J. / Sieben, J. / Schildbach, T. 1991; Oebel, C. 1992; Eisele, W. 1993; Trauzettel, V.J. 1995.

5 Vgl. Weilenmann, P. 1992; Fickert, R. 1993; Kobayashi, T. 1993; Mussnig, W. 1996.

6 Vgl. Kloock, J. 1978; Coenenberg, A.G. 1993; Küpper, H.-U. 1995; Schildbach, T. 1995; Ewert, R. / Wagenhofer, A. 1997.

7 Vgl. Laßmann, G. 1968; Chmielewicz, K. 1983; Schweitzer, M. / Küpper, H.-U. 1995.

8 Vgl. Kosiol, E. 1964b, S. 61; Tiedtke, J. 1971, S. 24; Männel, W. 1981, S. 466; Chmielewicz, K. 1984, Sp. 3357; Lechner, K. 1984, Sp. 1503; Hummel, S. / Männel, W. 1986, S. 6 f.; Kilger, W. 1988, S. 925; Busse von Colbe, W. 1991, S. 469; Coenenberg, A.G. 1993, Sp. 3681; Eisele, W. 1993, S. 9 f.; Lücke, W. 1993, Sp. 1692-1696; Schildbach, T. / Feldhoff, M. 1993, Sp. 30; Bungenstock, C. 1995, S. 68; Schweitzer, M. / Küpper, H.-U. 1995, S. 7; Weber, J. 1995a, S. 175; Weißenberger, B.E. 1997, S. 28.

9 Vgl. Szyperski, N. 1984, Sp. 1510; Brink, H.-J. 1992, S. 167; Coenenberg, A.G. 1993, Sp. 3679; Schweitzer, M. / Wagener, K. 1998, S. 438; Weber, J. 1998, S. 160.

DAS RECHNUNGSWESEN IN VERSCHIEDENEN PERSPEKTIVEN

Das Rechnungswesen steht neben anderen betrieblichen Funktionen wie Beschaffung, Produktion, Absatz und Finanzierung und bildet alle betrieblichen Aktivitäten vorrangig wertmäßig und quantitativ ab.[1] So dient es der „systematischen Ermittlung, Aufbereitung, Darstellung, Analyse und Auswertung von Zahlen ... über den einzelnen Wirtschaftsbetrieb und seine Beziehungen zu anderen Wirtschaftsobjekten."[2] Im Vergleich zu anderen Informationssystemen zeichnet sich das Rechnungswesen durch seinen Fokus auf die Unternehmensinnenwelt aus.[3] Von dieser ***funktionalen*** Sicht des Rechnungswesens läßt sich eine ***instrumentelle*** Betrachtung abgrenzen.[4] Als „spezieller Informationsgenerator"[5] hat das Rechnungswesen einen zweckgerichteten Charakter, da die betrieblichen Aktivitäten zur wertmäßigen Lenkung von Güterbeständen und -bewegungen abgebildet werden.[6] Es zielt darauf ab, die unter Wirtschaftlichkeitsaspekten „bestmögliche Information zur Erlangung der Ziele des Realsystems"[7] zu beschaffen. In einer ***institutionalen*** Perspektive läßt sich das Rechnungswesen durch die Handlungsträger beschreiben, die sich explizit der „Grundgesamtheit aller wirtschaftlich auswertbaren und sich auf Datenträgern niederschlagenden Akte der Produktionsbeziehung"[8] widmen. Diese Definition bezieht sich auf die in der Unternehmenspraxis vorzufindenden Organisationseinheiten, die wertorientierte Informationsversorgungsaufgaben wahrnehmen.[9]

DIE GLIEDERUNG DES BETRIEBLICHEN RECHNUNGSWESENS

In der Literatur vorzufindende Ansätze zur Einteilung des Rechnungswesens in Teilbereiche führten zu stark differierenden Resultaten.[10] Am häufigsten wird die Abgrenzung von vier Teilgebieten angegeben, die auf die im Jahre 1937 erlassenen „Grundsätze zur Organisation der Buchführung im Rahmen eines einheitlichen Rechnungswesens"[11] zurückgeht. Entsprechend dieser Richtlinien, die noch heute großen Einfluß auf die Praxis haben, wird das Rech-

---

1 Vgl. Chmielewicz, K. 1982, S. 13; Bleicher, K. 1984, Sp. 1292; Lechner, K. 1984, Sp. 1503; Küpper, H.-U. 1989, S. 217; Busse von Colbe, W. 1991, S. 467.

2 Weber, H.K. 1993, S. 2. Vgl. ähnlich Tiedtke, J. 1971, S. 17 und Lücke, W. 1993, Sp. 1688.

3 Vgl. Coenenberg, A.G. 1993, Sp. 3687.

4 Vgl. Schweitzer, M. / Küpper, H.-U. 1995, S. 13.

5 Szyperski, N. 1984, Sp. 1510.

6 Vgl. Chmielewicz, K. 1973, Sp. 1415; Dellmann, K. 1979, S. 166; Männel, W. 1981, S. 456; Chmielewicz, K. 1984, Sp. 3343.

7 Vgl. Mattessich, R. 1970, S. 240 f.

8 Coenenberg, A.G. 1973, Sp. 1415.

9 Vgl. Schweitzer, M. / Küpper, H.-U. 1995, S. 13.

10 Vgl. u.a. Weber, J. 1993, S. 21-23; Schweitzer, M. / Küpper, H.-U. 1995, S. 10-12; Weißenberger, B.E. 1997, S. 28 sowie die Übersicht bei Männel, W. 1981, S. 466-471.

11 Coenenberg, A.G. 1973, Sp. 1422.

nungswesen in Bilanz- und Erfolgsrechnung, Selbstkostenrechnung, Planungsrechnung und Statistik unterteilt.[1] Vereinzelt wird diese Einteilung um einen fünften Teilbereich – eine (interne) Revision – ergänzt, die das Rechnungswesen selbst laufend auf dessen formale und materielle Richtigkeit überprüft.[2] Diese Einteilung des betrieblichen Rechnungswesens steht unter heftiger Kritik, da es sich um keine sich gegenseitig ausschließenden Kategorien handelt und ein einheitlicher Systematisierungsgedanke fehlt. Praktisch bedeutsame Aufgabenbereiche wie die Erlösrechnung lassen sich nicht in dieses System einordnen bzw. wurden völlig vernachlässigt.[3] Deshalb wurden vielfältige Versuche unternommen, diese historische Einteilung zu präzisieren.[4] Einer dieser Ansätze unterscheidet entsprechend der zentralen Adressatengruppen des Rechnungswesens zwei wichtige Teilbereiche: eine externe Rechnungslegung für Adressaten wie Kapitalgeber, Fiskus oder Marktpartner und eine interne Rechnungslegung für das Management des Unternehmens.[5] Diese beiden Gebiete des Rechnungswesens differieren vor allem in ihrer Zweckausrichtung, der spezifischen Rechenwerke sowie der benutzten Rechen- und Saldogrößen.[6] Mit Kostenrechnung soll in Anlehnung an diese Differenzierung der Teil des Rechnungswesens bezeichnet werden, der die betrieblichen Aktivitäten zur Ermittlung von kurzfristigen Ergebnisgrößen für das Management abbildet.[7] Zur Berechnung des Betriebsergebnisses werden Kosten und Erlöse saldiert; andere Rechengrößen kommen nur neben oder zur Unterstützung dieser Hauptrechnung zur Anwendung.

Die Kostenrechnung als interne Dienstleistung

Die Kostenrechnung generiert für seine Adressaten – die Manager – eine Vielzahl verschiedener Informationen. Ohne Informationen und entsprechende Informationsprozesse wäre es dem Management schlichtweg unmöglich, seine Aufgaben zu erfüllen bzw. die Ziele der Organisation zu erreichen.[8] Führungsentscheidungen und -handlungen beruhen auf einer informationel-

---

1 Vgl. Illetschko, L.L. 1955, S. 25; Kosiol, E. 1964b, S. 15; Tiedtke, J. 1971, S. 17; Bleicher, K. 1984, Sp. 1301; Falterbaum, H. / Beckmann, H. 1989, S. 40; Wöhe, G. 1990, S. 956, Lechner, K. / Egger, A. / Schauer, R. 1994, S. 522; Bungenstock, C. 1995, S. 68.

2 Vgl. Schönfeld, H.-M. 1964, S. 16.

3 Vgl. Männel, W. 1981, S. 465.

4 Vgl. z.B. Illetschko, L.L. 1955, S. 25-31; Mattessich, R. 1970, S. 77; Chmielewicz, K. 1984, Sp. 3355-3356.

5 Vgl. u.a. Hummel, S. / Männel, W. 1986, S. 6; Plinke, W. 1989, S. 9; Busse von Colbe, W. 1991, S. 468 f.; Schildbach, T. / Feldhoff, M. 1993, Sp. 30; Weißenberger, B.E. 1997, S. 28; Schweitzer, M. / Wagener, K. 1998, S. 438; Troßmann, E. 1998, S. 311.

6 Vgl. Küpper, H.-U. 1989, S. 228; Plinke, W. 1989, S. 9; Schweitzer, M. / Küpper, H.-U. 1995, S. 12; Weißenberger, B.E. 1997, S. 28; Weber, J. 1998, S. 160.

7 Vgl. Heinen, E. 1984, Sp. 2314; Kloock, J. / Sieben, G. / Schildbach, T. 1991, S. 12-17; Kilger, W. 1993, S. 2; Ewert, R. / Wagenhofer, A. 1997, S. 9.

8 Vgl. Berthel, J. 1984, Sp. 1869.

len Basis.[1] Diese Informationen müssen Aussagen darüber erlauben, welche Folgen die gewünschten Handlungs- und Entscheidungsalternativen haben sollen und tatsächlich haben.[2] Eine solche Informationsversorgungsfunktion wird hier der Kostenrechnung zugeordnet. Das Management bedient sich unter anderem der Kostenrechnung, um seine Aufgaben bestmöglich zu erfüllen.[3] Als Objekt der Kostenrechnung wird das vollständige Spektrum aller betrieblichen Handlungen eines Unternehmens festgelegt, die sich – in Abgrenzung zu einer langfristig orientierten Investitionsrechnung[4] – kurzfristig auf die Unternehmensziele auswirken. Es muß mit Hilfe der Kostenrechnung möglich sein, alle relevanten Freiheitsgrade von Handlungen[5] bzw. Entscheidungsalternativen zu erfassen und die kurzfristigen wirtschaftlichen Folgen möglicher Handlungen und Entscheidungen abzuschätzen. Zentraler Ausgangspunkt für die Kostenrechnung und die von ihr generierten Informationen sind somit die Informationsbedarfe des Managements.[6]

Betrachtet man in diesem Sinne das Management als Kunden der Kostenrechnung, so stellt sich unmittelbar die Frage nach dem Charakter des von der Kostenrechnung für das Management bereitgestellten Leistungsbündels. Die Ergebnisse produktiver Tätigkeit werden üblicherweise in einerseits Sachgüter bzw. Sachleistungen und andererseits Dienstleistungen unterschieden,[7] die infolge ihrer unterschiedlichen Eigenschaften differierende Analysemethoden in der Leistungserstellung und -verwertung erfordern.[8] Die Vielzahl sehr heterogener Definitionsversuche von Dienstleistungen[9] führte jedoch dazu, daß „bislang keine allgemeingültigen Kriterien zur Abgrenzung von Dienstleistungen existieren."[10] Deshalb werden die Begriffsbestimmungen für Dienstleistungen generell und die Dichotomie von Sach- und Dienstleistungen im speziellen erheblich kritisiert.[11] Trotz dieser oft geäußerten Bedenken soll im

---

1 Vgl. Baldus, T. 1969, S. 75; Heinen, E. 1970b, S. 14; Heinen, E. 1976, S. 21-24; Küpper, H.-U. 1992a, S. 139 und S. 143.

2 Vgl. Mag, W. 1984, Sp. 1882 f.

3 Vgl. Ewert, R. / Wagenhofer, A. 1997, S. 6.

4 Vgl. u.a. Hummel, S. / Männel, W. 1986, S. 9 f.; Liedl, R. 1988, S. 172; Schweitzer, M. / Küpper, H.-U. 1995, S. 10 f.; Weißenberger, B.E. 1997, S. 30; Weber, J. 1998, S. 214 f.

5 Vgl. Weber, J. et al. 1995, S. 6 f.; Schäffer, U. 1996, S. 13; Weber, J. / Brettel, M. / Schäffer, U. 1996, S. 9; Brettel, M. 1997, S. 33; Bach, S. et al 1998, S. 6.

6 Vgl. Layer, M. 1985, S. 715; Weilenmann, P. 1992, S. 808; Weber, J. 1996a, S. 25; Schwager, S. 1998, S. 783.

7 Vgl. exemplarisch Gutenberg, E. 1983, S. 1; Engelhardt, W.H. / Kleinaltenkamp, M. / Reckenfelderbäumer, M. 1993, S. 395; Maleri, R. 1998, S. 119.

8 Vgl. Zeithaml, V.A. / Parasuraman, A. / Berry, L.L. 1985, S. 33-35.

9 Vgl. u.a. Corsten, H. 1988, S. 17; Meyer, A. 1991, S. 198; Corsten, H. 1993, Sp. 765 f.; Kotler, P. 1997, S. 467; Meffert, H. 1994, S. 521; Bruhn, M. 1997, S. 14.

10 Bruhn, M. 1991, S. 22.

11 Vgl. Bowen, J. / Bowers, M.R. 1986; Hilke, W. 1989, S. 7 f.; Engelhardt, W.H. / Kleinaltenkamp, M. / Reckenfelderbäumer, M. 1993; Meffert, H. / Bruhn 1995, S. 30; Faßnacht, M. 1996, S. 110 f.

folgenden der Versuch unternommen werden, die enge Beziehung zwischen Merkmalen von Kostenrechnungsleistungen und Charakteristika von Dienstleistungen aufzuzeigen.

Die ***Immaterialität*** einer Leistung wird als grundlegendes Merkmal einer Dienstleistung angesehen,[1] obwohl sich grundsätzlich jedes Leistungsbündel auf einem Kontinuum zwischen Materialität und Immaterialität einordnen läßt.[2] Die Leistungen der Kostenrechnung sind abstrakter Natur, da es sich bei Informationen um immaterielle Güter handelt.[3] Materielle Trägermedien bilden allein die Basis für die Kommunikationsfähigkeit und Verbreitung der Informationen. Als weiteres dienstleistungsspezifisches Merkmal wird die ***Integration eines externen Faktors*** betrachtet.[4] Nichtstandardisierbarkeit und Heterogenität der Leistungserstellung resultieren unmittelbar aus dieser Eigenschaft.[5] Für die Kostenrechnung trifft auch dieses Charakteristikum zu; viele ihrer Leistungen sind ohne eine Mitwirkung des Managements nicht erbringbar. Beispiele dafür sind individualisierte Analysen und Berichte, aber auch die immer wichtiger werdenden internen Beratungsleistungen von Kostenrechnern und Controllern.[6] Die ***Untrennbarkeit von Produktion und Konsum*** – eine weitere Eigenschaft von Dienstleistungen[7] – trifft nur im begrenzten Maße auf die Leistungen der Kostenrechnung zu. Wenn die Ergebnisse der Leistungserbringung auf materiellen Trägermedien festgehalten werden, gilt das „uno-actu-Prinzip“[8] nicht mehr, da das Management die Informationen erst zu einem späteren Zeitpunkt aufnehmen kann. Die Untrennbarkeit von Produktion und Konsum ist bei Analysen, die einer Erläuterung bedürfen, oder Beratungsleistungen der Kostenrechnung zu beobachten. Ein viertes zentrales Dienstleistungsmerkmal wird in der Bereitstellung von ***Fähigkeits- bzw. Leistungspotentialen*** durch den Dienstleister gesehen.[9] Die Kostenrechner

---

1 Vgl. u.a. Gutenberg, E. 1983, S. 1; Zeithaml, V.A. / Parasuraman, A. / Berry, L.L. 1985, S. 34; Meyer, A. / Mattmüller, R. 1987, S. 188; Corsten, H. 1988, S. 22; Hilke, W. 1989, S. 14; Stauss, B. / Hentschel, B. 1990, S. 21; Benkenstein, M. 1993, S. 1097 f.; Corsten, H. 1993, Sp. 765; Haller, S. 1993, S. 21; Faßnacht, M. 1996, S. 108 f.; Bruhn, M. 1997, S. 10 f.; Kotler, P. 1997, S. 469; Bruhn, M. / Meffert, H. 1998, S. 4; Meyer, A. 1998, S. 6; Meyer, A. / Streich, K. 1998, S. 849.

2 Vgl. Engelhardt, W.H. / Kleinaltenkamp, M. / Reckenfelderbäumer, M. 1993, S. 400; Meffert, H. 1994, S. 521 f.; Kleinaltenkamp, M. 1998, S. 36; Meyer, A. / Streich, K. 1998, S. 847.

3 Vgl. Wild, J. 1971, S. 318 und Kleinaltenkamp, M. 1998, S. 39.

4 Vgl. Meyer, A. / Mattmüller, R. 1987, S. 189; Stauss, B. / Hentschel, B. 1990, S. 21; Benkenstein, M. 1993, S. 1098; Corsten, H. 1993, Sp. 765 f.; Haller, S. 1993, S. 21; Maleri, R. 1994, S. 130-154; Faßnacht, M. 1996, S. 108 f.; Bruhn, M. / Meffert, H. 1998, S. 4; Faßnacht, M. 1998, S. 724; Kleinaltenkamp, M. 1998, S. 38; Meyer, A. 1998, S. 6.

5 Vgl. Zeithaml, V.A. / Parasuraman, A. / Berry, L.L. 1985, S. 34 und Corsten, H. 1998, S. 80-84.

6 Vgl. Eschenbach, R. 1997, S. 28 f.; Rieder, L. 1997, S. 46; Weber, J. 1997e, S. 88-91; Weber, J. / Schäffer, U. 1998a, S. 232; Schäffer, U. / Weber, J. 1999, S. 23 f.

7 Vgl. Zeithaml, V.A. / Parasuraman, A. / Berry, L.L. 1985, S. 34; Corsten, H. 1988, S. 23; Hilke, W. 1989, S. 12 f.; Haller, S. 1993, S. 21; Faßnacht, M. 1996, S. 109; Kotler, P. 1997, S. 469; Maleri, R. 1998, S. 129.

8 Meyer, A. / Mattmüller, R. 1987, S. 188 und Hilke, W. 1989, S. 13.

9 Vgl. Hilke, W. 1989, S. 10 f.; Meyer, A. 1991, S. 198; Corsten, H. 1993, Sp. 765; Faßnacht, M. 1996, S. 108; Hummel, M. 1998, S. 56; Kleinaltenkamp, M. 1998, S. 37; Meyer, A. 1998, S. 6.

bauen in Form ihrer Systeme laufend beträchtliche Ressourcen auf, die als Basis vielfältiger Sonderanalysen und -berichte genutzt werden. Auch personelle Ressourcen müssen für die unregelmäßigen Anfragen der Manager bereitgehalten werden. Somit zeigt diese Erörterung, daß die Kostenrechnung eine Dienstleistung für das Management erbringt, da die Leistungsbündel der Kostenrechnung – mit den wenigen erwähnten Ausnahmen – die wesentlichen Charakteristika einer Dienstleistung besitzen.

DEFINITION DER KOSTENRECHNUNG

Die bisherige Diskussion des (internen) Rechnungswesens erlaubte einen Einblick in das Kostenrechnungsverständnis dieser Arbeit. Abschließend sollen die Ergebnisse der Analyse der Kostenrechnung und ihrer Informationsempfänger in einer Definition zusammengefaßt werden. Dabei werden mit der Einordnung in das Informationssystem und das Rechnungswesen, den Dienstleistungseigenschaften der Kostenrechnung, der Ausrichtung auf das Management, der Führungsunterstützung und der wertmäßigen Abbildung der betrieblichen Aktivitäten die wichtigsten Elemente der bisherigen Argumentation integriert:

> Die Kostenrechnung nimmt als Teil des betrieblichen Rechnungswesens eine Dienstleistungsfunktion innerhalb des Unternehmens wahr, deren Aufgabe es ist, vorrangig wertmäßige Informationen zur Unterstützung der kurzfristigen Führungsaufgaben des Managements bereitzustellen.[1]

3.2 Systematisierung der Rollen der Kostenrechnung

Die Definition der Kostenrechnung als Führungsinstrument des Managements stellt die Basis einer gründlichen Analyse der Zweckausrichtung des Informationssystems Kostenrechnung dar. Im folgenden Abschnitt wird dieser zweite Schritt gegangen, um einen Überblick über die Einsatzfelder einer Kostenrechnung in Unternehmen zu gewinnen.

Orientierungen, Zwecke, Rollen oder Aufgaben der Kostenrechnung bzw. Einsatzgebiete und Nutzungsarten der Kostenrechnungsinformationen werden als Begriffssynonyme in dem Sinne aufgefaßt, daß hinter jeder dieser Bezeichnungen die Suche nach dem Sinn dieses Informationsinstruments für das Management steht. Die Fülle und Vielgestaltigkeit dieser Ausdrücke weist unmittelbar auf die Notwendigkeit hin, eine Übersicht über das Spektrum mögli-

[1] Vgl. ähnlich u.a. Kosiol, E. 1964b, S. 61; Bruns, W.J. 1968, S. 470; Brink, H.-P. 1992, S. 172; Coenenberg, A.G. 1993, Sp. 3679; Heinen, E. / Dietel, B. 1993, Sp. 1235 f.; Fickert, R. 1993, S. 205; Brecht, H.D. / Martin, M.P. 1996, S. 16; Weißenberger, B.E. 1997, S. 32; Kleinaltenkamp, M. 1998, S. 43; Weber, J. / Aust, R. 1998b, S. 138 f.

cher Rollen der Kostenrechnung zu gewinnen. Im Anschluß daran werden die Rollen der Kostenrechnung im Lichte verschiedener Kontexte systematisiert.

3.2.1 Das Spektrum möglicher Kostenrechnungsrollen

Die Kostenrechnung wurde als ein Instrument zur Unterstützung des Managements in seinen Führungsfunktionen beschrieben. Trotz unterschiedlichster Definitionen der (Unternehmens-) Führung[1] läßt sich eine allgemein übliche Darstellung des idealtypischen Führungszyklus[2] identifizieren, an die für die Systematisierung der Kostenrechnungsrollen angeknüpft werden kann. Diese im folgenden Abschnitt ausführlich zu erläuternde Gliederung der Führungsphasen ist allerdings rein funktionaler Natur. Sie abstrahiert mit dieser Sicht vom Handlungsträger Mensch und den damit verbundenen Einschränkungen.[3] Diese Dimension kann aber bei einer Suche nach Rollen der Kostenrechnung nicht vernachlässigt werden. Deshalb werden im Anschluß an die – rein funktional orientierte – Diskussion von Kostenrechnungsrollen im Rahmen des idealtypischen Führungszyklus interpersonale Aspekte gesondert behandelt.

3.2.1.1 Ein Schema zur Einordnung der Kostenrechnungsrollen

Der in Abb. 4 dargestellte idealtypische Führungszyklus gliedert sich in vier Phasen: die Willensbildung und die Willensdurchsetzung gehen der Ausführung voraus, während durch die abschließende Kontrolle Informationen generiert werden, die zu einer Anpassung der Willensbildung und Willensdurchsetzung führen.

Ausgangspunkt dieses Phasenmodells von Führungs- bzw. Entscheidungsprozessen ist die ***Willensbildung***.[4] Basierend auf Außen- und Kontrollinformationen werden ein Handlungsbedarf bzw. ein Problem identifiziert, mögliche Handlungsalternativen generiert und mit Hilfe eines zielkonformen Bewertungsmodells auf ihre Vorteilhaftigkeit hin überprüft.[5] Ergebnis der Willensbildungsaktivitäten ist die Festlegung der zu realisierenden Handlungsalternative,

---

1 Vgl. u.a. Frese, E. 1968, S. 87-89; Hahn, D. 1971, S. 161-162; Szyperski, N. 1974, S. 11-15; Wild, J. 1974, S. 153-160; Buth, W. 1977, S. 13-15; Rühli, E. 1985, S. 16-31; Welge, M.K. 1985, S. 1-7; Frese, E. 1993, S. 488; Macharzina, K. 1995, S. 34-43; Pleitner, H.-J. 1995, S. 931; Hahn, D. 1997, S. 32; Steinmann, H. / Schreyögg, G. 1997, S. 58; Knorren, N. 1998, S. 18-22.

2 Vgl. Kosiol, E. 1965, S. 389-391; Heinen, E. 1970a, S. 430; Hahn, D. 1971, S. 162; Bleicher, K. / Meyer, E. 1976, S. 52-60; Heinen, E. 1976, S. 22; Rühli, E. 1977, S. 732 f.; Rühli, E. 1984, S. 350-352; Rühli, E. 1985, S. 26-29; Hahn, D. 1988, S. 113; Hahn, D. 1996, S. 50-52; Weber, J. / Brettel, M. / Schäffer, U. 1996, S. 67; Knorren, N. 1998, S. 23; Weber, J. 1998, S. 29-32; Weber, J. / Knorren, N. 1998, S. 210; Weber, J. / Schäffer, U. 1998d, S. 15; Weber, J. / Schäffer, U. 1998e, S. 15; Weber, J. / Schäffer, U. 1998f, S. 3.

3 Vgl. Schäffer, U. 1996, S. 47-51; Brettel, M. 1997, S. 37-40; Weber, J. 1998, S. 295-304.

4 Vgl. Gutenberg, E. 1962, S. 11.

5 Vgl. Ulrich, H. 1968, S. 204 f.; Hahn, D. 1971, S. 161; Heinen, E. 1976, S. 19-28; Huber, G.P. 1981, S. 5.

also eine geistige Antizipation des Gewollten und der dafür gebotenen Ausführungsaktivitäten. Idealtypisch bewegen sich Willensbildungsprozesse im Spannungsverhältnis von Intuition und Reflexion:[1]

- Eine reflexive Willensbildung beruht auf explizitem Wissen, das auf Erfahrungen und speziellen Aktivitäten zur Erlangung von Informationen basiert. In einem strukturierten Prozeß[2] wird dieses Wissen etwa zur Problemidentifikation, der Generierung von Entscheidungsalternativen sowie der Konstruktion und Anwendung von Entscheidungsmodellen genutzt.[3]

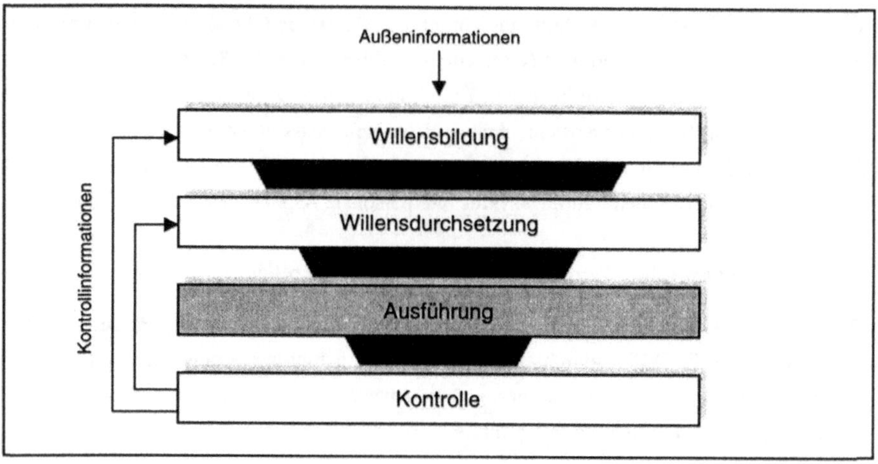

Abb. 4: Idealtypischer Führungszyklus in Anlehnung an Weber, J. 1998, S. 30

- Die Prozesse einer intuitiven Willensbildung sind derzeitig noch nicht genau bekannt.[4] Die Intuition entspricht dem irrationalen, unstrukturierten und impulsiven Element der Führung.[5] Diese Charakteristika verurteilen den Versuch, die intuitive Willensbildung in Schemata oder Strukturen zu zwängen, zum Scheitern.[6] Nichtsdestotrotz sind gewisse allgemeingültige Einflußfaktoren auf die Intuition unbestritten.

---

1 Vgl. Albach, H. 1990, S. 537; Weber, J. / Brettel, M. / Schäffer, U. 1996, S. 52; Weber, J. / Goeldel, H. / Schäffer, U. 1996, S. 7; Weber, J. 1998, S. 32 f.

2 Vgl. Weber et al. 1995, S. 12 f.; Weber, J. / Brettel, M. / Schäffer, U. 1996, S. 52; Weber, J. / Goeldel, H. / Schäffer, U. 1996, S. 7; Brettel, M. 1997, S. 71.

3 Vgl. Weber, J. 1998, S. 29 f.

4 Vgl. Weber, J. / Goeldel, H. / Schäffer, U. 1996, S. 7; Weber, J. 1998, S. 30.

5 Vgl. Gutenberg, E. 1983, S. 6.

6 Vgl. u.a. Weber, J. / Brettel, M. / Schäffer, U. 1996, S. 53.

Zu diesen zählen die Elemente der begrenzten Rationalität.[1] Ferner stehen diese prozessualen Unwägbarkeiten einer Beurteilung der Resultate intuitiver Willensbildungsprozesse nicht im Wege. Für diese Untersuchung ist weiterhin wesentlich, daß prinzipiell davon ausgegangen werden kann, daß die allgemein beschriebenen Elemente einer Willensbildung wie die Problemidentifikation oder Entscheidungsregeln – wenn auch unbewußt – für intuitive Prozesse durchaus eine Rolle spielen.

In der Phase der ***Willensdurchsetzung*** werden der gebildete Willen und die geistig antizipierte Realisation konkretisiert und – bei einer interpersonellen Trennung von Führung und Ausführung – an die entsprechenden ausführenden Stellen übermittelt; dies geschieht in Form von ergebnisbezogenen bzw. prozeß- und faktorbezogenen Anordnungen.[2] In dieser Phase des Führungsprozesses geht es darum, „daß Hemmungen und Widerstände überwunden werden, die sich dem Gewollten entgegenstellen."[3] Die Hindernisse existieren selbst dann, wenn Führungs- und Ausführungshandlungen von einer Person wahrgenommen werden.[4] Im allgemeinen genügt eine einmalige Anordnung nicht, um alle relevanten Freiheitsgrade[5] einer Handlung sofort zu determinieren, weshalb typischerweise eine Kette von Willensbildungs- und Willensdurchsetzungsprozessen erforderlich ist.[6]

Die Umsetzung der vorgedachten Handlung erfolgt in der dritte Phase, der ***Ausführung***. Bei der Ausführung bestehen keinerlei Freiheitsgrade mehr; die Handlung wird exakt in der antizipierten und vorbestimmten Weise vollzogen. Aus diesem Grunde stellt die Phase der Ausführung keinen Bestandteil der Führung dar.

An die Ausführung schließt sich die ***Kontrolle*** als vierte Phase des Führungszyklus an, mit der sowohl verhaltenssteuernde als auch wissensgenerierende Ziele verfolgt werden. Erster Schritt der Kontrollaktivitäten ist die zahlenmäßige Dokumentation der Ausführung. Der daraufhin folgende Vergleich des Gewollten mit dem tatsächlich Erreichten erlaubt eine Rückkopplung auf zweierlei Art und Weise: Einerseits geht die Soll-Ist-Abweichung in neue Willensdurchsetzungsprozesse ein, indem die ergebnis-, prozeß- und faktorbezogenen Anordnungen adaptiert werden. Andererseits können die Kontrollinformation aber auch die Willensbildung beeinflussen, indem sie beispielsweise andere Handlungsalternativen vor dem neuen Hintergrund als vorteilhafter erscheinen lassen.

---

1 Vgl. Brettel, M. 1997, S. 50 und Weber, J. 1998, S. 300-304.

2 Vgl. exemplarisch Weber, J. / Schäffer, U. 1998d, S. 15 f. und Weber, J. 1998, S. 30 f.

3 Vgl. Gutenberg, E. 1983, S. 132.

4 Vgl. Weber, J. / Brettel, M. / Schäffer, U. 1996, S. 48 f. und Brettel, M. 1997, S. 68 f.

5 Vgl. Ulrich, P. / Fluri, E. 1992, S. 14; Weber, J. / Brettel, M. / Schäffer, U. 1996, S. 9; Brettel, M. 1997, S. 33.

6 Vgl. Macharzina, K. 1995, S. 37 und Weber, J. / Goeldel, H. / Schäffer, U. 1996, S. 9.

Die beschriebene Strukturierung von Führungs- und Entscheidungsprozessen wird nun dazu benutzt, die vielen möglichen Rollen der Kostenrechnung in eine Ordnung zu bringen. Allein die dritte Phase des Führungszyklus, die Ausführung, ist von der Aufzählung der Kostenrechnungsrollen nicht betroffen. Die Kostenrechnung wurde als ein Führungsinstrument definiert. Ausführungshandlungen sind kein Bestandteil der Führung. Deshalb hat die Kostenrechnung für den konkreten Handlungsvollzug keine eigene Bedeutung. Auf diesem Gebiet wird somit nicht nach potentiellen Kostenrechnungsrollen gesucht.

3.2.1.2 Die Kostenrechnung in der Willensbildung

Die möglichen Aufgaben der Kostenrechnung in der Phase der Willensbildung lassen sich grundsätzlich in Anlehnung an die Grundelemente Problemidentifikation, Ermittlung von Alternativen, Beurteilung und Festlegung der zu realisierenden Handlungsmöglichkeit beschreiben. Mit Ausnahme des letzten Teilgebietes – der Auswahl der gewünschten Alternative – läßt sich an jedes dieser Elemente bei der Suche nach Funktionen einer Kostenrechnung anknüpfen. Mit Hilfe der Kostenrechnung ist es möglich, einen Bedarf für Entscheidungen und Handlungen überhaupt zu erkennen. Eine Kostenrechnung kann auch den Entwurf von Alternativen und die Konstruktion von Entscheidungsmodellen unterstützen. Kostenrechnungsinformationen eignen sich auch zur Beschreibung von Entscheidungsalternativen bzw. zur Bewertung innerhalb dieser Modelle.[1]

Darüber hinaus lassen sich selbst bei der intuitiven Willensbildung Ansatzpunkte für einen Einfluß der Kostenrechnung finden, wenn diese auch im Vergleich zur strukturierten, reflexiven Willensbildung weniger eindeutig sind. Beispiele dafür sind der mögliche Einsatz von grafischen Elementen in Berichten zur Förderung von Assoziationen und Abbau des Verfügbarkeitsbias[2] oder die Beschränkung auf die wichtigsten Informationen in Analysen zur Verhinderung von Überlagerungsprozessen.[3]

Mit einer derartigen Beschreibung von Anknüpfungspunkten läßt sich die generelle Relevanz der Kostenrechnung für Willensbildungsprozesse bestätigen. Die Rollenbeschreibung löst sich allerdings in wesentlichen Analyseschritten von den Grundelementen dieser Führungsphase, da eine Verallgemeinerung bestimmter Einsatzgebiete der Kostenrechnung über diese Teilgebiete hinweg unnötige Wiederholungen vermeidet.

1 Vgl. exemplarisch Pfaff, D. / Weber, J. 1998, S. 157.
2 Vgl. Nisbett, R. / Ross, L. 1980, S. 51.
3 Vgl. Miller, D. 1956, S. 90.

In der Willensbildung spielt die Kostenrechnung eine Rolle, die – vor allem im deutschsprachigen Raum – als wichtigster Zweck einer Kostenrechnung genannt wird. Die ***Fundierung von Entscheidungen*** des Managements erfolgt durch die Kostenrechnung. „Als betriebliches Informationssystem hat die Kostenrechnung zu allen Zeiten zur Fundierung von Entscheidungen beigetragen."[1] Die traditionelle Kostenrechnungsliteratur beschäftigt sich hauptsächlich mit der Frage, wie Rechnungssysteme zu gestalten sind, um für bestimmte Entscheidungstypen die bestmögliche Informationsbasis bieten zu können.[2] In der Literatur zur Kostenrechnung allgemein bzw. zu speziellen Methoden und Instrumenten wird explizit oder implizit häufig Bezug zu diesem Zweck der Kostenrechnung genommen. Zuerst soll an dieser Stelle die generelle Diskussion um eine Entscheidungsorientierung der Kostenrechnung aufgegriffen werden, um dann einzelne Kostenrechnungssysteme zu untersuchen. Abschließend werden die beschriebenen Teilprozesse der Willensbildung wieder aufgegriffen, um eine detaillierte Erörterung der Einsatzgebiete der Kostenrechnung in dieser Führungsphase zu erlauben.

ENTSCHEIDUNGSORIENTIERUNG – EINE GENERELLE PERSPEKTIVE

In der allgemeinen Erörterung der Rolle der Kostenrechnung in Unternehmen ist eine Entscheidungsorientierung unumstritten. Der Kostenrechnung wird ein Instrumentalcharakter[3] zugestanden, das heißt, daß dieses Informationssystem das Management in seinen Führungsaufgaben unterstützen soll.[4] Das Treffen von Entscheidungen wird als ein zentrales Element der Führung betrachtet, sofern die Entscheidungen von besonderer Bedeutung bzw. Tragweite für das Unternehmen sind.[5] Die Kostenrechnung wird folglich diesem Anspruch gerecht, indem es dem Management relevante Informationen für dessen zentrale Entscheidungsprobleme bereitstellt.[6] Damit soll dem Management der Entschluß für eine Handlungsalternative erleichtert werden.[7] Kostenrechnungsinformationen bilden in diesem Sinne die Basis oder das

---

1 Bungenstock, C. 1995, S. 86.

2 Vgl. Ewert, R. / Wagenhofer, A. 1997, S. 7.

3 Vgl. Illetschko, L.L. 1955, S. 31 und Dorn, G. 1993, Sp. 728.

4 Vgl. Küpper, H.U. 1992a, S. 143 und Rieder, L. 1997, S. 57.

5 Vgl. Gutenberg, E. 1962, S. 59-61; Hauschildt, J. et al. 1983, S. 26-32; Macharzina, K. 1995, S. 39-43.

6 Vgl. Rorem, C.R. 1928, S. 335; Davidson, H.J. / Trueblood, R.M. 1961, S. 577; Dalton, F.E. / Miner, J.B. 1970, S. 138; Rahman, M. / McCosh, A.M. 1976, S. 340; Gordon, L.A. / Larcker, D.F. / Tuggle, F.D. 1978, S. 203; Burchell, S. et al. 1980, S. 10; Ginzberg, M.J. 1980, S. 371 f.; Markus, M.L. / Pfeffer, J. 1983, S. 208; Weber, J. 1983a, S. 500; Otley, D.T. 1985, S. 6; Hummel, S. / Männel, W. 1986, S. 26; Küpper, H.-U. 1989, S. 220; Küpper, H.-U. 1990, S. 265; Ballwieser, W. 1991, S. 101 f.; Mia, L. 1993, S. 271.

7 Vgl. u.a. Tiedtke, J. 1950, S. 23 und Demski, J. / Feltham, G. 1976, S. 8.

Fundament von Entscheidungen des Managements.[1] Allgemein sprechen viele Studien von Dispositions-, Prognose- oder Planungsaufgaben,[2] wenn sie diese Rolle der Kostenrechnung in der Fundierung von Managemententscheidungen beschreiben.[3]

Detailliertere Aussagen zur Art der Unterstützung in Entscheidungen erlaubt die Differenzierung anhand der Entscheidungs- bzw. Handlungsnähe der Nutzung der Kostenrechnungsinformationen:

- Einerseits liegt ein Einsatzgebiet der Kostenrechnung in der direkten, entscheidungs- und handlungsnahen Nutzung ihrer Informationen; unmittelbar im Anschluß an die Verwendung der Informationen wird eine Entscheidung getroffen bzw. eine Handlung festgelegt. Typisch ist dieses Charakteristikum für tagtägliche, operative Entscheidungen, die sich aus plötzlichen Veränderungen des Entscheidungsumfeldes ergeben.[4] Dieser Gebrauch der Informationen wird ***instrumentelle*** Nutzung genannt.[5]

- Kostenrechnungsinformationen können andererseits zum Aufbau einer umfassenden Erfahrungsbasis dienen. Manager lernen mit Hilfe der Informationen. Ihre Denkprozesse und ihr Situationsverständnis werden von der Kostenrechnung beeinflußt. Der Wissensaufbau erfolgt dabei zwar zielgerichtet, aber der Hintergrund sind mögliche zukünftige Entscheidungsprobleme und damit verbundene Handlungsalternativen. Die Informationen dienen dazu, die Unsicherheit bezüglich einzelner Entscheidungsalternativen langfristig und planmäßig zu reduzieren.[6] Diese Verwendungsart[7] wird als ***konzeptionelle*** Nutzung bezeichnet.[8]

---

1 Vgl. Kosiol, E. 1964b, S. 61; Baldus, T. 1969, S. 79; Weber, H.K. 1977, S. 119; Kloock, J. 1978, S. 503-506; Stamer, G. 1987, S. 187; Preuß, R.K. 1991; Eisele, W. 1993, S. 565; Coenenberg, A.G. 1995, S. 2078.

2 Vgl. Burchell, S. et al. 1980, S. 10; Falterbaum, H. / Beckmann, H. 1989, S. 41; Lechner, K. / Egger, A. / Schauer, R. 1994, S. 511 und S. 525; Lücke, W. 1993, Sp. 1687.

3 Vgl. Savich, R.S. 1977, S. 642; Daft, R.L. / Macintosh, N.B. 1978, S. 82; O'Reilly, C.A. 1982; Raymond, L. / Magnenat-Thalmann, N. 1982, S. 20; O'Reilly, C.A. 1983, S. 105; Weber, J. / Kalaitzis, D. 1984, S. 448; Witt, F.-J. 1986, S. 63; Ansari, S. / Euske, K.J. 1987, S. 552; Heinen, E. / Dietel, B. 1991, S. 1163; Kloock, J. / Sieben, J. / Schildbach, T. 1991, S. 13-17; Coenenberg, A.G. 1993, Sp. 3687; Kilger 1993, S. 2; Männel, W. 1993, S. 70; Pfaff, D. 1994c, S. 1067; Schweitzer, M. / Küpper, H.-U.1995, S. 13-16; Ewert/Wagenhofer 1997, S. 7; Weber, J. 1997a, S. 55-60 und S. 311-313; Pfaff, D. / Weber, J. 1998, S. 152; Pfaff, D. / Weber, J. / Weißenberger, B.E. 1999.

4 Vgl. Daft, R.L. / Macintosh, N.B. 1978, S. 83 und McKinnon, S.M. / Bruns, W.J. 1992, S. 6-18.

5 Vgl. Menon, A. / Varadarajan, R. 1992, S. 54; Diamantopoulos, A. / Souchon, A.L. 1996, S. 119 f.; Souchon, A.L. / Diamantopoulos, A. 1996, S. 54.

6 Vgl. McKinnon, S.M. / Bruns, W.J. 1992, S. 19-25 und Weber, J. / Aust, R. 1998e, S. 274.

7 Vgl. Burchell, S. et al. 1980, S. 15; Hopwood, A.G. 1980, S. 228 f.; Mason, R.O. 1980, S. 29; Weber, J. / Kalaitzis, D. 1984, S. 447; Mia, L. 1993, S. 272; Albright, T.L. / Lee, T.A. 1995, S. 37; Ouksel, A.M. / Mihavics, K. / Chalos, P. 1997, S. 3.

8 Vgl. Menon, A. / Varadarajan, R. 1992, S. 56; Diamantopoulos, A. / Souchon, A.L. 1996, S. 120; Souchon, A.L. / Diamantopoulos, A. 1996, S. 54; Chapman, C.S. 1997, S. 202.

Zusammenfassend kann festgehalten werden, daß die Fundierung von Entscheidungen häufig als Kostenechnungszweck in der Literatur erwähnt wird, ohne einen speziellen Bezug zu einzelnen Elementen des Willensbildungsprozesses herzustellen. Eine Unterscheidung wird teilweise anhand eines anderen Differenzierungskriteriums vorgenommen: der zeitlichen Nähe der Verwendung der Kostenrechnungsinformationen zur Entscheidung bzw. Handlung.

ALLGEMEINE ENTSCHEIDUNGSORIENTIERUNG VON KOSTENRECHNUNGSSYSTEMEN

Nach dieser allgemeinen, auf die gesamte Kostenrechnung bezogene Zuordnung des Attributs Entscheidungsorientierung läßt sich auch für einzelne Kostenrechnungsmethoden und -instrumente eine solche Ausrichtung beobachten. Ohne den Anspruch zu erheben, die Entscheidungsorientierung von Kostenrechnungssystemen historisch systematisch analysieren zu wollen,[1] sollen einige wenige Beispiele dazu dienen, auf die herausragende Bedeutung der Entscheidungsorientierung für die Konzeption und Implementierung neuer Rechenmethoden und -systeme hinzuweisen:

- Selbst die frühen Formen einer Selbst- bzw. Vollkostenrechnung wurden trotz entscheidungsorientierter Defizite[2] für Preisentscheidungen oder die Gestaltung und Kontrolle betrieblicher Abläufe[3] benutzt. In neuerer Zeit wurde die Nutzung der Vollkostenrechnung für die Fundierung von betrieblichen Entscheidungen harsch kritisiert und mit Praxisbeispielen konfrontiert, in denen sie falsche Steuerungsimpulse gibt.[4] Nichtsdestotrotz wird Vollkostenansätzen unter gewissen Prämissen noch immer eine erhebliche Relevanz selbst für Entscheidungszwecke zugestanden.[5]

- Ein weiterer eigenständiger Ansatz innerhalb der heterogenen Palette von Kostenrechnungssystemen stellt die relative Einzelkosten- und Deckungsbeitragsrechnung dar,[6] die gemeinhin als Paradebeispiel für eine entscheidungsorientierte Kostenrechnung gilt. Seit ihrer Entstehung ist die von Riebel konzipierte Rechnung auf Betriebskontrolle und Betriebsdisposition ausgerichtet. Ihr grundsätzlicher Aufbau – die Trennung einer zweckneutralen Grundrechnung mit zweckspezifischen Auswertungsrechnungen – spiegelt das Bemühen wider, den informationellen Anforderungen jedes Entscheidungstyps entsprechen zu können.[7]

---

1 Vgl. ausführlich Bungenstock, C. 1995.
2 Vgl. Bungenstock, C. 1995, S. 89.
3 Vgl. exemplarisch Schmalenbach, E. 1956, S. 15-23.
4 Vgl. Bungenstock, C. 1995, S. 111 f.
5 Vgl. Pfaff, D. 1993, 1994a, 1994b, 1995b, S. 442 und 1996, S. 154 f.
6 Vgl. z.B. Riebel, P. 1956, 1959, 1994a und 1994b.
7 Vgl. Weber, J. 1996b, S. 5 und Weber, J. / Weißenberger, B.E. 1997, S. 285.

- Plankostenrechnungen existieren in verschiedener Art und Weise: neben der starren und flexiblen Plankostenrechnung ist auf die Grenzplankostenrechnung zu verweisen.[1] Obwohl zu Beginn ihrer Entwicklung eine explizite Entscheidungsorientierung fehlte,[2] ist diese Ausrichtung spätestens seit den Arbeiten Kilgers[3] nicht mehr zu übersehen. Die Vertreter der Plankostenrechnung sehen dieses Kostenrechnungssystem besonders dann für eine Vielzahl von Entscheidungsproblemen als geeignet an, wenn es mit einer Deckungsbeitragsrechnung verbunden wird.[4] Vor allem in dieser Ausbaustufe gilt also der Anspruch, unternehmerische Entscheidungen zu fundieren, auch für dieses System.

- Auch moderne Methoden des Kostenmanagements beanspruchen für sich, über eine exaktere oder eine zielgerichtetere Abbildung von Werteentstehung und Werteverzehr zu besseren Entscheidungen beizutragen. Unter diesen Vorzeichen wird beispielsweise mit dem Target Costing versucht, Produktionsprozesse so zu gestalten, daß für ein Produkt eine marktadäquate Kostenposition erzielt werden kann.[5] Die Prozeßkostenrechnung versucht, über verursachungsgerechtere Zurechnungs- bzw. Kalkulationsprinzipien Informationen zur Optimierung von Produktprogrammen und innerbetrieblichen Abläufen zur Verfügung zu stellen.[6] Ähnliche entscheidungsorientierte Charakteristika finden sich auch bei Methoden wie Kunden- und Produktlebenszyklusrechnungen[7] oder dem Benchmarking.[8]

ENTSCHEIDUNGSORIENTIERUNG IN TEILPROZESSEN DER WILLENSBILDUNG

Trotz der in weiten Teilen unspezifischen Erörterung einer Entscheidungsorientierung der Kostenrechnung und ihrer Systeme widmen sich einige wenige Arbeiten den Rollen der Kostenrechnung, indem sie an den einzelnen Teilprozessen der Willensbildung anknüpfen.

In der Problemidentifikation, dem ersten Teilprozeß einer Willensbildung, kann die Kostenrechnung einerseits die Aufmerksamkeit der Manager auf potentielle Problembereiche len-

---

1 Vgl. Plaut, H.-G. 1984; Kilger, W. 1993; Breid, V. 1995; Kummer, S. 1995a; Kummer, S. 1995b; Weber, J. 1997a, S. 156-165.

2 Vgl. Bungenstock, C. 1995, S. 147.

3 Vgl. Kilger, W. 1961, S. 639-641.

4 Vgl. Plaut, H.-G. 1984 oder Kilger, W. 1993.

5 Vgl. Seidenschwarz, W. 1993; Rösler, F. 1996; Kückelhaus, M. 1997.

6 Vgl. Horváth, P. / Mayer, R. 1989; Coenenberg, A.G. / Fischer, T.M. 1991; Glaser, H. 1992; Glaser, H. 1993; Götze, U. / Meyerhoff, J.C. 1993; Horváth, P. et al. 1993; Horváth, P. / Mayer, R. 1993; Küting, K. / Lorson, P. 1993; Männel, W. 1995; Weber, J. 1995d; Schneider, R. 1996; Kajüter, P. 1997.

7 Vgl. exemplarisch Bannmüller, E. 1997.

8 Vgl. Camp, R.C. 1989; Horváth, P. / Herter, R.N. 1992; Watson, G.H. 1992; Dence, R. 1995; Lorson, P. 1995; Elnathan, D. / Lin, T.W. / Young, S.M. 1996; Homburg, C. / Werner, H. / Englisch, M. 1997; Serfling, K. / Schultze, R. 1997; Brokekemper, A. / Gleich, R. 1998; Schäfer, S. / Seibt, D. 1998; Weber, J. / Wertz, B. 1999.

ken.[1] Diese Funktion – mit 'attention-directing' bezeichnet – wurde schon sehr früh als bedeutungsvoll für die Kostenrechnung identifiziert, die mit ihrer wertmäßigen Abbildung betrieblicher Aktivitäten Basis von Controllingaktivitäten ist.[2] Die Kostenrechnung kann andererseits einen Informationsselektionsprozeß unterstützen, indem sie die Flut der einem Manager zur Verfügung stehenden Daten entsprechend ihrer Relevanz klassifiziert.[3]

Schwerpunktmäßig beziehen sich die Studien zu Aufgaben einer Kostenrechnung jedoch auf die Eignung von Kostenrechnungsinformationen zur Generierung und Bewertung von Alternativen eines Entscheidungsmodells.[4] Kostenrechnungsinformationen erlauben den innerbetrieblichen, aber auch unternehmensübergreifenden Vergleich verschiedener Lösungsalgorithmen für Probleme. Das Aufspüren neuer Handlungsalternativen wird so unterstützt. Wenn die Struktur eines Entscheidungsmodells und die Alternativenmenge fixiert sind, dient die Kostenrechnung der informationellen Fundierung der Entscheidungsalternativen, indem sie antizipierte Schritte der Realisierung bewerten kann. Letztlich unterstützt sie die konkrete Berechnung im Entscheidungsmodell, indem sie über ihre Wertansätze Größen in unterschiedlichen Dimensionen auf eine vergleichbare Einheit transformieren kann.

Kostenrechnung in der Willensbildung: Ein Zwischenfazit

Insgesamt kann für die Phase der Willensbildung damit festgehalten werden, daß die Kostenrechnung hier als ein Instrument zur Fundierung von Entscheidungen gesehen wird. Eine Kostenrechnung kann vor allem reflexive Willensbildungsprozesse in der Problemidentifikation sowie in der Alternativengenerierung und -bewertung unterstützen. Viele der Kostenrechnungssysteme und -methoden wurden vor einem entscheidungsorientierten Hintergrund entwickelt bzw. für diesen Zweck – teilweise nach Modifikationen – eingesetzt. Entsprechend der Nähe der Informationsnutzung zur Entscheidung bzw. Handlung werden eine instrumentelle und eine konzeptionelle Verwendung unterschieden.

---

1 Vgl. Golembiewski, R. 1964, S. 341; Lucas, H.C. 1975a, S. 918; Birnberg, J.G. / Turopolec, L. / Young, S.M. 1983, S. 112; Dent, J.F. 1986, S. 149; Hummel, S. / Männel, W. 1986, S. 23; McKinnon, S.M. / Bruns, W.J. 1992, S. 19; Kobayashi, T. 1993, Sp. 1383; Kaplan, R.S. 1995, S. 6.

2 Vgl. Simon, H.A. et al. 1954, S. 3.

3 Vgl. Otley, D.T. 1985, S. 19 und Cooper, D.J. / Hayes, D. / Wolf, F. 1981, S. 180.

4 Vgl. Simon, H.A. et al. 1954, S. 3 f.; Golembiewski, R. 1964, S. 341; Weber, H.K. 1977, S. 119; Burchell, S. et al. 1980, S. 14; Hopwood, A.G. 1980, S. 226-228; Mason, R.O. 1980, S. 29; Birnberg, J.G. / Turopolec, L. / Young, S.M. 1983, S. 112; Weber, J. / Kalaitzis, D. 1984, S. 447; Berry, A.J. et al. 1985, S. 21 f.; Hummel, S. / Männel, W. 1986, S. 23; Ansari, S. / Euske, J.K. 1987, S. 552; Heinen, E. / Dietel, B. 1993, Sp. 1237; Kobayashi, T. 1993, Sp. 1383 f.; Bungenstock, C. 1995, S. 70; Chapman, C.S. 1997, S. 202; Weber, J. 1997a, S. 55 f.

3.2.1.3 Die Kostenrechnung in der Willensdurchsetzung

Um die Bedeutung einer Kostenrechnung in der Willensdurchsetzung abschätzen zu können, wird auf die beiden zentralen Elemente dieser Führungsphase Bezug genommen. Wie schon beschrieben wurde,[1] geht es in der Willensdurchsetzung parallel um eine Konkretisierung des Gewollten und des geistig antizipierten Realisationsprozesses sowie um eine Überwindung von Hemmnissen, die den entsprechenden Ausführungshandlungen im Wege stehen.

Die ***Konkretisierung*** des Ergebnisses des Willensbildungsprozesses bedarf in einer ähnlichen Weise Informationen, wie es in der ersten Phase des Führungsprozesses beschrieben worden ist.[2] Zwar entfallen mit der Problem- und Alternativenidentifikation zentrale Anwendungsfelder für die Kostenrechnung, doch die informationelle Präzisierung von Handlungsalternativen und eine Bewertung bestimmter Bestandteile einer Entscheidungsvariante erhält eine um so höhere Bedeutung. Im Unterschied zur Willensbildung werden für eine spezielle Handlungsalternative nun deutlich mehr Kostenrechnungsinformationen benötigt – allerdings nur für eine einzige, die zur Ausführung vorbestimmte Variante. Der diesbezügliche Einsatz der Kostenrechnung für die Konkretisierung des Gewollten entspricht damit im wesentlichen der entscheidungsorientierten Rolle der Kostenrechnung in der Alternativenbeschreibung innerhalb der Willensbildung. Auf eine ausführlichere Diskussion der Entscheidungsorientierung und ihrer Facetten soll mit einem Verweis auf die Argumentation im Rahmen der Willensbildung[3] an dieser Stelle verzichtet werden.

Jede Art der Willensdurchsetzung trifft auf ***Hemmnisse***, die der Ausführung des Vorgedachten entgegenstehen. Da in dieser Phase der Untersuchung eine rein funktionale Betrachtungsweise des Führungszyklus und der mit diesem in Verbindung stehenden Kostenrechnungsrollen erfolgt, werden hier nur die Hindernisse behandelt, die losgelöst von verschiedenen Handlungsträgern für Führungs- und Ausführungshandlungen zu beachten sind. Prinzipiell kann die Kostenrechnung zur Steuerung von Verhaltensweisen eingesetzt werden, die eine Realisierung des Vorgedachten sicherstellen. Mit der Kostenrechnung wird das für die Ausführung nötige Vertrauen aufgebaut, die der Grundsatzentscheidung nachgelagerten, konkretisierenden Entscheidungsprozesse gesteuert und so für einen Vollzug der antizipierten Handlung gesorgt.[4] Referenzinformationen, aber auch eine einfache Offenlegung der finanziellen Folgen bestimmter Handlungen können dies bewirken.

---

[1] Vgl. Abschnitt 3.2.1.1 Ein Schema zur Einordnung der Kostenrechnungsrollen.

[2] Vgl. Abschnitt 3.2.1.2 Die Kostenrechnung in der Willensbildung.

[3] Vgl. erneut Abschnitt 3.2.1.2 Die Kostenrechnung in der Willensbildung.

[4] Vgl. Preuß, R.K. 1991; Menon, A. / Varadarajan, R. 1992, S. 62; Coenenberg, A.G. 1995, S. 2078; Pfaff, D. / Weber, J. 1998, S. 160.

Relativ zur Willensbildung spielt die Kostenrechnung in den Willensdurchsetzungsprozessen ***insgesamt*** eine geringere Rolle, wenn man sich auf eine funktionale Betrachtungsweise beschränkt. Konkretisierungsschritte bieten zwar ähnliche Ansatzpunkte wie die Alternativenbewertung, erfordern jedoch Detailinformationen nur für eine Handlungsalternative. Darüber hinaus existieren lediglich wenige Untersuchungen, die die Überwindung von Hemmnissen mit Hilfe der Kostenrechnung analysieren. Eine deutlich höhere Aufmerksamkeit wird der Verhaltenssteuerung dann zuteil, wenn mehrere Handlungsträger in die Führungs- und Ausführungshandlungen involviert sind.[1]

3.2.1.4 Die Kostenrechnung in der Kontrolle

Zwei wesentliche Aktivitäten wurden bei der Erläuterung der Kontrollphase innerhalb des Führungszyklus unterschieden: eine Dokumentation der Prozesse und Resultate der Realisationsprozesse sowie das Erfassen einer Soll-Ist-Abweichung mit der entsprechenden Ursachenanalyse.[2] Beide Teilprozesse – Dokumentation und Kontrolle im engeren Sinne einer Abweichungsanalyse – gewähren einen breiten Raum für den Einsatz einer Kostenrechnung.

Die formalisierte Abbildung bzw. Aufzeichnung von Wertentstehung und -verzehr zählt zu den historisch ersten und unumstrittenen Aufgaben des Rechnungswesens. Die Funktion der ***Dokumentation*** wird deshalb auch der Kostenrechnung als Teil des Rechnungswesens zugeschrieben. Die kostenrechnerischen Aufzeichnungen werden im Gegensatz zu Buchführung und Bilanzierung nicht gesetzlichen und quasi-gesetzlichen Vorschriften unterworfen. Trotzdem werden an sie oftmals erhebliche Anforderungen bezüglich ihrer Nachprüfbarkeit gestellt, da komplexe und wichtige Anreizsysteme auf ihnen aufbauen. Diese Regeln für eine Dokumentation entstammen in diesem Sinne nicht nur expliziten Regelungen, sondern auch impliziten Verträgen.[3] Folgerichtig nimmt die Dokumentationsaufgabe der Kostenrechnung in der deutschsprachigen Literatur einen zentralen Platz ein.[4] Diese Aussage trifft in begrenztem Umfang auch auf internationale Studien zu.[5]

---

1 Vgl. Abschnitt 3.2.1.5 Die Kostenrechnung bei mehreren Handlungsträgern.

2 Vgl. Abschnitt 3.2.1.1 Ein Schema zur Einordnung der Kostenrechnungsrollen.

3 Vgl. exemplarisch Richter, R. / Furubotn, E.G. 1996, S. 242-247.

4 Vgl. Illetschko, L.L. 1955, S. 31; Kloock, J. 1978, S. 499-502; Chmielewicz, K. 1984, Sp. 3343; Weber, J. / Kalaitzis, D. 1984, S. 447; Hummel, S. / Männel, W. 1986, S. 22; Kilger, W. 1988, S. 926; Küpper, H.-U. 1990, S. 263; Ballwieser, W. 1991, S. 101; Heinen, E. / Dietel, B. 1991, S. 1162; Küpper, H.-U. 1992b, S. 38; Coenenberg, A.G. 1993, Sp. 3687; Eichhorn. P. 1993, S. 860; Eisele, W. 1993, S. 566; Heinen, E. / Dietel, B. 1993, Sp. 1237; Kobayashi, T. 1993, Sp. 1383; Lechner, K. / Egger, A. / Schauer, R. 1994, S. 511 und S. 525; Lücke, W. 1993, Sp. 1687; Coenenberg, A.G. 1995, S. 2078; Weber, J. 1997a, S. 54; Pfaff, D. / Weber, J. 1998, S. 159; Troßmann, E. 1998, S. 311.

5 Vgl. Burchell, S. et al. 1980, S. 10; Cooper, D.J. / Hayes, D. / Wolf, F. 1981, S. 180; Walsh, E.J. / Stewart, R.E. 1993, S. 789.

Die ***Kontrolle*** im engeren Sinne zählt ebenfalls zu den Zwecken des Rechnungswesens, die historisch eine große Bedeutung besitzen und bis in die heutige Zeit immer wieder für das Teilgebiet der Kostenrechnung als relevant erachtet wurden.[1] Diese Kontrollaufgabe läßt sich für ein besseres Verständnis der Funktionen einer Kostenrechnung in zwei Aktivitäten unterteilen:

- Kontrollprozesse beruhen auf einer Quantifizierung der Soll-Ist-Abweichung, die neben einem Planwert eine konsequente Verfolgung des Erfolges bzw. eine Abbildung des Zielerreichungsgrades voraussetzt.[2] Die Kostenrechnung mit ihren aggregierbaren Werten erlaubt eine über Organisationseinheiten hinwegreichende Planung und damit einen Soll-Ist-Vergleich.[3] Internationale Studien diskutieren dieses Einsatzgebiet der Kostenrechnung unter der Bezeichnung 'score-card'.[4]

- Um die beschriebenen Rückkopplungen zweckmäßig vorzubereiten, genügt der Soll-Ist-Vergleich nicht. Für Lerneffekte sind Abweichungsanalysen erforderlich,[5] bei denen die Kostenrechnung unterstützend wirken kann. Ihre Zurechnungsstrukturen bieten Ansatzpunkte für eine systematische Ursachenforschung, wenn Abweichungen festgestellt wurden.

3.2.1.5 Die Kostenrechnung bei mehreren Handlungsträgern

Die Diskussion der Kostenrechnungszwecke in Anlehnung an den idealtypischen Führungszyklus erfolgte unter der Prämisse, daß die Frage der Zuordnung von Aufgaben zu Aufgabenträgern keinen Einfluß auf die Aufgaben ausübt. Diese vergleichsweise realitätsfremde Vorbedingung verstellt den Blick für weitere mögliche Einsatzgebiete der Kostenrechnung, denen sich die Untersuchung nun widmet.[6] Auf diese Weise wird es möglich, Elemente der wirt-

---

[1] Vgl. Gutenberg, E. 1975, S. 131 f.; Kloock, J. 1978, S. 507-510; Kilger, W. 1988, S. 926; Busse von Colbe, W. 1991, S. 470; Heinen, E. / Dietel, B. 1991, S. 1164; Coenenberg, A.G. 1993, Sp. 3687; Eisele, W. 1993, S. 565; Männel, W. 1993, S. 70; Pfaff, D. 1994c, S. 1067; Schweitzer, M. / Küpper, H.-U. 1995, S. 5.

[2] Vgl. Weber, H.K. 1977, S. 119; Cooper, D.J. / Hayes, D. / Wolf, F. 1981, S. 180; Dent, J.F. 1986, S. 149; Ansari, S. / Euske, K.J. 1987, S. 552; Heinen, E. / Dietel, B. 1993, Sp. 1237; Coenenberg, A.G. 1995, S. 2078.

[3] Vgl. Weber, J. / Kalaitzis, D. 1984, S. 447; Gans, C. / Reiß, M. 1986, S. 95; Hummel, S. / Männel, W. 1986, S. 24; Lücke, W. 1993, Sp. 1687; Weber, J. 1997a, S. 53.

[4] Vgl. Simon, H.A. et al. 1954, S. 3; Golembiewski, R. 1964, S. 341; Birnberg, J.G. / Turopolec, L. / Young, S.M. 1983, S. 112; Gans, C. / Reiß, M. 1986, S. 95; McKinnon, S.M. / Bruns, W.J. 1992, S. 1.

[5] Vgl. Weber, J. / Kalaitzis, D. 1984, S. 447; Otley, D.T. 1985, S. 6; Küpper, H.-U. 1990, S. 265; Heinen, E. / Dietel, B. 1993, Sp. 1237 f.; Kobayashi, T. 1993, Sp. 1383; Lechner, K. / Egger, A. / Schauer, R. 1994, S. 511.

[6] Vgl. ähnlich die Einleitung zu 3.2.1 Das Spektrum möglicher Kostenrechnungsrollen.

schaftlichen Realität wie begrenzte Fähigkeiten oder differierende Zielkonflikte der Handlungsträger[1] in ihrer Bedeutung für die Kostenrechnung[2] zu analysieren.

Die Untersuchung wird bei der Beachtung der Effekte mehrerer Handlungsträger zwischen Über- und Unterordnungsbeziehungen in Hierarchien unterscheiden. Zuerst werden aber Aspekte beleuchtet, die generell und unabhängig von Rangordnungen für das Verständnis einer Kostenrechnung von Bedeutung sind.

GENERELLE INTERPERSONELLE ASPEKTE EINER KOSTENRECHNUNG

Das Denken in Kosten und Erlösen bzw. Aufwendungen und Erträgen hat eine sehr lange historische Tradition.[3] In Grundzügen hat kostenrechnerisches Denken selbst Einzug in das Alltagsleben gehalten. Kostenrechnungsmethoden bieten sich deshalb als ein gemeinhin verständliches Kommunikations- und Bewertungssystem geradezu an. Informationen, die zwischen Handlungsträgern ausgetauscht werden müssen, können „kostenrechnerisch" formuliert werden. Die Kostenrechnung erhält dadurch den Charakter einer ***Sprache***,[4] die über alle betrieblichen Funktionen und Bereiche hinweg nutzbar und nachvollziehbar ist. Die Kostenrechnung ist – über einen allgemeinen „Wortschatz" hinaus – sogar in der Lage, eine unternehmensspezifische Kultur zu erschaffen und zu bewahren.

Wenn eine derartige generelle Kommunikationsbasis vorliegt, kann man sich der Kostenrechnung als ein ***Koordinations- und Integrationsinstrument*** bedienen.[5] Mit ihr läßt sich ein gemeinsames Verständnis für Probleme und mögliche Lösungsverfahren aufbauen. Spezielle, virtuelle Welten lassen sich kreieren, die bei allen Mitarbeitern nach dem selben Muster verankert sind. Damit ist auch ein fruchtbares Fundament gelegt, um in Konfliktsituationen zu Lösungen zu gelangen, die von allen Beteiligten getragen werden. Mit der Kostenrechnung lassen sich Argumente quantifizieren bzw. nach einem einheitlichen Bewertungsmaßstab optimale Lösungen finden.[6]

---

1 Vgl. beispielsweise Bach, S. et al. 1998, S. 4.

2 Vgl. exemplarisch Colignon, R. / Covaleski, M. 1988.

3 Vgl. Schneider, D. 1992a, S. 88; Schneider, D. 1992b, S. 3; Dorn, G. 1992, S. 97,; Dorn, G. 1993, Sp. 722; Weber, J. 1993a, S. 3; Schweitzer, M. / Wagener, K. 1998, S. 438.

4 Vgl. Ouchi, W.G. 1979, S. 838; Otley, D.T. / Berry, A.J. 1980, S. 234; Cooper, D.J. / Hayes, D. / Wolf, F. 1981, S. 183; Boland, R.J. / Pondy, L.R. 1983, S. 228; Dent, J.F. 1986, S. 164; Laughlin, R.C. 1987, S. 480 f.; Nahapiet, J.E. 1988, S. 353; Demski, J.S. 1994, S. 1; Pfaff, D. / Weber, J. 1998, S. 160.

5 Vgl. Boland, R.J. 1979, S. 269; Otley, D.T. / Berry, A.J. 1980, S. 234; Cooper, D.J. / Hayes, D. / Wolf, F. 1981, S. 180; Meyer, J.W. 1983, S. 235; Dent, J.F. 1986, S. 149 f.; Hopwood, A.G. 1987, S. 213; Walsh, E.J. / Stewart, R.E. 1993, S. 789; Lechner, K. / Egger, A. / Schauer, R. 1994, S. 511; Albright, T.L. / Lee, T.A. 1995, S. 37; Otley, D. / Broadbent, J. / Berry, A. 1995, S. S39.

6 Vgl. Weber, J. / Kalaitzis, D. 1984, S. 448 und Weber, J. 1997a, S. 55.

Diese hohe Bedeutung einer Kostenrechnung bringt freilich Schattenseiten mit sich. Wenn bei verschiedenen Handlungsträgern voneinander abweichende Präferenzstrukturen vorliegen, läßt sich die Kostenrechnung ***politisch***[1] instrumentalisieren:

- Kostenrechnungsinformationen können genutzt werden, um organisatorische Macht zu erlangen und auszuüben.[2] Informationen lassen sich verzerren. Solange dies unbeobachtet bleibt, werden die Informationen aber weiterhin als valide Argumente aufgefaßt. Spielräume für diejenigen Personen, die die Kostenrechnungsinformationen bzw. Abrechnungs- und Anreizsysteme beeinflussen können, sind auf diese Weise gegeben.

- Die gleiche Argumentation gilt zweifelsohne auch für die (symbolische) Verwendung der Kostenrechnung zur Erlangung von Vorteilen in Verhandlungssituationen.[3] Wenn Kostenrechnungsinformationen so verändert werden, daß sie zur Bestätigung vorgefaßter Meinungen bzw. Positionen dienen, läßt sich die eigene Verhandlungsposition erheblich verbessern. Die Kostenrechnung liefert nur – bildlich gesprochen – die Munition für Geschütze, deren Schußrichtung von anderen Einflüssen bestimmt wird.[4]

Diese allgemeine Analyse von Kostenrechnungsrollen resultiert aus der Berücksichtigung mehrerer Handlungsträger. Die beschriebenen Einsatzfelder erlangen vor allem dann eine besondere Relevanz, wenn sich die beteiligten Personen auf einer organisatorischen Ebene bewegen. Den Folgen hierarchischer Beziehungen mehrerer Handlungsträger wenden sich die Ausführungen jetzt zu.

Legitimation als Einsatzfeld der Kostenrechnung

In einem ersten Schritt soll untersucht werden, welche Möglichkeiten ein hierarchisch Untergebener hat, die Kostenrechnung zweckgerichtet einzusetzen. Bei der Kostenrechnung handelt es sich um ein allgemein anerkanntes Dokumentations- und Bewertungssystem. Wenn man von einem Informationsvorsprung auf der untergeordneten Ebene ausgeht, eröffnet dies viel-

---

1 Vgl. Gambling, T. 1977, S. 150.

2 Vgl. Cooper, D.J. / Hayes, D. / Wolf, F. 1981, S. 182; Markus, M.L. / Pfeffer, J. 1983, S. 208; Swanson, E.B. 1983, S. 219; Dent, J.F. 1986, S. 166-169; Ansari, S. / Euske, K.J. 1987, S. 553.

3 Vgl. Schneider, D. 1998, S. 1473.

4 Vgl. O'Reilly, C.A. 1978, S. 175; Burchell, S. et al. 1980, S. 14 f.; Hopwood, A.G. 1980, S. 229-231; Ansari, S. / Euske, K.J. 1987, S. 552; Menon, A. / Varadarajan, R. 1992, S. 56; Diamantopoulos, A. / Souchon, A.L. 1996, S. 120; Souchon, A.L. / Diamantopoulos, A. 1996, S. 55; Chapman, C.S. 1997, S. 201.

fältige Möglichkeiten, mit der Kostenrechnung seine eigenen Entscheidungen und Handlungen vor Dritten zu legitimieren:[1]

- Historische Entscheidungen können vor Vorgesetzten oder Dritten in ein besseres Licht gerückt werden.
- Zukünftig gewünschte Aktivitäten lassen sich gegenüber Vorgesetzten besser vertreten, indem der Anschein einer rationalen Entscheidungsfindung mit der Kostenrechnung gegeben werden kann.
- Die Kostenrechnung entwirft das Bild legitimer und rationaler Aktivitäten in Organisationseinheiten oder dem ganzen Unternehmen.

VERHALTENSSTEUERUNG MIT HILFE DER KOSTENRECHNUNG

Das Überordnungsverhältnis innerhalb einer hierarchischen Beziehung bietet ein erheblich höheres Potential für die Anwendung einer Kostenrechnung, ihrer Methoden und Informationen. Diese Rolle läßt sich als Verhaltenssteuerung beschreiben. Mit dieser Bezeichnung wird deutlich gemacht, daß sich die Instanz die Kostenrechnung zunutze macht, um das Handeln ihrer Untergebenen in die gewünschten Bahnen zu lenken. Die möglichen ***Elemente*** dieser Kostenrechnungsrolle sind relativ vielseitig und breit gestreut:[2]

- Die Kostenrechnung kann dazu verwendet werden, Prozeßvorschriften und Zielvorgaben zu formulieren. Damit wird eine symbolische Ordnung geschaffen, in der sich die Untergebenen relativ sicher bewegen können und sich somit für den Vorgesetzten in gewissem Maße kalkulierbar verhalten.

---

[1] Vgl. Burchell, S. et al. 1980, S. 15; Cooper, D.J. / Hayes, D. / Wolf, F. 1981, S. 181 f.; Birnberg, J.G. / Turopolec, L. / Young, S.M. 1983, S. 121-124; Markus, M.L. / Pfeffer, J. 1983, S. 208; Meyer, J.W. 1983, S. 235; O'Reilly, C.A. 1983, S. 110; Berry, A.J. et al. 1984, S. 22 und S. 24; Meyer, J.W. 1986, S. 355; Ansari, S. / Euske, K.J. 1987, S. 553; Nahapiet, J.E. 1988, S. 354; Ansari, S.L. / Bell, J. 1991, S. 7; Dent, J.F. 1991, S. 728; Drury, C. / Tayles, M. 1995, S. 272; Chapman, C.S. 1997, S. 201.

[2] Vgl. Kosiol, E. 1964b, S. 61; Rahman, M. / McCosh, A.M. 1976, S. 340; Boland, R.J. 1979, S. 270; Ginzberg, M.J. 1980, S. 372; Mason, R.O. 1980, S. 29; Otley, D.T. / Berry, A.J. 1980, S. 234; Cooper, D.J. / Hayes, D. / Wolf, F. 1981, S. 180; Collins 1982, S. 111-115; Hummel, S. / Männel, W. 1986, S. 24; Ansari, S. / Euske, K.J. 1987, S. 553; Hiromoto, T. 1988, S. 26; Nahapiet, J.E. 1988, S. 354; Hiromoto, T. 1989, S. 317; Küpper, H.-U. 1989, S. 223; Ballwieser, W. 1991, S. 102; Heinen, E. / Dietel, B. 1991, S. 1163; Horngren, C.T. 1992, S. 293; Heinen, E. / Dietel, B. 1993, Sp. 1237; Puxty, A.G. 1993, S. 69; Walsh, E.J. / Stewart, R.E. 1993, S. 789; Pfaff, D. 1994c, S. 1067; Albright, T.L. / Lee, T.A. 1995, S. 39; Breid, V. 1995, S. 821; Pfaff, D. 1995a; Pfaff, D. 1995b, S. 441; Wagenhofer, A. 1995, S. 83 f.; Pfaff, D. 1996, S. 151; Pfaff, D. / Weber, J. 1997, S. 462; Rieder, L. 1997, S. 53-57; Weber, J. 1997a, S. 313-317; Küpper, H.-U. 1998, S. 519; Pfaff, D. / Weber, J. 1998, S. 160; Weber, J. / Aust, R. 1998e, S. 275; Pfaff, D. / Weber, J. / Weißenberger, B.E. 1999.

- Die Erwartungen an das Verhalten von Mitarbeitern lassen sich über Kosten und/oder Erlöse quantifizieren. Auf Basis dieser Wertgrößen lassen sich Anreizsysteme konstruieren.

- Kostenrechnerische Verrechnungsprinzipien können zur Beeinflussung nachgelagerter Entscheidungen benutzt werden, indem gewisse Kostenschlüsselungen bewußt festgelegt werden. Die Aufmerksamkeit von Entscheidungsträgern läßt sich mit Kostenrechnungsinformationen steuern. Diese Facette der Verhaltensorientierung steht in einer engen Beziehung zum schon beschriebenen 'attention-directing'.[1]

- Unter Berücksichtigung der rückkoppelnden Effekte der Kontrolle ergibt sich eine letzte Facette der Verhaltenssteuerung. In der deutschsprachigen Kostenrechnungsliteratur wird häufig von der Kostenrechnung als Steuerungsinstrument gesprochen.[2] Unter dieser Bezeichnung wird die Kostenrechnung als ein Mittel gesehen, Willensbildungs-, Willensdurchsetzungs- und Kontrollaktivitäten bei mehreren Handlungsträgern informationell zu verbinden.

In Summe dieser Möglichkeiten läßt sich der Vollzug einer Entscheidung in der Art und Weise fördern, wie sie in der Willensbildung antizipiert wurde.[3] Die hier beschriebenen Einsatzfelder der Kostenrechnung im Rahmen der Verhaltenssteuerung bei mehreren Handlungsträgern ergänzen somit die Aufgaben, die bei der funktionalen Betrachtung der Willensdurchsetzung aufgeführt wurden.[4]

Die aufgeführten Facetten einer verhaltensorientierten Kostenrechnung lassen erkennen, daß es sich bei der Verhaltenssteuerung um eine Rolle handelt, die sich wie die Entscheidungsorientierung auf die informationelle Untermauerung von Entscheidungen bezieht.[5] Im Gegensatz zur Entscheidungsorientierung, bei der die Konsequenzen bestimmter Handlungen auf eine gemeinsame Zielfunktion hin genauer abgeschätzt werden, geht es bei der Verhaltenssteuerung jedoch um die bewußte Beeinflussung fremder Entscheidungen.[6] Untergebene Personen sollen durch die Informationen bzw. Prinzipien der Kostenrechnung dazu bewegt werden, sich im Sinne der Instanz zu entscheiden bzw. zu handeln. Letztlich ermöglicht die Kostenrechnung die formale Angleichung der Präferenzen der Handlungsträger an das Zielsystem der In-

---

1 Vgl. Abschnitt 3.2.1.2 Die Kostenrechnung in der Willensbildung.

2 Vgl. Eschenbach, R. / Ohner, M. 1981, S. 228; Chmielewicz, K. 1984, Sp. 3343; Busse von Colbe, W. 1991, S. 470; Küpper, H.-U. 1992b, S. 51 f.; Eichhorn, P. 1993, S. 860; Männel, W. 1993, S. 70; Schweitzer, M. / Küpper, H.-U. 1995, S. 5; Pfaff, D. / Weber, J. 1998, S. 152.

3 Vgl. Preuß, R.K. 1991 und Coenenberg, A.G. 1995, S. 2078.

4 Vgl. Abschnitt 3.2.1.3 Die Kostenrechnung in der Willensdurchsetzung.

5 Vgl. Abschnitt 3.2.1.2 Die Kostenrechnung in der Willensbildung.

6 Vgl. exemplarisch Ewert, R. / Wagenhofer, A. 1997, S. 8.

stanz. Die Verhaltenssteuerung besitzt mit ihrer Ausrichtung von Handlungen und Aktivitäten auf ein bestimmtes Ziel auch Ähnlichkeiten zur erläuterten Koordinations- und Integrationsfunktion der Kostenrechnung. Allerdings entsteht der unterschiedliche Charakter dieser beiden Kostenrechnungsrollen durch den divergierenden Beziehungshintergrund: Bei der Verhaltenssteuerung ist dieser – anstatt der Gleichordnung und gemeinsamer Interessen bei der Koordination und Integration – hierarchisch geprägt, weshalb die Kostenrechnung die Zielfunktion der Instanz in Verrechnungsprinzipien, Informationsselektion und Anreizsysteme umsetzt.

Neben der grundsätzlichen Existenz einer hierarchischen Beziehung basiert die verhaltensorientierte Rolle der Kostenrechnung auf drei ***Annahmen***. Sie erlangt dann Bedeutung, wenn von einer beschränkten Rationalität der Instanz (vor allem natürlichen Grenzen der Ratio und der intellektuellen Leistungsfähigkeit) und verschiedenen Zielfunktionen der Instanz und der untergebenen Person[1] oder von asymmetrisch verteilten Informationen und den gerade beschriebenen, zumindest potentiellen Zielkonflikten ausgegangen wird.[2] Eine Delegation von Entscheidungen an nachgelagerte Entscheidungsträger erscheint nur vor einem derartigen Hintergrund sinnvoll.

Die beschriebene personelle Trennung von Entscheidungsprozessen birgt ***Chancen*** und ***Risiken***. So lassen sich infolge der begrenzten Informationsverarbeitungskapazität der Instanz breite und detaillierte Informationen besser nutzen, indem konkretisierende Entscheidungen und Handlungen delegiert und so die Informationsverarbeitungskapazitäten der Untergebenen genutzt werden. Diesen erheblichen Chancen steht das Risiko gegenüber, daß die bei mehreren Entscheidungsträgern notwendigen räumlichen Datentransformationsprozesse mißglükken.[3] Ursachen dafür können Störungen bei der Übermittlung der Informationen oder bei der Interpretation der Daten in einem anderen mentalen Kontext (Verständigungsprobleme[4]) sein. Letztere entstehen vor allem durch verschiedene Ebenen und Perspektiven kommunikativer Handlungen.[5] Die Delegation von Entscheidungs- und Handlungskompetenzen bei divergierenden Zielfunktionen und asymmetrischer Information impliziert somit einen Kontrollbedarf, der angesichts seiner nur begrenzten Beherrschbarkeit einen Risikofaktor darstellt.

---

1 Vgl. Weber, J. 1997a, S. 313.
2 Vgl. Ewert, R. / Wagenhofer, A. 1997, S. 8.
3 Vgl. Brettel, M. 1997, S. 55-59.
4 Vgl. ausführlicher Bäumges, M. 1998, S. 48-54.
5 Vgl. u.a. Watzlawick, P. / Beavin, J.H. / Jackson, D.D. 1990, S. 53-56; Schulz von Thun, F. 1993, S. 11-16; Allhoff, D.W. / Allhoff, W. 1996, S. 27; Fittkau, B. 1997, S. 183.

Im Sinne einer Verhaltenssteuerung mit der Kostenrechnung müssen bestimmte Merkmale und Kriterien der Kostenrechnungsinformationen anders interpretiert werden. So werden mehr bzw. detailliertere Informationen nicht immer als förderlich für eine bessere Zielerreichung angesehen.[1] Bei der Gestaltung von Anreizsystemen erlangen andere ***Kostenrechnungsprinzipien*** eine hohe Relevanz, als dies beispielsweise bei einer Entscheidungsorientierung der Fall ist:[2] Verständlichkeit, Durchschaubarkeit und Nachprüfbarkeit werden zu zentralen Anforderungen an anreizkompatible Kostenrechnungssysteme.[3]

Ein sehr wichtiger Effekt darf allerdings bei einer Umsetzung dieser Kostenrechnungsrolle in die Unternehmenspraxis nicht vergessen werden. Trotz aller Transparenz der Kostenrechnungsprinzipien und -informationen bringt eine Verhaltensorientierung immer die Notwendigkeit mit sich, zwei Informationssysteme parallel zu betreiben. Mit einem dieser beiden Systeme werden die tatsächlichen Verhältnisse für die Instanz möglichst realitätsgetreu abgebildet. Das zweite System dient dagegen als Basis für die nachgelagerten Entscheidungen – ohne daß die betroffenen Handlungsträger sich über die ***parallele Existenz*** eines anderen Informationssystems bewußt sind. Die Anreizsysteme sind allein an das zweite, bewußt gesteuerte Informationssystem gekoppelt, um eine hohe Verbindlichkeit und das Potential zur Veränderung der Präferenzsysteme zu sichern.

3.2.2 Nutzungsarten und Unsicherheit als Systematisierungsansatz

Wie die bisherigen Ausführungen deutlich gemacht haben dürften, wird der Kostenrechnung ein sehr breites und heterogenes Aufgabenfeld zugestanden. Anhand des idealtypischen Führungszyklus ist es gelungen, die vielen verschiedenen Rollen der Kostenrechnung in eine vorläufige Ordnung zu bringen. Diese erste, in Abb. 5 dargestellte Klassifikation kann indes nicht das Endresultat der Rollendiskussion darstellen. Um sich dem Ziel, Kostenrechnungsverantwortlichen pragmatische Gestaltungshinweise für ihre Tätigkeit zu geben, weiter anzunähern, wird die Klassifikation von insgesamt zehn Aufgabenfeldern der Kostenrechnung im folgenden Abschnitt noch stärker integriert. Durch diesen Ausbau der Forschungsergebnisse wird die Rollenübersicht um konkrete Hinweise zur Relevanz einzelner Zwecke und die sie beeinflussenden Faktoren erweiterbar.

---

1 Vgl. Ewert, R. / Wagenhofer, A. 1997, S. 10.

2 Vgl. Weber, J. 1997a, S. 314-316.

3 Vgl. Weber, J. / Aust, R. 1997, S. 36 f.

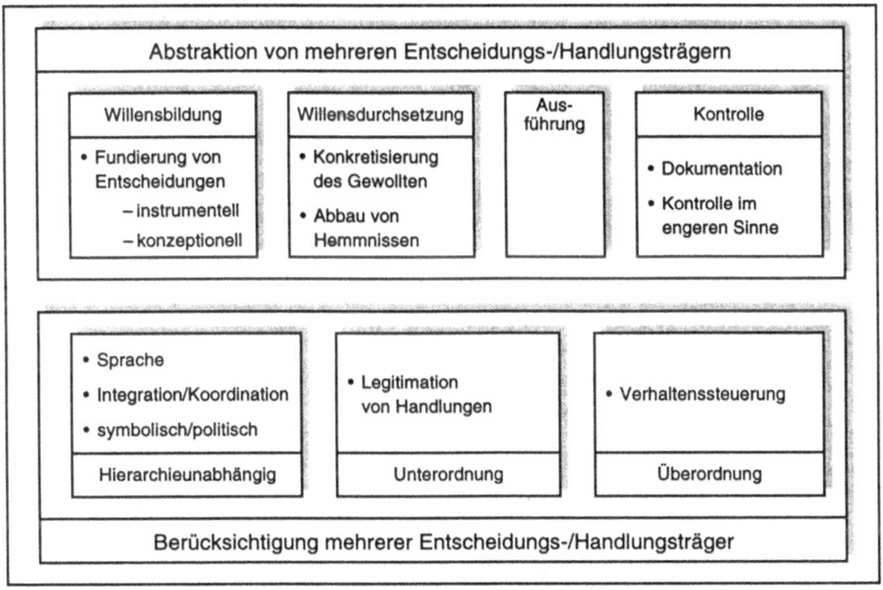

Abb. 5: Überblick über die Vielfalt an Kostenrechnungsrollen

Als substantielle Schwäche der aktuellen Kostenrechnungspraxis wurde neben dem sehr beschränkten Rollenverständnis die mangelnde Berücksichtigung von Kontextfaktoren identifiziert.[1] Infolgedessen wird zu einer Systematisierung der Aufgabenbereiche der Kostenrechnung ein Ansatz aufgegriffen, der die Unsicherheit der Führungssituation als Differenzierungskriterium heranzieht. Wesentliche Elemente dieses Ansatzes werden aufgegriffen, um ein eigenes Verständnis des Unsicherheitsbegriffs zu entwickeln und dieses für die Unterscheidung von Kostenrechnungsrollen zu nutzen. Die so entstehende Aufgabentypologie wird sodann in Bezug zur bisherigen Rollendiskussion gesetzt.

3.2.2.1 Rationale und natürliche Modelle der Organisation

In ihren Ursprüngen spiegelt die Entwicklung der Kostenrechnung ein Bild des wirtschaftlichen Handelns in Organisationen wider, das ausschließlich von ***Rationalitätsgesichtspunkten*** geprägt war. Man ging beim Entwurf von Informationsinstrumenten davon aus, daß jede wirtschaftliche Aktivität von im vorhinein festgelegten Zielen bestimmt wird. Der Tätigkeitsbereich bzw. der Gegenstand der wirtschaftlichen Aktivitäten einer Organisation wurden so defi-

[1] Vgl. Abschnitt 1.1.3 Fazit der Analyse der Kostenrechnungsdiskussion.

niert, daß er die Erreichung des Ziels ermöglichte. Für die Entscheidungsträger in diesen Organisationen galt es dann, Produktionsfunktionen zu erkennen, die eine kausale Beziehung zwischen den nötigen Einsatzfaktoren und den zu erstellenden Leistungen beschrieben. Aufgabe des Rechnungswesens war es in einem solchen Kontext, die erkannten Produktionsbeziehungen hinsichtlich der Ziele der Organisation finanziell zu bewerten. Die Systeme des Rechnungswesens illustrierten die Prozesse und Strukturen der Organisation in genau der rationalen Art,[1] wie sie tatsächlich ablaufen sollten.

Eine derartige Vorstellung von Organisationen bzw. Entscheidungsprozessen – als ***rationales Modell*** bezeichnet[2] – beruht auf einer Reihe von restriktiven Annahmen:

- Die Organisationsteilnehmer müssen sich auf ein gemeinsames Ziel einigen und ihre persönlichen Präferenzen zurückstellen.
- Das Entscheidungsumfeld muß vom Manager als Entscheidungsträger erkennbar sein, um Problembereiche und mögliche Handlungsalternativen identifizieren zu können.
- Die Konsequenzen verschiedener Entscheidungsalternativen – Kausalzusammenhänge – müssen beschreibbar sein und über den Zeitraum der Realisierung stabil bleiben.

Als Gegenentwurf zu dieser Sicht entstanden in neuerer Zeit sogenannte ***natürliche Modelle***,[3] die sich mit dem Verweis auf reale Gegebenheiten explizit von den Basisannahmen des rationalen Modells lösen. Organisationen verfügen in dieser Sicht nicht über ein eindeutiges Zielsystem. Inkonsistente, widersprüchliche und unzulängliche Präferenzsysteme sind die Richtschnur für Auswahlakte.[4] Der Weg zur Erreichung bestimmter Ziele, mögliche Technologien sowie Leistungserstellungs- und Leistungsverwertungsprozesse sind unklar. Die Entscheidungsprozesse verlaufen ungeordnet und werden erheblich von Zufallsfaktoren beeinflußt. Die Manager nehmen nicht mehr eine objektiv vorhandene Wirklichkeit wahr, sondern erschaffen eine eigene soziale Realität, die kompatibel mit ihren subjektiven Erfahrungen ist.[5]

---

1 Vgl. Ansari, S.L. 1979, S. 154; Meyer, J.W. 1983, S. 235; Ansari, S.L. / Bell, J. 1991, S. 6.

2 Vgl. Boland, R.J. / Pondy, L.R. 1983, S. 223; Laughlin, R.C. / Lowe, E.A. 1990, S. 25 f.; Otley, D. / Broadbent, J. / Berry, A. 1995, S. S35.

3 Vgl. erneut Boland, R.J. / Pondy, L.R. 1983, S. 223; Laughlin, R.C. / Lowe, E.A. 1990, S. 25 f.; Otley, D. / Broadbent, J. / Berry, A. 1995, S. S35.

4 Vgl. Cohen, M.D. / March, J.G. / Olsen, J.P. 1972, S. 1.

5 Vgl. Boland, R.J. / Pondy, L.R. 1983, S. 223.

3.2.2.2 Entscheidungstypen infolge des Grades der wahrgenommenen Unsicherheit

Eine derartige Vorstellung von Organisationen hat Folgen für die Entscheidungssituationen des Managements und damit die Kostenrechnung als Führungsinstrument. Basis der Analyse des Kostenrechnungsverständnisses ist eine ***Matrix***, in der verschiedene Zustände von Organisationen bzw. Typen von Entscheidungen in Abhängigkeit vom Grad der wahrgenommenen Unsicherheit des Entscheidungsträgers beschrieben sind. Zwei Dimensionen werden in dieser Matrix unterschieden:[1]

- In der ersten Dimension wird erfaßt, wie eindeutig die Wahrnehmung über die Präferenzstruktur bezüglich der Ziele ist, die gemeinsam verfolgt werden. Bei einer geringen Unsicherheit über das organisationale Zielsystem existiert ein von allen Organisationsteilnehmern verstandenes, anerkanntes und als relevant erachtetetes Ziel, an dem alle Handlungen ausgerichtet werden. Ein hoher Unsicherheitsgrad bezüglich der Ziele der kollektiven Aktivitäten liegt dann vor, wenn die Absichten nicht eindeutig definiert sind, in relativ kurzen Zeitabständen variieren oder von nicht allen Entscheidungs- und Handlungsträgern anerkannt werden.

- Mit der zweiten Dimension wird abgebildet, mit welcher Sicherheit Ursache-Wirkungs-Zusammenhänge als bekannt vorausgesetzt und als den Tatsachen entsprechend akzeptiert werden. Erneut werden zwei Zustände unterschieden: Bei geringer Unsicherheit über den Verlauf der Faktortransformationsprozesse sind den Organisationsteilnehmern die Kausalzusammenhänge zwischen den Einsatzfaktoren und den Leistungen bekannt. Das Wissen und die Ansichten werden von allen Organisationsteilnehmern geteilt. Bei einem hohen Unsicherheitsgrad existieren entweder keinerlei, oder zumindest keine einheitlichen Vorstellungen über Ursache-Wirkungs-Zusammenhänge.

Die Kombination beider Dimensionen der wahrgenommenen Unsicherheit führt zu einer Matrix mit vier verschiedenen Entscheidungstypen, die in Abb. 6 veranschaulicht ist. Die alternativen Typen des Entscheidungsprozesses lassen sich folgendermaßen charakterisieren:[2]

- Der Entscheidungsprozeß entspricht einem einfachen ***Rechenvorgang***, wenn sowohl über die Ziele der gemeinsamen Tätigkeit als auch über die Kausalbeziehungen eine übereinstimmende Sicht vorherrscht. Für jede mögliche Entscheidungsalternative

---

1 Vgl. ausführlich Thompson, J.D. / Tuden, A. 1959, S. 196-198; Perrow, C. 1967; Ouchi, W.G. / Maguire, M.A. 1975, S. 559-561; Ouchi, W.G. 1977, S. 98; Daft, R.L. / Macintosh, N.B. 1978, S. 84-86; Ouchi, W.G. 1979, S. 843; Burchell, S. et al. 1980, S. 13 f.; Hopwood, A.G. 1980, S. 224-226; Birnberg, J.G. / Turopolec, L. / Young, S.M. 1983, S. 112-116.

2 Vgl. Thompson, J.D. / Tuden, A. 1959, S. 198-205 und Hopwood, A.G. 1980, S. 225 f.

kann berechnet werden, inwieweit sie zur Erreichung der gewünschten Zielsetzung beiträgt.

- Wenn allerdings die Ursache-Wirkungs-Zusammenhänge nicht eindeutig sind, wandelt sich der strukturierte Rechenvorgang in einen ***Abwägungsprozeß*** der Entscheidungsträger. Unterschiedliche Wahrnehmungen und Interpretationen sind in ihren potentiellen Wirkungen auf die Zielgröße zu vergleichen. Keine Entscheidung wird absolut getroffen. Über Majoritäten werden Urteile gefällt und Alternativen ausgewählt.

- Um bei vagen oder differierenden Zielvorstellungen und bekannten Kausalbeziehungen zu einer Entscheidung zu gelangen, sind Verhandlungsprozesse erforderlich. In den ***Verhandlungen*** müssen Kompromisse erreicht werden, indem eine gemeinsame Position innerhalb der verschiedenen Präferenzstrukturen gefunden oder geschaffen wird.

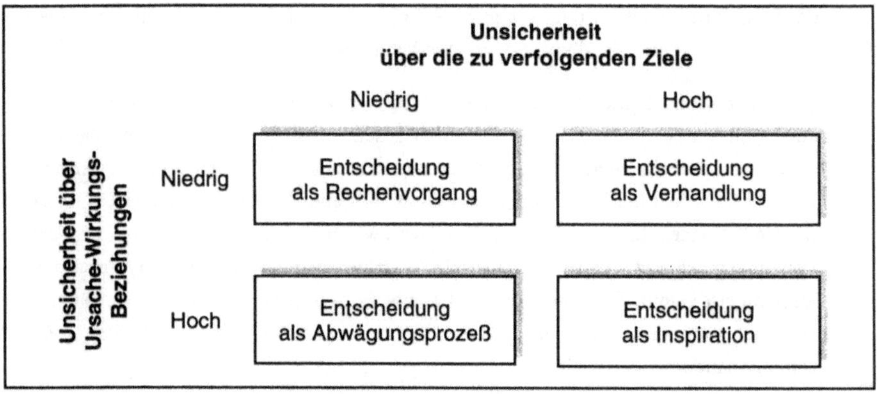

Abb. 6: Wahrgenommene Unsicherheit und Entscheidungstypen in Anlehnung an Burchell, S. et al. 1980, S. 13 und Hopwood, A.G. 1980, S. 225

- Unstimmigkeiten über die zu verfolgenden Ziele und den Weg dorthin stellen die Existenz der gesamten Organisation in Frage. Konfliktvermeidungsstrategien werden hier als Lösung angesehen. ***Inspiration***, neue Visionen und eine charismatische Ausstrahlung können zu Entscheidungen führen, die von allen tragbar erscheinen.

3.2.2.3 Kostenrechnung und wahrgenommene Unsicherheit

Diese Typologie von Entscheidungsprozessen kann als Anknüpfungspunkt für verschiedene Rollen der Kostenrechnung genutzt werden, da die beschriebenen Entscheidungstypen sehr unterschiedliche Anforderungen an ein unterstützendes Informationssystem stellen. Obwohl eine Übertragung der Vier-Felder-Struktur auf die Kostenrechnung an anderer Stelle theoretisch begründet worden ist,[1] soll für die Zwecke dieser Untersuchung eine Einteilung der Zwecke einer Kostenrechnung vorgestellt werden, die zwar ebenfalls den Grad der wahrgenommenen Unsicherheit als Differenzierungskriterium benutzt, aber nur drei verschiedene Kostenrechnungsrollen unterscheidet. Die Abweichung zum vorgestellten Ansatz entsteht dadurch, daß keine zweidimensionale Struktur entworfen wird, sondern an ein eindimensionales Spektrum der wahrgenommenen Unsicherheit angeknüpft wird. Zwei Argumente – ein theoretisches und ein meßtechnisches – führten zu dieser Vereinfachung: Einerseits kann davon ausgegangen werden, daß in Unternehmen die Ziele der gemeinsamen Aktivitäten zumindest grob festgelegt sind, wodurch sich die zweite Dimension der beschriebenen Matrix erübrigt. Zweitens verringert eine solche Sicht den Erfassungsaufwand für die Unsicherheit im Rahmen einer quantitativ-empirischen Erhebung.

Die Konzeptualisierung der wahrgenommenen Unsicherheit

Der Umgang mit Unsicherheit bzw. Ungewißheit wird gemeinhin als eine unausweichliche Komponente der Aufgaben angesehen, mit denen das Management konfrontiert wird.[2] Der Begriff Unsicherheit wird mit unterschiedlichen ***Begriffsinhalten*** belegt bzw. ähnliche Themen werden mit verschiedenen Bezeichnungen adressiert. Die unklare und vielfältige Verwendung des Ausdrucks spiegelt sich bespielsweise darin wider, daß unter Unsicherheit entweder

- die Unmöglichkeit, zukünftigen Ereignissen Eintrittswahrscheinlichkeiten zuzuordnen, oder
- das Fehlen von Wissen bzw. Informationen über Ursache-Wirkungsbeziehungen oder
- die Unmöglichkeit, die Folgen von Entscheidungen oder Handlungen abzuschätzen,

verstanden wird.[3]

Wenn von Unsicherheit als einem entscheidungsrelevanten Phänomen gesprochen wird, so lassen sich Typen der Umweltunsicherheit in Anlehnung an die zu erfüllende Aufgabe (task uncertainty)[4] oder die spezielle Entscheidung (decision-making uncertainty),[5] den Zustand be-

---

1 Vgl. Burchell, S. et al. 1980, S. 14; Hopwood, A.G. 1980, S. 227; Chapman, C.S. 1997, S. 201.

2 Vgl. u.a. Thompson, J.D. 1967, S. 13 und S. 162; Miles, R.E. / Snow, C.C. 1986, S. 255; Milliken, F.J. 1987, S. 133.

3 Vgl. Gifford, W.E. / Bobbitt, H.R. / Slocum, J.W. 1979, S. 459 und Milliken, F.J. 1987, S. 134.

4 Vgl. Dill, W.R. 1958, S. 409; Dess, G.G. / Beard, G.W. 1984, S. 53; Brownell, P. / Hirst, M. 1986, S. 244; Chong, V.K. 1996, S. 415 f.

5 Vgl. Achrol, R.S. / Stern, L.W. 1988.

- Die ***Dynamik*** des Entscheidungsumfeldes beschreibt das Ausmaß der Veränderung von Faktoren innerhalb und außerhalb des Geschäftsbereiches, die Relevanz für Entscheidungen im Geschäftsbereich besitzen. Das Ausmaß der Veränderungen wird als Funktion der Häufigkeit, Größe und Vorhersehbarkeit dieser Veränderungen beschrieben.[1]

Eine solche Konzeptualisierung der Umweltunsicherheit hat ihre Wurzeln in der allgemeinen[2] und betriebswirtschaftlichen Systemtheorie.[3] Die Beschreibung eines Untersuchungsobjektes anhand der in ihm enthaltenen Elemente, deren Verschiedenartigkeit und Beziehungen sowie über deren Veränderungen hat sich auch in der Betriebswirtschaftslehre bewährt. Deshalb greift diese Untersuchung nicht nur bei der gerade aufgezeigten Definition der Umgebung, sondern auch an späterer Stelle dieser Arbeit[4] auf diese systemtheoretischen Erkenntnisse zurück. Im Grunde genommen durchziehen diese Ideen die gesamte Argumentation und sorgen so für ein konsistentes Gedankengerüst vor allem für die Ableitung der Forschungsmodelle.

Die Definitionen der Komplexität und Dynamik der Umwelt stehen in einer engen Beziehung zu der Auflistung möglicher Facetten des Unsicherheitsbegriffs. Von der Komplexitätsdimension sind gleichzeitig die Dimensionen Homogenität vs. Heterogenität und Konzentration vs. Ausdehnung betroffen. Zu den externen Schlüsselfaktoren lassen sich Verbindungen herstellen. Das Dynamikverständnis dieser Untersuchung deckt die Dimensionen niedrige vs. hohe Turbulenz und Stabilität vs. Dynamik/Volatilität ab. Diese weite Begriffsauffassung subsumiert die bisherigen Konzeptualisierungen der Umweltunsicherheit. Allein die Dimension Konsens vs. Dissens kann weder der Komplexität noch der Dynamik zugeordnet werden.

KOSTENRECHNUNGSROLLEN IN ABHÄNGIGKEIT VON DER UNSICHERHEITSWAHRNEHMUNG

Der Grad der Unsicherheit kann – im beschriebenen Verständnis – durch die Entscheidungsträger als sehr unterschiedlich empfunden werden. An dieses subjektive Verständnis der Entscheidungssituation knüpft eine Differenzierung von drei möglichen Rollen einer Kostenrechnung an. Mit steigendem Grad der wahrgenommenen Unsicherheit, also mit zunehmender Komplexität und Dynamik, kann die Kostenrechnung als Auskunftsapparat, Lernapparat oder Begründungsapparat dienen.

---

1 Vgl. Child, J. 1972, S. 3; Duncan, R.B. 1972, S. 315 f.; Kieser, A. 1974, S. 302; Klein, S. 1989, S. 257; Marr, R. 1989, S. 74; Miller, D. / Chen, M.-J. 1996, S. 428; Werner, H. 1997, S. 65; Homburg, C. 1998, S. 157 f.

2 Vgl. exemplarisch Bertalanffy, L. von 1998.

3 Vgl. exemplarisch Ulrich, H. 1968 und Kast, F.E. / Rosenzweig, J.E. 1974.

4 Vgl. Auswahl und Konzeptualisierung der Variablen im Abschnitt 4.1 Ableitung des Forschungsmodells.

Bei einer sehr niedrigen Unsicherheit der Entscheidungssituation ist es dem Manager möglich, das Problem zu beschreiben, ein vollständiges Set an Handlungsalternativen zu entwerfen und diese hinsichtlich einer Zielgröße zu bewerten. Die Entscheidungsstrukturen liegen – im relevanten Zeitraum – fest. Die Kostenrechnung spiegelt das Entscheidungsmodell wider und bietet dem Manager Lösungsalgorithmen. Kostenrechnerische Bewertungsverfahren erlauben den zweckbezogenen Vergleich von Handlungsalternativen, so daß nach der tatsächlichen Anwendung des Entscheidungsmodells mit Hilfe der Kostenrechnung deutlich wird, welche der Alternativen umgesetzt werden soll. Die Kostenrechnung wird ausschließlich als Bewertungsinstrument genutzt, das unmittelbar zu Entscheidungen und Handlungen führt. Dieses instrumentelle Anwendungsgebiet der Kostenrechnung soll als ***Auskunftsapparat*** (answering machine) bezeichnet werden.[1]

Bei einem moderaten Unsicherheitsgrad wandelt sich die Rolle der Kostenrechnung. In derartigen Situationen kann ein Entscheidungsfeld nicht mehr vollständig beschrieben werden. Wesentliche Parameter und Strukturen der Entscheidungssituationen wandeln sich zu schnell, um zu Entscheidungen und deren Umsetzung unter stabilen Bedingungen zu gelangen. Die Kostenrechnung spielt hier die Rolle eines ***Lernapparats*** (learning machine).[2] Zwar werden noch immer die Entscheidungsalgorithmen und Bewertungsmaßstäbe der Kostenrechnung intensiv genutzt. Allerdings werden die auf diese Weise gefundenen Lösungsvorschläge nicht auf direkte Weise umgesetzt. Vielmehr wird so ein Verständnis für die Situation und die möglichen Folgen von Handlungen bzw. die Variation bestimmter Entscheidungsparameter aufgebaut – im Bewußtsein der Schwächen dieses Vorgehens. Das Management baut sich systematisch eine Erfahrungsbasis auf, die erst zu einem späteren Zeitpunkt zu konkreten Handlungen führt.

Ein drittes Einsatzfeld der Kostenrechnung erlangt bei einem hohen Grad der durch das Management wahrgenommenen Unsicherheit Relevanz. Wenn die Komplexität und Dynamik der Entscheidungssituation es im Extremfall nicht mehr zuläßt, über die bewußte Analyse der unternehmensinternen und -externen Gegebenheiten einen organisationsweiten Konsens bezüglich der Probleme und möglicher Lösungsansätze zu finden, bietet dies Raum für politische Prozesse. Manager entwickeln persönliche Vorstellungen bzw. Interpretationen über die Ziele der Organisation und Handlungsalternativen zu deren Erreichung. Die Kostenrechnung dient dabei als ***Begründungsapparat***, um die Ziele und Handlungsweisen zu rationalisieren (ration-

---

1 Vgl. Daft, R.L. / Macintosh, N.B. 1978, S. 86 f.; Burchell, S. et al. 1980, S. 14 f.; Hopwood, A.G. 1980, S. 226 f.; Amernic, J.H. 1985, S. 235; Chapman, C.S. 1997, S. 201 f.

2 Vgl. Burchell, S. et al. 1980, S. 15; Hopwood, A.G. 1980, S. 228 f.; Mia, L. 1993, S. 272; Chapman, C.S. 1997, S. 201 f.; Ouksel, A.M. / Mihavics, K. / Chalos, P. 1997, S. 3.

alisation machine).[1] Präferenzen für gewisse Handlungsalternativen werden mit kostenrechnerischen Argumenten als besonders tauglich beschrieben. Gemeinsame oder nachgelagerte Entscheidungen werden mit Hilfe der Kostenrechnung, ihren Strukturen und Informationen beeinflußt. Kostenrechnerische Prinzipien bescheinigen, wie sinnvoll und situationsadäquat (vorgefaßte) Meinungen und Handlungen für die Organisation sind.

Diese Dreiteilung in Abhängigkeit vom Grad der wahrgenommenen Unsicherheit hebt sich durch den geringeren Differenzierungsgrad deutlich von der Auflistung möglicher Kostenrechnungsrollen ab, die sich auf den idealtypischen Führungszyklus bezieht.[2] Wie auch Abb. 7 verdeutlicht, stehen die beiden Übersichten nichtsdestotrotz in einer engen Verbindung:

- Dem Verständnis der Kostenrechnung als ***Auskunftsapparat*** steht die Fundierung von Entscheidungen des Managements mit Hilfe von Kostenrechnungsinformationen sehr nahe. Insbesondere die instrumentelle Nutzung – in Willensbildung und -durchsetzung – ist mit der Rolle der Kostenrechnung in Situationen mit einem niedrigen Grad der wahrgenommenen Unsicherheit unmittelbar vergleichbar. Zusätzlich besitzt in dieser Rolle die Konkretisierung des Vorgedachten und der Abbau von Realisationshemmnissen mit Hilfe von Kostenrechnungsinformationen eine hohe Bedeutung, da hierfür nachgelagerte, speziellere Entscheidungsmodelle eingesetzt werden, die auf kostenrechnerischem Know-how basieren. Damit wird auch die unmittelbare Beziehung zur Verhaltenssteuerung über die Kostenrechnung erkennbar. Die Instanz geht bei der bewußten Gestaltung der Kostenrechnung zur Erreichung ihrer Ziele davon aus, daß die untergebenen Personen die Kostenrechnungsinformationen für konkrete Entscheidungen benutzen – anderenfalls wäre kein Einfluß denkbar.

- Die Kostenrechnung als ***Lernapparat*** entspricht einer anderen Facette der Entscheidungsorientierung – der konzeptionellen Verwendung von Kostenrechnungsinformationen. In Anbetracht der Veränderungen im Umfeld gelingt es nicht mehr, die exakten Konsequenzen bestimmter Handlungen zu antizipieren. Mit den Kostenrechnungsinformationen fixierte Erfahrungen erlauben jedoch eine konzeptionelle Nutzung. Der Vergleich des Gewollten mit dem tatsächlich Erreichten erlaubt hier den sinnvollen Aufbau einer Erfahrungsbasis, die bei einer extrem hohen Unsicherheit vergebens wäre, da die Erfahrung keinerlei Repräsentativität für zukünfte Entscheidungen mehr besitzen würde. Die Dokumentation und Kontrolle der Realisationshandlungen spielt somit bei einem mittleren Unsicherheitsgrad eine besondere Rolle.

---

1 Vgl. Burchell, S. et al. 1980, S. 15; Hopwood, A.G. 1980, S. 231-233; Cooper, D.J. / Hayes, D. / Wolf, F. 1981, S. 181; O'Reilly, C.A. 1983, S. 132 f.; Ansari, S. / Euske, K.J. 1987, S. 552; Dent, J.F. 1991, S. 728; Chapman, C.S. 1997, S. 201.

2 Vgl. Abschnitt 3.2.1 Das Spektrum möglicher Kostenrechnungsrollen, insbesondere Abb. 5.

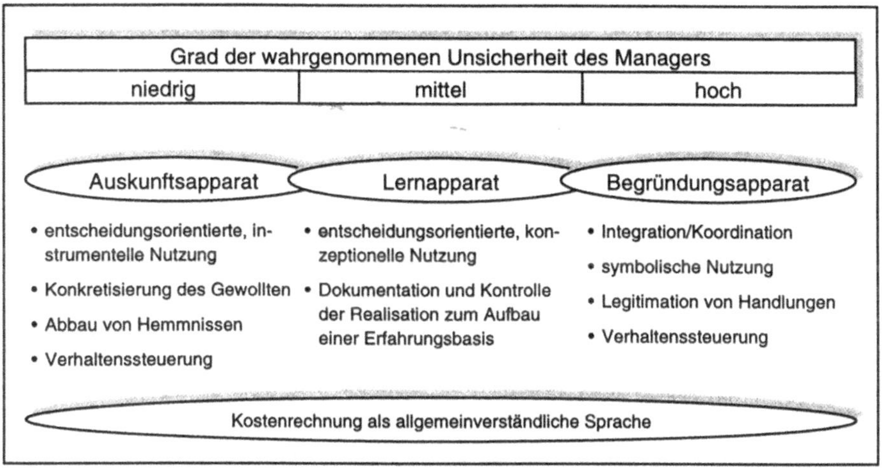

Abb. 7: Der Zusammenhang von Rollen der Kostenrechnung und Grad der wahrgenommenen Unsicherheit

- Die Rollen der Kostenrechnung, die infolge mehrerer Handlungsträger Relevanz erlangen, lassen sich im wesentlichen den Merkmalen des ***Begründungsapparates*** zuordnen. In einem sehr unsicheren Kontext ist es unabdingbar, ein gemeinsames Verständnis der Wirklichkeit zu schaffen. Damit sind die Koordination und Integration von Handlungen über die Kostenrechnung angesprochen. Wenn es in einer hierarchischen Beziehung um eine künstliche Ordnung im Sinne der Instanz geht, kann auch die Verhaltenssteuerung in den Begründungsapparat eingeordnet werden. Mit kostenrechnungsbasierten Anordnungen werden nachgelagerte Entscheidungen von der Komplexität und Dynamik einer Entscheidungssituation künstlich entkoppelt.[1] Die Legitimation von Handlungen und die symbolische Nutzung gehören ebenfalls zum Begründungsapparat, da hier die Kostenrechnung als Instrument der imaginären Unsicherheitsreduktion dient, indem für die Instanz oder Gleichgeordnete Scheinwelten aufgebaut werden, in deren Rahmen pro forma rational entschieden wird.[2]

- Allein die Kostenrechnung als allgemeingültige ***Sprache*** löst sich von der beschriebenen Dreiteilung. Ein Verständnis kostenrechnerischer Prinzipien und Begriffe ist für alle drei Umweltsituationen unumgänglich. Nur so kann es überhaupt gelingen, die Kostenrechnung – in welcher Verwendungsart auch immer – als Informationssystem in Organisationen zu etablieren.

---

1 Vgl. Amernic, J.H. 1999 und Pfaff, D. / Weber, J. / Weißenberger, B.E. 1999.

2 Vgl. exemolarisch Amernic, J.H. 1999.

Die vorstehenden Diskussion entwirft also drei Rollen der Kostenrechnung. Jede dieser drei Rollen kann einem Grad der wahrgenommenen Unsicherheit zugeordnet werden. Die breite Erörterung von möglichen Zwecken einer Kostenrechnung, die in der Literatur zu finden ist, läßt sich auf diesen gemeinsamen Kern reduzieren. Deshalb wird in den folgenden Abschnitten dieser Arbeit die Kostenrechnung vor dem Hintergrund dieser drei Rollen analysiert.

3.3 Dienstleistungsqualität als Erfolgsmaßstab der Kostenrechnung

Die Kostenrechnung ermöglicht durch ihre wertmäßige Abbildung eine Steuerung der betrieblichen Aktivitäten nach Wirtschaftlichkeitsgesichtspunkten. Konsequenterweise stellt sich die Frage nach einem gesunden Verhältnis zwischen Aufwand und Nutzen auch für die Kostenrechnung selbst. Obwohl dieser Gedankengang naheliegt und in der Theorie zumindest vereinzelt diskutiert wird,[1] sind in der Unternehmenspraxis diesbezüglich beträchtliche Defizite zu beobachten.

Einerseits haben Kostenrechnungs- bzw. Controllingverantwortliche vielfach keine Vorstellungen darüber, in welcher Höhe sie die Kosten der Kostenrechnung ansetzen sollen. Nur vereinzelt finden sich grobe Schätzungen, was die Kostenrechnung in einem Unternehmen kostet.[2] Aufwendungen im Promillebereich des Umsatzes werden dabei in der Regel genannt.[3] Gerade die unternehmensübergreifende Vergleichbarkeit der Werte wird jedoch als größte Schwierigkeit empfunden.[4] Andererseits kann die Situation auf der Nutzenseite nur als noch unzulänglicher angesehen werden. Quantitative Erfolgsmaßstäbe für Kostenrechnungsaktivitäten sind praktisch nicht existent. Allein qualitative Aussagen über die Güte, die Qualität oder den Wert der Kostenrechnung lassen sich Kostenrechnern entlocken. Unter derartigen Voraussetzungen ist eine beabsichtigte Kosten-Nutzen-Abwägung für einzelne oder alle Kostenrechnungsaktivitäten zum Scheitern verurteilt.

Ein Indiz für die beschriebene Situation ist das Fehlen von Investitionsanträgen oder Businessplänen für Neuerungen im Bereich der Kostenrechnung in der Form, wie es ein (modernes) Controlling allen anderen betrieblichen Funktionen bzw. Organisationseinheiten auferlegt. An dieser Stelle soll nicht der Eindruck erweckt werden, daß die Messung der Kosten oder des Nutzens eines Informationssystems als eine einfache Aufgabe gesehen wird. Diese

---

1 Vgl. Wild, J. 1970a und 1970b; Mattessich, R. 1984; Weber, J. / Kalaitzis, D. 1984, S. 451; Lücke, W. 1993, Sp. 1696; Weber, J. 1993a, S. 58-61; Aust, R. 1996, S. 377; Weber, J. 1996c, S. 927-932; Weber, J. 1998, S. 349-353.

2 Vgl. Weber. J. 1993c, S. 272-274 und Weber, J. / Weißenberger, B.E. / Aust, R. 1997b, S. 32.

3 Vgl. Weber, J. / Weißenberger, B.E. / Aust, R. 1998, S. 395.

4 Vgl. Weber, J. / Aust, R. 1997, S. 29.

Schwierigkeiten dürfen aber keinesfalls als Alibi dafür dienen, vor einem Versuch der Erfolgsmessung auch für die Kostenrechnung zu kapitulieren.

Für einen solchen Ansatz wird im folgenden Abschnitt der Untersuchung die Basis gelegt, indem mögliche Erfolgsindikatoren für eine Kostenrechnung gegenübergestellt und vor dem Hintergrund möglicher Kostenrechnungsrollen beurteilt werden. Angesichts der aufgezeigten unbefriedigenden Situation für die kostenrechnungsspezifische Erfolgsmessung werden dabei Erfolgsmaße berücksichtigt, die generell für Informationssysteme Relevanz erlangen können. Nach der detaillierten Schilderung bisheriger Meßkonzepte wird der Versuch unternommen, das Verständnis eines Erfolgsmaßstabes zu konkretisieren und die Eignung dieses Erfolgsindikators über verschiedene Einsatzgebiete der Kostenrechnung hinweg zu begründen.

3.3.1 Erfolgsmaßstäbe von Informationssystemen

Verschiedene Rollen der Kostenrechnung verlangen unterschiedliche Erfolgsmaßstäbe. Wenn etwa der Verbreitungsgrad eines kostenrechnerischen Sprachschatzes erfaßt wird, sagt dies keinesfalls etwas über den Erfolg der Kostenrechnung in der Identifikation von Problemen aus. Wie innerhalb dieser Untersuchung schon gezeigt wurde,[1] verfügt eine Kostenrechnung über ein sehr weites Spektrum an Einsatzfeldern innerhalb ihrer Unterstützungsfunktion für das Management. Die Diskussion möglicher Erfolgsmaßstäbe wird deshalb in einem ersten Schritt aus verschiedenen Perspektiven und für Informationssysteme insgesamt erfolgen.

Der Erfolg von Informationssystemen wurde in bisherigen Studien auf unterschiedliche Weise abgebildet.[2] Im folgenden sollen die vielen Meßansätze in fünf Kategorien eingeordnet werden, die sich im wesentlichen an die Dimensionen von DeLone/McLean[3] und Li[4] anlehnen:

- Zuerst werden Versuche geschildert, die den Erfolg der Kostenrechnung an Größen festmachen, die die gesamte ***Organisation*** betreffen oder sich zumindest deutlich von Wirkungen auf einzelne Personen lösen.
- In der zweiten Kategorie werden die Meßansätze diskutiert, mit denen die Wirkungen der Kostenrechnung auf die Entscheidungen und Handlungen eines ***Individuums*** erfaßt werden.

---

1 Vgl. Abschnitt 3.2.1 Das Spektrum möglicher Kostenrechnungsrollen.

2 Vgl. aktuell Finlay, P.N. / Forghani, M. 1998, S. 54.

3 Vgl. DeLone, W.H. / McLean, E.R. 1992.

4 Vgl. Li, E.Y. 1997b, S. 15 f.

- Die dritte Kategorie knüpft an das ***Nutzungsverhalten*** der Informationsempfänger, also die „Konsumption" der Produkte der Kostenrechnung an.

- Bei den Informationsempfängern entsteht durch den Kontakt zur Kostenrechnung ein Urteil über diese Aktivitäten. Möglichkeiten der Messung von ***Qualitätsurteilen*** werden in der vierten Kategorie angesprochen. Die Qualitätsurteile beziehen sich dabei auf die Informationssysteme selbst, ihren Output – also die Informationen – sowie auf die erbrachte Dienstleistung insgesamt.

- In Reaktion auf die Nutzung und im Vergleich mit der eigenen Erwartungshaltung bilden sich beim Informationsempfänger Eindrücke, die den Qualitätsmaßen sehr ähnlich sind.[1] Die so entstehenden ***Zufriedenheitseinschätzungen*** der Nutzer werden in der letzten Kategorie erläutert. Obwohl einige Studien keinen Grund für eine eindeutige Trennung von Qualitäts- und Zufriedenheitsurteilen sehen,[2] wird an dieser Stelle der konzeptionell und empirisch begründeten Meinung gefolgt, daß sich diese beiden Konstrukte vor allem in ihren Determinanten und der Existenz eines systematischen Vergleichs mit Erwartungshaltungen unterscheiden.[3]

KOSTENRECHNUNG UND UNTERNEHMENSBEZOGENE ERFOLGSGRÖßEN

Die Kostenrechnung stellt ein Führungsinstrument des Managements dar. Sie soll dazu beitragen, über bessere Entscheidungen und Handlungen den Unternehmenserfolg zu steigern. Größen, mit denen die Resultate der betrieblichen Tätigkeit erfaßt werden, bieten sich auf diese Weise als ein Erfolgsmaßstab für die Kostenrechnung geradezu an.[4] Derartige globale Erfolgsgrößen wären beispielsweise ein Betriebsergebnis, der Gewinn, Wertbeiträge oder Cash Flows, denn an deren positiver Entwicklung soll die Kostenrechnung mit ihren Informationen letztlich mitwirken.

Bei der Kostenrechnung handelt es sich indes nur um eine von sehr vielen potentiellen Einflußgrößen auf Erfolgsmaße, die auf die Gesamtheit aller Aktivitäten in einem Unternehmen bezogen sind.[5] Andere, kostenrechnungsunabhängige Faktoren spielen eine erheblich erfolgskritischere Rolle im Maßstab des gesamten Unternehmens. Derartige Determinanten des Unternehmenserfolgs versucht die Erfolgsfaktorenforschung zu identifizieren.[6] Empirische Er-

---

1 Vgl. exemplarisch Iacobucci, D. / Grayson, K.A. / Ostrom, A.L. 1994.
2 Vgl. u.a. Spreng, R.A. / Singh, A.K. 1993, S. 5.
3 Vgl. u.a. Cronin, J.J. / Taylor, S.A. 1992, S. 64; Dabholkar, P.A. 1993, S. 16; Spreng, R.A. / Mackoy, R.D. 1996, S. 210.
4 Vgl. ähnlich Macy, G. / Arunachalam, V. 1995, S. 74 und Littkemann, J. 1997b, S. 866.
5 Vgl. DeLone, W.H. / McLean, E.R. 1992, S. 74 und Kim, C. / Suh, K. / Lee, J. 1998, S. 13.
6 Vgl. beispielsweise Rockart, J.F. 1979; Lange, B. 1982; Chrubasik, B. / Zimmermann, H.-J. 1987; Homburg, C. 1991b, S. 28-31; Weber, J. 1998, S. 46-48.

gebnisse umfassender Forschungsbemühungen weisen darauf hin, daß als wichtigste Erfolgsdeterminanten der relative Marktanteil, die relative Produktqualität und die Investitionsintensität zu nennen sind.[1] Wenn auch diese auf Basis der PIMS-Datenbank[2] gewonnenen Aussagen unter erheblicher Kritik stehen,[3] so herrscht jedoch ein breiter Konsens, daß die Kostenrechnung nicht zu den wichtigsten Determinanten des Unternehmenserfolgs gezählt werden kann.

Da die Abschätzung des Erfolgsbeitrags der Kostenrechnung zu unternehmensbezogenen Erfolgsmaßstäben als äußerst problematisch angesehen werden muß,[4] eignen sich diese Erfolgsgrößen nicht zur Messung des Nutzens bzw. des Erfolgs der Kostenrechnungsaktivitäten.[5] Diese Schwierigkeiten spiegeln sich auch in empirischen Studien wider. Der überzeugende Nachweis einer Beziehung zwischen der Kostenrechnung und übergeifenden Erfolgsmaßen fehlt bislang.

An Versuchen, eine derartige Verbindung mit Hilfe empirischer Daten abzubilden, mangelt es indes nicht. Konkret wurde versucht, die Merkmale der Kostenrechnung bzw. ihre Informationen in Beziehung zum Erfolg der gesamten Organisation oder der Geschäftseinheit,[6] zur Entwicklung des Umsatzes und Gewinns[7] sowie zu Kapital- und Umsatzrenditen[8] zu setzen. Nur in wenigen Fällen gelang es, signifikante Ergebnisse mit positiven Erfolgswirkungen zu erzielen. Selbst in diesen Fällen blieben die Erklärungswerte der Analysen sehr unbefriedigend. Ähnliche Studien zum Verhältnis des Unternehmenserfolgs zu Informations- bzw. Steuerungssystemen, die über den Umfang kostenrechnerischer Aktivitäten hinausgehen, führten zu einem vergleichbaren Stand der Forschung. Entweder wurden die Erfolgsgrößen als Basiskriterium für Typologien benutzt,[9] oder aber die berücksichtigten Charakteristika des Controlling

1 Vgl. u.a. Buzzell, R.D. / Gale, B.T. / Sultan, R.G.M. 1975; Branch, B. 1980; Phillips, L.W. / Chang, D.R. / Buzzell, R.D. 1983; Kreikebaum, H. 1986, S. 101-102; Schwalbach, J. 1988; Marshall, C.T. / Buzzell, R.D. 1990, S. 278; Homburg, C. 1991b, S. 56; Schwalbach, J. 1991; Fritz, W. 1997, S. 457.

2 Vgl. The Strategic Planning Institute 1980; Venohr, B. 1985; Buzzell, R.D. / Gale, B.T. 1987; Buzzell, R.D. / Gale, B.T. 1989.

3 Vgl. Anderson, C.R. / Paine, F.T. 1978, S. 603-608; Lubatkin, M. / Pitts, M. 1983, S. 39; Ramanujam, V. / Venkatraman, N. 1984; Chrubasik, B. / Zimmermann, H.-J. 1987, S. 441-444; Venohr, B. 1988; Barzen, D. / Wahle, P. 1990, S. 101; Dietz, J.-W. 1990, S. 76-81; Homburg, C. 1991b, S. 61; Fischer, T.M. 1993, S. 34 f.

4 Vgl. u.a. Banbury, J. / Nahapiet, J.E. 1979, S. 174; Küpper, H.-U. 1993, S. 622; Gelderman, M. 1998, S. 12.

5 Vgl. ähnlich Weißenberger, B.E. 1997, S. 241-243.

6 Vgl. Lucas, H.C. 1973a; Driver, M.J. / T.J. 1976; Hayes, D.C. 1977; Otley, D.T. 1980; Kosmider, A. 1991; Mia, L. / Chenhall, R.H. 1994; Chong, V.K. / Chong, K.M. 1996; Chenhall, R.H. / Langfield-Smith, K. 1998; Gelderman, M. 1998.

7 Vgl. Becker, H.P. 1984.

8 Vgl. Becker, H.P. 1984; Simons, R. 1987; Li, M. / Ye, L.R. 1999.

9 Vgl. exemplarisch Amshoff, B. 1993.

oder des Kontrollsystems verfügten über keinen bzw. einen geringen Erklärungsgehalt für den objektiv gemessenen Erfolg oder die Eigenwahrnehmung der Erfolgssituation.[1]

Diese Problematik erkennend, wurde in anderen Studien versucht, Größen zu identifizieren, die unbestritten den Charakter einer Erfolgsgröße besitzen, jedoch der Kostenrechnung deutlich näher stehen. Auf derartige Erfolgsindikatoren wirken grundsätzlich weniger Variablen ein, als dies bei den globalen Erfolgsgrößen der Fall ist. Ähnliche Überlegungen wurden für andere Führungs- und Informationssysteme wie Managementinformationssysteme, die Planung, die Marktforschung oder das Kontrollsystem angestellt. So wurden Konstrukte wie

- der Informationswert,[2]
- die Effizienz[3] des betrachteten Systems und
- die Effektivität[4] des Systems

entworfen, beschrieben, angewandt und teilweise einer empirischen Eignungsprüfung unterzogen. Trotz dieser Vorgehensweise konnten auch mit diesen zwar allgemeinen, der Kostenrechnung jedoch näherstehenden Erfolgsmaßstäben keine durchgängig zufriedenstellenden Resultate erzielt werden.

Kostenrechnung und individuelle Erfolgsgrößen

Da die globalen Erfolgsmaßstäbe nicht die gewünschte Rolle spielen, wurde versucht, ausgehend vom Individuum und seinen Wahrnehmungen Erfolgsindikatoren für die Kostenrechnung zu identifizieren. Eine solche Messung über personenbezogene Erfolgsgrößen hat den Vorteil, daß sie gegenüber globalen Erfolgsgrößen von deutlich weniger Faktoren beeinflußt werden. Damit erscheint es für die Kostenrechnung und ihre Eigenschaften einfacher, ihre Zugehörigkeit zu den Determinanten eines individuellen Erfolgsmaßstabes statistisch nachzuweisen.

In bisherigen Studien kamen Konstrukte wie

- der Erfolg des Managements (managerial/task performance),[5]

---

1 Vgl. Swieringa, R.J. / Moncur, R.H. 1972; Anderson, J.C. / O'Reilly, C.A. 1981; Coenenberg, A.G. / Günther, T. 1991.

2 Vgl. Ackhoff, R.L. 1958; Feltham, G.A. 1968; Hirsch, R.E. 1968; Albach, H. 1969; Mock, T.J. 1971; Wild, J. 1971; Mock, T.J. / Estrin, T.L. / Vasarhelyi, M.A. 1972; Nieden, M. zur 1972; Gallagher, C.A. 1974; Hilton, R.W. 1979; Hilton, R.W. / Swieringa, R.J. 1981; Schauenberg, B. 1985; Conrath, D.W. / Mignen, O.P. 1990; Ewusi-Mensah, K. 1981.

3 Vgl. Uebele, H. 1981; Huber, G. 1982; Ein-Dor, P. et al. 1984; Amshoff, B. 1993; Becker, W. / Benz, K. 1997.

4 Vgl. Amshoff, B. 1993 und Macy, G. / Arunachalam, V. 1995.

5 Vgl. Zmud, R.W. 1979; Kenis, I. 1979; Ginzberg, M.J. 1980; O'Reilly, C.A. 1980; Merchant, K.A. 1981; Merchant, K.A. 1984; Brownell, P. 1987; Gul, F.A. 1991; Chong, V.K. 1996.

- die Zufriedenheit mit der Arbeit (job satisfaction),[1]
- die Wirkungen von Informationen auf Entscheidungen (decision-making performance) bzw. die Anpassung des Entscheidungsverhaltens[2] und
- der wahrgenommene Nutzen (perceived usefulness)[3]

zur Anwendung. Allerdings zeigen auch hier existierende empirische Ergebnisse keine eindeutigen Effekte. Deshalb sollen mit informations- bzw. systembezogenen Nutzungs-, Zufriedenheits- und Qualitätswerten im folgenden drei weitere Erfolgsmaßstäbe für ein (Kostenrechnungs-) Informationssystem betrachtet werden, die in einer noch engeren Beziehung zu den von der Kostenrechnung erbrachten Leistungen stehen und sich explizit von der Wirkung der betrachteten Informationen lösen.

DIE NUTZUNG DER KOSTENRECHNUNG UND IHRER INFORMATIONEN

Die Nutzung von Informationen erfährt in der Forschung eine sehr große Aufmerksamkeit, die sich in erster Linie in den verschiedenartigen Ansätzen widerspiegelt, das Nutzungsverhalten, die Nutzungsart, die Nutzungshäufigkeit oder andere Facetten einer Informationsnutzung zu erfassen. Die Eigenschaften eines Erfolgsmaßstabes haben allerdings nur diejenigen Ansätze zur Erfassung des Nutzungsverhaltens, die eine Quantifizierung zulassen.

Der einfachste Fall einer derartigen Quantifizierung ist die noch schlichte Unterscheidung der Zustände Nicht-Nutzung und Nutzung, die über eine Erfassung der Intensität der Verwendung statt dieser binären Skala deutlich an Aussagekraft gewinnt.[4] Ein ähnlicher Ansatz besteht darin, die Häufigkeit der Nutzung entweder über Wahrnehmungen oder objektive Maße wie

---

1 Vgl. Cammann, C. 1976; O'Reilly, C.A. 1980; Anderson, J.C. / O'Reilly, C.A. 1981; Brownell, P. 1987.

2 Vgl. u.a. Holstrum, G.L. 1971; Bronner, E. / Witte, E. / Wossidlo, P.R. 1972; Witte, E. 1972; Dickson, G.W. / Senn, J.A. / Chervany, N.L. 1977; O'Reilly, C.A. 1978; Ewusi-Mensah, K. 1981; Srinivasan, A. 1985; Brockhoff, K. 1986; Moorman, C. / Zaltman, G. / Deshpandé, R. 1992.

3 Vgl. Larcker, D.F. / Lessig, V.P. 1980; Chenhall, R.H. / Morris, D. 1986; Cohen, J.R. / Paquette, L. 1990; Moenaert, R.K. / Souder, W.E. 1990a; Perkins, S. / Rao, R. 1990; Moenaert, R.K. / Souder, W.E. 1996; Souchon, A.L. / Diamantopoulos, A. 1996; Jackson, C.M. / Chow, S. / Leitch, R.A. 1997.

4 Vgl. Khandwalla, P.N. 1973a; Lucas, H.C. 1973a; Lucas, H.C. 1975b; Ein-Dor, P. / Segev, E. 1978; Zmud, R.W. 1979; Ginzberg, M.J. 1980; Macintosh, N.B. 1981; Deshpandé, R. 1982; Deshpandé, R. / Zaltman, G. 1982; O'Reilly, C.A. 1982; Becker, H.P. 1984; Deshpandé, R. / Zaltman, G. 1984; Ein-Dor, P. et al. 1984; John, G. / Martin, J. 1984; Jones, C.S. 1985b; Raymond, L. 1985; Baroudi, J.J. / Olson, M.H. / Ives, B. 1986; Schweikart, J.A. 1986; Lee, H. / Acito, F. / Day, R.L. 1987; Holmes, S. / Nicholls, D. 1988; Deshpandé, R. / Kohli, A.K. 1989; Raymond, L. 1990; Emore, J.R. / Ness, J.A. 1991; Cunningham, G.H. 1992; McKinnon, S.M. / Bruns, W.J. 1992; Menon, A. / Varadarajan, R. 1992; Moormann, C.1995; Choe, J.M. 1996; Diamantopoulos, A. / Souchon, A.L. 1996; Doney, P.M. / Armstrong, G.M. 1996; Miah, N.Z. / Mia, L. 1996; Souchon, A.L. / Diamantopoulos, A. 1996; Fisher, R.J. / Maltz, E. / Jaworski, B.J. 1997; Jackson, C.M. / Chow, S. / Leitch, R.A. 1997; Li, E.Y. 1997a.

die Anzahl des Aufrufs bestimmter Bildschirmmasken zu erfassen.[1] Wie die relativ hohe Zahl an Quellen zeigt, handelt es sich bei der Abbildung der Nutzung von Informationen um einen sehr oft benutzten Meßansatz für den Erfolg von Informationssystemen.

Andere Abbildungsarten für das Nutzungsverhalten, die eine Abstufung der Nutzungsintensität oder -häufigkeit nicht erlauben, besitzen nicht den Charakter eines Erfolgsmaßstabes. Wenn beispielsweise das Nutzungsverhalten des Managements in einige Typen unterteilt wird oder aber Arten der Nutzung bestimmter Informationen unterschieden werden,[2] so kann diesen Ansätzen schwerlich eine Aussagekraft als Erfolgsgrößen für ein Informationssystem zugesprochen werden. Bei der Suche nach einem Erfolgsmaßstab für die Kostenrechnung kann deshalb nur auf einen Ausschnitt der umfangreichen Forschungsaktivitäten zur Nutzung der Kostenrechnung zurückgegriffen werden.

QUALITÄTSMAßE FÜR DIE KOSTENRECHNUNG

Wie bereits angesprochen, wird der Erfolg eines Informationssystems teilweise über Qualitätswahrnehmungen erfaßt, die sich auf verschiedene Facetten der Informationsaktivitäten beziehen. Mit überwiegend objektiven Maßen wie Fehlerraten oder Antwortzeiten wird in einigen Studien die Qualität des Informationssystems beurteilt.[3] Ein zweiter Ansatzpunkt sind die Informationen, deren Qualitätsbeurteilung in der Regel auf subjektiven Urteilen der Informationsempfänger beruht.[4]

Nur selten wird auf eine besondere Möglichkeit eingegangen, die verschiedenen Sichten eines Informationssystems in einem Meßkonzept zu integrieren und dabei auf sehr umfangreiche Erfahrungen aus anderen Forschungsbereichen zurückzugreifen. In einer systemunabhängigen Sicht übertragen einige Studien ein Dienstleistungsverständnis auf die Informationsaktivitäten. So können Ansätze zur Beurteilung einer Dienstleistungsqualität auch für Informationssysteme wie die Kostenrechnung zur Anwendung gelangen, um damit in besonderer Weise Humanaspekten von Informationsprozessen gerecht zu werden.[5] Ein solches Vorgehen greift in

---

1 Vgl. u.a. Lucas, H.C. 1975a; Robey, D. 1979; Gremillion, L.L. 1984; Srinivasan, A. 1985; Kim, C. / Suh, K. / Lee. J. 1998.

2 Vgl. beispielsweise Macintosh, N.B. 1981 oder Ansari, S. / Euske, K.J. 1987.

3 Vgl. u.a. Lucas, H.C. 1973a; Lucas, H.C. 1973b; Lucas, H.C. 1974; Brink, H.-P. 1992, S. 174 f.; Li, E.Y. 1997b.

4 Vgl. u.a. O'Reilly, C.A. 1978; Zmud, R.W. 1978; Ewusi-Mensah, K. 1981; Deshpandé, R. / Zaltman, G. 1982; O'Reilly, C.A. 1982; Moenaert, R.K. / Souder, W.E. 1990b; Lee, H. / Lindquist, J.D. / Acito, F. 1997; Li, E.Y. 1997b.

5 Vgl. Li, E.Y. 1997b, S. 16 und Weißenberger, B.E. 1997, S. 32-36.

besonderer Weise die immer häufiger in der Literatur vorzufindende Betrachtung von Gemeinkostenbereichen als unternehmensinterne Servicecenter auf.[1]

DIE ZUFRIEDENHEIT DER INFORMATIONSEMPFÄNGER

Eine ähnlich starke Verbreitung wie die Indikatoren des Nutzungsverhaltens besitzen Meßansätze, die sich noch stärker den Wahrnehmungen der Informationsempfänger zuwenden. In Bezug auf die Kostenrechnung bzw. das Management Accounting, Managementinformationssysteme, Planungs- und Kontrollsysteme werden die Leistungsempfänger bzw. Nutzer um ein Zufriedenheitsurteil gebeten, um so einen Eindruck vom Erfolg dieser Systeme und ihrer Leistungen zu gewinnen. Teilweise wird explizit darum gebeten, die Zufriedenheit an den eigenen Erwartungen zu spiegeln.

Die Ansätze zur Erfassung der Zufriedenheit der Informationsempfänger unterscheiden sich erheblich hinsichtlich ihrer Komplexität:[2] Das Spektrum reicht von der Verwendung eines einzigen Indikators mit der Frage nach dem Grad der Zufriedenheit, der auf einer Likert-Skala erfaßt wird, bis hin zu mehrdimensionalen Meßmodellen mit einer sehr hohen Anzahl von Indikatoren.

DIE VERSCHIEDENEN ERFOLGSMAßSTÄBE IM VERGLEICH

In der vorangegangenen Diskussion wurden viele Ansätze zur Messung des Erfolgs von Informationssystemen vorgestellt. Für die Zwecke dieser Arbeit ergibt sich aus dieser Vielfalt vor dem Hintergrund der engen Grenzen der Fragebogenerhebung die Notwendigkeit, einen der Erfolgsmaßstäbe auszuwählen, der sich besonders für die Untersuchung eignet. Wie der Überblick von DeLone und McLean über mehr als 100 Studien deutlich machte, erfolgt diese Einschränkung in knapp drei Viertel der empirischen Studien.[3] Mehrere Erfolgsgrößen werden vor allem dann benutzt, wenn der Vergleich verschiedener Erfolgsmaße eine zentrale Forschungsfrage der entsprechenden Studie ist.

---

1 Vgl. Davis, T.R.V. 1992; Schütz, P. 1993; Reiss, M. / Schuster, H. 1996; Stauss, B. 1996; Biermann, T. 1997; Dornach, F. 1997; Bruhn, M. 1998.

2 Vgl. Zmud, R.W. 1979; Ginzberg, M.J. 1980; O'Reilly, C.A. 1980; Marner, B. 1982; Bailey, J.E. / Pearson, S.W. 1983; Ives, B. / Olson, M.H. / Baroudi, J.J. 1983; Ein-Dor, P. et al. 1984; Raymond, L. 1985; Srinivasan, A. 1985; Baroudi, J.J. / Olson, M.H. / Ives, B. 1986; Szyperski, N. / Müller-Böling, D. 1986; Zinkhan, G.M. / Joachimsthaler, E.A. / Kinnear, T.C. 1987; Doll, W.J. / Torkzadeh, G. 1988; Howell, R.A. et al.1989; Conrath, D.W. / Mignen, O.P. 1990; Raymond, L. 1990; Emore, J.R. / Ness, J.A. 1991; Tait, P. / Vessey, I. 1993; Weber, J. 1993; Doll, W.J. / Xia, W. / Torkzadeh, G. 1994; Schehl, M. 1994; Doll, W.J. 1995; Choe, J.M. 1996; Swenson, D.W. / Flesher, D.L. 1996; Becker, W. / Benz, K. 1997; Li, E.Y. 1997a; Li, E.Y. 1997b; Kim, C. / Suh, K. / Lee. J. 1998; Woodroof, J.B. / Kasper, G.M. 1998.

3 Vgl. DeLone, W.H. / McLean, E.R. 1992, S. 83.

Diese vergleichenden Studien besitzen ein besonders hohes Potential zur Unterstützung der Auswahl eines speziellen Erfolgsmaßes. Am häufigsten werden die Nutzungshäufigkeit der Informationen und die Zufriedenheit der Informationsempfänger mit den Informationen, die ihnen zur Verfügung stehen, untersucht.[1] Trotz dieser Vielzahl an vergleichenden Analysen ist das Verhältnis zwischen diesen beiden Erfolgsgrößen eines Informationssystems nicht eindeutig geklärt.[2] In einigen Studien wurde eine enge Verbindung zwischen der Zufriedenheit mit dem Informationssystem und der Nutzung des Systems beobachtet,[3] wobei über die Kausalität des Einflusses kein Konsens herrscht. Im Gegensatz dazu konnte in anderen Studien keinerlei Beziehung zwischen diesen beiden Dimensionen des Erfolges eines Informationssystems festgestellt werden.[4]

Somit lassen sich ebenfalls keine gesicherten Aussagen darüber treffen, ob sich die Nutzung von Informationen oder aber die Zufriedenheit mit Informationen besser eignet, den Erfolgsbeitrag der Kostenrechnung abzubilden. Einige Autoren sehen eine enge Beziehung zwischen der Zufriedenheit der Informationsempfänger und umfassenden Erfolgsgrößen;[5] andere billigen Maßen für das Nutzungsverhalten den höheren Erklärungswert zu.[6]

Diese uneinheitlichen Forschungsergebnisse leisten folglich keine Hilfestellung bei der Auswahl eines adäquaten Erfolgsmaßes für die Kostenrechnung. Da für die anderen angesprochenen Erfolgsindikatoren ebenfalls keine aussagefähigen Vergleichsstudien vorliegen, basiert die Ableitung des kostenrechnungsspezifischen Erfolgsmaßstabs allein auf der Zielsetzung und den Merkmalen dieser Untersuchung.

Die Nutzung der Dienstleistungsqualität als Erfolgsmaß für die Kostenrechnung entspricht in einer besonderen Weise den Anforderungen dieser Untersuchung. Die Kostenrechnung wurde für die Zwecke dieser Arbeit als eine spezifische Dienstleistungsfunktion für das Management definiert.[7] Dieses Verständnis korrespondiert ideal mit einem dienstleistungsspezifischen Erfolgsmaßstab für die Kostenrechnung. Als solche können die Meßmodelle angesehen werden, die den Erfolg eines Informationssystems über die Dienstleistungsqualität erfassen.

---

1 Vgl. DeLone, W.H. / McLean, E.R. 1992, S. 86.

2 Vgl. Kim, C. / Suh, K. / Lee. J. 1998, S. 13.

3 Vgl. Lucas, H.C. 1974, S. 211; Robey, D. 1979, S. 533; O'Reilly, C.A. 1982, S. 764; Raymond, L. 1985, S. 49; Baroudi, J.J. / Olson, M.H. / Ives, B. 1986, S. 236 f.; Kim, C. / Suh, K. / Lee. J. 1998, S. 18.

4 Vgl. Schewe, C.D. 1976, S. 588; Srinivasan, A. 1985, S. 247; Raymond, L. 1990, S. 9 f.; Kim, C. / Suh, K. / Lee. J. 1998, S. 13.

5 Vgl. Hamilton, S. / Chervany, N.L. 1981, S. 84 und Geldermann, M. 1998, S. 16 f.

6 Vgl. Lucas, H.C. 1975a, S. 908; Gatian, A.W.1994, S. 127; Vandenbosch, B. 1998.

7 Vgl. Abschnitt 3.1 Die Kostenrechnung und ihre Informationsempfänger.

Darüber hinaus ist es durchaus möglich, das Verständnis der Dienstleistungsqualität so zu wählen, daß sich die wesentlichen Facetten der alternativen Erfolgsmaßstäbe in ihr widerspiegeln. Wie der folgende Untersuchungsschritt verdeutlichen wird, fließen in die Konzeptualisierung der Dienstleistungsqualität der Kostenrechnung vor allem Ideen ein, die aus Meßansätzen zur Beurteilung der Systemqualität, der Zufriedenheit der Informationsempfänger und der Wirkungen der Informationen auf der persönlichen Ebene stammen. So lassen sich die Erfahrungen aus einerseits der Forschung zur Bewertung von Dienstleistungen[1] und andererseits den Studien zur Messung des Erfolgs von Informationssystemen mit einem speziellen Nutzen für die Kostenrechnung sinnvoll verbinden. Im folgenden Abschnitt wird das Verständnis der Dienstleistungsqualität weiter vertieft, um auf dieser Basis abschätzen zu können, ob sich dieser Erfolgsmaßstab generell für verschiedene Rollen der Kostenrechnung nutzen läßt.

3.3.2 Die Konzeptualisierung der Dienstleistungsqualität

Als Voraussetzung für die Entwicklung eines Meßmodells für die Dienstleistungsqualität wird nun ein Begriffsverständnis für dieses Konstrukt abgeleitet. Es wird auf einer inhaltlich-semantischen Sprachebene konkretisiert, bevor es an späterer Stelle der Arbeit[2] auf der empirischen Sprachebene möglich sein wird, detaillierte Meßvorschriften festzulegen.[3]

Als Basis der Konzeptualisierung wird mit der Qualität zunächst der erste Bestandteil des Begriffes Dienstleistungsqualität näher erläutert. Sodann wird Bezug zu den Eigenheiten von Dienstleistungen genommen, um deren Folgen für eine Messung zu spezifizieren. Ein Überblick über bisherige Konzeptualisierungen der Dienstleistungsqualität wird gegeben, aus dem das kostenrechnungsspezifische Verständnis dieser Untersuchung abgeleitet wird. Die Eignung einer derartig beschriebenen Dienstleistungsqualität als rollenübergreifender Erfolgsmaßstab für die Kostenrechnung bleibt dem Ende dieses Abschnitts vorbehalten.

ALLGEMEINER QUALITÄTSBEGRIFF UND ENTSPRECHENDE DEFINITIONSANSÄTZE

In der Diskussion des Qualitätsbegriffes lassen sich trotz aller Kontroversen[4] zwei grundsätzlich verschiedene Ansätze unterscheiden. In einer klassischen, ingenieurwissenschaftlich geprägten Begriffsauffassung spiegelt sich Qualität unmittelbar in Merkmalen der untersuchten Leistung wider, die sich objektiv, anhand von Spezifikationen und naturwissenschaftlich-technischen Daten erfassen lassen. Die zweite Auslegung des Qualitätsbegriffs stellt die subjek-

---

1 Vgl. exemplarisch Benkenstein 1993 und Haller 1993.
2 Vgl. Abschnitt 3.4.2 Die Operationalisierung der Konstrukte.
3 Vgl. Andritzky, K. 1977, S. 14; Schanz, G. 1988, S. 22; Chmielewicz, K. 1994, S. 65 f.
4 Vgl. Haller, S. 1993, S. 20.

tive Komponente der Qualität in den Mittelpunkt, indem davon ausgegangen wird, daß „die Qualität einer Leistung allein von den subjektiven Bedürfnissen der Nachfrager abhängig ist“[1] und anhand dieser – durchaus unter Nutzung objektiver Maßstäbe – eingeschätzt werden sollte. Eine stärkere Differenzierung von Qualitätsansätzen ist bei Garvin zu finden, der insgesamt fünf verschiedene Definitionsansätze unterscheidet, die durchaus Parallelen zur aufgeführten Dichotomie aufweisen:[2]

- Entsprechend des aus der Philosophie stammenden ***absoluten*** Qualitätsbegriffs beschreibt Qualität den Grad der Vortrefflichkeit einer Leistung. Qualität ist in diesem Sinne gleichbedeutend mit hervorragend, ausgezeichnet oder überragend.
- Der ***produktorientierte*** Ansatz entspricht im wesentlichen dem objektiven Qualitätsverständnis, in dessen Sinne spezifische Merkmale von Eigenschaftsbündeln in technischen, objektiven Maßgrößen erfaßbar sind.
- Auf einem subjektiven, auf den individuellen Bedürfnissen der Nachfrager basierenden Qualitätsverständnis baut der ***kundenorientierte*** Ansatz auf.
- Der ***herstellungsorientierte*** Qualitätsbegriff verbindet objektive und subjektive Elemente, indem Qualität als die Einhaltung von bestimmten Standards durch den Anbieter angesehen wird. Die Sicherung eines gewissen Qualitätsniveaus über beispielsweise standardisierte und dokumentierte Prozesse im Rahmen der ISO-Zertifizierungen[3] steht hier im Mittelpunkt.
- Wenn die Qualitätseinschätzung einer Leistung über die individuelle Beurteilung des Preis-Leistungs-Verhältnisses erfolgt, kommt der ***wertorientierte*** Ansatz zur Anwendung. Qualität wird hier als eine relative, subjektive Größe angesehen.

Dienstleistungseigenschaften und ihre meßtechnischen Konsequenzen

Die Beurteilung der Zweckmäßigkeit bestimmter Qualitätsbegriffe für Dienstleistungen muß an den dienstleistungsspezifischen Merkmalen und ihren Wirkungen auf die Meßbarkeit ansetzen. Als zentrale Charakterzüge von Dienstleistungen sind die Immaterialität, die Integration eines externen Faktors, eine Untrennbarkeit von Produktion und Konsum sowie die Bereitstellung von Fähigkeits- bzw. Leistungspotentialen durch den Dienstleister anzusehen.[4] Einerseits beeinflussen diese Eigenschaften die Anbieterseite; so werden beispielsweise Schwie-

---

1 Benkenstein, M. 1993, S. 1100.

2 Vgl. Garvin, D.A. 1984, S. 25-28 und Garvin, D.A. 1988, S. 39 f.

3 Vgl. Homburg, C. / Becker, J. 1996.

4 Vgl. Abschnitt 3.1 Die Kostenrechnung und ihre Informationsempfänger.

rigkeiten mit der Kapazitätsplanung oder die Notwendigkeit, immaterielle Dienste zu materialisieren, als Auswirkungen genannt.[1] Von einer ungleich größeren Bedeutung für die Erfassung von Qualitätsurteilen sind andererseits Folgen auf seiten der Nachfrager nach der Dienstleistung.

Infolge der Immaterialität der Leistung fällt es etwa dem Kunden eines Dienstleistungsanbieters sehr schwer, die Leistung an sich wahrzunehmen und zu beurteilen. Dienstleistungen besitzen im wesentlichen Erfahrungs- und Vertrauenseigenschaften.[2] Aus diesen resultiert eine hohe Beschaffungsunsicherheit und eine nur eingeschränkte Vergleichbarkeit mit alternativen Anbietern. Als zumindest teilweiser Ausgleich dieser Meßprobleme haben in einer Dienstleistungsbeziehung Referenzen eine außerordentliche Bedeutung. Oftmals werden aushilfsweise Merkmale wie das Verhalten oder der Ausbildungsstand der Mitarbeiter bzw. die Art der optischen Aufbereitung von Informationen benutzt, um einen Dienstleistungsanbieter und seine Leistung einzuschätzen. Das Leistungsergebnis bzw. der Wertbeitrag des Dienstleisters läßt sich nicht eindeutig separieren, da der externe Faktor in die Leistungserstellung einbezogen wird und so die Leistungserstellung und der Konsum nicht trennbar sind. Ein Qualitätsurteil, das an den bereitgehaltenen Potentialen und Kapazitäten ansetzt, ist zwar möglich, aber keinesfalls trivial, da sich intersubjektiv überprüfbare, generelle Wertansätze nur schwerlich finden lassen.

Ansätze zur Erfassung der Dienstleistungsqualität

Wegen dieser dienstleistungsbezogenen Spezifika einer Qualitätsmessung verfügen nur einige der beschriebenen Qualitätsbegriffe über eine hohe Relevanz für die Erfassung der Dienstleistungsqualität der Kostenrechnung.

Der absolute Qualitätsbegriff ist gänzlich ungeeignet, um Messungen durchzuführen, die über ein digital kodiertes Ergebnis hinausgehende Abstufungen zulassen sollen. Eine Qualität im absoluten Sinne kann nur vorhanden sein oder fehlen. Bei den produktorientierten und herstellungsorientierten Ansätzen sind ebenfalls Probleme unübersehbar. Eine Auflösung der Dienstleistung in einzelne Facetten ist nicht einfach, aber durchaus möglich. Kritisch ist allerdings die Notwendigkeit, die gesamte Leistung mit diesen Merkmalen abdecken zu können und über objektive Maßstäbe für diese Eigenschaftenbündel zu verfügen. Die Immaterialität oder auch

---

1 Vgl. Meffert, H. / Bruhn, M. 1995, S. 63.

2 Vgl. dazu beispielweise Nelson, P. 1970, S. 312 f.; Darby, M.R. / Karni, E. 1973, S. 68 f.; Nelson, P. 1974, S. 730 f.; Weißenberger, B.E. 1997, S. 154; Meyer, A. / Streich, K. 1998, S. 849; Weißenberger, B.E. 1998, S. 622 f.

die Integrativität stehen diesem Anliegen im Wege. Damit erweisen sich der kunden- und der wertorientierte Qualitätsbegriff als besonders geeignet für Dienstleistungen.

Dieses Analyseergebnis spiegelt sich auch in bisherigen Studien wider, die sich einer Erfassung der Dienstleistungsqualität widmeten. Zwei unterschiedliche Vorgehensweisen lassen sich identifizieren, die sich in ihrem Ausgangspunkt deutlich unterscheiden:

- Merkmalsorientierte Ansätze konstruieren einen globalen Erfolgsmaßstab für eine Dienstleistung, indem dem Kunden eine Auswahl an Einzelmerkmalen mit der Bitte vorgegeben wird, jedes einzelne dieser Attribute einzuschätzen. Über die Eindrücke der Kunden wird sodann ein Index gebildet, der die Dienstleistungsqualität wiedergibt.[1] Eine sehr bekannte und intensiv diskutierte Variante dieser multiattributiven Verfahren ist die SERVQUAL-Skala.[2] Merkmalsorientierte Ansätze sind weit verbreitet, obwohl sie einige bekannte Schwächen wie eine unzureichende Erfassung wichtiger Sachverhalte besitzen.[3]

- Ereignisorientierte Ansätze widmen sich Kundenerlebnissen. Es geht ihnen darum, über eine möglichst weitgehende Erfassung von Informationen das Folgeverhalten der Kunden prognostizieren bzw. beeinflussen zu können.[4] Prominente Beispiele für diese Gruppe sind die Beschwerdeforschung, die Critical-Incident-Technik, die sequentielle Ereignismethode und die Frequenz-Relevanz-Analyse von Problemen, die entweder eine laufende Erfassung von Ereignissen beabsichtigen oder sich besonders kritischen bzw. wichtigen Erlebnissen des Kunden widmen. Ereignisorientierte Ansätze werden als eine sehr sinnvolle Ergänzung zu merkmalsorientierten Ansätzen angesehen, da sie Folgen bestimmter Aktionen oder Handlungen besser abbilden.[5]

Wie aus dieser Erläuterung deutlich geworden sein dürfte, dominiert der kundenbezoge Qualitätsbegriff in den Meßkonzepten für die Dienstleistungsqualität.

Ein kostenrechnungsspezifisches Modell der Dienstleistungsqualität

Die Kostenrechnung nimmt eine kontinuierliche Führungsunterstützungsfunktion wahr. Dem Management stellt sie einerseits laufende, standardisierte Leistungsangebote für einen Basisinformationsbedarf, andererseits fallweise Analysen und Berichte für Sonderprobleme oder

---

1 Vgl. Stauss, B. / Hentschel, B. 1990, S. 7; Bruhn, M. 1995b, S. 621 f.; Benkenstein, M. / Güthoff, J. 1998, S. 436.

2 Vgl. exemplarisch Parasuraman, A. / Zeithaml, V.A. / Berry, L.L. 1988; Hentschel, B. 1990; Spreng, R.A. / Singh, A.K. 1993.

3 Vgl. Stauss, B. / Hentschel, B. 1990, S. 9 und Bruhn, M. 1995b, S. 623.

4 Vgl. Stauss, B. / Hentschel, B. 1990, S. 10 und Bruhn, M. 1995b, S. 624.

5 Vgl. Stauss, B. / Hentschel, B. 1990, S. 9; Benkenstein, M. 1993, S. 1104; Bruhn, M. 1995b, S. 626.

spezielle Anfragen zur Verfügung.[1] Durch die laufende Informationsversorgung wird beim Management ein Erfahrungsschatz mit der Kostenrechnung aufgebaut. Viele Einzeleindrücke von den Kostenrechnern und den von ihnen bereitgestellten Dienstleistungen verdichten sich zu einem globalen Gesamturteil. Diese schrittweise aufgebaute, auf verschiedenen Teilaspekten beruhende Qualitätswahrnehmung läßt einen merkmalsorientierten Meßansatz für die Dienstleistungsqualität der Kostenrechnung grundsätzlich zu. Daneben wäre es jedoch ebenso möglich, auf die fallweisen Anfragen bzw. Sonderanalysen für eine Messung der Dienstleistungsqualität der Kostenrechnung zurückzugreifen. Für das Management besitzen diese ungeplanten Leistungen eine außerordentliche Bedeutung. Sie können somit Ansatzpunkte für eine ereignisorientierte Messung liefern, indem sie der Forderung nach kritischen Momenten oder Erlebnissen mit besonderer Relevanz vollauf gerecht werden.[2]

Die Wahl des Dienstleistungsverständnisses und seiner meßtechnischen Umsetzung sollte vor dem Hintergrund der beabsichtigten Aussagentypen und der daraus resultierenden Merkmale der empirischen Erhebung erfolgen. Wie an anderer Stelle ausführlich beschrieben, geht es in dieser Arbeit um die Gewinnung von praxisrelevanten Hinweisen für eine rollen- und kontextadäquate Kostenrechnung in deutschen Industrieunternehmen.[3] Diese Zielsetzung verlangt eine breite quantitativ-empirische Erhebung. Eine derartige Datenerhebungsmethode ist mit einer ereignisbezogenen Erfassung nicht kompatibel, das sie die Identifikation von Managementerlebnissen, die die Qualitätswahrnehmung prägen, über mehrere Unternehmen hinweg erfordert. Mit einer Messung der Dienstleistungsqualität der Kostenrechnung über eine quantitativ-empirische Untersuchung begibt sich diese Arbeit auf forschungstheoretisches Neuland. Es kann auf keinerlei Erfahrungen bezüglich dieser zentralen Erlebnisse der internen Kunden der Kostenrechnung zurückgegriffen werden. Überdies ist eine ad-hoc-Generierung dieser eindrucksvollen Ereignisse vor dem Hintergrund der Komplexität der Beziehung zwischen der Kostenrechnung und dem Management faktisch unmöglich. Deshalb wird in dieser Studie ein merkmalsorientierter Meßansatz für die Dienstleistungsqualität der Kostenrechnung verfolgt.

Eine multiattributive Messung der Servicequalität der Kostenrechnung könnte in Anlehnung an die beschriebenen Qualitätsdefinitionen prinzipiell sehr unterschiedlich aussehen. Die Alternativenmenge reduziert sich infolge der Eigenheiten von Dienstleistungen substantiell. Vor allem der Mangel an technisch-objektiven Qualitätsmaßstäben weist auf die Notwendigkeit hin, auf den kundenorientierten Qualitätsbegriff zu rekurrieren. Diese im Rahmen dieser Ar-

---

1 Vgl. exemplarisch Brink, H.-P. 1992, S. 176 und Weber, J. 1995b, S. 579 f.

2 Vgl. u.a. Flanagan, J.C. 1954; Carlzon, J. 1987; Johnston, R. 1995; Chakravarty, S. / Widdows, R. / Feinberg, R.A. 1996; Müller, S. / Lohmann, F. 1997.

3 Vgl. Abschnitt 1.2 Die Zielsetzung der Untersuchung.

beit getroffene Festlegung entbindet einen Kostenrechner jedoch nicht davon, eine auf Exzellenz abgestellte Kostenrechnungsstrategie mit intersubjektiv meßbaren Größen zu hinterlegen und sich so den Anforderungen einer absoluten bzw. einer produktorienierten Dienstleistungsqualität zu stellen. Beim derzeitigen Stand der Forschung zu einem Qualitätsverständnis für interne Dienstleistungen stellt im Rahmen einer quantitativ-empirischen Untersuchung eine Messung der vom Kunden wahrgenommenen Dienstleistungsqualität die einzig sinnvolle Variante dar.

Die Konzeptualisierung des merkmalsbezogenen, kundenorientierten Meßansatzes für die Dienstleistungsqualität der Kostenrechnung knüpft an eine von Donabedian[1] entwickelte Unterscheidung an, deren zentrale Bedeutung[2] sich daran zeigt, daß sie von einer Vielzahl von Autoren in unveränderter oder leicht modifizierter Form angewandt wurde.[3] Drei Dimensionen lassen sich für die Qualität von Dienstleistungen unterschieden: die Potentialqualität oder Strukturqualität, die Prozeßqualität und die Ergebnisqualität.[4] Diese Unterscheidung steht in einer engen Beziehung zur modelltheoretischen Sicht des Faktorkombinationsprozesses,[5] der bei Gutenberg allgemein für die Leistungserstellungsprozesse in Unternehmen aufgezeigt wurde und sich in seiner Struktur Inputfaktoren – Produktionsfunktion / Prozeß – Outputfaktoren auch auf Informationen und Informationssysteme übertragen läßt.[6] Die wahrgenommene Dienstleistungsqualität kann sich also auf einzelne Ausschnitte des Erstellungsprozesses der Kostenrechnungsinformationen beziehen:

- Die ***Potentialqualität*** umfaßt die „sachlichen, organisatorischen und persönlichen Leistungsvoraussetzungen des Dienstleistungsanbieters."[7] Mit ihr werden alle Fähigkeiten und Bereitschaften erfaßt, die auf den Prozeß der Leistungserstellung, hier also auf die Informationsgenerierung und -bereitstellung, hin ausgerichtet sind. In dieser Untersuchung beinhaltet die Potential- oder Strukturqualität den personellen und technischen Ressourceneinsatz für die Kostenrechnung sowie die fachliche Kompetenz der Kostenrechner.[8]

---

1 Vgl. Donabedian, A. 1980.

2 Vgl. Stauss, B. / Hentschel, B. 1990, S. 4.

3 Vgl. u.a. Stiff, R. / Gleason, S. 1981; Corsten, H. 1985; Parasuraman, A. / Zeithaml, V.A. / Zeithamel, V. 1985; Meyer, A. / Mattmüller, R. 1987; Parasuraman, A. / Zeithaml, V.A. / Berry, L.L. 1988; Corsten, H. 1993; Bruhn, M. 1995b, S. 627-633.

4 Vgl. Donabedian, A. 1980, S. 79-128 und ähnlich Promberger, K. 1995, S. 25 f.

5 Vgl. Gutenberg, E. 1983, S. 5.

6 Vgl. Wild, J. 1970a; Wild, J. 1970b; McLeod, R. 1995; Aust, R. 1996; Thow-Yick, L. 1996.

7 Stauss, B. / Hentschel, B. 1990, S. 4.

8 Vgl. exemplarisch Rosenzweig, K. 1981; Grinyer, P.H. / Al-Bazzaz, S. / Yasai-Ardekani, M. 1986; Bruhn, M. 1995b.

- Im Hinblick auf die ***Prozeßqualität*** werden alle Aktivitäten des Dienstleistungsanbieters beurteilt, die dem Prozeß der Leistungserstellung zugeordnet werden können.[1] Für die Kostenrechnung heißt dies, daß alle Aspekte bewertet werden, die im Zusammenhang mit dem Bereitstellungsprozeß der Kostenrechnungsinformationen stehen. Dazu zählen einerseits eine rechtzeitige und zügige Bereitstellung von Informationen, ein Eingehen auf die spezifischen Bedürfnisse, eine Anpassung an Umfeldveränderungen und ausreichende Beratung als Begleitung.[2]

- Die ***Ergebnisqualität*** bezieht sich auf die am Ende des Leistungserstellungsprozesses vorliegenden Leistungen bzw. Produkte sowie den Grad der Erreichung der Leistungsziele. Einige mögliche Qualitätsfaktoren am Ende des Dienstleistungsprozesses sind Zeit, Umfang, Vollständigkeit der erbrachten internen Prozesse.[3] Für die Kostenrechnung setzt die Beurteilung der Ergebnisqualität an den kostenrechnerischen Informationen an, die dem Management geliefert werden und dort zur Erreichung der Managementziele dienen. Drei Bestandteile werden unterschieden: die Breite und Tiefe des Informationsangebots, die sprachliche und optische Aufbereitung der Informationen sowie wesentliche Informationscharakteristika wie Realitätsnähe, Genauigkeit, Konsistenz, Plausibilität, Objektivität, Aktualität, Nachvollziehbarkeit, Fehlerfreiheit und Neuigkeitsgehalt.[4]

DIENSTLEISTUNGSQUALITÄT DER KOSTENRECHNUNG UND KOSTENRECHNUNGSROLLEN

Auf der Definition der Kostenrechnung als Dienstleistungsfunktion basierte die Ableitung verschiedener Kostenrechnungsrollen. Jedes Einsatzfeld, das an früherer Stelle entwickelt wurde,[5] fordert bestimmte Kostenrechnungseigenschaften und damit strenggenommen verschiedene Erfolgsmaßstäbe. Mit der Dienstleistungsqualität wurde nur für einen der möglichen Erfolgsmaßstäbe ein klares Begriffsverständnis entwickelt, das die Basis für eine fragebogengestützte Messung sein kann. Auf den ersten Blick steht dieses Vorgehen im Widerspruch zum weiten Spektrum an Kostenrechnungsrollen und ihren Anforderungen an ein Führungsinstrument Kostenrechnung. Deshalb soll an dieser Stelle theoretisch begründet werden, warum sich die wahrgenommene Dienstleistungsqualität der Kostenrechnung als rollenüber-

1 Vgl. Stauss, B. / Hentschel, B. 1990, S. 4 und Bruhn, M. 1995b, S. 631 f.

2 Vgl. Lucas, H.C. 1974; Larcker, D.F. / Lessig, V.P. 1980; Hamilton, S. / Chervany, N.L. 1981; Libby, R. / Lewis, B.L. 1982; Doll, W.J. / Torkzadeh, G. 1988; Brink, H.-P. 1992; Doll, W.J. / Xia, W. / Torkzadeh, G. 1994; Becker, W. / Benz, K. 1997; Gelderman, M. 1998.

3 Vgl. exemplarisch Zmud, R.W. 1979; Bruhn, M. 1995b; Moenaert, R.K. / Souder, W.E. 1996.

4 Vgl. u.a. Lucas, H.C. 1974; Gordon, L.A. / Larcker, D.F. / Tuggle, F.D. 1978; Libby, R. / Lewis, B.L. 1982; Bailey, J.E. / Pearson, S.W. 1983; Berthel, J. 1984, Sp. 1871; Garbe, H. 1984, Sp. 1876; Doll, W.J. / Torkzadeh, G. 1988; Doll, W.J. / Xia, W. / Torkzadeh, G. 1994; Becker, W. / Benz, K. 1997; Li, E.Y. 1997b; Gelderman, M. 1998.

5 Vgl. Abschnitt 3.2.1 Das Spektrum möglicher Kostenrechnungsrollen.

greifender Erfolgsmaßstab eignet. Zwei Argumentationsstränge, die nacheinander diskutiert werden sollen, stützen diese Eignung des gerade beschriebenen Konstrukts.

Die Konzeptualisierung der Dienstleistungsqualität in dieser Arbeit löste sich bewußt vom objektiven Qualitätsbegriff. Eine kundenbezogene und auf Wahrnehmungen beruhende Messung der Qualität erlaubt es, verschiedene Vorstellungen der Kunden von einer Sach- oder Dienstleistung unabhängig von möglichen Vorgaben zum Ausdruck zu bringen.[1] Wenn nun also in einem bestimmten Unternehmen in einer bestimmten Situation die Kostenrechnung einen speziellen Zweck zu erfüllen hat, so ist der Manager, der die Dienstleistungsqualität der Kostenrechnung einzuschätzen hat, nicht an ein im vorhinein festgelegtes, objektives Qualitätsmaß gebunden, das eventuell – weil für andere Situationen entworfen – nicht auf seinen Anwendungsfall paßt.

Spezielle Facetten der einzelnen Rollen einer Kostenrechnung finden sich aber auch in der beschriebenen Konzeptualisierung der wahrgenommenen Dienstleistungsqualität der Kostenrechnung wieder. Einige dieser Elemente sollen im folgenden aufgeführt werden, um die enge Verbindung jedes einzelnen Einsatzfeldes der Kostenrechnung[2] zum gewählten Erfolgsmaßstab für die Kostenrechnung aufzuzeigen:

- Wenn die Kostenrechnungsinformationen zur Fundierung von Entscheidungen herangezogen werden, sollten sie die tatsächlichen Folgen bestimmter Entscheidungs- und Handlungsalternativen umfassend, exakt, widerspruchsfrei und realitätsnah darstellen.[3] Damit die Informationen überhaupt von den Managern in der Entscheidungsfindung berücksichtigt werden, müssen sie rechtzeitig vorliegen und so dargestellt werden, daß sie leicht verständlich und verwendbar sind.[4] Diese Erläuterungen zeigen deutlich, daß sich eine ***Entscheidungsorientierung*** in der gewählten Konzeptualisierung der Dienstleistungsqualität schwerpunktmäßig in der Dimension Ergebnisqualität widerspiegelt, sich aber auch in den Prozeßelementen zeigt.

- Die ***Konkretisierung*** des Gewollten ist dann erfolgreich, wenn die Manager auf sehr detaillierte Informationen zurückgreifen können, die den selben Anforderungen entsprechen müssen, wie es für die Fundierung von Entscheidungen gerade beschrieben wurde. Für die ***Überwindung von Hemmnissen***, die einer Realisation im Wege stehen, ist vor allem Exzellenz im Prozeß der Bereitstellung der Dienstleistung Kostenrechnung unerläßlich. Die Berücksichtigung der individuellen Bedürfnisse des Mana-

---

1 Vgl. Stauss, B. / Hentschel, B. 1990, S. 3; Kroeber-Riel, W. 1992, S. 266; Benkenstein, M. 1993, S. 1100; Haller, S. 1993, S. 21.

2 Vgl. erneut Abschnitt 3.2.1 Das Spektrum möglicher Kostenrechnungsrollen.

3 Vgl. u.a. Ewert, R. / Wagenhofer, A. 1997, S. 7.

4 Vgl. exemplarisch Zmud, R.W. 1978, S. 195.

gers bzw. des Trägers der Ausführungshandlung sowie die ständige Anpassung an Veränderungen sorgen für eine erfolgreiche Durchsetzung des Vorgedachten.

- Eine erfolgreiche ***Dokumentation*** und ***Kontrolle*** basiert vor allem auf Elementen wie Realitätsnähe, Genauigkeit, Objektivität, Plausibilität, Fehlerfreiheit und Verständlichkeit.[1] Diese Facetten finden sich in der im Rahmen dieser Arbeit vorgenommenen Konzeptualisierung der Dienstleistungsqualität in der Dimension Ergebnisqualität.

- Mit der Kostenrechnung läßt sich nur kommunizieren, koordinieren und integrieren, wenn die Sprache Kostenrechnung verständlich und nachvollziehbar für alle beteiligten Mitarbeiter ist sowie sich neuen Situationen und Problemen anpaßt.[2] Die Kostenrechner als Promotoren und Hüter der Sprache müssen fachlich kompetent mit Erläuterungen zur Verfügung stehen, wenn Verständnisprobleme auftauchen. Alle drei Dimensionen der wahrgenommenen Dienstleistungsqualität der Kostenrechnung reflektieren diese Erfolgsfaktoren eines ***Kommunikations-*** und ***Koordinationsinstruments***.

- Für eine Verwendung der Kostenrechnung als ***Legitimations-*** und ***Machtinstrument*** müssen vergleichbare Voraussetzungen bestehen: Die Kostenrechnung benötigt einerseits die Reputation eines plausiblen, konsistenten und objektiven Informations- und Steuerungsinstruments. Andererseits muß sie in der Lage sein, sich an die speziellen Wünsche desjenigen anzupassen, der seine Position mit ihr legitimieren oder stärken will.[3] Diese erfolgskritischen Komponenten bilden Bestandteile der Prozeß- und Ergebnisdimensionen der Dienstleistungsqualität der Kostenrechnung ab.

- Der Einsatz der Kostenrechnung zur ***Verhaltenssteuerung*** bedeutet, „eine vergleichsweise einfache, leicht überschaubare, wenig differenzierte Rechnung zu gestalten. Kriterien wie Verständlichkeit, Durchschaubarkeit und Nachprüfbarkeit der Datengenerierung stehen im Vordergrund."[4] Mit der geschilderten Konzeptualisierung des Erfolgsmaßstabes wahrgenommene Dienstleistungsqualität lassen sich diese Forderungen abbilden: der Umfang der Rechnung, Nachvollziehbarkeit, Objektivität, Übersichtlichkeit und Verständlichkeit sind Facetten der Ergebnisqualität.

Insgesamt bestätigen diese sowohl rollenübergreifenden als auch rollenspezifischen theoretischen Argumente, daß der Erfolgsmaßstab Dienstleistungsqualität mit dem aufgespannten Spektrum an Kostenrechnungsrollen kompatibel ist. Die Dienstleistungsqualität wird deshalb im folgenden – aus einer theoretischen Argumentation heraus – als ein rollenadäquater, inte-

---

1 Vgl. beispielsweise Coenenberg, A.G. 1995, S. 2080.

2 Vgl. u.a. Boland, R.J. / Pondy, L.R. 1983, S. 230 und Pfaff, D. / Weber, J. 1998, S. 160.

3 Vgl. beispielsweise Cooper, D.J. / Hayes, D. / Wolf, F. 1981, S. 182.

4 Pfaff, D. / Weber, J. 1998, S. 161.

grierender Erfolgsmaßstab für eine Kostenrechnung angesehen, die eine Servicefunktion für das Management wahrnimmt.

3.4 Der Zusammenhang von Rollen, Unsicherheit und Dienstleistungsqualität

Nach dieser theoretisch-konzeptionellen Argumentation, aus der hervorgegangen ist, daß die wahrgenommene Dienstleistungsqualität als ein rollenübergreifender Erfolgsmaßstab der Kostenrechnung angesehen werden kann, wird im folgenden die Beziehung zwischen den Rollen der Kostenrechnung, der wahrgenommenen Unsicherheit und der wahrgenommenen Dienstleistungsqualität empirisch untersucht.

Das breite Spektrum möglicher Anwendungsfelder der Kostenrechnung wurde in Abhängigkeit vom Grad der wahrgenommenen Unsicherheit drei verschiedenen Rollen zugeordnet: der Kostenrechnung als Auskunftsapparat, als Lernapparat oder als Begründungsapparat.[1] Die dabei entwickelte Modellstruktur ist an dieser Stelle die Basis der Analyse. Ziel dieses Untersuchungsschritt ist es, die enge Beziehung zwischen den Kostenrechnungsrollen, der Umweltunsicherheit und der Dienstleistungsqualität der Kostenrechnung empirisch zu begründen.

3.4.1 Forschungshypothesen

Die drei Rollen der Kostenrechnung – Auskunftsapparat, Lernapparat, Begründungsapparat – erlangen entsprechend alternativer Umweltzustände eine unterschiedliche Relevanz. Diese Aussage hat unmittelbare Konsequenzen für einen Erfolgsmaßstab der Kostenrechnung, der eine Gültigkeit über verschiedene Rollen und Umweltzustände hinweg beansprucht.

Unter den Bedingungen einer niedrigen wahrgenommenen Unsicherheit besitzt die Kostenrechnung den Charakter eines Auskunftsapparates. Die Kostenrechnung, ihr Bewertungs- und Strukturierungs-Know-how sowie ihre Informationen werden zur Fundierung von Managemententscheidungen angewandt. Entscheidungsmodelle werden entworfen, Handlungsalternativen generiert und bewertet. Diese Prozesse lassen sich in reflexiven Willensbildungsprozessen beobachten, können aber auch für eine unbewußt ablaufende intuitive Willensbildung vermutet werden.[2] In ähnlicher Weise wird die Kostenrechnung in der Willensdurchsetzung eingesetzt, um konkretisierende, nachgelagerte Entscheidungen zu unterstützen und Realisationshemmnisse zu beseitigen.

---

1 Vgl. Abschnitt 3.2.2.3 Kostenrechnung und wahrgenommene Unsicherheit.

2 Vgl. Abschnitt 3.2.1.2 Die Kostenrechnung in der Willensbildung.

In einem derartigen Szenario kann der Umfang und Detaillierungsgrad der von der Kostenrechnung generierten und von den Managern genutzten Informationen als ein Erfolgsmaß angesehen werden.[1] Wenn die Breite und Tiefe des Informationsangebots zunehmen, so fördert dies die Ergebnisqualität der Kostenrechnung. Genauigkeit und Realitätsnähe sind weitere der Ergebnisqualität dienliche Aspekte. Ein Garant für die Lieferfähigkeit der Kostenrechnung ist eine ausreichende personelle und technische Ausstattung. Mehr Ressourcen für die Kostenrechnung begünstigen die Potentialqualität. Bei einem geringen Grad der wahrgenommenen Unsicherheit spielen die Komponenten der Prozeßqualität wie die Anpassungsfähigkeit und Schnelligkeit eine untergeordnete Rolle. Insgesamt wirkt sich somit eine stärkere Inanspruchnahme der Kostenrechnung als Auskunftsapparat über die Potential- und Ergebnisqualität bei einer geringen Unsicherheit förderlich auf eine hohe Qualitätswahrnehmung der Dienstleistung Kostenrechnung aus. Relativ dazu besitzen die Nutzung der Kostenrechnung als Lern- und Begründungsapparat in diesem Kontext eine geringere Bedeutung. Damit läßt sich folgende Forschungshypothese formulieren:

H1 Bei geringer wahrgenommener Unsicherheit ist der Einfluß des ***Auskunftsapparates*** auf die Dienstleistungsqualität der Kostenrechnung stärker als der Einfluß der beiden anderen Kostenrechnungsapparate.

Der Einsatz der Kostenrechnung als Lernapparat erlangt bei einem mittleren Grad der wahrgenommenen Unsicherheit seine spezielle Relevanz. Mit Hilfe der Kostenrechnungsinformationen baut das Management eine Erfahrungsbasis auf, die über die Beeinflussung eines allgemeinen Situationsverständnisses und über die Veränderung von Denkstrukturen in die Entscheidungsfindung einfließt. Voraussetzung für diese spezielle Rolle ist die Dokumentation der betrieblichen Aktivitäten. An den strukturiert erfaßten wertmäßigen Informationen setzen Kontrollaktivitäten mit Soll-Ist-Vergleichen und entsprechenden Abweichungsanalysen an. Erneut trägt eine Intensivierung der Informationsversorgung und die Garantie der dafür erforderlichen Ressourcen zu einer Erfolgssteigerung der Kostenrechnung bei. Zusätzlich beeinflussen jedoch weitere Faktoren die Wertschätzung der Kostenrechnung als Lernapparat. Dadurch, daß tief verankerte Denkstrukturen zu verändern sind, muß ein Lernapparat jeden Manager individuell ansprechen, ihm beratend und erklärend zur Seite stehen und ein nachvollziehbares, plausibles Bild der Realität liefern. Eine Erfüllung dieser Anforderungen einer hohen Prozeß- und Ergebnisqualität wirkt sich unmittelbar förderlich auf die Dienstleistungsqualität der Kostenrechnung aus. Trotz der gemeinsamen Elemente mit einem Auskunftsapparat wird damit bei mittlerem Unsicherheitsgrad die Dienstleistungsqualität stärker von der

---

[1] Vgl. Abschnitt 3.3.2 Die Konzeptualisierung der Dienstleistungsqualität.

Verwendung der Kostenrechnung als Lernapparat geprägt. Folgende zweite Forschungshypothese läßt sich so ableiten:

H2 Bei mittlerer wahrgenommener Unsicherheit ist der Einfluß des ***Lernapparates*** auf die Dienstleistungsqualität der Kostenrechnung stärker als der Einfluß der beiden anderen Kostenrechnungsapparate.

Bei einer hohen wahrgenommenen Umweltunsicherheit dient die Kostenrechnung als Begründungsapparat. Eine hohe Komplexität und Dynamik erfordern Maßnahmen zur Integration und Koordination der betrieblichen Aktivitäten. Der Kostenrechnung kann es nun nicht mehr gelingen, jede Variation aller Elemente des Unternehmens und seiner Marktbeziehungen nachzuvollziehen. Vielmehr muß sie in der Lage sein, eine eigene Realität zu schaffen, in deren Rahmen es den Organisationsmitgliedern möglich ist, sich logisch, zielgerichtet und koordiniert zu verhalten.[1] Die Kostenrechnung stellt unter diesen Bedingungen für alle Organisationsmitglieder ein allgemeinverständliches Sprachgut dar, über das eine gemeinsame Kommunikation einfach und ohne weitere Vorleistungen möglich ist. Die Kostenrechnung muß über den Ruf eines objektiven und fehlerfreien Informationsinstruments zu verfügen, damit Entscheidungen und Handlungen mit ihr rationalisierbar werden.

In diesem Verständnis der Kostenrechnung verlieren Merkmale wie der Umfang und Detaillierungsgrad der Informationen an Bedeutung. Erfolgsfaktoren eines Begründungsapparates sind hauptsächlich die Elemente der Ergebnisqualität. Über die Förderung von Konsistenz, Plausibilität, Nachvollziehbarkeit und Objektivität läßt sich das Fundament für eine hohe wahrgenommene Dienstleistungsqualität der Kostenrechnung unter hoher Umweltunsicherheit legen. In einem gewissen Maße kann dies von speziellen Erläuterungen und Beratungsleistungen ergänzt werden, die bei den internen Kunden im Management die Grundlage für eine Nutzung als Begründungsapparat schaffen und die Potentialqualität beeinflussen. Somit bleibt festzuhalten, daß bei einem hohen Grad der wahrgenommenen Unsicherheit die Verwendung der Kostenrechnung als Begründungsapparat eine Qualitätswahrnehmung des Managements fördert. Da besonders der Anspruch auf umfangreiche und detaillierte Informationen im Widerspruch zu diesem Wirkungsmechanismus eines Begründungsapparates steht, sind von dem Einsatz der Kostenrechnung als Auskunfts- und Lernapparat bei einem hohen Grad der Unsicherheit dysfunktionale Wirkungen zu erwarten. Diese Aussagen führen unmittelbar zur dritten Forschungshypothese:

---

1 Vgl. Mason, R.O. 1980, S. 29; Burchell, S. et al. 1981, S. 18 f.; Cooper, D.J. / Hayes, D. / Wolf, F. 1981, S. 182; Collins, F. 1982, S. 114; Boland, R.J. / Pondy, L.R. 1983, S. 229 f.; Birnberg, J.G. / Turopolec, L. / Young, S.M. 1983, S. 122 f.

H3 Bei hoher wahrgenommener Unsicherheit ist der Einfluß des ***Begründungsapparates*** auf die Dienstleistungsqualität der Kostenrechnung stärker als der Einfluß der beiden anderen Kostenrechnungsapparate.

Für die wahrgenommene Dienstleistungsqualität der Kostenrechnung heißt dies generell, daß im Vergleich der drei Kostenrechnungsrollen die Beziehung zwischen der Dienstleistungsqualität und der Bedeutung der jeweils kontextadäquaten Rolle der Kostenrechnung am engsten zu sein hat. Die mit den drei Forschungshypothesen angesprochenen Konstrukte und Beziehung lassen sich in einem Forschungsmodell veranschaulichen, das in der folgenden Abb. 8 dargestellt ist.

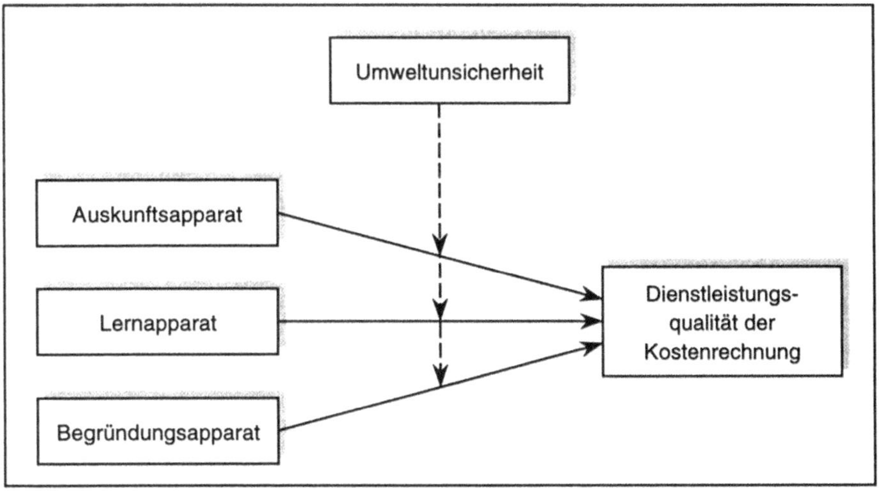

Abb. 8: Forschungsmodell zur Beziehung von Kostenrechnungsrollen, Umweltunsicherheit und Dienstleistungsqualität der Kostenrechnung

Die drei Forschungshypothesen sollen anhand der Stichprobe überprüft werden, deren Erhebung und Eigenschaften schon beschrieben wurden.[1] Bevor aber die Ergebnisse dieser empirischen Analysen vorgestellt und interpretiert werden, ist zu prüfen, wie sich die betroffenen Konstrukte in ein Meßinstrument umsetzen lassen und welche Datenanalyseverfahren zur Anwendung kommen.

[1] Vgl. Abschnitt 2.5 Datenerhebung und Datenbasis.

3.4.2 Die Operationalisierung der Konstrukte

Die Operationalisierung der Kostenrechnungsrollen, der Umweltunsicherheit und der Dienstleistungsqualität der Kostenrechnung knüpft an das Verständnis dieser Konstrukte an, das in vorangegangenen Schritten dieser Untersuchung entwickelt und erläutert wurde. Die spezifische Konzeptualisierung der Untersuchungsgegenstände wird im folgenden mit den empirischen Erfahrungen bisheriger Studien zur Operationalisierung verbunden.

Die Erhebung der für die Analyse notwendigen Daten erfolgte bei den internen Kunden der Kostenrechnung. Die Wahrnehmung der Umwelt und der damit in Verbindung stehenden Unsicherheit unterscheidet sich genauso zwischen zwei Managern wie die Verwendung von Kostenrechnungsinformationen. Deshalb wird bei der Erfassung dieser Konstrukte auf die Urteile der General Manager und Marketingmanager zurückgegriffen. Die Rolle der Kostenrechnung bei der Unterstützung ihrer Führungsaufgaben soll analysiert werden. Ebenso werden bei der Einschätzung der Dienstleistungsqualität die Meinungen der Geschäftsführer bzw. Marketing-/Vertriebsleiter herangezogen, da – bei einer Kostenrechnung als Dienstleistung – allein die Kundensicht eine Berechtigung als Erfolgsindikator besitzt. Da zwei Kundengruppen der Kostenrechnung in der Befragung um ihre Einschätzung der Umgebungsunsicherheit, der Verwendungsgebiete der Kostenrechnungsinformationen und der wahrgenommenen Dienstleistungsqualität der Kostenrechnung gebeten wurden, steht für diesen Untersuchungsschritt eine Datenbasis von insgesamt 227 Fragebögen zur Verfügung. Die folgenden Angaben zur Güte der Messung und die Dependenzanalysen beziehen sich auf diese Teilstichprobe.

Der Grad der wahrgenommenen Umweltunsicherheit

Die Unsicherheitswahrnehmung der Manager wird innerhalb dieser Untersuchung mit Rückgriff auf eine Vielzahl theoretisch-konzeptioneller und empirischer Studien auf den zwei Ebenen unternehmensextern und -intern in den beiden Komponenten Komplexität und Dynamik abgebildet.[1] Jeder der vier Faktoren des Unsicherheitskonstrukts wurde über drei Indikatoren erfaßt, um einerseits die Berechnung der zentralen Gütekriterien zur Beurteilung der Validität und Reliabilität zu ermöglichen und andererseits den engen Grenzen des Fragebogenumfangs bei einer Vielzahl abzubildender Faktoren gerecht zu werden.

---

[1] Vgl. die Konzeptualisierung der wahrgenommenen Unsicherheit in Abschnitt 3.2.2.3 Kostenrechnung und wahrgenommene Unsicherheit.

„EXTERNE KOMPLEXITÄT"			
a) Informationen zu den einzelnen Indikatoren des Faktors			
Bezeichnung des Indikators	Item to Total-Korrelation	Indikator-reliabilität	t-Wert der Faktorladung
• Die Zahl der Marktsegmente ist sehr hoch.	0,55	0,76	8,90
• Die Kunden der verschiedenen Segmente stellen sehr unterschiedliche Anforderungen.	0,43	0,32	7,01
• Die Zahl der Wettbewerber ist sehr hoch.	0,38	0,24	6,30
b) Informationen zum Faktor			
Cronbachsches Alpha:	0,64	Durchschnittlich erfaßte Varianz:	0,44
Erklärte Varianz:	0,59	Faktorreliabilität:	0,69

Tab. 1: Informationen zum Faktor „Externe Komplexität"

Die Erfassung der ***unternehmensexternen Umwelt*** konzentrierte sich ausschließlich auf die absatzseitige Marktumwelt unter Berücksichtigung der Wettbewerber. Den Hauptgrund für diese inhaltliche Ausrichtung stellten die Zielgruppen der Befragung dar. Die Ansprache von Marketing- und Vertriebsmanagern legt es nahe, sich dem Absatzmarkt zuzuwenden und dabei andere Marktbeziehungen wie die Finanz- oder Beschaffungsmärkte zu vernachlässigen. Der Absatzmarkt, die dortigen Kunden und Wettbewerber stellten das gemeinsame Element des Aufgabenumfeldes von General Managern, Marketing- und Vertriebsleitern dar. Die Indikatoren wurden unter Berücksichtigung der Erfahrungen bisheriger Studien[1] so formuliert, daß sowohl die Anzahl der Kunden und Wettbewerber als auch die Verschiedenartigkeit der Kundenpräferenzen erfaßt wurden.

Wie sich in Tab. 1 widerspiegelt, weist die Konzeptualisierung und Operationalisierung der externen Komplexität bei den Kriterien der zweiten Generation[2] einen Schwachpunkt auf. So liegen zwei der drei Indikatorreliabilitäten unter den üblichen Grenzwerten. Da aber für diese Skala an früherer Stelle inhaltliche Argumente angeführt wurden[3] und zumindest die sonstigen Kriterien der ersten und zweiten Generation akzeptable Werte zeigen, soll an der Struktur dieses Faktors festgehalten werden. Dieses Vorgehen entspricht dem oft geforderten Primat der konzeptionellen Argumente vor den empirischen Ergebnissen empirischen Datenanalyseverfahren für die Gestaltung von Erhebungsinstrumenten.[4]

1 Vgl. u.a. Achrol, R.S. / Stern, L.W. 1988; Klein, S. 1989; Achrol, R.S. 1992; Niedermayer, R. 1994.
2 Vgl. Abschnitt 2.4 Das grundlegende Forschungsdesign.
3 Vgl. Abschnitt 3.2.2.3 Kostenrechnung und wahrgenommene Unsicherheit.
4 Vgl. exemplarisch Anderson, J.C. / Gerbing, D. W. 1993.

„Externe Dynamik“			
a) Informationen zu den einzelnen Indikatoren des Faktors			
Bezeichnung des Indikators	Item to Total-Korrelation	Indikator-reliabilität	t-Wert der Faktorladung
• Veränderungen der Kundenpräferenzen	0,39	0,26	6,35
• Veränderungen der Wettbewerbsstrategien der Anbieter	0,52	0,68	8,36
• Veränderungen der Marktanteile einzelner Wettbewerber	0,42	0,30	6,65

b) Informationen zum Faktor			
Cronbachsches Alpha:	0,63	Durchschnittlich erfaßte Varianz:	0,41
Erklärte Varianz:	0,58	Faktorreliabilität:	0,67

Tab. 2: Informationen zum Faktor „Externe Dynamik“

Die Operationalisierung der ***unternehmensexternen Dynamik*** knüpft unmittelbar an die Elemente der Komplexität, also an die Charakteristika der Kunden und Wettbewerber, an. Die Manager wurden nach der Häufigkeit wichtiger Veränderungen[1] bei

- den Kundenpräferenzen,[2]
- den Wettbewerbsstrategien der Anbieter[3] und
- den Marktanteilen der Wettbewerber[4]

gefragt. Die konkrete Formulierung der drei Indikatoren für die unternehmensexterne Dynamik ist aus Tab. 2 ersichtlich.

Da sich die Strukturen der externen Komplexitäts- und Dynamikfaktoren gleichen, überrascht es nicht, daß die Gütekriterien ein ähnliches Bild zeigen. Erneut soll trotz einzelner Abweichungen von den Anspruchsniveaus die Konzeptualisierung und Operationalisierung der externen Dynamik in der aufgeführten Form beibehalten werden, da weitere Modifikationen die abgeleitete inhaltliche Abgrenzung dieses Konstrukts gefährden würden.[5]

1 Vgl. Child, J. 1972, S. 3; Duncan, R.B. 1972, S. 316; Tosi, H. / Aldag, R. / Storey, R. 1973, S. 30; Downey, H.K. / Slocum, J.W. 1975, S. 573; Buchko, A.A. 1994, S. 414; Dess, G.G. / Rasheed, A.M.A. 1991, S. 708.

2 Vgl. Miles, R.E. / Snow, C.C. 1978; Achrol, R.S. / Stern, L.W. 1988; Jaworski, B.J. / Kohli, A.K. 1993; Niedermayer, R. 1994; Maltz, E. / Kohli, A.K. 1996; Moorman, C. / Miner, A.S. 1997; Horváth, P. / Gleich, R. / Seidenschwarz, W. 1998.

3 Vgl. Miles, R.E. / Snow, C.C. 1978; Achrol, R.S. / Stern, L.W. 1988; Klein, S. 1989; Maltz, E. / Kohli, A.K. 1996.

4 Vgl. Snyder, N.H. / Glueck, W.F. 1982 und Horváth, P. / Gleich, R. / Seidenschwarz, W. 1998.

5 Vgl. Abschnitt 3.2.2.3 Kostenrechnung und wahrgenommene Unsicherheit.

„Interne Komplexität“			
a) Informationen zu den einzelnen Indikatoren des Faktors			
Bezeichnung des Indikators	Item to Total-Korrelation	Indikator-reliabilität	t-Wert der Faktorladung
• Die Produkte werden aus einer Vielzahl von Einzelteilen erstellt.	0,69	0,71	14,23
• Die Einzelteile der Produkte unterscheiden sich bezüglich ihrer Herstellung, ihres Einbaus und ihrer Weiterverarbeitung stark voneinander.	0,72	0,78	15,05
• Die Zahl der Produktionsstufen ist sehr hoch.	0,57	0,45	10,86
b) Informationen zum Faktor			
Cronbachsches Alpha:	0,81	Durchschnittlich erfaßte Varianz:	0,64
Erklärte Varianz:	0,72	Faktorreliabilität:	0,84

Tab. 3: Informationen zum Faktor „Interne Komplexität“

Die Formulierung der Indikatoren für den Faktor ***„Interne Komplexität“*** bezieht sich auf die Heterogenität der Produkte und ihres Herstellungsprozesses. Bei dieser Skala handelt es sich um eine Eigenentwicklung. Um so positiver sind die ausgezeichneten Maße zur Beurteilung der Messung zu bewerten.

Bei der in Tab. 4 dargestellten Skala für die ***unternehmensinterne Dynamik*** handelt es sich ebenfalls um eine Entwicklung für die Zwecke dieser Untersuchung. Die Reliabilität dieser Messung und die exploratorische Faktorenanalyse können als zufriedenstellend eingestuft werden. Um einen theoretisch und inhaltlich schlüssigen Meßansatz zu erzielen, bleibt auch diese Skala unverändert.

„Interne Dynamik“			
a) Informationen zu den einzelnen Indikatoren des Faktors			
Bezeichnung des Indikators	Item to Total-Korrelation	Indikator-reliabilität	t-Wert der Faktorladung
• Veränderungen der Wertschöpfungstiefe	0,43	0,34	7,52
• Veränderungen der Fertigungsprozesse	0,53	0,66	9,33
• Veränderungen der Organisationsstruktur	0,43	0,31	7,27
b) Informationen zum Faktor			
Cronbachsches Alpha:	0,65	Durchschnittlich erfaßte Varianz:	0,44
Erklärte Varianz:	0,59	Faktorreliabilität:	0,69

Tab. 4: Informationen zum Faktor „Interne Dynamik“

Der Grad der wahrgenommenen Unsicherheit setzt sich aus den vier beschriebenen Komponenten zusammen. Für jeden Datensatz wurde dazu der Mittelwert der beschriebenen vier Konstrukte unternehmensexterne Komplexität und Dynamik sowie unternehmensinterne Komplexität und Dynamik berechnet. Dieses vereinfachende Verfahren, das jeder der vier Komponenten einen vergleichbaren Einfluß auf die Unsicherheitswahrnehmung zugesteht, wurde auch in anderen Studien zur Bildung des Unsicherheitskonstrukts benutzt.[1]

DIE ROLLEN DER KOSTENRECHNUNG

Die Operationalisierung der Nutzung der Kostenrechnung knüpft an die drei inhaltlich beschriebenen Rollen als Auskunfts-, Lern- und Begründungsapparat an[2] und nutzt extensive konzeptionelle und empirische Vorarbeiten zur Abbildung der Nutzung von Informationen.[3]

Der Einsatz der Kostenrechnung als ***Auskunftsapparat*** steht konkreten Entscheidungen und Handlungen sehr nahe. Die Entscheidungsfindung ist strukturiert und läßt sich mit eindeutigen Lösungsalgorithmen beschreiben.[4] Die direkte Anwendung der (Kostenrechnungs-) Informationen für konkrete, spezifische Entscheidungen mit Folgen für Aktivitäten, Prozesse und Vorgehensweisen steht im Mittelpunkt dieser Nutzungsart.[5] Diese Eigenschaften einer instrumentellen Verwendung[6] der Kostenrechnungsinformationen spiegeln sich in den sechs Indikatoren zur Erfassung der Intensität der Verwendung der Kostenrechnung als Auskunftsapparat wider, von denen zwei in entgegengesetzter Richtung formuliert wurden.

Die mit dieser Skala erzielte Güte der Messung kann durchweg als befriedigend angesehen werden. Die Kriterien der ersten Generation liegen teilweise erheblich über den entsprechenden Anspruchsniveaus. Ergänzend zu den in der Tab. 5 aufgeführten Angaben, liegen die globalen Anpassungsmaße für das Meßmodell über oder in der Nähe der üblicherweise verlangten Werte. Der Goodness-of-Fit Index beläuft sich auf 0,93, der Comparative Fit Index auf 0,86 und der Root Mean Squared Error of Approximation auf 0,15.

---

1 Vgl. ähnlich u.a. Duncan, R.B. 1972, S. 319; Downey, H.K. / Hellriegel, D. / Slocum, J.W. 1975, S. 616-618; Downey, H.K. / Hellriegel, D. / Slocum, J.W. 1977, S. 166 f.; Miles, R.E. / Snow, C.C. 1978, S. 195; Gordon, L.A. / Naravanan, V.K. 1984, S. 38 f.; Bourgeois, L.J. 1985, S. 557; Brownell, P. / Hirst, M. 1986, S. 244; Buchko, A.A. 1994, S. 412; Chong, V.K. 1996, S. 418.

2 Vgl. Abschnitt 3.2.2.3 Kostenrechnung und wahrgenommene Unsicherheit.

3 Vgl. Abschnitt 3.3.1 Erfolgsmaßstäbe von Informationssystemen.

4 Vgl. Burchell, S. et al. 1980; Mia, L. 1993; Chapman, C.S. 1997.

5 Vgl. Deshpandé, R. / Zaltman, G. 1982; Raymond, L. / Magnenat-Thalmann, N. 1982; O'Reilly, C.A. 1983; Schweikart, J.A. 1986; Moorman, C. / Zaltman, G. / Deshpandé, R. 1992; Menon, A. / Varadarajan, R. 1992; Goodman, S.K. 1993.

6 Vgl. Knorr, K.D. 1977; Rich, R.F. 1977; Ciarlo, J.A. 1981; Conner, R.F. 1981; Feldman, M.S. / March, J.G. 1981; Weiss, C.H. 1981; Beyer, J.M. / Trice, H.M. 1982; Rich, R.F. 1991; Menon, A. / Varadarajan, R. 1992; Auster, E. / Choo, C.W. 1994; Diamantopoulos, A. / Souchon, A.L. 1996; Souchon, A.L. / Diamantopoulos, A. 1996; Fisher, R.J. / Maltz, E. / Jaworski, B.J. 1997.

„AUSKUNFTSAPPARAT"			
a) Informationen zu den einzelnen Indikatoren des Konstrukts			
Bezeichnung des Indikators	Item to Total-Korrelation	Indikator-reliabilität	t-Wert der Faktorladung
• Ohne die Kostenrechnungsinformationen würden meine Entscheidungen zumeist anders ausfallen.	0,49	0,28	7,84
• Die Kostenrechnungsinformationen lenken meine Aufmerksamkeit auf Aspekte meiner Entscheidungen, die ich sonst nicht beachten würde.	0,48	0,29	7,98
• Für meine Entscheidungen benötige ich eigentlich kaum Informationen der Kostenrechnung.†	0,58	0,62	12,45
• Bei konkreten Entscheidungen nutze ich im wesentlichen andere Informationen als die der Kostenrechnung.†	0,45	0,38	9,31
• Die meisten Kostenrechnungsinformationen lösen bei mir unmittelbar Handlungen aus.	0,42	0,30	8,09
• Kostenrechnungsinformationen helfen mir bei der Überwachung der Aktivitäten in meinem Verantwortungsbereich.	0,46	0,34	8,66
b) Informationen zum Konstrukt			
Cronbachsches Alpha:	0,74	Durchschnittlich erfaßte Varianz:	0,37
Erklärte Varianz:	0,44	Faktorreliabilität:	0,77

† Reversed-coded-Item, d.h. umgekehrte Skala im Vergleich zu den anderen Indikatoren

Tab. 5: Angaben zum Konstrukt „Verwendung als Auskunftsapparat"

In der Rolle des ***Lernapparates*** (Tab. 6) dient die Kostenrechnung dazu, ein generelles Verständnis für die Situation und den Geschäftsbereich aufzubauen, wie sich dies auch in der Formulierung des zweiten und dritten Indikators zeigt.[1] Eine weitere Facette dieser konzeptionellen Nutzung kommt in Lerneffekten im ersten Indikator zum Ausdruck.[2] Durch den Rückgriff auf die breite Erfahrungsbasis bisheriger Studien gelang es, in der Operationalisierung und Konzeptualisierung dieser Rolle der Kostenrechnung eine hervorragende Qualität zu erzielen.

---

1 Vgl. Knorr, K.D. 1977; Rich, R.F. 1977; Ciarlo, J.A. 1981; Conner, R.F. 1981; Feldman, M.S. / March, J.G. 1981; Weiss, C.H. 1981; Beyer, J.M. / Trice, H.M. 1982; Rich, R.F. 1991; Burchell Menon, A. / Varadarajan, R. 1992; Diamantopoulos, A. / Souchon, A.L. 1996; Souchon, A.L. / Diamantopoulos, A. 1996; Fisher, R.J. / Maltz, E. / Jaworski, B.J. 1997.

2 Vgl. Menon, A. / Varadarajan, R. 1992; Mia, L. 1993; Sinkula, J.M. 1994; Chapman, C.S. 1997.

„LERNAPPARAT“			
a) Informationen zu den einzelnen Indikatoren des Konstrukts			
Bezeichnung des Indikators	Item to Total-Korrelation	Indikator-reliabilität	t-Wert der Faktorladung
• Die Kostenrechnungsinformationen erweitern meine Kenntnisse über das Geschäft, in dem ich tätig bin.	0,67	0,68	14,37
• Die Kostenrechnungsinformationen tragen bei mir zum allgemeinen Verständnis der Situation meiner Geschäftseinheit bei.	0,75	0,85	16,85
• Kostenrechnungsinformationen ermöglichen mir einen Überblick über die Zusammenhänge in meinem Geschäftsbereich.	0,63	0,57	12,89
b) Informationen zum Konstrukt			
Cronbachsches Alpha:	0,83	Durchschnittlich erfaßte Varianz:	0,70
Erklärte Varianz:	0,75	Faktorreliabilität:	0,87

Tab. 6: Angaben zum Konstrukt „Verwendung als Lernapparat“

„BEGRÜNDUNGSAPPARAT“			
a) Informationen zu den einzelnen Indikatoren des Konstrukts			
Bezeichnung des Indikators	Item to Total-Korrelation	Indikator-reliabilität	t-Wert der Faktorladung
• Kostenrechnungsinformationen helfen mir bei der Durchsetzung von Entscheidungen bei anderen Personen.	0,51	0,37	9,31
• Die geeignete Interpretation der Kostenrechnungsinformationen erlaubt es mir, Entscheidungen zu beeinflussen.	0,54	0,42	10,16
• Kostenrechnungsinformationen helfen mir bei der Begründung bereits getroffener Entscheidungen.	0,67	0,75	14,31
• Ich setze Kostenrechnungsinformationen ein, um Entscheidungen, die ich bereits getroffen habe, anderen mitzuteilen.	0,55	0,51	11,32
b) Informationen zum Konstrukt			
Cronbachsches Alpha:	0,76	Durchschnittlich erfaßte Varianz:	0,51
Erklärte Varianz:	0,59	Faktorreliabilität:	0,80

Tab. 7: Angaben zum Konstrukt „Verwendung als Begründungsapparat“

Die Verwendung der Kostenrechnung als ***Begründungsapparat*** wurde über eine Skala mit vier Indikatoren abgebildet. Der erste und vierte Indikator stehen in einer engen inhaltlichen Beziehung zueinander. Nur über die Benutzung der Kostenrechnung als Kommunikationsinstrument bzw. Sprache wird es möglich, mit ihr Zielvorgaben und Rollenerwartungen mitzuteilen und so für eine Durchsetzung von Entscheidungen zu sorgen.[1] Der zweite und dritte Indikator treffen gemeinsam den Kern der symbolischen Nutzung von Informationen:[2] Im vorhinein festgelegte Positionen werden mit Kostenrechnungsinformationen gestützt, um die eigene Entscheidung vor anderen Personen zu begründen bzw. um so Einfluß auf Entscheidungsprozesse zu nehmen. In diesem Sinne ist die Kostenrechnung ein Instrument, um die eigene Machtposition zu stärken und den Anschein einer rationalen, wenig angreifbaren Entscheidung zu geben.[3]

Die Güte der Messung entspricht – gemäß der in Tab. 7 aufgeführten Angaben zu den Indikatoren und dem gesamten Konstrukt – ausnahmslos den Ansprüchen an eine qualitativ hochwertige Konzeptualisierung und Operationalisierung. Dieses Bild bestätigen auch die hier nicht aufgeführten Anpassungsmaße des Meßmodells in der konfirmatorischen Faktorenanalyse.

Insgesamt kann von einer sehr hohen Güte der Messung der drei Kostenrechnungsrollen gesprochen werden. Mit den zwar untersuchungsspezifischen, aber auf Erfahrungen anderer Studien basierenden Formulierungen wurde – wie die Reliabilitäts- und Validitätsmaße zeigen – zuverlässig und inhaltsgetreu das Kostenrechnungsverständnis der befragten Manager erfaßt.

DIE DIENSTLEISTUNGSQUALITÄT DER KOSTENRECHNUNG

Die Operationalisierung der Dienstleistungsqualität der Kostenrechnung basiert auf drei wesentlichen Quellen:

- Erstens knüpft sie unmittelbar an der Konzeptualisierung in drei Dimensionen an, die in Anlehnung an Donabedian in einem vorstehenden Untersuchungsschritt[4] schon beschrieben wurden.
- Zweitens nutzt sie Ansätze zur Beschreibung von Dienstleistungen und zur Messung der Dienstleistungsqualität, die vor allem in der Marketingforschung einen zentralen Platz einnehmen.[5]

---

1 Vgl. Otley, D.T. / Berry, A.J. 1980; Cooper, D.J. / Hayes, D. / Wolf, F. 1981; Collins, F. 1982; Pfaff, D. / Weber, J. 1998.

2 Vgl. Conner, R.F. 1981; Beyer, J.M. / Trice, H.M. 1982; Menon, A. / Varadarajan, R. 1992; Diamantopoulos, A. / Souchon, A.L. 1996; Doney, P.M. / Armstrong, G.M. 1996.

3 Vgl. Knorr, K.D. 1977; Rich, R.F. 1977; Burchell, S. et al. 1980; Ciarlo, J.A. 1981; O'Reilly, C.A. 1983; Ansari, S. / Euske, K.J. 1987; Chapman, C.S. 1997.

4 Vgl. Abschnitt 3.3.2 Die Konzeptualisierung der Dienstleistungsqualität.

5 Vgl. u.a. Cronin, J.J. / Taylor, S.A. 1992; Parasuraman, A. / Zeithaml, V.A. / Berry, L.L. 1994; Powpaka, S. 1996; Spreng, R.A. / Mackoy, R.D. 1996; Mels, G. / Boshoff, C. / Nel, D. 1997.

- Drittens greift sie auf theoretische und empirische Studien zu Informationssystemen und zur Kostenrechnung zurück, die einzelne Facetten der wahrgenommenen Dienstleistungsqualität – wenn auch nicht unter dieser Bezeichnung – erwähnen und beschreiben.

„POTENTIALQUALITÄT“			
a) Informationen zu den einzelnen Indikatoren des Faktors			
Bezeichnung des Indikators	Item to Total-Korrelation	Indikator-reliabilität	t-Wert der Faktorladung
• Die technische Ausstattung der Kostenrechnung ermöglicht den Kostenrechnern eine problemlose Erfüllung ihrer Aufgaben.	0,47	0,40	7,49
• Die personelle Ausstattung der Kostenrechnung ist ausreichend.	0,55	0,74	8,90
• Die fachliche Kompetenz der Kostenrechner erscheint mir sehr hoch.	0,36	0,20	5,87

b) Informationen zum Faktor			
Cronbachsches Alpha:	0,64	Durchschnittlich erfaßte Varianz:	0,44
Erklärte Varianz:	0,58	Faktorreliabilität:	0,69

Tab. 8: Informationen zum Faktor „Potentialqualität der Kostenrechnung“

Die ***Potentialqualität*** stellt die erste Komponente der Dienstleistungsqualität dar. Sie hängt mit dem Leistungspotential zusammen, das sich aus den zur Verfügung stehenden internen Potential- und Verbrauchsfaktoren sowie schon erbrachten Vorleistungen ergibt.[1] Die Skala für die Potentialqualität der Kostenrechnung besteht aus drei Indikatoren, die sich in Anknüpfung an existierende Studien auf die personelle und technische Ausstattung der Kostenrechnung[2] sowie die Fachkompetenz[3] der Kostenrechner beziehen.

Die in Tab. 8 aufgeführten Gütemaße für den dritten Indikator erfüllen nicht die generellen Anforderungen. Trotzdem soll die Skala für die Potentialqualität in der beschriebenen Form bestehen bleiben, da zumindest der t-Wert der Faktorladung ein akzeptables Niveau erreicht und die mit dem dritten Indikator erfaßte Fachkompetenz eine hohe inhaltliche Bedeutung für die Potentialqualität der Kostenrechnung besitzt.

---

1 Vgl. Kleinaltenkamp, M. 1998, S. 34.

2 Vgl. Lucas, H.C. 1973a; Merchant, K.A. 1981; Rosenzweig, K. 1981; Grinyer, P.H. / Al-Bazzaz, S. / Yasai-Ardekani, M. 1986; Siegel, G. / Kulesza, C.S. 1996.

3 Vgl. Rosenzweig, K. 1981.

„PROZEßQUALITÄT“			
a) Informationen zu den einzelnen Indikatoren des Faktors			
Bezeichnung des Indikators	Item to Total-Korrelation	Indikator-reliabilität	t-Wert der Faktorladung
• Zugesagte Termine für Leistungen der Kostenrechnung werden in der Regel eingehalten.	0,66	0,54	12,37
• Aus meiner Sicht laufen die Prozesse der Erstellung von Standardberichten und Standardanalysen sehr zügig und ohne Verzögerungen ab.	0,64	0,53	12,29
• Die Kostenrechner gehen sehr spezifisch auf meine individuellen Bedürfnisse ein.	0,71	0,66	14,23
• Die Kostenrechner passen ihre Berichte und Analysen geschäftsbereichsinternen und -externen Veränderungen an.	0,74	0,69	14,77
• Die Informationen der Kostenrechnung werden in ausreichendem Maße von Beratungen bzw. Erläuterungen durch die Kostenrechner begleitet.	0,67	0,62	13,69

b) Informationen zum Faktor			
Cronbachsches Alpha:	0,86	Durchschnittlich erfaßte Varianz:	0,61
Erklärte Varianz:	0,65	Faktorreliabilität:	0,89

Tab. 9: Informationen zum Faktor „Prozeßqualität der Kostenrechnung“

Die ***Prozeßqualität*** knüpft an Merkmale des Kombinationsprozesses interner und externer Produktionsfaktoren zur Erbringung der Dienstleistung an.[1] Damit erlangen zeitbezogene, prozeßbeschreibende Größen wie die Rechtzeitigkeit und die Schnelligkeit der Dienstleistungsproduktion ein besonderes Gewicht.[2] Sie finden sich in den ersten beiden der insgesamt sechs Indikatoren. Mit dem dritten Indikator wird die Relevanz des Informationsangebots für den entsprechenden Manager, also eine Anpassung an seine speziellen Bedürfnisse, gefordert.[3] Langfristig kann eine bedarfsgerechte Dienstleistung nur dann erbracht werden, wenn die Relevanz der Daten über eine hohe Anpassungsfähigkeit gesichert wird,[4] wie es der vierte Indikator ausdrückt. Als besonders hochwertig wird die Dienstleistung Kostenrechnung dann

[1] Vgl. Kleinaltenkamp, M. 1998, S. 34.

[2] Vgl. Gallagher, C.A. 1974; Zmud, R. 1978; Zmud, R. 1979; O'Reilly, C.A. 1982; Chenhall, R.H. / Morris, D. 1986; Cohen, J.R. / Paquette, L. 1990; Moenaert, R.K. / Souder, W.E. 1990a; McKinnon, S.M. / Bruns, W.J. 1992; Niedermayer, R. 1994; Maltz, E. / Kohli, A.K. 1996; Becker, W. / Benz, K. 1997.

[3] Vgl. Bruns, W.J. 1968; Mason, R.O. / Mitroff, I.I. 1973; Zmud, R. 1978; Huber, G. 1982; O'Reilly, C.A. 1982; John, G. / Martin, J. 1984; Layer, M. 1985; Brink, H.-P. 1992; Maltz, E. / Kohli, A.K. 1996.

[4] Vgl. Jones, C.S. 1985a; Cohen, J.R. / Paquette, L. 1990; Niedermayer, R. 1994; Macy, G. / Arunachalam, V. 1995; Becker, W. / Benz, K. 1997.

eingeschätzt, wenn sie zusätzlich zu den Berichten und Analysen Erläuterungen und Beratungsleistungen enthält, wie mit dem fünften Indikator beschrieben.[1] Die Konzeptualisierung und Operationalisierung der Prozeßqualität der Kostenrechnung ist von hoher Güte. Auch die nicht in Tab. 9 aufgeführten globalen Anpassungsmaße des Meßmodells deuten auf eine hohe Reliabilität und Validität der Messung hin.

Schließlich wird mit der ***Ergebnisqualität*** das Resultat des Leistungserstellungsprozesses,[2] also der Kostenrechnungsaktivitäten, beurteilt. Mit der Ergebnisqualität wird ein weites Spektrum an Inhalten erfaßt. Dies macht es erforderlich, eine hohe Zahl von Indikatoren in das Konstrukt einzubringen:

- Die Angemessenheit des Umfangs der Informationen[3] wird mit den ersten zwei Indikatoren erfaßt. Die Breite und Tiefe des Informationsangebots wird hier von den Managern beurteilt.
- Die nächsten Indikatoren beschreiben ausführlich qualitative Facetten der Kostenrechnungsinformationen. Realitätsnähe, Genauigkeit, Konsistenz, Plausibilität, Aktualität, Objektivität, Fehlerfreiheit bzw. ein hoher Neuigkeitswert spiegeln sich in den Formulierungen wider.[4]
- Die Art der Präsentation der Informationen[5] können die befragten Manager mit den letzten drei Indikatoren einschätzen. Die Daten sollten so aufbereitet sein, daß sie nachvollziehbar und verständlich sind. Eine grafische Unterstützung sollte diesem Ziel verpflichtet sein.[6]

Alle Gütekriterien der ersten Generation in Tab. 10 zeigen eine befriedigende Qualität der Messung. Einige der Indikatorreliabilitäten erreichen jedoch nicht das Anspruchsniveau, was sich überdies in den globalen Anpassungsmaßen für das Meßmodell mit beispielsweise einem Goodness-of-Fit Index von 0,69 zeigt. Erneut sind jedoch zumindest die Faktorladungen der Indikatoren ausnahmslos signifikant von Null verschieden. Deshalb und insbesondere vor

---

1 Vgl. Deshpandé, R. / Zaltman, G. 1982.

2 Vgl. Kleinaltenkamp, M. 1998, S. 34.

3 Vgl. Ackhoff, R.L. 1958; Dermer, J.D. 1973; Gordon, L.A. / Miller, D. 1976; McGhee, W. / Shields, M.D. / Birnberg, J.G. 1978; Otley, D.T. 1980; Chenhall, R.H. / Morris, D. 1986; Grinyer, P.H. / Al-Bazzaz, S. / Yasai-Ardekani, M. 1986; Moenaert, R.K. / Souder, W.E. 1990b; Mia, L. / Chenhall, R.H. 1994; Macy, G. / Arunachalam, V. 1995; Chong, V.K. 1996; Fisher, C. 1996; Chong, V.K. / Chong, K.K. 1997.

4 Vgl. Gallagher, C.A. 1974; Lucas, H.C. 1974; Zmud, R. 1978; Merchant, K.A. 1981; Deshpandé, R. / Zaltman, G. 1982; Libby, R. / Lewis, B.L. 1982; O'Reilly, C.A. 1982; Bailey, J.E. / Pearson, S.W. 1983; John, G. / Martin, J. 1984; Doll, W.J. / Torkzadeh, G. 1988; Gupta, F.A. / Y.M. 1988; Moenaert, R.K. / Souder, W.E. 1990a; McKinnon, S.M. / Bruns, W.J. 1992; Doll, W.J. / Xia, W. / Torkzadeh, G. 1994; Maltz, E. / Kohli, A.K. 1996; Li, E.Y. 1997b; Gelderman, M. 1998.

5 Vgl. Gallagher, C.A. 1974; Libby, R. / Lewis, B.L. 1982; Gupta, F.A. / Y.M. 1988; Moenaert, R.K. / Souder, W.E. 1990a; Maltz, E. / Kohli, A.K. 1996; Moenaert, R.K. / Souder, W.E. 1996.

6 Vgl. Gallagher, C.A. 1974; Gordon, L.A. / Miller, D. 1976; Zmud, R. 1978; Deshpandé, R. / Zaltman, G. 1982; Gupta, F.A. / Y.M. 1988; Cohen, J.R. / Paquette, L. 1990.

dem Hintergrund der umfangreichen konzeptionellen Argumente in der Konzeptualisierung dieser Facette der Dienstleistungsqualität[1] soll auch diese Skala unverändert bleiben.

„ERGEBNISQUALITÄT"			
a) Informationen zu den einzelnen Indikatoren des Faktors			
Bezeichnung des Indikators	Item to Total-Korrelation	Indikator-reliabilität	t-Wert der Faktorladung
• Die Breite des Informationsangebotes der Kostenrechnung (Anzahl der Berichte und Analysen) entspricht meinen Vorstellungen.	0,70	0,69	15,15
• Umfang und Detaillierungsgrad der einzelnen Berichte und Analysen der Kostenrechnung erfüllen meine Informationsbedürfnisse.	0,75	0,76	16,4
• Die Informationen der Kostenrechnung bilden die tatsächlichen Verhältnisse wirklichkeitsgetreu ab.	0,76	0,65	14,49
• Die Informationen der Kostenrechnung zeichnen sich durch eine große Genauigkeit aus.	0,67	0,52	12,38
• Die Informationen der Kostenrechnung widersprechen einander teilweise.†	0,52	0,31	8,90
• Die Informationen der Kostenrechnung basieren auf plausiblen Annahmen.	0,44	0,25	7,89
• Die Informationen der Kostenrechnung sind frei von subjektiven Meinungen und Einflüssen.	0,42	0,18	6,44
• Die Informationen der Kostenrechnung sind aktuell.	0,69	0,53	12,57
• Die Informationen der Kostenrechnung sind fehlerfrei.	0,66	0,44	10,99
• Die Kostenrechnung liefert mir häufig neue Informationen.	0,48	0,28	8,42
• Die bei der Erstellung der Kostenrechnungsinformationen verwendeten Methoden sind für mich leicht nachvollziehbar.	0,54	0,35	9,64
• Die Informationen der Kostenrechnung sind übersichtlich dargestellt.	0,64	0,56	13,01
• Die von der Kostenrechnung bereitgestellten Informationen sind sprachlich leicht verständlich.	0,62	0,50	12,12

b) Informationen zum Faktor			
Cronbachsches Alpha:	0,90	Durchschnittlich erfaßte Varianz:	0,46
Erklärte Varianz:	0,46	Faktorreliabilität:	0,92

† Reversed-coded-Item, d.h. umgekehrte Skala im Vergleich zu den anderen Indikatoren

Tab. 10: Informationen zum Faktor „Ergebnisqualität der Kostenrechnung"

[1] Vgl. Abschnitt 3.3.2 Die Konzeptualisierung der Dienstleistungsqualität.

Insgesamt kann festgestellt werden, daß die Messung der wahrgenommen Dienstleistungsqualität der Kostenrechnung über eine akzeptable Güte der Skalen verfügt. Für den Wert der wahrgenommenen Dienstleistungsqualität, der in die Dependenzanalysen eingeht, werden die Werte für die Potential-, Prozeß- und Ergebnisqualität zusammengefaßt. Für jeden Datensatz wird dazu der Mittelwert der drei Faktoren berechnet.[1]

3.4.3 Zur Auswahl der Datenanalysemethode

In den drei Forschungshypothesen wird die Beziehung zwischen den verschiedenen Kostenrechnungsrollen auf der einen Seite und der wahrgenommenen Dienstleistungsqualität der Kostenrechnung auf der anderen Seite beschrieben. Die anzuwendende Datenanalysemethode muß es erlauben, die Einflüsse der verschiedenen Nutzungsarten der Kostenrechnung auf den gewählten Erfolgsmaßstab der Kostenrechnung gleichzeitig zu erfassen und untereinander zu vergleichen. Eine solche Beziehung zwischen mehreren unabhängigen und einer abhängigen Variable läßt sich mit einer multiplen Regressionsanalyse untersuchen.[2] Diese Untersuchung bedient sich einer weit verbreitete Variante dieser Analysemethode, der linearen multiplen Regressionsanalyse (lineare Mehrfachregression), das auf der Prämisse linearer Beziehungen zwischen den unabhängigen und der abhängigen Variablen aufbaut.[3]

DIE MULTIPLE LINEARE REGRESSIONSANALYSE ALS DATENANALYSEMETHODE

Die Regressionsanalyse beschäftigt sich mit der Untersuchung der Abhängigkeiten zwischen metrisch skalierten Variablen. Sie versucht, die Art der Abhängigkeit in einer mathematischen Funktion – bei der hier zur Anwendung gelangenden linearen Regression in einer linearen Gleichung – auszudrücken. Die Parameter des Regressionsmodells werden so an die Beobachtungswerte angepaßt, daß die Abweichungsquadrate minimiert werden. Als angemessener Güteindikator für das Ergebnis dieses Anpassungsprozesses gilt das lineare multiple Bestimmtheitsmaß, das die erklärte Abweichungsquadratsumme in ein Verhältnis zu der zu erklärenden Abweichungsquadratsumme setzt.[4]

---

1 Vgl. ähnlich u.a. Parasuraman, A. / Berry, L.A. / Zeithaml, V. 1985, S. 47 und Cronin, J.J. / Taylor, S.A. 1992, S. 61.

2 Vgl. Cohen, J. 1968, S. 440-443; Gujarati, D. 1979, S. 191; Schroeder, L.D. / Sjoquist, D.L. / Stephan, P.E. 1986, S. 29; Wonnacott, T.H. / Wonnacott, R.J. 1990, S. 397.

3 Vgl. für nichtlineare Alternativen u.a. Wonnacott, T.H. / Wonnacott, R.J. 1990, S. 449-451; Bleymüller, J. / Gehlert, G. / Gülicher, H. 1991, S. 175 f.; Fahrmeier, L. / Kaufmann, H. / Kredler, C. 1996, S. 146-158; Homburg, C. 1998, S. 14 f.

4 Vgl. u.a. Gujarati, D. 1979, S. 74-80; Lewis-Beck, M.S. 1980, S. 52 f.; Achen, C.H. 1982, S. 58 f.; Berry, W.D. / Feldman, S. 1985, S. 15; Schroeder, L.D. / Sjoquist, D.L. / Stephan, P.E. 1986, S. 33; Wonnacott, T.H. / Wonnacott, R.J. 1990, S. 496 f.; Bleymüller, J. / Gehlert, G. / Gülicher, H. 1991, S. 171; Backhaus, K. et al. 1996, S. 23-25; Skiera, B. / Albers, S. 1999.

Für jede der unabhängigen bzw. exogenen Variablen wird ein Regressionskoeffizient geschätzt. Unter der Annahme der Konstanz aller anderen unabhängigen Variablen erlaubt dieser eine Aussage darüber, welche Veränderung der abhängigen, endogenen Variablen aus einer Erhöhung bzw. Verringerung der unabhängigen Variablen um eine Einheit resultiert.[1] Üblicherweise wird für jeden Regressionskoeffizient mit Hilfe eines t-Tests überprüft, ob er sich signifikant von Null unterscheidet. Für das gesamte Set an unabhängigen Variablen läßt sich über einen F-Test feststellen, ob ein signifikanter Einfluß auf die endogene Variable vorliegt.[2]

Im folgenden Abschnitt der Arbeit[3] wird mit Hilfe des Bestimmtheitsmaßes und des p-Wertes des F-Tests für jede Regressionsanalyse beurteilt, ob sich das Analysemodells grundsätzlich zur Beschreibung des Zusammenhangs zwischen den drei Kostenrechnungsapparaten und der Dienstleistungsqualität eignet. Anschließend wird anhand der unstandardisierten Regressionskoeffizienten und der für diese durchgeführten Signifikanztests analysiert, ob die in der jeweiligen Forschungshypothese explizit erwähnte Verwendungsart eine erfolgskritische Rolle in Bezug auf die Servicequalität der Kostenrechnung besitzt. Diese Tatsache stellt eine notwendige Bedingung für die Bestätigung der Forschungshypothese dar.

Die lineare Mehrfachregression basiert auf einer Gruppe von Annahmen, die auf ihre Gültigkeit zu überprüfen sind, um Verzerrungen der Schätzungen der Regressionsgleichung identifizieren und beseitigen zu können. Folgende Prämissen sind bei der Anwendung der Regression zu berücksichtigen:[4]

- Kleinste-Quadrate-Schätzmodelle setzen voraus, daß die Verteilung der Stör- bzw. Fehlervariable der Regression den Erwartungswert Null hat. Es wird von einem rein zufallsbedingten, normalverteilten Fehlerterm ausgegangen.
- Die Varianz des Fehlerterms wird als konstant angenommen (keine Heteroskedastizität). Insbesondere darf keinerlei Abhängigkeit des Fehlers von den in der Regressionsgleichung berücksichtigten Variablen feststellbar sein. Die einzelnen Einflüsse der Variablen und der Zufallskomponente sind dann separierbar.

---

1 Vgl. u.a. Wonnacott, T.H. / Wonnacott, R.J. 1990, S. 411-413.

2 Vgl. Cohen, J. / Cohen, P. 1975, S. 135-144; Gujarati, D. 1979, S. 245-248; Schroeder, L.D. / Sjoquist, D.L. / Stephan, P.E. 1986, S. 36-53; Bruning, J.L. / Kintz, B.L. 1987, S. 204; Backhaus, K. et al. 1996, S. 25-27.

3 Vgl. Abschnitt 3.4.4 Übersicht über die Ergebnisse der Analysen.

4 Vgl. Lewis-Beck, M.S. 1980, S. 26-30 und S. 58-62; Berry, W.D. / Feldman, S. 1985; Schroeder, L.D. / Sjoquist, D.L. / Stephan, P.E. 1986, S. 65-80; Bleymüller, J. / Gehlert, G. / Gülicher, H. 1991, S. 149 f. und S. 163; Mason, C.H. / Perreault, W.D. 1991, S. 269-271; Berry, W.D. 1993; Kohler, H. 1994, S. 631-639; Backhaus, K. et al. 1996, S. 31-36; Fahrmeier, L. / Kaufmann, H. / Kredler, C. 1996, S. 95-97; Skiera, B. / Albers, S. 1999.

- Es darf keine Autokorrelation, also keine Korrelation der Fehlerterme verschiedener Beobachtungen untereinander, erkennbar sein. Diese Prämisse besitzt für Zeitreihenanalysen ein besonderes Gewicht.
- Für lineare Mehrfachregressionen hat die Prämisse der Abwesenheit von Multikollinearität eine spezielle Relevanz. Es muß vermieden werden, daß sich eine unabhängige Variable als Linearkombination einer oder mehrerer anderer exogener Variablen beschreiben läßt. Die Analyse der gegenseitigen Abhängigkeit der unabhängigen Variablen erfährt angesichts ihrer kritischen Rolle in multiplen linearen Regressionen eine besondere Aufmerksamkeit in der Literatur.[1]
- Eine Schätzung des Regressionsmodells ist nur dann möglich, wenn der Stichprobenumfang die Zahl der unabhängigen Variablen überschreitet.

In der empirischen Analyse dieser Arbeit wurde vor allem dem potentiellen Problem der Multikollinearität besondere Aufmerksamkeit zuteil. Dazu wurde bei der Schätzung der Regressionsmodelle für jeden der Regressionskoeffizienten ein Variance Inflation Factor (VIF) berechnet. Diese Größe beschreibt, wie stark die Varianz des geschätzten Regressionskoeffizienten die Varianz eines Modell ohne jede lineare Beziehung zwischen den unabhängigen Variablen übersteigt.[2] Üblicherweise werden VIF mit einer deutlichen Abweichung von Eins als ein starkes Anzeichen für das Vorliegen von Multikollinearität interpretiert.[3] In diesen Fällen stellt die Eliminierung einer der exogenen, mit einem der anderen Regressoren korrelierten Variablen aus dem Regressionsmodell eine Lösungsmöglichkeit dar, um die Verzerrung der im Regressionsmodell geschätzten Parameter zu verhindern.

MULTIPLE LINEARE REGRESSIONSANALYSEN IN UNTERGRUPPEN (SUBGROUP ANALYSIS)

Zur Überprüfung der Forschungshypothesen H1, H2 und H3[4] stand ein Datensatz mit den Bewertungen von insgesamt 227 internen Kunden der Kostenrechnung zur Verfügung.[5] Die Forschungshypothesen widmen sich der Situationsabhängigkeit der Beziehungsstruktur zwischen den Kostenrechnungsrollen und der Dienstleistungsqualität der Kostenrechnung. In ihnen werden drei verschiedene Umweltzustände – niedrige, mittlere und hohe Umweltun-

---

1 Vgl. u.a. Cohen, J. / Cohen, P. 1975, S. 115-117; Gujarati, D. 1979, S. 171-192; Smith, K.W. / Sasaki, M.S. 1979; Neter, J. / Wassermann, W. / Kutner, M.H. 1989, S. 295-305; Wonnacott, T.H. / Wonnacott, R.J. 1990, S. 501-505; Fox, J. 1991, S. 10-21.

2 Vgl. Neter, J. / Wassermann, W. / Kutner, M.H. 1989, S. 408 und Skiera, B. / Albers, S. 1999.

3 Vgl. Neter, J. / Wassermann, W. / Kutner, M.H. 1989, S. 410 und Skiera, B. / Albers, S. 1999.

4 Vgl. Abschnitt 3.4.1 Forschungshypothesen.

5 Vgl. Abschnitt 3.4.2 Die Operationalisierung der Konstrukte.

sicherheit – unterschieden. In jeder dieser Situationen besitzt eine der drei betrachteten Verwendungsarten der Kostenrechnung eine zentrale, erfolgskritische Bedeutung.

Als adäquates Datenanalyseverfahren für derartige Fragestellungen wird die sogenannte Subgroup Analysis angesehen.[1] Dabei werden Regressionsanalysen in Teilstichproben durchgeführt, die anhand des Wertes einer Variablen gebildet werden, die das Regressionsmodell nicht enthält. Im einfachsten Fall nominalskalierter Variablen existieren so viele Gruppen, wie es Merkmalsausprägungen der zur Unterteilung des Datensatzes benutzten Variablen gibt. Bei ordinal- bzw. metrisch-skalierten Variablen hängt die Aufteilung des Datensatzes vom zu analysierenden theoretischen Modell und seinen Aussagen ab.

Im Rahmen dieser Untersuchung handelte es sich bei der Variablen für die Bildung der Teilstichproben um die wahrgenommene Umweltunsicherheit, da die Beziehungsstruktur zwischen Kostenrechnungsrollen und Servicequalität einen situationsspezifischen Charakter besitzt. Die Datensätze der Stichprobe wurden anhand des Unsicherheitsgrads sortiert und anschließend in drei Quantile unterteilt.[2] Die Wahrnehmungen der Manager bezüglich der Umgebungsunsicherheit dienten so zur Dreiteilung der Stichprobe in eine Gruppe von 79 Geschäftsführern und Marketing- bzw. Vertriebsleitern, von denen ein niedriger Grad der Unsicherheit angegeben wurde, und jeweils 74 Managern für die Teilstichproben einer mittleren und hohen wahrgenommenen Umweltunsicherheit.

Diese drei verschiedenen Umgebungszustände verhindern eine erfolgreiche Anwendung der moderierten linearen Regressionsanalyse mit multiplikativem Interaktionsterm.[3] Die Bildung des Interaktionsterms basiert auf der Annahme, daß in einer Regressionsanalyse die Beziehung zwischen einer exogenen Variablen und einer endogenen Variable vom Niveau einer dritten Variablen abhängt und daß diese Einflußnahme über eine lineare Gleichung beschrieben werden kann.[4] Im Ergebnis der theoretischen Argumentation dieser Arbeit werden jedoch drei Umweltzustände unterschieden, die nicht-lineare Wirkungen der Umgebungsunsicherheit auf die Beziehung zwischen den Kostenrechnungsrollen und der Servicequalität erlauben. Über die übliche Interpretation des Vorzeichens des Regressionskoeffizienten des Interaktionsterms lassen sich derartige Einflüsse nicht hinsichtlich der drei geforderten Umgebungszustände separieren.[5] In jeder der drei Untergruppen niedriger, mittlerer und hoher Unsicher-

---

1 Vgl. Zedeck, S. 1971, S. 296; Sharma, S. / Durand, R.M. / Gur-Arie, O. 1981, S. 294 f.; Darrow, A. / Kahl, D. 1982, S. 45 f.; Venkatraman, N. 1989, S. 426 und kritisch dazu Berry, D.A. 1990.

2 Vgl. u.a. Schulze, P.M. 1990, S. 45 f. und Bleymüller, J. / Gehlert, G. / Gülicher, H. 1991, S. 24.

3 Vgl. ausführlicher Abschnitt 4.3.2 Die statistischen Analysemethoden.

4 Vgl. exemplarisch Allison, P.D. 1977, S. 144.

5 Vgl. u.a. Friedrich, R.J. 1982, S. 804-809.

heit wurde somit eine lineare multiple Regressionsanalyse mit der wahrgenommenen Dienstleistungsqualität als Regressand und den drei Variablen, die die Kostenrechnungsrollen repräsentieren, als Regressoren durchgeführt.

HYPOTHESENTESTS FÜR DEN VERGLEICH DER REGRESSIONSKOEFFIZIENTEN

Die Bildung von Untergruppen bzw. Teilstichproben stellt sicher, daß die drei verschiedenen Umweltzustände in der Untersuchungsmethodik beachtet werden. Bei den drei gerade beschriebenen multiplen linearen Regressionsanalysen wurden jeweils drei Regressionskoeffizienten geschätzt und die Signifikanz der Beziehungen zwischen diesen drei Kostenrechnungsrollen und der Dienstleistungsqualität analysiert. Für die Prüfung der Forschungshypothesen interessiert nun, ob die Dienstleistungsqualität der Kostenrechnung von einer der drei Kostenrechnungsrollen stärker als von den anderen beiden Verwendungsarten beeinflußt wird.

Die berechneten und getesteten Regressionskoeffizienten sind für diese Zwecke nur eingeschränkt interpretierbar, da ihr Betrag von der Skala abhängt, mit der sie gemessen wurden. Für eine Aussage zur Stärke des Einflusses einer unabhängigen Variablen im Vergleich zu den anderen exogenen Variablen des Modells lassen sich die Regressionskoeffizienten durch eine Multiplikation mit der Standardabweichung der dazugehörigen exogenen Variablen und anschließender Division durch die Standardabweichung der endogenen Variablen normieren.[1] Über diese Transformation wurden die sogenannten ***Beta-Koeffizienten*** oder standardisierten Regressionskoeffizienten berechnet. Sie stellen ein Indiz für die Übereinstimmung der Forschungshypothesen mit den empirischen Daten dar, da sie ausdrücken, wie stark die Beziehung zwischen der jeweiligen Kostenrechnungsrolle und der Dienstleistungsqualität der Kostenrechnung relativ zu den anderen beiden Kostenrechnungsapparaten ist.[2] Entsprechend der Aussagen der Forschungshypothesen H1, H2 und H3 ist zu erwarten, daß bei niedriger Umgebungsunsicherheit der Beta-Koeffizient für den Auskunftsapparat, bei mittlerer Umgebungsunsicherheit der Beta-Koeffizient für den Lernapparat und bei hoher Umgebungsunsicherheit der Beta-Koeffizient für den Begründungsapparat den höchsten Wert besitzt.

Diese deskriptive Angabe der Unterschiede der Regressionskoeffizienten wurde um einen ***Signifikanztest des Unterschiedes zweier Regressionskoeffizienten*** ergänzt. Dieser hypothesenbasierte Test stellt den endgültigen Maßstab für die Überprüfung der drei Forschungshypo-

1 Vgl. Cohen, J. / Cohen, P. 1975, S. 96; Schroeder, L.D. / Sjoquist, D.L. / Stephan, P.E. 1986, S. 32; Neter, J. / Wassermann, W. / Kutner, M.H. 1989, S. 287-295; Backhaus, K. et al. 1996, S. 19; Skiera, B. / Albers, S. 1999.

2 Vgl. Schroeder, L.D. / Sjoquist, D.L. / Stephan, P.E. 1986, S. 32; Backhaus, K. et al. 1996, S. 19; Skiera, B. / Albers, S. 1999 und kritisch Neter, J. / Wassermann, W. / Kutner, M.H. 1989, S. 292.

thesen dar. Ausgangspunkt dieses Prüfungsverfahrens[1] ist die Nullhypothese H_0, nach der die beiden betrachteten unstandardisierten Regressionskoeffizienten gleich sind. Die Alternativhypothese H_1 sagt aus, daß die Differenz der beiden unstandardisierten Regressionskoeffizienten signifikant von Null verschieden ist, also ein signifikanter Unterschied zwischen den beiden Regressionskoeffizienten besteht. Die entsprechende Teststatistik wird als Quotient der Differenz zweier geschätzter unstandardisierter Regressionskoeffizienten und des Standardfehlers dieser beiden Koeffizienten berechnet.[2] Anhand der t-Verteilung wird die Wahrscheinlichkeit für die Gültigkeit der Nullhypothese H_0 ermittelt. Wegen der geringen Stichprobenanzahl wurde bei diesem Testverfahren mit einer Irrtumswahrscheinlichkeit von 10 Prozent gearbeitet. Für jede Unsicherheitsklasse bzw. jede Forschungshypothese wurde dieser Test zweifach durchgeführt, um die Differenz zu jeder der beiden verbleibenden Kostenrechnungsrollen zu analysieren. Die Forschungshypothese wurde dann als bestätigt angesehen, wenn beide Vergleiche der standardisierten Regressionskoeffizienten zur Ablehnung der Nullhypothese führten.

Zu den hier gewählten Verfahren der Datenanalyse und der Hypothesentests existiert eine ***Alternative***. Da die Modellvariablen ausnahmslos latente Variablen darstellen, die über mehrere Indikatoren gemessen wurden, bietet sich die Kausalanalyse grundsätzlich als geeigneter Ansatz zur Datenanalyse an.[3] Für die Überprüfung der drei Forschungshypothesen mußte allerdings auf dieses leistungsfähige Verfahren verzichtet werden. Die Zahl der vorliegenden Datensätze in den einzelnen Unsicherheitsgruppen kann die hohen Anforderungen des zu formulierenden Strukturgleichungsmodells an den Umfang der Datenbasis nicht erfüllen.[4]

3.4.4 Übersicht über die Ergebnisse der Analysen

Die Diskussion der Ergebnisse der empirischen Analysen knüpft an die in den beiden Tabellen 11 und 12 aufgeführten Informationen zu den drei Regressionsanalysen und den darauf aufbauenden Testverfahren an. Die zentralen Ergebnisse der Schätzungen der drei Regressionsmodelle sind in Tabelle 11 festgehalten. Jede der Zeilen beschreibt eine multiple lineare Regressionsanalyse, für die die standardisierten Regressionskoeffizienten der Verwendung der Kostenrechnung in den drei speziellen Rollen angegeben sind. Die Werte werden von einem Signifikanzniveau (p-Wert) des t-Tests ergänzt, der die Wahrscheinlichkeit wiedergibt, daß der beobachtete Wert des Regressionskoeffizienten sich nicht signifikant von Null unterschei-

1 Vgl. ausführlich Gujarati, D.N. 1995, S. 254-256.
2 Vgl. erneut Gujarati, D.N. 1995, S. 255.
3 Vgl. Homburg, C. 1998, S.141.
4 Vgl. Fritz, W. 1992, S. 118 f.

det.[1] Die letzte Spalte der Tabelle enthält das lineare multiple Bestimmtheitsmaß. Erneut findet sich in Klammern ein p-Wert, der in diesem Fall die Signifikanz des F-Tests für die drei unabhängigen Variablen in dem Regressionsmodell beschreibt. Die folgende Diskussion der Resultate der Regressionsanalysen erfolgt auf Basis eines Signifikanzniveaus bzw. einer Irrtumswahrscheinlichkeit von einem Prozent.

In Tabelle 12 informiert jede der drei Zeilen über die Resultate der Differenztests der unstandardisierten Regressionskoeffizienten für eine Forschungshypothese. Es sind der absolute Betrag der Differenz zweier Regressionskoeffizienten und die Signifikanz für die Geltung der Nullhypothese aufgeführt, nach der kein signifikanter Unterschied zwischen den beiden verglichenen Koeffizienten besteht. Die Nullhypothese sagt somit aus, daß die Kostenrechnungsrollen die Dienstleistungsqualität der Kostenrechnung in vergleichbarer Weise beeinflussen.

EMPIRISCHE ERGEBNISSE UND FORSCHUNGSHYPOTHESEN

Die Resultate der Analysen für die ***Forschungshypothese H1*** finden sich in den ersten Zeilen der Tabellen 11 und 12. Der Erklärungsgehalt des Regressionsmodells ist mit einem Bestimmtheitsmaß von 0,33 bei drei unabhängigen Variablen akzeptabel. Das Signifikanzniveau des F-Tests läßt auf einen Einfluß der Kostenrechnungsrollen auf die Dienstleistungsqualität schließen. Mit den in der Tabelle nicht erwähnten Variance Inflation Factors von etwa 1,3 ist der Befund der Multikollinearitätsanalyse unproblematisch. Der positive, signifikant von Null verschiedene Regressionskoeffizient für den Auskunftsapparat belegt die in der Forschungshypothese postulierte erfolgsförderliche Rolle dieser Verwendungsart.

Zusätzlich zeigen die Analyseergebnisse in der ersten Zeile von Tabelle 11 eine enge Beziehung zwischen dem Einsatz der Kostenrechnung als Lerninstrument und der Dienstleistungsqualität als Erfolgsmaßstab. Bei einer niedrigen Dynamik und Komplexität der Umgebung der Kostenrechnung besitzen also zwei Einsatzgebiete der Kostenrechnung eine erfolgskritische Bedeutung. Die Forschungshypothese H1 stellte bei einer geringen wahrgenommenen Unsicherheit der Manager die engste Beziehung zwischen der Nutzung der Kostenrechnung als Auskunftsapparat und der Dienstleistungsqualität her. Der entsprechende Regressionskoeffizient besitzt trotz des beschriebenen signifikanten Effektes der Verwendung als Lernapparat relativ zu den beiden anderen Beta-Koeffizienten den absolut höchsten Wert. Die hypothesenbasierten Signifikanztests der Differenz der unstandardisierten Regressionskoeffizienten, deren Resultate sich in der ersten Zeile von Tabelle 12 befinden, führen bei einem Signifikanzniveau von 10 Prozent einerseits zur Bestätigung der Nullhypothese hinsichtlich des Lernap-

[1] Vgl. Wonnacott, T.H. / Wonnacott, R.J. 1990, S. 294; Cohen, J. 1994, S. 997; Krämer, W. 1998, S. 1084.

parates und andererseits zur Ablehnung der Nullhypothese hinsichtlich des Begründungsapparates.

Damit bleibt festzuhalten, daß die Resultate des Koeffizientenvergleichs zur Ablehnung der ersten Forschungshypothese führen. Bei einer geringen wahrgenommenen Umgebungsunsicherheit der Manager erscheint es zwar als vorteilhaft, eine Verwendung der Kostenrechnung als Auskunftsapparat zu fördern; der Einfluß des Auskunftsapparates auf die Servicequalität unterscheidet sich jedoch nicht signifikant von dem des Lernapparates.

MULTIPLE LINEARE REGRESSIONSANALYSE AUF DIE DIENSTLEISTUNGSQUALITÄT				
Grad der wahrgenommenen Unsicherheit	Auskunfts-apparat	Lern-apparat	Begründungs-apparat	Bestimmt-heitsmaß
Niedrige Umgebungsunsicherheit (H1)	0,34 (p=0,2%)	0,31 (p=0,6%)	0,06 (p=58,4%)	0,33 (p=0,0%)
Mittlere Umgebungsunsicherheit (H2)	0,14 (p=23,7%)	0,54 (p=0,0%)	0,04 (p=69,6%)	0,44 (p=0,0%)
Hohe Umgebungsunsicherheit (H3)	0,29 (p=1,8%)	0,16 (p=22,2%)	0,33 (p=0,7%)	0,31 (p=0,0%)

Tab. 11: Ergebnisse der Regressionsanalysen der drei Kostenrechnungsrollen auf die Dienstleistungsqualität in drei Unsicherheitsklassen

Bei einem mittleren Grad der wahrgenommenen Unsicherheit geht entsprechend der ***Forschungshypothese H2*** von der Nutzung der Kostenrechnung als Lernapparat der größte Einfluß auf die Dienstleistungsqualität aus. Informationen zu den Ergebnissen der entsprechenden Regressionsanalyse finden sich in der zweiten Zeile von Tabelle 11. Der Erklärungsgehalt des Modells ist mit einem Bestimmtheitsmaß von 0,44 zufriedenstellend. Das Fazit des F-Tests untermauert die Signifikanz der Beziehung zwischen den Verwendungsarten der Kostenrechnung und der wahrgenommenen Qualität der Dienstleistung. Die nicht aufgeführten Variance Inflation Factors schwanken geringfügig um einen Wert von 1,6. Einzig der Regressionskoeffizient des Lernapparates ist signifikant von Null verschieden. Diese Verwendungsart steht demzufolge in einer empirisch nachweisbaren Beziehung zur Dienstleistungsqualität. Für eine erfolgreiche Kostenrechnung sollte somit bei einem mittleren Grad der Unsicherheit eine stärkere Verwendung der Kostenrechnung als Lernapparat angestrebt werden.

Der hohe Beta-Koeffizient und seine erheblichen Differenzen zu den beiden anderen Schätzwerten der Koeffizienten deuten auf theoriekonforme Resultate der empirischen Analysen hin. Die in der zweiten Zeile von Tabelle 12 enthaltenen Ergebnisse der Signifikanztests der Differenzen zwischen den unstandardisierten Regressionskoeffizienten bestätigen die Forschungshypothese H2. Der Unterschied zum Einfluß des Auskunftsapparates ist mit einer Irrtumswahrscheinlichkeit von 10 Prozent, der des Begründungsapparates sogar auf dem 1-Prozent-Niveau geringer als der Einfluß des Lernapparates auf die Servicequalität.

DELTA DER UNSTANDARDISIERTEN REGRESSIONSKOEFFIZIENTEN MIT SIGNIFIKANZ			
	Auskunfts-apparat	Lern-apparat	Begründungs-apparat
Niedriger Unsicherheitsgrad – Auskunftsapparat (H1)	–	0,07 (p=67,1%)	0,30 (p=8,8%)
Mittlerer Unsicherheitsgrad – Lernapparat (H2)	0,26 (p=9,3%)	–	0,37 (p=0,8%)
Hoher Unsicherheitsgrad – Begründungsapparat (H3)	0,03 (p=84,5%)	0,18 (p=37,2%)	–

Tab. 12: Ergebnisse des Vergleichs der standardisierten Regressionskoeffizienten der drei Kostenrechnungsrollen in den Unsicherheitsklassen

Die empirischen Ergebnisse zur Überprüfung von ***Forschungshypothese H3*** sind in den dritten Zeilen der Tabellen 11 und 12 aufgeführt. Die Charakteristika des Schätzmodells sind mit einem Bestimmtheitsmaß von 0,31 und einer praktisch nicht feststellbaren Multikollinearität bei VIF von kleiner oder gleich 1,5 akzeptabel. Der standardisierte Regressionskoeffizient für die Kostenrechnung als Begründungsapparat hat den absolut höchsten Wert in der dritten Zeile der Tabelle 11 und unterscheidet sich signifikant von Null. Erneut ist die Signifikanz eines weiteren Regressionskoeffizienten zu beobachten. Bei einer hohen wahrgenommenen Unsicherheit der Manager hat neben der symbolischen Nutzung auch eine instrumentelle Nutzung der Kostenrechnungsinformationen signifikante positive Wirkungen auf die Dienstleistungsqualität.

Die Forschungshypothese H3 brachte zum Ausdruck, daß bei einer hohen Umgebungsunsicherheit die Verwendung der Kostenrechnung als Begründungsapparat erfolgskritisch ist, da sich die Dienstleistungsqualität stärker über die Förderung dieser Verwendungsart steigern läßt als über die anderen beiden Kostenrechnungsrollen. Die Resultate der Signifikanztests der Differenzen zweier unstandardisierter Regressionskoeffizienten widersprechen dieser Forschungshypothese. Zwar liegen die postulierten Unterschiede vor, und der Regressionskoeffizient für den Begründungsapparat ist größer als die beiden Koeffizienten, jedoch sind die Differenzen nicht signifikant. Die Forschungshypothese H3 wird deshalb abgelehnt.

INTERPRETATION DER EMPIRISCHEN RESULTATE

Die in diesem Abschnitt geschilderten empirischen Analysen bescheinigen der Verwendung der Kostenrechnung als Auskunftsapparat bei geringer Umgebungsunsicherheit, als Lernapparat bei mittlerer Umgebungsunsicherheit und als Begründungsapparat bei hoher Umgebungsunsicherheit ihre Bedeutung als Erfolgsfaktor. Die Resultate der drei linearen Mehrfachregressionen zeigen ***weitere Potentiale*** zur Steigerung der Dienstleistungsqualität der Kostenrechnung auf:

- Bei einem niedrigen Grad der wahrgenommenen Unsicherheit geht von der Nutzung der Kostenrechnung als Lernapparat ein signifikanter positiver Einfluß auf die Servicequalität aus. Diese Wirkung beruht auf Erfahrungseffekten der instrumentellen Verwendung der Kostenrechnung. Bei Entscheidungen unter bekannten und wiederholten Bedingungen kann die routinemäßige Willensbildung – in Abhängigkeit von der Komplexität des Entscheidungsmodells – Geschwindigkeits- und damit Effizienzvorteile gegenüber einem erneuten Rechenvorgang haben.

- Bei einer hohen Unsicherheit der Manager hat neben der symbolischen Nutzung auch eine instrumentelle Nutzung der Kostenrechnungsinformationen signifikante positive Wirkungen auf die Servicequalität. Dieser empirische Befund läßt sich damit erklären, daß die Verrechnungsstrukturen der Kostenrechnung bei einer hochkomplexen und volatilen Umwelt einen Stabilitätsfaktor für den Manager darstellen. Innerhalb dieser Modellwelt können Entscheidungsprozesse rational ablaufen – unabhängig davon, wie realitätsnah die Entscheidungsparameter tatsächlich sind. Genau an dieser Stelle entstehen dann die Möglichkeiten, über die bewußte Gestaltung der Modellwelten Entscheidungen zu beeinflussen bzw. die eigenen Entscheidungen zu rationalisieren. Die hohe Umweltunsicherheit schafft erst in Verbindung mit einer instrumentellen, handlungsnahen Verwendung der Kostenrechnung das Potential für eine Nutzung der Kostenrechnung zur Ex-Post-Begründung von Entscheidungen.

Diese beiden zusätzlichen Effekte wirken sich auf die Signifikanztests für die Unterschiede, mit der die verschiedenen Kostenrechnungsapparate die Dienstleistungsqualität situationsspezifisch beeinflussen, aus. Nur eine der drei ***Forschungshypothesen*** konnte über dieses Analyseverfahren bestätigt werden. Bei mittlerer wahrgenommener Unsicherheit ist der Einfluß des Lernapparates auf die Dienstleistungsqualität der Kostenrechnung stärker als der Einfluß der beiden anderen Kostenrechnungsapparate. Ungeachtet der Ablehnung von H1 und H3 ergeben sich über die Signifikanzniveaus des Einflusses auf die Servicequalität und anhand der standardisierten Regressionskoeffizienten einige Hinweise für Gültigkeit dieser beiden Forschungshypothesen. Das Muster des theoretisch abgeleiteten und begründeten Forschungsmodells ist folglich auch in den empirischen Resultaten erkennbar. Vor dem Hintergrund dieser Argumentation bleibt damit offen, ob es in weiteren Studien mit einer höheren Stichprobenanzahl in den einzelnen Quantilen gelingen wird, den Nachweis der Signifikanz der unterschiedlichen Erfolgswirkungen der Kostenrechnungsapparate zu führen oder alternativ die in dieser Studie zusätzlich aufgezeigte Bedeutung des Lernapparates bei niedriger Umgebungsunsicherheit und des Auskunftsapparates bei hoher Umgebungsunsicherheit zu bestätigen.

Insgesamt erlauben die theoretischen und empirischen Argumente das Zwischenfazit, daß die wahrgenommene Dienstleistungsqualität in einer engen Beziehung zu verschiedenen Umweltzuständen und drei zentralen Kostenrechnungsrollen steht. Theoretisch wurde beschrieben, wie sich das Beziehungsmuster zwischen drei zentralen Rollen der Kostenrechnung und der Dienstleistungsqualität der Kostenrechnung in Abhängigkeit von verschiedenen Umgebungszuständen verändert. Empirisch konnten weitere situationsspezifische Zusammenhänge ermittelt werden.

Damit kann im Ergebnis des dritten Kapitels dieser Arbeit festgehalten werden, daß sich ein weites Rollenspektrum der Kostenrechnung in drei zentralen Verwendungsarten – Auskunftsapparat, Lernapparat, Begründungsapparat – zusammenführen läßt. Diese drei Einsatzgebiete der Kostenrechnung erlangen in Abhängigkeit vom Grad der wahrgenommenen Umweltunsicherheit ihre Relevanz als Erfolgsfaktor der Kostenrechnungsaktivitäten. Der Erfolgsmaßstab Dienstleistungsqualität der Kostenrechnung ist in der Lage, die theoretisch begründeten Beziehungen widerzuspiegeln. Auf diese Weise wird eine weitere Verwendung dieses Erfolgsmaßstabes den beiden an früherer Stelle geäußerten Hauptkritikpunkten[1] gerecht, daß die derzeitige Kostenrechnungspraxis sich zu wenig an Veränderungen in ihrem Kontext orientiert und die Kostenrechner in ihrer Arbeit auf ein zu begrenztes Rollenverständnis rekurrieren.

---

[1] Vgl. Abschnitt 1.1.3 Fazit der Analyse der Kostenrechnungsdiskussion.

4 Serviceorientierte Gestaltung der Kostenrechnung

Die vorliegende Arbeit widmet sich insgesamt vier Forschungsfragen,[1] die aus den wesentlichen Defiziten der kostenrechnungsbezogenen Forschung und Praxis abgeleitet wurden. Das dritte Kapitel widmete sich den Fragen, welche Rollen ein Führungsinstrument Kostenrechnung in Unternehmen grundsätzlich erfüllen kann und wie sich diese Kostenrechnungsrollen systematisieren lassen. Das vierte Kapitel wendet sich nun den beiden noch nicht behandelten Themen zu. Im folgenden wird analysiert, über welche Gestaltungsparameter Kostenrechner verfügen, um den Erfolg ihrer Aktivitäten zu beeinflussen, und welche Kontextfaktoren bei dieser Aufgabe vom Kostenrechnungsmanager zu beachten sind.

Eine Konkretisierung dieser allgemeinen Forschungsfragen ist mit Rückgriff auf die Ergebnisse des dritten Abschnitts schon an dieser Stelle möglich: Der Erfolg der Kostenrechnungsaktivitäten läßt sich am Urteil der internen Kunden bezüglich der Dienstleistungsqualität der Kostenrechnung ablesen. Weitergehende Aussagen bleiben den Resultaten der folgenden, in erster Linie empirischen Analysen vorbehalten.

4.1 Ableitung des Forschungsmodells

Wenn die Kostenrechnung und ihre Umgebung für die Zwecke einer empirischen Analyse erfaßt werden sollen, so bieten sich viele verschiedene Variablen zur Beschreibung dieser beiden Untersuchungsfelder an. Die Entwicklung eines Forschungsmodells bewegt sich somit im Zielkonflikt einer möglichst umfassenden, die Erfahrungen bisheriger Studien integrierenden Abbildung der Kostenrechnung und ihres Kontextes sowie den engen Grenzen einer Fragebogenerhebung.

Im Rahmen dieser Arbeit ist es daher unumgänglich, aus der Vielzahl möglicher Variablen diejenigen auszuwählen, die in der empirischen Analyse berücksichtigt werden sollen. Der Auswahlprozeß der Untersuchungsvariablen orientiert sich im wesentlichen an den identifizierten Defiziten in Kostenrechnungstheorie und -praxis und den daraus abgeleiteten Forschungsfragen.[2] Die extensiven Erfahrungen bisheriger konzeptioneller und empirischer Stu-

---

1 Vgl. Abschnitt 1.2 Die Zielsetzung der Untersuchung.

2 Vgl. Abschnitt 1.1.2 Ursachen der theoretischen und praktischen Kritik an der Kostenrechnung und Abschnitt 1.2 Die Zielsetzung der Untersuchung.

dien zu einer Kontextabhängigkeit des Kostenrechnungssystems und seines Erfolgs unterstützen die Ableitung des Forschungsmodells.

Die folgenden Ausführungen dienen außer zur Variablenidentifikation auch der Klärung des Begriffsverständnisses der im Forschungsmodell enthaltenen Variablen. Sehr unterschiedliche Konzeptualisierungen und Operationalisierungen der betroffenen Konstrukte erfordern diese Darlegungen. Das divergierende Verständnis bestimmter Begriffe und ihrer Messung zeigt sich vor allem in empirischen Studien,[1] bei denen eine Offenlegung der Begriffsinhalte notwendig ist, um sie in konkrete Fragen oder Indikatoren umsetzen zu können.

Das Forschungsmodell wird in zwei Schritten entwickelt, die unmittelbar an die zwei beschriebenen Schwerpunkte dieses vierten Kapitels der Untersuchung anknüpfen. Zuerst geht es um die Identifikation von relevanten Einflußfaktoren auf den Erfolg der Kostenrechnung. Diese Maße lassen sich als Erfolgsdeterminanten bzw. Erfolgsfaktoren der Kostenrechnung bezeichnen. Anschließend sollen potentielle Beziehungen zwischen diesen erfolgsbestimmenden Größen und Kontextfaktoren aufgezeigt werden. Dadurch wird es möglich, die Umgebungsfaktoren zu identifizieren, die bei der Gestaltung der Kostenrechnung beachtet werden sollten. Dieser zweite Schritt wird der geäußerten Kritik einer unzureichenden Orientierung der Kostenrechnung an Veränderungen ihres Umfelds gerecht.[2]

4.1.1 Erfolgsfaktoren der Kostenrechnung

Im dritten Kapitel dieser Untersuchung wurde ein Erfolgsmaßstab identifiziert, der verschiedene Kostenrechnungsrollen und Kontextsituationen integriert. Für den Kostenrechnungsmanager rückt mit der Festlegung der wahrgenommenen Dienstleistungsqualität als zentraler Erfolgsmaßstab der Kostenrechnung die Frage in den Mittelpunkt, welche Möglichkeiten er besitzt, die Wertschätzung seiner Aktivitäten bei den Empfängern und Nutzern der Kostenrechnungsinformationen zu beeinflussen. Zwei Gruppen von Erfolgsfaktoren der Kostenrechnung lassen sich dabei unterscheiden:[3]

- Charakteristika des Kostenrechnungssystems einschließlich der von diesem System erstellten Informationen und Berichte und

---

1 Vgl. Dent, J.F. 1986, S. 154.

2 Vgl. Abschnitt 1.1.3 Fazit der Analyse der Kostenrechnungsdiskussion.

3 Vgl. Lucas, H.C. 1973a, S. 29-31; Lucas, H.C. 1975a, S. 910; Dickson, G.W. / Senn, J.A. / Chervany, N.L. 1977, S. 913 f.; Robey, D. 1979, S. 535.

- Merkmale der Beziehung zwischen den Kostenrechnern und ihren internen Kunden einschließlich der Persönlichkeitseigenschaften der beteiligten Personen

Beide Kategorien werden in den folgenden beiden Abschnitten getrennt analysiert, wobei das Begriffsverständnis der für diese Untersuchung relevanten Erfolgsfaktoren erläutert wird.

4.1.1.1 Systemparameter der Kostenrechnung

Charakterzüge von Informationssystemen im allgemeinen und der Kostenrechnung im speziellen finden sich auf verschiedenste Weise in bisherigen Studien zur Interdependenz eines Systems und seiner Umwelt. Wenn man sich allein den Merkmalen des Kostenrechnungssystems selbst zuwenden würde, hieße dies, einen beträchtlichen Teil der gewonnen Forschungsergebnisse komplett zu vernachlässigen. Um dies zu verhindern, werden bei der Diskussion von reinen Systemeigenschaften auch informations- bzw. berichtsbezogene Merkmale sowie Methoden und Instrumente der Kostenrechnung berücksichtigt. Weitere Variablen, mit denen sich die Kostenrechnung zwar beschreiben läßt, die aber seltener berücksichtigt werden – beispielsweise der Unterschied der Kostenrechnung zum externen Rechnungswesen[1] –, werden nicht separat aufgeführt.

SYSTEMBEZOGENE CHARAKTERISTIKA DER KOSTENRECHNUNG

Bei einem Blick auf empirische Untersuchungen zur Kostenrechnung wird der Leser mit einer unüberschaubaren und oftmals zusammenhangslosen Menge an Variablen konfrontiert, mit deren Hilfe die Kostenrechnung abgebildet werden soll. Neben objektiven Maßen wie der Anzahl der Kostenarten, Kostenstellen und Kostenträger finden sich subjektive Skalen beispielsweise zur Flexibilität oder Anpassungsfähigkeit des Kostenrechnungssystems. Übergreifenden Fragen nach Zwecken, die mit der Kostenrechnung verfolgt werden, stehen sehr detailorientierte Fragen wie die nach den benutzten Softwaremodulen gegenüber. Die Mehrzahl der benutzten Variablen läßt sich in zwei Kategorien einordnen: in Komplexitäts- und Dynamikmaße.

- Viele Studien zur Kostenrechnung oder anderen Informationssystemen widmen sich der ***Komplexitätsdimension***, wobei die Art des Meßansatzes sehr unterschiedlich ausfallen kann.[2] Ein in deutschen Studien übliches Vorgehen – die Ermittlung der

---

1 Vgl. Cohen, J.R. / Paquette, L. 1991.

2 Vgl. Bruns, W.J. / Waterhouse, J.H. 1975; O'Reilly, C.A. 1980; Otley, D.T. 1980; Becker, H.P. 1984; Kind, H. 1985; Raymond, L. 1985; Kind, H. 1986; Tait, P. / Vessey, I. 1988; Krauß, W. / Eifert, M. 1990; Raymond, L. 1990; Sinkula, J.M. 1990; Gul, F.A. 1991; Kosmider, A. 1991; Amshoff, B. 1993; Weber. J. 1993c; Macy, G. / Arunachalam, V. 1995; Lange, J.-U. / Schauer, B.D. 1996; Währisch, M. 1996.

Zahl der Kostenarten, Kostenstellen und Kostenträger – wurde bereits erwähnt.[1] International werden in der Regel Aussagen über die Komplexität des Systems formuliert, die von den befragten Person auf ihre Gültigkeit hin evaluiert werden.[2] Ein weiterer, oft benutzter Meßansatz läßt indirekt auf die Komplexität des betrachteten Informationssystems schließen.[3] Die Skala kann mit Informationsdiversität oder Fokus bezeichnet werden und bildet ab, wie extensiv das Informationssystem zukunftsgerichtete, (unternehmens-) externe und nicht-finanzielle Daten zusätzlich zu den traditionell im Rechnungswesen vorhandenen historischen, internen und finanziellen Informationen berücksichtigt.

- Die ***Dynamikdimension*** wird merklich seltener in empirischen und konzeptionellen Studien adressiert.[4] Die benutzten Skalen beruhen zumeist auf subjektiven Urteilen der Informationsnutzer und widmen sich Themen wie der Flexibilität des Systems, der Anpassungsfähigkeit oder der Reaktionsschnelligkeit auf veränderte Anforderungen. Offensichtlich wird Veränderungen des Systems eine weniger wichtige Rolle für Informationssysteme zugestanden als der Komplexität.

Nicht alle Variablen, die der Beschreibung von Informationssystemen dienen, lassen sich diesen beiden Systemdimensionen zuordnen. Einige Variablen wurden bisher nicht erwähnt, besitzen aber trotzdem eine hohe Bedeutung in Studien zur Kostenrechnung. Dabei ist zuallererst die häufige Abbildung der ***Zwecke*** der Kostenrechnung in empirischen Untersuchungen zu nennen. In der Regel werden die Adressaten von Fragebogenerhebungen oder die Gesprächspartner in Interviews hierfür mit einem im vorhinein festgelegten Katalog von Kostenrechnungszwecken konfrontiert.[5] Für jedes Aufgabenfeld wird sodann erfaßt, welche Relevanz es in dem befragten Unternehmen besitzt. Neuere Studien widmen sich den Rollen des Kostenmanagements anstelle der Kostenrechnung.[6] Ein zweites, häufig in Fragebögen aufge-

---

1 Vgl. Becker, H.P. 1984; Kind, H. 1986; Krauß, W. / Eifert, M. 1990; Kosmider, A. 1991; Weber. J. 1993c; Lange, J.-U. / Schauer, B.D. 1996; Währisch, M. 1996.

2 Vgl. Bruns, W.J. / Waterhouse, J.H. 1975; O'Reilly, C.A. 1980; Raymond, L. 1985; Tait, P. / Vessey, I. 1988; Raymond, L. 1990; Sinkula, J.M. 1990; Gul, F.A. 1991.

3 Vgl. Gorry, G. / Morton, M.S. 1971; Dermer, J.D. 1973; Gordon, L.A. / Miller, D. 1976; Ives, B. / Hamilton, S. / Davis, G.B. 1980; Ewusi-Mensah, K. 1981; Daft, R.L. / Macintosh, N.B. 1984; Gordon, L.A. / Narayanan, V.K. 1984; Chenhall, R.H. / Morris, D. 1986; Dent, J.F. 1986; Grinyer, P.H. / Al-Bazzaz, S. / Yasai-Ardekani, M. 1986; Simons, R. 1987; Dent, J.F. 1990; Cohen, J.R. / Paquette, L. 1991; Abernethy, M.A. / Guthrie, C.H. 1994; Gul, F.A. / Chia, Y.M. 1994; Mia, L. / Chenhall, R.H. 1994; Macy, G. / Arunachalam, V. 1995; Brecht, H.D. / Martin, M.P. 1996; Chong, V.K. 1996; Fisher, C. 1996; Chong, V.K. / Chong, K.M. 1997.

4 Vgl. Holstrum, G.L. 1971; Otley, D.T. 1980; Jones, C.S. 1985b; Simons, R. 1987; Cohen, J.R. / Paquette, L. 1991; Brink, H.-P. 1992; Macy, G. / Arunachalam, V. 1995.

5 Vgl. Eschenbach, R. / Ohner, M. 1981; Marner, B. 1982; Küpper, H.-U. 1983; Yoshikawa, T. / Innes, J. / Mitchell, F. 1989; Krauß, W. / Eifert, M. 1990; Weber. J. 1993c; Schehl, M. 1994; Lange, J.-U. / Schauer, B.D. 1996; Währisch, M. 1996.

6 Vgl. exemplarisch Brede, H. 1994 und Franz, K.-P. / Kajüter, P. 1997.

führtes Kostenrechnungsmerkmal ist das ***Alter*** bzw. die ***Entwicklungsstufe*** dieses Systems,[1] die entweder über eine Angabe des Jahres der Einführung der Kostenrechnung insgesamt bzw. bestimmter Teilbereiche, über eine Einordnung in bestimmte Phasen im Sinne des Lebenszyklusgedankens oder über die direkte Frage nach der vorhandenen Erfahrungsbasis erfaßbar ist. In der Unternehmenspraxis läßt sich beobachten, daß eine bestimmte Software der konkrete Auslöser für die Einführung einer Kostenrechnung oder einer bestimmten Kostenrechnungsmethode ist.[2] In Fragebogenerhebungen, Fallstudien und Praxisberichten sowie konzeptionellen Überlegungen wird deshalb der ***EDV-*** bzw. ***Software-Unterstützung*** der Kostenrechnung eine besondere Aufmerksamkeit zuteil.[3] Um einen Eindruck von der unternehmensinternen Bedeutung der Kostenrechnung zu erhalten, fragen einige Wissenschaftler nach den ***Ressourcen***, die der Kostenrechnungsfunktion im Unternehmen für ihre Aktivitäten zur Verfügung gestellt werden, oder nach den ***Investitionen***, die für das Informationssystem geleistet wurden.[4] In der Nähe dieses Themas ist auch die Frage nach den ***Kosten*** der Kostenrechnung angesiedelt.[5] Eine letzte Facette der Abbildung betrifft die organisatorische Widerspiegelung der Kostenrechnung. Einige wenige empirische Studien[6] fragen danach, wer die ***Verantwortung*** für die Kostenrechnungsaktivitäten besitzt. Über die Erfassung dieses Merkmals läßt sich ebenfalls abschätzen, welche Bedeutung die Kostenrechnung in dem jeweiligen Unternehmen besitzt. Die direkte Frage nach dem Stellenwert der Kostenrechnung ist sehr selten.[7]

INFORMATIONS-/BERICHTSBEZOGENE CHARAKTERISTIKA DER KOSTENRECHNUNG

Neben den systembezogenen Aspekten werden in empirischen Erhebungen und theoretischen Abhandlungen vielfach Charakteristika der Informationen angesprochen. Gerade bei Studien, die sich an die Empfänger der Informationen wenden, spielen diese Merkmale eine deutlich wichtigere Rolle als Eigenschaften des Systems, die für die Nutzer der Informationen nicht immer sichtbar oder einschätzbar sind.

---

1 Vgl. Becker, H.P. 1984; Raymond, L. 1985; Franz, C.R. / Robey, D. 1986; Grinyer, P.H. / Al-Bazzaz, S. / Yasai-Ardekani, M. 1986; Montazemi, A.R. 1988; Amshoff, B. 1993; Choe, J.M. 1996.

2 Vgl. u.a. Fröhling, O. / Krause, H. 1992; Mertens, P. 1984; Mertens, P. 1992.

3 Vgl. Merchant, K.A. 1981; Ein-Dor, P. / Segev, E. 1982; Huber, G.P. 1982; Marner, B. 1982; Ein-Dor, P. et al. 1984; Kosmider, A. 1991; Flagg, J.C. / Hale, M.W. / Glover, H.D. 1992; Weber. J. 1993c; Macy, G. / Arunachalam, V. 1995; Horváth, P. / Gleich, R. / Seidenschwarz, W. 1998.

4 Vgl. Rosenzweig, K. 1981; Ein-Dor, P. et al. 1984; Jones, C.S. 1985a; Grinyer, P.H. / Al-Bazzaz, S. / Yasai-Ardekani, M. 1986; Raymond, L. 1990; Amshoff, B. 1993; Macy, G. / Arunachalam, V. 1995.

5 Vgl. Weber. J. 1993c und Weber, J. / Weißenberger, B.E. / Aust, R. 1997.

6 Vgl. Ein-Dor, P. / Segev, E. 1978; Ein-Dor, P. / Segev, E. 1982; Franz, C.R. / Robey, D. 1986; Brink, H.-P. 1992; Choe, J.M. 1996.

7 Vgl. Jones, C.S. 1985b.

Als ein erstes Merkmal der Informationen wird regelmäßig die ***Menge*** bzw. der ***Umfang*** der bereitgestellten Informationen erhoben,[1] wobei in der Regel sehr einfach aufgebaute Meßinstrumente genutzt werden, die auf die Wahrnehmungen der Informationsempfänger abstellen.[2] Der Kontakt des Managements zur Kostenrechnung ist in den seltensten Fällen einmaliger Natur. Deshalb steht die Frage nach der ***Häufigkeit*** der Informationsbereitstellung bzw. die Aktualisierung der Daten ebenfalls im Mittelpunkt einiger Studien, die Informationssysteme abbilden.[3] Die Häufigkeit der Bereitstellung der Informationen wird vor allem dann in einer engen Beziehung zum Erfolg der Informationsdienstleistung gesehen, wenn die Dynamik des Kontextes des Informationssystems hoch ist.[4] Daneben werden oft Variablen wie ***Alter***, ***Neuigkeitswert*** und ***Rechtzeitigkeit*** der Informationen in die Erhebungsinstrumente integriert.[5] Weitere informationsbezogene Eigenschaften lehnen sich an Dimensionen der Organisationsstruktur an. So wird vor allem in Studien zur Budgetierung und den dafür nötigen Kostenrechnungsinformationen erfaßt, wie stark die Informationen ***integriert***, ***differenziert***, ***aggregiert*** oder ***formalisiert*** sind.[6] Die Beurteilung dieser Informationscharakteristika erfolgt zumeist auf seiten der Produzenten, da ein valides Urteil nur über ein intensives Systemverständnis erreichbar ist. Mit den beiden verbleibenden Merkmalen der Informationen wenden wir uns wieder den Nutzern der Informationen zu. Allein ihre Meinung zählt bei der Beurteilung der ***Relevanz***[7] und der ***Genauigkeit***[8] des Informationsangebots.

---

1 Vgl. Gallagher, C.A. 1974; Taylor, R.N. 1975; Gordon, L.A. / Miller, D. 1976; Tomassini, L.A. 1976; Daft, R.L. / Macintosh, N.B. 1978; McGhee, W. / Shields, M.D. / Birnberg, J.G. 1978; O'Reilly, C.A. 1978; Olerup, A. 1980; Otley, D.T. 1980; Macintosh 1981; Merchant, K.A. 1981; Huber, G.P. 1982; Dent, J.F. 1986; Ruekert, R.W. / Walker, O.C. 1987; Dent, J.F. 1990; Macy, G. / Arunachalam, V. 1995; Moenaert, R.K. / Souder, W.E. 1996.

2 Vgl. anders Weber, J. / Weißenberger, B.E. / Aust, R. 1997b, S. 31.

3 Vgl. Gorry, G. / Morton, M.S. 1971; Gordon, L.A. / Miller, D. 1976; Otley, D.T. 1980; Merchant, K.A. 1981; Dent, J.F. 1986; Macintosh, N.B. / Daft, R.L. 1987; Simons, R. 1987; Dent, J.F. 1990; Cohen, J.R. / Paquette, L. 1991; Amshoff, B. 1993; Macy, G. / Arunachalam, V. 1995; Mohr, J. / Fisher, R.J. / Nevin, J.R. 1996.

4 Vgl. exemplarisch Gordon, L.A. / Miller, D. 1976.

5 Vgl. Feltham, G.A. 1968; Gallagher, C.A. 1974; Dickson, G.W. / Senn, J.A. / Chervany, N.L. 1977; Zmud, R.W. 1979; Ives, B. / Hamilton, S. / Davis, G.B. 1980; Olerup, A. 1980; Deshpandé, R. / Zaltman, G. 1982; Huber, G.P. 1982; Deshpandé, R. / Zaltman, G. 1984; Moenaert, R.K. / Souder, W.E. 1990a; Cohen, J.R. / Paquette, L. 1991; Brecht, H.D. / Martin, M.P. 1996; Chenhall, R.H. / Morris, D. 1986; Fisher, C. 1996; Moenaert, R.K. / Souder, W.E. 1996.

6 Vgl. Gorry, G. / Morton, M.S. 1971; Gordon, L.A. / Miller, D. 1976; Zmud, R.W. 1979; Ives, B. / Hamilton, S. / Davis, G.B. 1980; Rosenzweig, K. 1981; Ein-Dor, P. / Segev, E. 1982; Chenhall, R.H. / Morris, D. 1986; Grinyer, P.H. / Al-Bazzaz, S. / Yasai-Ardekani, M. 1986; Ruekert, R.W. / Walker, O.C. 1987; Simons, R. 1987; Brink, H.-P. 1992; Amshoff, B. 1993; Gul, F.A. / Chia, Y.M. 1994; Mohr, J. / Fisher, R.J. / Nevin, J.R. 1996.

7 Vgl. Feltham, G.A. 1968; Dermer, J.D. 1973; Huber, G.P. 1982; Schweikart, J.A. 1986; Brink, H.-P. 1992; Moenaert, R.K. / Souder, W.E. 1996.

8 Vgl. Feltham, G.A. 1968; Gorry, G. / Morton, M.S. 1971; Taylor, R.N. 1975; Ives, B. / Hamilton, S. / Davis, G.B. 1980; Moenaert, R.K. / Souder, W.E. 1990a.

Letztlich wurde in einigen Studien zu Merkmalen von Informationen der Tatsache Rechnung getragen, daß nicht allein die Eigenschaften der Informationen an sich die Qualitätswahrnehmung der Nutzer bestimmt. Lediglich durch die ***Art der Präsentation*** bzw. die ***grafische Unterstützung*** von Berichten kann die Zufriedenheit der Nutzer von Informationsdienstleistungen positiv beeinflußt werden.[1] Diese Erfahrung spiegeln beispielsweise auch die Ergebnisse eines branchenübergreifenden Benchmarkingprojekts im Controlling[2] wider, in denen grafische Elemente als zentrale Erfolgsfaktoren von Kostenstellenberichten identifiziert werden konnten.[3]

METHODEN UND INSTRUMENTE DER KOSTENRECHNUNG

Die Frage, mit welcher Intensität und in welcher Geschwindigkeit Forschungsergebnisse Eingang in die Praxis finden, ist von einem speziellen Interesse für Wissenschaft und Praxis. Diese Aussage gilt in einem besonderen Maße für die Kostenrechnung, da die theoretischen Erkenntnisse und die in der Unternehmenspraxis vorzufindenden Vorgehensweisen als widersprüchlich angesehen werden können. Dieses Phänomen wird als Theorie-Praxis-Paradoxon der Kostenrechnung bezeichnet.[4] Als unstrittig gilt zumindest, daß sich der in Kostenrechnungslehrbüchern wiederzufindende Wissensstand nicht adäquat in der Unternehmenspraxis widerspiegelt.[5]

Die Rezeption wissenschaftlicher Erkenntnisse in der Unternehmenspraxis läßt sich speziell daran ablesen, in welchem Maße moderne Instrumente und Methoden der Kostenrechnung bei Managern bekannt und in Unternehmen im Einsatz sind. Dieser Fragestellung widmen sich viele empirische Untersuchungen,[6] wobei das Spektrum der Kostenrechnungsinstrumente von traditionellen Methoden wie der Vollkostenrechnung bis zum Benchmarking als eine Form des Kostenmanagements reicht.

---

1 Vgl. Mason, R.O. / Mitroff, I.I. 1973; Gallagher, C.A. 1974; Gordon, L.A. / Miller, D. 1976; Tomassini, L.A. 1976; Dickson, G.W. / Senn, J.A. / Chervany, N.L. 1977; Zmud, R.W. 1978; Zmud, R.W. 1979; Ives, B. / Hamilton, S. / Davis, G.B. 1980; Libby, R. / Lewis, B.L. 1982; Cohen, J.R. / Paquette, L. 1991.

2 Vgl. Weber, J. / Hamprecht, M. / Goeldel, H. 1995; Luther, L.-U. / Toepfer, T. 1996; Weber, J. / Weißenberger, B.E. / Aust, R. 1997a und 1998.

3 Vgl. Weber, J. / Aust, R. 1998d, S. 228.

4 Vgl. Weißenberger, B.E. 1997, S. 226.

5 Vgl. Choudhury, N. 1986, S. 21; Edwards, K.A. / Emmanuel, C.R. 1990, S. 61 f.; Drury, C. / Dugdale, D. 1992, S. 344; Green, F.B. / Amenkhienan, F.E. 1992, S. 63.

6 Vgl. Eschenbach, R. / Ohner, M. 1981; Marner, B. 1982; Küpper, H.-U. 1983; Jones, C.S. 1985a; Ratnatunga, J. / Pike, R. / Hooley, G.J. 1988; Yoshikawa, T. / Innes, J. / Mitchell, F. 1989; Bright, J. et al. 1992; Cunningham, G.H. 1992; Green, F.B. / Amenkhienan, F.E. 1992; Weber. J. 1993c; Brede, H. 1994; Schehl, M. 1994; Lange, J.-U. / Schauer, B.D. 1996; Franz, K.-P. / Kajüter, P. 1997; Gosselin, M. 1997; Chenhall, R.H. / Langfield-Smith, K. 1998.

SYSTEMPARAMETER IM FORSCHUNGSMODELL

Der Umfang der Aufzählung der Variablen, über die sich einzelne Facetten der Kostenrechnung in empirischen Untersuchungen abbilden lassen, verdeutlicht die Notwendigkeit, sich für die Zwecke dieser Untersuchung auf einige wenige Variablen zu beschränken. Zwei der drei erwähnten Variablengruppen kommen für das Forschungsmodell dieser Arbeit nicht in Frage:

- Die informationsbezogenen Charakteristika besitzen eine zu große inhaltliche Nähe zur Konzeptualisierung der Dienstleistungsqualität der Kostenrechnung.[1] Beispielsweise stellt die Schnelligkeit bzw. Rechtzeitigkeit der Informationsbereitstellung ein Element der Prozeßqualität dar. Damit ist es unmöglich, diese Variable gleichzeitig als potentiellen Einflußfaktor der Dienstleistungsqualität in das Forschungsmodell zu integrieren. Andere informationsbezogene Variablen besitzen eine zu große Ähnlichkeit mit den noch zu diskutierenden Beziehungsmerkmalen. Die Unterschiede zwischen der Häufigkeit der Informationsbereitstellung und der Kontakthäufigkeit zur Kostenrechnung allgemein sind nur marginaler Natur. Der Sinn der Integration dieser Facetten in das Forschungsmodell wird erst bei den Beziehungsmerkmalen analysiert.

- Auf eine Eingliederung der Kostenrechnungsmethoden in das Forschungsmodell soll ebenfalls verzichtet werden. Einerseits werden mit der Erfassung des Bekanntheits- und Einsatzgrads von Kostenrechnungsmethoden üblicherweise andere Ziele verfolgt: der Abgleich von Kostenrechnungstheorie und -praxis. Andererseits genügt eine in der Regel vorgenommene Skalierung in „bekannt" / „unbekannt" bzw. „im Einsatz" / „nicht im Einsatz" nicht, um die Erfolgswirkungen abzuschätzen. Die Implementierung der einzelnen Kostenrechnungsmethoden kann auf so unterschiedliche Weise erfolgen, daß eine Abbildung im Rahmen eines kleinen Teils eines umfassenden Fragebogens unmöglich ist.

Somit stehen für die Entwicklung des Forschungsmodells die beschriebenen Variablen zur Abbildung des Kostenrechnungssystem selbst zur Verfügung. Um innerhalb dieser Gruppe den noch immer erforderlichen Ausleseprozeß zu strukturieren, soll eine allgemeine Definition von Systemen als zentraler Ausgangspunkt gewählt werden. Ein beliebiges System läßt sich anhand seiner Elemente und deren Beziehungen beschreiben. Dieses Gedankengut der allgemeinen Systemtheorie[2] läßt sich auch auf die Kostenrechnung übertragen. Die Anzahl von Elementen, deren Verschiedenartigkeit sowie deren Beziehungen lassen sich als Komple-

---

1 Vgl. Abschnitt 3.3.2 Die Konzeptualisierung der Dienstleistungsqualität.

2 Vgl. exemplarisch Bertalanffy, L. von 1949, 1977 und 1998 sowie Abschnitt 3.2.2.3 Kostenrechnung und wahrgenommene Unsicherheit.

xität des Systems interpretieren.[1] Die Veränderung der Elemente und der Beziehungen läßt sich mit Dynamik beschreiben.[2] Mit diesen beiden Dimensionen kann die Kostenrechnung in systemtheoretischer Sicht vollständig abgebildet werden:

- Das inhaltliche Verständnis der Komplexität der Kostenrechnung knüpft direkt an diese systemtheoretische Argumentation an. Die ***Systemkomplexität*** erfaßt die Zahl der Elemente des Kostenrechnungssystems, die Zahl möglicher Beschreibungen für jedes Element und die im System abgebildeten Interdependenzen der Elemente. Jede der drei Komponenten (Elemente, Merkmale, Interdependenzen) hat den Charakter eines Komplexitätstreibers.

- Die untersuchungsspezifische Definition der ***Systemdynamik*** knüpft unmittelbar an das geschilderte Verständnis der Systemkomplexität an. Die Dynamik des Kostenrechnungssystems bildet die Häufigkeit von Veränderungen der Elemente der Kostenrechnung, der möglichen Beschreibungen der Elemente und der Zahl und Struktur ihrer Beziehungen ab. Erneut tragen alle drei Komponenten zur Höhe der Systemdynamik bei.

Dieser Standpunkt vernachlässigt die komplexitäts- und dynamikunabhängigen Variablen, die in die Forschungsmodelle anderer Studien zur Analyse von Informationssystemen integriert wurden. Allerdings wird durch diese Beschränkung des Variablenspektrums die logische Konsistenz der Ableitung der systembeschreibenden Parameter gesichert. Die Systemtheorie läßt keine weiteren Dimensionen der Abbildung zu. Abschließend bleibt daher festzuhalten, daß sich die Merkmale des Kostenrechnungssystems im Forschungsmodell in den beiden systembezogenen Dimensionen Komplexität und Dynamik widerspiegeln, die beide anhand der Wahrnehmungen der Kostenrechnungsverantwortlichen erfaßt werden.

4.1.1.2 Beziehungsparameter der Kostenrechnung

Die Kostenrechnung stellt im Sinne dieser Untersuchung eine Informationsdienstleistung für das Management dar. Ein zentrales Merkmal von Dienstleistungen ist die Integration des Dienstleistungsempfängers in den Leistungserstellungsprozeß.[3] Die Relevanz von Parametern der internen Kunden-Lieferanten-Beziehung und von Charakteristika der Personen, die an diesem Kontakt teilhaben, wird so unmittelbar einsichtig.[4] Im folgenden werden deshalb zwei

[1] Vgl. ähnlich u.a. Luhmann, N. 1991, S. 45 f.
[2] Vgl. ähnlich u.a. Luhmann, N. 1991, S. 470-473.
[3] Vgl. Abschnitt 3.1 Die Kostenrechnung und ihre Informationsempfänger.
[4] Vgl. ähnlich Hopwood, A.G. 1978, S. 3 f.; Robey, D. 1979, S. 527 f.; Macintosh, N.B. 1981, S. 40; Libby, R. / Lewis, B.L. 1982, S. 270; Ferreira, L.D. / Merchant, K.A. 1992, S. 20; Hartmann, F. 1998, S. 573.

Variablengruppen adressiert, die in früheren Studien als bedeutende Determinanten der Gestaltung und des Erfolgs von Informationsdienstleistungen identifiziert wurden. Zuerst werden wichtige Persönlichkeitsmerkmale der Produzenten und der Empfänger der Informationen aufgeführt; anschließend widmet sich die Analyse explizit der Schnittstelle zwischen den beiden involvierten Personengruppen.

PERSÖNLICHKEITSMERKMALE VON PRODUZENTEN UND EMPFÄNGERN DER INFORMATIONEN

Persönlichkeitsbedingte Effekte der Produzentenseite sind nur in einer unsystematischen Weise und in begrenztem Ausmaß in den Stand der Forschung zur Gestaltung von Informationsprodukten und -systemen eingeflossen. Bisher wurden vor allem demographische Merkmale wie das ***Alter***, das ***Geschlecht*** oder die ***Erfahrung*** der Kostenrechner bzw. anderer Betreiber von Informationssystemen als potentielle Einflußfaktoren auf den Leistungserstellungsprozeß identifiziert.[1] Eine prominente Rolle wurde der ***Qualifikation*** bzw. der Expertise der Produzenten der Informationen zugestanden,[2] die vor allem mit der Komplexität der Informationssysteme oder dem Einsatz moderner EDV-Instrumente in Verbindung gebracht wurden. Ergänzend dazu wurde in den Studien die ***Hierarchieebene*** angesprochen, in die der verantwortliche Kostenrechnungsmanager eingeordnet wird.[3] Diese Variable läßt erneut Schlüsse auf die unternehmensinterne Bedeutung des untersuchten Informationssystems zu, wie es auch bei den zur Verfügung stehenden Ressourcen beschrieben wurde.

Vor allem in empirischen Studien zu Informationssystemen spielen die Persönlichkeitsmerkmale der Empfänger der Informationen eine wesentlich größere Rolle als die beschriebenen Charakterzüge der Produzenten. Diese geringere Verbreitung von Produzentenmerkmalen in empirischen Erhebungen resultiert

- einerseits aus einem Mangel an Mehrpersonenbefragungen, die aufgrund ihres administrativen Aufwandes in der Regel vermieden werden, und
- andererseits auf einer durchaus nachvollziehbaren Konzentration der Untersuchungen auf die Nutzerseite der unternehmensinternen Informationsbeziehung, da primär an dieser Stelle die Wirkungen der Informationen zuverlässig erfaßt werden können.

Demographische Merkmale werden auch auf seiten der Informationsempfänger als relevante Einflußfaktoren auf das Informationsverhalten und den Erfolg der Informationsdienstleistung

---

1 Vgl. Schweikart, J.A. 1986; Moenaert, R.K. / Souder, W.E. 1990a; Küpper, H.-U. 1993; Siegel, G. / Kulesza, C.S. 1996.

2 Vgl. Rosenzweig, K. 1981; Holmes, S. / Nicholls, D. 1988; Moenaert, R.K. / Souder, W.E. 1990a; Choe, J.M. 1996; Siegel, G. / Kulesza, C.S. 1996; Choe, J.M. 1996.

3 Vgl. Ein-Dor, P. / Segev, E. 1978; Franz, C.R. / Robey, D. 1986; Howell, R.A. et al. 1987.

betrachtet. Neben ***Alter,***[1] ***Geschlecht,***[2] Berufserfahrung bzw. ***Erfahrung*** in der Position[3] werden zusätzlich psychologisch verankerte Persönlichkeitsmerkmale auf der Nutzerseite erfaßt. So wird dem ***Führungsstil*** über dessen Wirkung auf Anreiz- und Budgetierungssysteme für das Informationsverhalten der Empfänger von Kostenrechnungsinformationen eine hohe Bedeutung beigemessen.[4] Der Bedarf an (Kostenrechnungs-) Information wird weiterhin in erheblichem Maße vom ***Entscheidungsstil*** des Managers geprägt.[5] Einige Studien sehen auch im ***„Locus of control"*** eine Persönlichkeitsfacette, die das Informationsverhalten von Managern beeinflußt.[6] Dieses Konstrukt bildet ab, wie stark der entsprechende Manager sich selbst oder seine Umgebung für den Erfolg seiner Aktivitäten verantwortlich sieht. Im letzteren Fall wird in der Regel eine höhere Informationsnachfrage erwartet. Eine integrierende Funktion für diese psychologisch geprägten Merkmale können die ***Einstellungen*** der Nutzer zum Informationssystem erfüllen, auf die Größen wie der Entscheidungs- oder Führungsstil einwirken.[7] Ergänzend zu den genannten Merkmalen werden auch bei den Informationsempfängern die ***Qualifikation***, die ***Funktion*** und die ***hierarchische Position*** als potentielle Einflußfaktoren auf das Informationsverhalten und die Beurteilung der Informationsdienstleistung gesehen.[8]

---

[1] Vgl. Dermer, J.D. 1973; Lucas, H.C. 1975a; Lucas, H.C. 1975b; Taylor, R.N. 1975; Rahman, M. / McCosh, A.M. 1976; Zmud, R.W. 1979; Merchant, K.A. 1981; Libby, R. / Lewis, B.L. 1982; Merchant, K.A. 1984; Chenhall, R.H. / Morris, D. 1986; Schweikart, J.A. 1986; Zinkhan, G.M. / Joachimsthaler, E.A. / Kinnear, T.C. 1987.

[2] Vgl. Zmud, R.W. 1979; Libby, R. / Lewis, B.L. 1982; Schweikart, J.A. 1986.

[3] Vgl. Lucas, H.C. 1975a; Lucas, H.C. 1975b; Taylor, R.N. 1975; Rahman, M. / McCosh, A.M. 1976; Tomassini, L.A. 1976; Dickson, G.W. / Senn, J.A. / Chervany, N.L. 1977; Roberts, K.H. / O'Reilly, C.A. 1979; Zmud, R.W. 1979; Merchant, K.A. 1981; Deshpandé, R. 1982; Libby, R. / Lewis, B.L. 1982; Merchant, K.A. 1984; Gupta, A.K. / Govindarajan, V. 1986; Chenhall, R.H. / Morris, D. 1986; Schweikart, J.A. 1986; Zinkhan, G.M. / Joachimsthaler, E.A. / Kinnear, T.C. 1987; Merchant, K.A. 1990; Cohen, J.R. / Paquette, L. 1991; Küpper, H.-U. 1993; Moorman, C. / Deshpandé, R. / Zaltman, G. 1993.

[4] Vgl. Baldus, T. 1969; Swieringa, R.J. / Moncur, R.H. 1972; Hopwood, A.G. 1974; Tomassini, L.A. 1976; Kenis, I. 1979; Brownell, P. 1982; Gordon, L.A. / Narayanan, V.K. 1984; Govindarajan, V. 1984; Brownell, P. 1985; Govindarajan, V. / Gupta, A.K. 1985; Gupta, A.K. / Govindarajan, V. 1986; Brownell, P. 1987a; Brownell, P. 1987b; Govindarajan, V. 1988; Govindarajan, V. / Fisher, J. 1990; Flagg, J.C. / Hale, M.W. / Glover, H.D. 1992; Küpper, H.-U. 1993.

[5] Vgl. Hopwood, A.G. 1972; Swieringa, R.J. / Moncur, R.H. 1972; Dermer, J.D. 1973; Hopwood, A.G. 1974; Driver, M.J. / Mock, T.J. 1975; Lucas, H.C. 1975a; Lucas, H.C. 1975b; Gordon, L.A. / Miller, D. 1976; Rahman, M. / McCosh, A.M. 1976; Tomassini, L.A. 1976; McGhee, W. / Shields, M.D. / Birnberg, J.G. 1978; Zmud, R.W. 1979; Otley, D.T. 1980; Macintosh, N.B. 1981; Libby, R. / Lewis, B.L. 1982; Zinkhan, G.M. / Joachimsthaler, E.A. / Kinnear, T.C. 1987; Macy, G. / Arunachalam, V. 1995.

[6] Vgl. Brownell, P. 1981; Govindarajan, V. 1988; Fisher, C. 1996.

[7] Vgl. Lucas, H.C. 1975b; Dickson, G.W. / Senn, J.A. / Chervany, N.L. 1977; Zmud, R.W. 1979; Tait, P. / Vessey, I. 1988.

[8] Vgl. Dalton, F.E. / Miner, J.B. 1970; Swieringa, R.J. / Moncur, R.H. 1972; Dermer, J.D. 1973; Gallagher, C.A. 1974; Hopwood, A.G. 1974; Lucas, H.C. 1975a; Lucas, H.C. 1975b; Taylor, R.N. 1975; Rahman, M. / McCosh, A.M. 1976; Dickson, G.W. / Senn, J.A. / Chervany, N.L. 1977; Roberts, K.H. / O'Reilly, C.A. 1979; Zmud, R.W. 1979; Huber, G.P. 1982; Becker, H.P. 1984; Chenhall, R.H. / Morris, D. 1986; Franz, C.R. / Robey, D. 1986; Schweikart, J.A. 1986; Howell, R.A. et al. 1987; Montazemi, A.R. 1988; Holmes, S. / Nicholls, D. 1988; Merchant, K.A. 1990; Flagg, J.C. / Hale, M.W. / Glover, H.D. 1992; Amshoff, B. 1993; Choe, J.M. 1996; Chenhall, R.H. / Langfield-Smith, K. 1998.

Als letzte Charakterzüge der Nutzer der Informationen werden in empirischen und theoretischen Studien deren ***Intelligenz*** sowie ***Führungsfähigkeit*** als relevant erachtet.[1]

FACETTEN DER BEZIEHUNG ZWISCHEN PRODUZENTEN UND EMPFÄNGERN DER INFORMATIONEN

In allgemeinen Studien zur Kontextabhängigkeit von Informationssystemen wird die Schnittstelle zwischen den internen Kunden und Lieferanten selten berücksichtigt. Als Ursache für den fehlenden Einbezug von konkreten Merkmalen der Beziehung kann erneut der Mangel an Mehrpersonenbefragungen angeführt werden. Bei einer Konzentration auf eine der beiden Seiten der internen Kunden-Lieferanten-Beziehung werden interpersonelle Aspekte üblicherweise nicht abgebildet. Erfahrungen zu möglichen Dimensionen der Abbildung der Schnittstelle zwischen Produzenten von (Kostenrechnungs-) Informationen und deren Empfängern sind besonders in Studien dokumentiert, die sich explizit dem internen Beziehungsmanagement bzw. interfunktionalen Schnittstellen zuwenden.[2] Diese Studien widmen sich nur in Ausnahmefällen Informationsdienstleistungen; erst in den letzten Jahren stieg hauptsächlich im Marketingbereich das Interesse für Beziehungsvariablen.

Aus den wenigen Größen zur Beschreibung der Schnittstelle zwischen internen Produzenten und Nutzern von Informationsdienstleistungen ragt das ***User Involvement*** deutlich heraus. Dieses Konstrukt gibt den Grad des Einbezugs der Empfänger von Informationen in die Entwicklung und/oder Gestaltung des Informationssystems wieder.[3] Das Spektrum der möglichen Partizipation reicht von absolut keiner Berücksichtigung der internen Kunden über eine symbolische Einbeziehung, eine mögliche Beratungsfunktion und einer konkreten Beteiligung an der Gestaltung des Systems bis hin zu einer strengen Kontrolle der Gestaltungsaktivitäten der Produzenten durch die Nutzer. Ein zweites Charakteristikum der internen Kunden-Lieferanten-Beziehung findet sich in der ***Häufigkeit des Kontaktes*** des internen Kunden zur Informationsdienstleistung.[4] Als Kontakt wird dabei sowohl die persönliche Interaktion mit dem Produzenten der Informationen als auch Berührungspunkte zu den Informationen in Form von Berichten und Analysen gewertet. Untersuchungen, die sich der Beziehung von Managern zu externen Informationsdienstleistern widmen, bezeichnen die hier als User Involvement und Kontakthäufigkeit charakterisierten Phänomene auch mit Interaktionsgrad bzw. Enge der Be-

---

1 Vgl. Hopwood, A.G. 1972; Rahman, M. / McCosh, A.M. 1976; Hayes, D.C. 1977; Huber, G.P. 1982; Libby, R. / Lewis, B.L. 1982.

2 Vgl. u.a. Görgen, W. 1987; Brockhoff, K. 1994; Wermeyer, F. 1994; Reiß, M. / Corsten, H. 1995.

3 Vgl. Edström, A. 1977, S. 591; Ives, B. / Olson, M.H. 1984, S. 587; Tait, P. / Vessey, I. 1988, S. 96; Moorman, C. / Zaltman, G. / Deshpandé, R. 1992, S. 316.

4 Vgl. Waterhouse, J.H. / Tiessen, P. 1978; Ives, B. / Hamilton, S. / Davis, G.B. 1980; Olerup, A. 1980; Moenaert, R.K. / Souder, W.E. 1990a; McKinnon, S.M. / Bruns, W.J. 1992; Fisher, R.J. / Maltz, E. / Jaworski, B.J. 1997.

ziehung.[1] Potentielle Konflikte sind ein dritter Themenbereich, der in Studien adressiert wird, die sich der Analyse interner Kunden-Lieferanten-Beziehungen widmen. Am häufigsten wird dabei das ***Konfliktausmaß*** genannt,[2] das sich unmittelbar auf die wahrgenommene Qualität der Beziehung auswirkt. Sporadisch werden ergänzend zu den beschriebenen Beziehungsparametern die ***Machtverteilung***[3] in der Beziehung und das ***Vertrauen***[4] der Informationsempfänger zu den Produzenten in empirischen Studien erfaßt und ihre Erfolgsauswirkungen analysiert.

BEZIEHUNGSPARAMETER IM FORSCHUNGSMODELL

Wie schon bei den Systemparametern der Kostenrechnung angeführt, erfordert die Vielzahl erfolgsbeeinflussender Variablen in Verbindung mit den engen Grenzen einer Fragebogenerhebung und der ausgewählten Analyseverfahren einen Ausleseprozeß, der zu einigen wenigen Beziehungsmerkmalen führen muß. Im Rahmen dieser Untersuchungen sollen die aufgeführten Persönlichkeitsmerkmale vernachlässigt werden. Zwei Gründe führten zur Entscheidung gegen eine Integration in das Forschungsmodell:

- Für die Erfolgswirkungen von Persönlichkeitsmerkmalen liegen – wie die lange Liste der betroffenen Studien gezeigt hat – breite Forschungserfahrungen vor. Der potentielle Wissensfortschritt erscheint deshalb in diesem Forschungsfeld gering.

- Persönlichkeitseigenschaften sind den Beziehungsmerkmalen im engeren Sinne vorgelagert. So wird beispielsweise die Kontakthäufigkeit zwischen Manager und Kostenrechner davon beeinflußt, wie extrovertiert beide Personen sind. Eine umgekehrte Kausalität ist im Gegensatz dazu nicht zu erwarten. Deshalb sollen unter Berücksichtigung einer festgelegten Höchstzahl möglicher Fragen die umfassenderen Beziehungskonstrukte in das Forschungsmodell integriert werden.

Der Partizipationsgrad bzw. das ***User Involvement*** wurde als der am häufigsten genannte Einflußfaktor auf Qualitätswahrnehmungen bzw. Erfolgsgrößen von Informationssystemen identifiziert. Trotz dieser breiten Erfahrungsbasis ist die Richtung des Einflusses des Partizipa-

---

1 Vgl. Deshpandé, R. / Zaltman, G. 1982; Deshpandé, R. / Zaltman, G. 1984; Ruekert, R.W. / Walker, O.C. 1987; Moorman, C. / Zaltman, G. / Deshpandé, R. 1992; Menon, A. / Bharadwaj, S.G. / Howell, R. 1996; Morgan, N. / Piercy, N. 1996.

2 Vgl. Ein-Dor, P. / Segev, E. 1982; Robey, D. / Farrow, D. 1982; Ruekert, R.W. / Walker, O.C. 1987; Moenaert, R.K. / Souder, W.E. 1990a; Moorman, C. 1995; Menon, A. / Bharadwaj, S.G. / Howell, R. 1996; Mohr, J. / Fisher, R.J. / Nevin, J.R. 1996; Morgan, N. / Piercy, N. 1996; Menon, A. / Jaworski, B.J. / Kohli, A.K. 1997.

3 Vgl. Ginzberg, M.J. 1980; Conrath, D.W. / Mignen, O.P. 1990; Moorman, C. / Deshpandé, R. / Zaltman, G. 1993.

4 Vgl. Hopwood, A.G. 1972; O'Reilly, C.A. 1978; Moorman, C. / Zaltman, G. / Deshpandé, R. 1992.

tionsgrades auf Erfolgsgrößen noch nicht sicher geklärt. So kommen Goodmann et al. zu dem Ergebnis, daß eine stärkere Partizipation bei einer schlechten Ausgangsposition dysfunktionale Effekte nach sich zieht: Bei einer Unzufriedenheit mit der Basisleistung wirkt sich eine stärkere Partizipation an der Leistungserstellung negativ auf den Erfolg der Beziehung aus.[1] Für die Dienstleistung Kostenrechnung bleibt somit zu klären, welche Einflüsse bei einem Einbezug des Managements in den Entwurf und die Gestaltung der Kostenrechnungssysteme auf den Erfolg der Kostenrechnung zu beobachten sind. Zwei verschiedene Stufen der Partizipation werden unterschieden. Als erste Form des User Involvements geht es darum, ob die Meinung der Manager zur Gestaltung der Kostenrechnung und ihren Informationen von den Kostenrechnern ermittelt wird. Als zweite Stufe wird von den Managern erfragt, ob ihre Vorstellungen sich in bestimmten Facetten des Kostenrechnung und ihrer Produkte tatsächlich widerspiegeln.[2]

Neben dem Partizipationsgrad der Informationsempfänger an der Gestaltung des Informationssystems soll mit der ***Kontakthäufigkeit*** ein zweites Beziehungsmerkmal in das Forschungsmodell eingeführt werden. Dieses Konstrukt beschreibt die von den Nutzern der Kostenrechnungsinformationen, dem Management, wahrgenommene Häufigkeit des Kontaktes mit den Kostenrechnern bzw. den Kostenrechnungsinformationen. In neueren empirischen Studien zum Informationsverhalten konnten mit der Kontakthäufigkeit beachtliche Beiträge zum Erklärungswert der Analysen erzielt und stark signifikante positive Beziehungen zum Erfolg von Informationsdienstleistungen festgestellt werden.[3] Die Übertragbarkeit dieser Forschungsergebnisse auf die Kostenrechnung soll durch die Integration der Kontakthäufigkeit in das Forschungsmodell geprüft werden. Die Kontakthäufigkeit wird – wie es die Definition dieses Konstruktes verdeutlicht – als Phänomen der Nutzerseite der internen Kunden-Lieferanten-Beziehung aufgefaßt. Auf diese Festlegung sei nochmals hingewiesen, da durchaus Differenzen zwischen den Informationen, die die Kostenrechner bereitstellen, und den Informationen, die vom Management tatsächlich bemerkt und genutzt werden, bestehen können. Ein Beispiel dafür ist die in vielen Unternehmen vorherrschende Berichtsflut, die einen vollständigen Überblick über alle Informationsangebote auf der Ebene eines jeden Managers erschwert.

Ein weiterer Grund spricht für die Integration der beiden Konstrukte in das Forschungsmodell. Wie schon erwähnt wurde, stehen die beiden Variablen Interaktionsgrad bzw. Enge der Beziehung dem User Involvement und der Kontakthäufigkeit inhaltlich sehr nahe. Diesen beiden

---

1 Vgl. Goodmann, P.S. et al. 1995, S. 1320

2 Vgl. Tait, P. / Vessey, I. 1988, S. 96.

3 Vgl. exemplarisch Fisher, R.J. / Maltz, E. / Jaworski, B.J. 1997.

Größen wird ein erheblicher Einfluß auf den Erfolg von externen Kundenbeziehungen zugesprochen.[1] Damit ist in Übertragung dieser Forschungsergebnisse auf interne Kunden-Lieferanten-Beziehungen zu erwarten, daß Variablen wie User Involvement und Kontakthäufigkeit den Erfolg der Informationsdienstleistung Kostenrechnung fördern.

Auch die dritte Eigenschaft der Schnittstelle zwischen Produzenten und Empfängern der Informationen – das ***Konfliktausmaß*** – wird für diese Untersuchung als relevant erachtet. Potentielle Spannungen zwischen dem Management und dem Rechnungswesen entstehen infolge unterschiedlicher Zielfunktionen der beiden in die interne Beziehung involvierten Personengruppen. Das Management verfolgt mit der Institutionalisierung einer Kostenrechnung das Ziel, qualitativ hochwertige Informationen zur Erfüllung der eigenen Aufgaben dargeboten zu bekommen; dem Kostenrechner geht es bei seinen Aktivitäten um die Maximierung seiner Zielfunktion, die zwar auch in einem gewissen Maße von der Qualität seiner Dienstleistung bestimmt wird, aber durchaus durch im Sinne des Managements dysfunktionale Aktionen positiv beeinflußt werden kann.[2] Ein derartiges, negatives Verständnis eines Konflikts[3] soll in die Konzeptualisierung des Konfliktmaßes dieser Untersuchung einfließen. Das Konfliktausmaß beschreibt den Umfang der zwischen der Kostenrechnung und ihren Kunden bestehenden Meinungsverschiedenheiten in bezug auf die stattfindenden Kontakte zwischen diesen beiden Gruppen. Opportunistisches Verhalten, das sich beispielsweise in der bewußten Verzerrung und Vorenthaltung von Informationen, in fehlendem gegenseitigen Vertrauen und in der Behinderung der Zusammenarbeit widerspiegelt, wird mit diesem Konstrukt erfaßt.

Als potentielle Erfolgsfaktoren umfaßt das Forschungsmodell damit fünf Konstrukte: die Komplexität und Dynamik der Kostenrechnung als Systemparameter sowie das User Involvement, die Kontakthäufigkeit und schließlich das Konfliktausmaß als Beziehungsparameter.

4.1.2 Kontextfaktoren der Kostenrechnung

Die Wurzeln einer Kontingenztheorie der Kostenrechnung können fast bis zu den Ursprüngen des Kontingenzansatzes zurückverfolgt werden. Parallel zu Studien,[4] die die Abhängigkeit der Organisationsstruktur von unternehmensexternen Einflußfaktoren analysierten, entstanden erste Arbeiten,[5] in denen es um die Identifikation von Faktoren ging, anhand derer Gestaltungs-

1 Vgl. exemplarisch Goodman, P.S. et al. 1995.
2 Vgl. ausführlich Weißenberger, B.E. 1997, S. 51-57.
3 Vgl. ähnlich Menon, A. / Bharadwaj, S.G. / Howell, R. 1996, S. 303.
4 Vgl. Woodward, J. 1958; Pugh, D.S. et al. 1963; Lawrence, P.R. / Lorsch, J.W. 1967; Perrow, C. 1967; Thompson, J.D. 1967; Pugh, D.S. et al. 1969.
5 Vgl. Golembiewski, R. 1964; Kosiol, E. 1964b, S. 107; Lucas, H.C. 1973a.

dimensionen von Kostenrechnungssystemen erklärt werden können. Die Anpassung der Kostenrechnung an Kontextbedingungen wurde zu einer zentralen Forderung der Forscher an die Unternehmenspraxis.[1] Der Wissenschaft ist es jedoch trotz einer verstärkten Nutzung empirischer Forschungsansätze nicht gelungen, zu einem gesicherten Erkenntnisstand zu gelangen.[2] Diese Überlegungen verdeutlichen den unveränderten Bedarf einer Analyse potentieller Einflußfaktoren auf die Gestaltung von Kostenrechnungssystemen.

Die Umgebung eines Informationssystems und damit auch der Kostenrechnung läßt sich in zwei Ebenen zerlegen. Neben Faktoren, die der Organisation bzw. dem Unternehmen selbst zuzuordnen sind, existieren weitere Variablen, die sich nicht im unmittelbaren Einflußbereich der Organisation bzw. des Unternehmens befinden. In diesem Sinne wird in dieser Arbeit von (unternehmens-) externen und internen Umweltfaktoren gesprochen.[3]

4.1.2.1 Unternehmensexterner Kontext

Parallel zu allgemeinen Kontingenzansätzen wurden auch für die Kostenrechnung unternehmensexterne Einflußfaktoren identifiziert bzw. die Suche nach diesen Variablen gefordert.[4]

DER EXTERNE KONTEXT IN EXISTIERENDEN STUDIEN

Als bedeutendster unternehmensexterner Einflußfaktor wurde in bisherigen Studien die ***Umweltunsicherheit*** in ihrer Wirkung auf die Gestaltung von Informationssystemen analysiert.[5] Mit zwei verschiedenen Argumenten wird die Relevanz dieses Konstrukts für Informationssysteme aufgezeigt. Einerseits wird eine Abhängigkeit der von Entscheidungsträgern nachgefragten Informationen vom Grad der wahrgenommenen Unsicherheit begründet bzw. angenommen; andererseits werden die Informationssysteme als Mechanismen zur Bewältigung ei-

---

1 Vgl. u.a. Hayes, D.C. 1978, S. 532; Macintosh, N.B. 1981, S. 42; Rosenzweig, K. 1981, S. 341; Hopwood, A.G. 1983, S. 303; Becker, H.P. 1985, S. 602; Choudhury, N. 1986, S. 21; Brownell, P. 1987a, S. 14; Lederer, A.L. / Mendelow, A.L. 1990, S. 206; Ferreira, L.D. / Merchant, K.A. 1992, S. 21; Dixon, R. 1998, S. 279.

2 Vgl. Dent, J.F. 1986, S. 155.

3 Vgl. ähnlich Waterhouse, J.H. / Tiessen, P. 1978, S. 67; Ives, B. / Hamilton, S. / Davis, G.B. 1980; Witte, E. 1984, Sp. 1921 f.; Jaworski, B.J. 1988, S. 25; Brink, H.-P. 1992, S. 171 f.; McLeod, R. 1995, S. 12 f.

4 Vgl. Waterhouse, J.H. / Tiessen, P. 1978, S. 72; Chandler, A.D. / Daems, H. 1979, S. 18; Hopwood, A.G. 1987, S. 222; Innes, J. / Mitchell, F. 1990, S. 3; Brignall, S. 1997, S. 332.

5 Vgl. Khandwalla, P.N. 1973b; Tushman, M. / Nadler, N. 1978; Macintosh, N.B. 1981; O'Reilly, C.A. 1982; Gordon, L.A. / Narayanan, V.K. 1984; Govindarajan, V. 1984; Chenhall, R.H. / Morris, D. 1986; Franz, C.R. / Robey, D. 1986; Merchant, K.A. / Simons, R. 1986; Brownell, P. 1987b; Jaworski, B.J. 1988; Welge, M.K. 1988; Merchant, K.A. 1990; Raymond, L. 1990; Simons, R. 1990; Gul, F.A. 1991; Govindarajan, V. / Shank, J.K. 1992; Amshoff, B. 1993; Mia, L. 1993; Gul, F.A. / Chia, Y.M. 1994; Mia, L. / Chenhall, R.H. 1994; Macy, G. / Arunachalam, V. 1995; Otley, D. / Broadbent, J. / Berry, A. 1995; Chong, V.K. 1996; Fisher, C. 1996; Chapman, C.S. 1997; Chong, V.K. / Chong, K.M. 1997; Littkemann, J. 1997b; Shields, J.F. / Shields, M.D. 1998.

ner zu hohen Unsicherheit in Entscheidungssituationen charakterisiert. Vor allem Dynamik-, Turbulenz- bzw. Flexibilitätsmaße werden sehr oft als Kontextfaktoren von Informationssystemen erwähnt.[1] Neben der Komplexität sprechen einige Autoren auch von Heterogenität oder Variabilität der Unternehmensumwelt.[2] Die Art der Messung reicht von objektiven, allgemein verfügbaren Informationen aus Sekundärstatistiken (z.B. Preis- und Absatzvolatilitäten) bis hin zu subjektiven, auf den Wahrnehmungen der befragten Entscheidungsträger basierenden Maßen.

Ein erhebliches Gewicht wird neben diesen Unsicherheitsmaßen oder -komponenten Einflußfaktoren zugestanden, die die ***Wettbewerbs-, Markt- bzw. Konkurrenzsituation*** beschreiben.[3] Ebenfalls in Anlehnung an allgemeine Kontingenzansätze[4] wird die ***Technologie*** als ein für Informationssysteme relevanter Faktor betrachtet.[5] Letztlich bleiben noch Ansätze zu erwähnen, die ***allgemeine Rahmenbedingungen*** wie die gesamtwirtschaftliche Lage oder die spezifischen Rechtsnormen in ihrem Einfluß auf Informationssysteme abzubilden versuchen.[6]

AUSWAHL VON EXTERNEN KONTEXTFAKTOREN

Unternehmensexternen Einflußfaktoren wird nicht nur in allgemeinen Kontingenzansätzen, sondern auch speziell für die Gestaltung der Kostenrechnung eine wichtige Rolle eingeräumt.[7]

---

1 Vgl. Khandwalla, P.N. 1975; Lucas, H.C. 1975b; Gordon, L.A. / Miller, D. 1976; Dickson, G.W. / Senn, J.A. / Chervany, N.L. 1977; Hayes, D.C. 1977; Waterhouse, J.H. / Tiessen, P. 1978; Ginzberg, M.J. 1980; Otley, D.T. 1980; Ewusi-Mensah, K. 1981; Uebele, H. 1981; Ein-Dor, P. / Segev, E. 1982; Becker, H.P. 1984; Gordon, L.A. / Narayanan, V.K. 1984; Jones, C.S. 1985a; Otley, D.T. 1985; Grinyer, P.H. / Al-Bazzaz, S. / Yasai-Ardekani, M. 1986; Brownell, P. 1987a; Brownell, P. 1987b; Ruekert, R.W. / Walker, O.C. 1987; Simons, R. 1987; Jaworski, B.J. 1988; Welge, M.K. 1988; Amshoff, B. 1993; Niedermayer, R. 1994; Schehl, M. 1994; Macy, G. / Arunachalam, V. 1995; Weber, J. 1995b; Weber, J. 1996c; Fisher, R.J. / Maltz, E. / Jaworski, B.J. 1997; Menon, A. / Jaworski, B.J. / Kohli, A.K. 1997; Horváth, P. / Gleich, R. / Seidenschwarz, W. 1998.

2 Vgl. Gordon, L.A. / Miller, D. 1976; Hayes, D.C. 1977; Waterhouse, J.H. / Tiessen, P. 1978; Otley, D.T. 1980; Ewusi-Mensah, K. 1981; Macintosh, N.B. 1981; Uebele, H. 1981; O'Reilly, C.A. 1982; Layer, M. 1985; Otley, D.T. 1985; Brownell, P. 1987a; Brownell, P. 1987b; Ruekert, R.W. / Walker, O.C. 1987; Welge, M.K. 1988; Flagg, J.C. / Hale, M.W. / Glover, H.D. 1992; Amshoff, B. 1993; Niedermayer, R. 1994; Macy, G. / Arunachalam, V. 1995.

3 Vgl. Baldus, T. 1969; Khandwalla, P.N. 1975; Lucas, H.C. 1975b; Gordon, L.A. / Miller, D. 1976; Dickson, G.W. / Senn, J.A. / Chervany, N.L. 1977; Otley, D.T. 1980; Jones, C.S. 1985a; Layer, M. 1985; Jaworski, B.J. 1988; Brink, H.-P. 1992; Amshoff, B. 1993; Macy, G. / Arunachalam, V. 1995; Weber, J. 1996c; Brignall, S. 1997; Littkemann, J. 1997a; Horváth, P. / Gleich, R. / Seidenschwarz, W. 1998.

4 Vgl. exemplarisch Woodward, J. 1958 und Aldrich, H. 1972.

5 Vgl. Banbury, J. / Nahapiet, J.E. 1979; Olerup, A. 1980; Otley, D.T. 1980; Macintosh, N.B. 1981; Otley, D.T. 1985; Innes, J. / Mitchell, F. 1990; Brink, H.-P. 1992; Macy, G. / Arunachalam, V. 1995; Littkemann, J. 1997a; Littkemann, J. 1997b.

6 Vgl. Kosiol, E. 1964b; Baldus, T. 1969; Ein-Dor, P. / Segev, E. 1978; Szyperski, N. / Müller-Böling, D. 1980; Flamholtz, E.G. / Das, T.K. / Tsui, A.S. 1985; Schweikart, J.A. 1986; Brink, H.-P. 1992; Amshoff, B. 1993.

7 Vgl. Banbury, J. / Nahapiet, J.E. 1979; Otley, D.T. 1980; Macy, G. / Arunachalam, V. 1995.

Laut Macy/Arunachalam ist die Beziehung zwischen dem externen Kontext und der Kostenrechnung sogar empirisch bestätigt.[1] Dieser Äußerung widerspricht jedoch beispielsweise die Studie von Niedermayer, in der kein signifikanter Einfluß externer Größen auf die Kostenrechnung festgestellt werden konnte.[2] Der Stand der Forschung zur Abhängigkeit der Kostenrechnung von externen Kontextfaktoren muß vor diesem Hintergrund als wenig zusammenhängend und widersprüchlich interpretiert werden.

Diese Forschungsfrage wird deshalb mit der empirischen Analyse dieser Arbeit erneut angegangen. Für die Abbildung des Kostenrechnungssystems innerhalb des Forschungsmodells wurden zwei Dimensionen benutzt, die erneut an systemtheoretische Ideen anknüpfen. Um ein konsistentes Vorgehen auf allen Ebenen des Forschungsmodells sicherzustellen, werden die beiden Dimensionen Komplexität und Dynamik benutzt, um den externen Kontext der Kostenrechnung zu erfassen. Eine derartige Konzeptualisierung der Umwelt korrespondiert mit vielen früheren allgemeinen Kontingenzansätzen.[3] Parallel zur Konzeptualisierung des Unsicherheitsmaßes in Kapitel 3.2.2.3 wird in beiden Dimensionen nur ein Ausschnitt der unternehmensexternen Umgebung, die absatzmarktbezogene Umwelt, abgebildet. Folgende Definitionen geben das Begriffsverständnis wieder:

- Die ***externe Komplexität*** wird durch die Anzahl und Verschiedenartigkeit von außerhalb des Geschäftsbereiches befindlichen, absatzmarktbezogenen Faktoren bestimmt, die bei der Entscheidungsfindung im Geschäftsbereich berücksichtigt werden müssen.[4]
- Die ***externe Dynamik*** beschreibt das Ausmaß der Veränderung von außerhalb des Geschäftsbereiches befindlichen, absatzmarktbezogenen Faktoren, die Relevanz für Entscheidungen im Geschäftsbereich besitzen.[5]

4.1.2.2 Unternehmensinterner Kontext

Nach der Diskussion der externen Kontextfaktoren soll jetzt ein Überblick über die Erfahrungen in der Abbildung des internen Kontextes von Informationssystemen gegeben werden. Die

1 Vgl. Macy, G. / Arunachalam, V. 1995, S. 74.

2 Vgl. Niedermayer, R. 1994, S. 392.

3 Vgl. u.a. Child, J. 1972; Duncan, R.B. 1972; Kieser, A. 1974; Downey, H.K. / Hellriegel, D. / Slocum, J.W. 1977; Tung, R.L. 1979; Dess, G.G. / Beard, D.W. 1984.

4 Vgl. Duncan, R.B. 1972, S. 315; Kieser, A. 1974, S. 302; Marr, R. 1989, S. 74 und ähnlich Abschnitt 3.2.2.3 Kostenrechnung und wahrgenommene Unsicherheit.

5 Vgl. Child, J. 1972, S. 3; Duncan, R.B. 1972, S. 315; Kieser, A. 1974, S. 302; Achrol, R.S. / Stern, L.W. 1988, S. 37 f.; Marr, R. 1989, S. 74; Achrol, R.S. 1992, S. 7 und ähnlich Abschnitt 3.2.2.3 Kostenrechnung und wahrgenommene Unsicherheit.

Relevanz interner Größen auf die Gestaltung von Informationssystemen ist unbestritten.[1] Gerade in bezug auf die Kostenrechnung wird den unternehmensinternen Einflüssen eine wichtige Rolle beigemessen:

> „Insofern sind Aufbau und Ablauf der Kostenrechnung weitgehend die Folge unternehmensinterner Einflüsse, die ... grundsätzlich *individualisierend* auf die strukturale Gestaltung der Kostenrechnung einwirken."[2]

Die Darstellung der in früheren Studien behandelten Kontextfaktoren bildet abermals den Ausgangspunkt für die Auswahl derjenigen Variablen, die in das Forschungsmodell dieser Untersuchung eingebracht werden. Deren Begriffsverständnis wird zum Abschluß dieses Untersuchungsschritts erläutert.

Der interne Kontext in existierenden Studien

Wenn dem internen Kontext eine hohe Bedeutung für die Gestaltung von Informationssystemen zugeschrieben wird, die Abbildung aber auf einem hohen Abstraktionsniveau erfolgt, werden wie beim externen Kontext die beiden Dimensionen Dynamik und Komplexität unterschieden.[3] Der ***Dynamik*** der internen Umgebung der Kostenrechnung wird jedoch auch unabhängig von dieser Unterscheidung Aufmerksamkeit geschenkt.[4] Die ***Komplexität*** wird nicht nur in allgemeiner Form[5] gemessen, sondern zusätzlich in Verbindung mit der Breite und Tiefe des Leistungsprogramms[6] sowie der Wertschöpfungstiefe[7] erfaßt. Wie beim externen Umfeld spielen auch auf der Unternehmensebene technologiebezogene Merkmale eine Rolle. Der ***Fertigungstyp*** oder die ***Produktionstechnologie*** sind Variablen, denen ein unmittelbarer Einfluß auf die Abrechnungsstrukturen und die Informationsprodukte zugerechnet wird.[8] Eine untrennbare Beziehung zu den Abrechnungsstrukturen haben in gleicher Weise die vielfältigen Dimensionen der ***Organisationsstruktur*** wie der Grad der Zentralisierung, der Standardi-

---

1 Vgl. Tomassini, L.A. 1976, S. 240; Hopwood, A.G. 1978, S. 11; Cheney, P.H. / Dickson, G.W. 1982, S. 171; Dent, J.F. 1986, S. 154; Hopwood, A.G. 1987, S. 222.

2 Kosiol, E. 1964b, S. 107 (Hervorhebung im Original). Vgl. ähnlich Watson, D.J.H. 1975, S. 66.

3 Vgl. Waterhouse, J.H. / Tiessen, P. 1978; Jones, C.S. 1985a; Brownell, P. 1987a; Amshoff, B. 1993.

4 Vgl. Schehl, M. 1994 und Weber, J. 1995b.

5 Vgl. Rosenzweig, K. 1981; Moorman, C. / Deshpandé, R. / Zaltman, G. 1993; Horváth, P. / Gleich, R. / Seidenschwarz, W. 1998.

6 Vgl. Layer, M. 1985; Brink, H.-P. 1992; Horváth, P. / Gleich, R. / Seidenschwarz, W. 1998.

7 Vgl. erneut Layer, M. 1985 und Horváth, P. / Gleich, R. / Seidenschwarz, W. 1998.

8 Vgl. Kosiol, E. 1964b; Bruns, W.J. / Waterhouse, J.H. 1975; Daft, R.L. / Macintosh, N.B. 1978; Waterhouse, J.H. / Tiessen, P. 1978; Ginzberg, M.J. 1980; Otley, D.T. 1980; Becker, H.P. 1984; Merchant, K.A. 1984; Merchant, K.A. / Simons, R. 1986; Welge, M.K. 1988; Cohen, J.R. / Paquette, L. 1991; Brink, H.-P. 1992; Amshoff, B. 1993; Schehl, M. 1994; Chenhall, R.H. / Langfield-Smith, K. 1998.

sierung bzw. Formalisierung oder der Spezialisierung.[1] Mit dieser Variablengruppe beschäftigt sich eine sehr große Zahl bisheriger theoretischer und empirischer Studien. In inhaltlicher Nähe zur Organisationsstruktur kann auch der Grad der unternehmensinternen ***Interdependenzen*** zwischen einzelnen Organisationseinheiten gesehen werden.[2] Die Kostenrechnung wurde schon oft mit Fragen nach ihrem Verhältnis zur Wettbewerbsposition des Unternehmens konfrontiert, wie vielfältige Forderungen nach einer Differenzierung des Rechnungswesens anhand der verfolgten Wettbewerbsstrategie zeigen.[3] Gerade in den letzten Jahren ist in der Wissenschaft ein verstärktes Interesse an der gegenseitigen Abhängigkeit von ***Wettbewerbsstrategie*** und Kostenrechnung zu beobachten. Theoretische und empirische Studien widmen sich diesem Thema und stellen eine Beziehung zwischen der gewählten Strategie und den Charakteristika einer Kostenrechnung oder anderer Informationssysteme her.[4] Auf einem ähnlich generellen Niveau untersuchen einige wenige Studien, wie sich verschiedene ***Unternehmensziele***[5] und ***Unternehmenskulturen***[6] auf Informationssysteme auswirken.

Als letzte Gruppe von internen Einflußfaktoren werden verschiedene demographische Merkmale von Unternehmen diskutiert. Besonders der ***Größe*** des Unternehmens oder der betrachteten Geschäftseinheit wird in vielen verschiedenen Studien eine Wirkung auf die Gestaltung von Informationssystemen zugeschrieben.[7] Weitere mögliche Einflußfaktoren sind die Bran-

---

1 Vgl. zusätzlich zu den im Abschnitt 4.1.2 Kontextfaktoren der Kostenrechnung schon aufgeführten Quellen Mason, R.O. / Mitroff, I.I. 1973; Ein-Dor, P. / Segev, E. 1978; O'Reilly, C.A. 1978; Kenis, I. 1979; Merchant, K.A. 1981; Deshpandé, R. 1982; Deshpandé, R. / Zaltman, G. 1982; Flamholtz, E.G. 1983; O'Reilly, C.A. 1983; Jones, C.S. 1985b; Deshpandé, R. / Zaltman, G. 1987; Govindarajan, V. 1988; Montazemi, A.R. 1988; Moenaert, R.K. / Souder, W.E. 1990a; Kosmider, A. 1991; Cunningham, G.H. 1992; Kieser, A. / Kubicek, H. 1992; Küpper, H.-U. 1993; Moorman, C. / Deshpandé, R. / Zaltman, G. 1993; Miah, N.Z. / Mia, L. 1996; Gosselin, M. 1997.

2 Vgl. Kosiol, E. 1964b; Hayes, D.C. 1977; Ginzberg, M.J. 1980; Otley, D.T. 1980; Ewusi-Mensah, K. 1981; Witte, E. 1984; Chenhall, R.H. / Morris, D. 1986; Gupta, A.K. / Govindarajan, V. 1986; Macintosh, N.B. / Daft, R.L. 1987; Jaworski, B.J. 1988; Govindarajan, V. / Fisher, J. 1990; Macy, G. / Arunachalam, V. 1995; Fisher, R.J. / Maltz, E. / Jaworski, B.J. 1997; Shields, J.F. / Shields, M.D. 1998.

3 Vgl. exemplarisch Khandwalla, P.N. 1973a, S. 275 und Albach, H. 1988, S. 1159.

4 Vgl. Khandwalla, P.N. 1973a; Govindarajan, V. / Gupta, A.K. 1985; Otley, D.T. 1985; Dent, J.F. 1986; Grinyer, P.H. / Al-Bazzaz, S. / Yasai-Ardekani, M. 1986; Gupta, A.K. / Govindarajan, V. 1986; Brownell, P. 1987b; Ruekert, R.W. / Walker, O.C. 1987; Simons, R. 1987; Govindarajan, V. 1988; Hiromoto, T. 1988; Dent, J.F. 1990; Govindarajan, V. / Fisher, J. 1990; Horváth, P. 1990; Merchant, K.A. 1990; Schimank, D. 1990; Simons, R. 1990; Weber, J. 1990a; Simons, R. 1991; Cunningham, G.H. 1992; Govindarajan, V. / Shank, J.K. 1992; Steinmann, H. / Guthunz, U. / Hasselberg, F. 1992; Abernethy, M.A. / Guthrie, C.H. 1994; Schehl, M. 1994; Albright, T.L. / Lee, T.A. 1995; Macy, G. / Arunachalam, V. 1995; Brignall, S. 1997; Chapman, C.S. 1997; Chong, V.K. / Chong, K.M. 1997; Gosselin, M. 1997.

5 Vgl. Tomassini, L.A. 1976; Kenis, I. 1979; Jones, C.S. 1985a.

6 Vgl. Kenis, I. 1979; Flamholtz, E.G. 1983; Flamholtz, E.G. / Das, T.K. / Tsui, A.S. 1985; Jones, C.S. 1985a; Dent, J.F. 1991; Brink, H.-P. 1992; Moorman, C. / Deshpandé, R. / Zaltman, G. 1993; Moorman, C. 1995; Lewis, D. / Shea, T. 1996; Littkemann, J. 1997b; Sinkula, J.M. / Baker, E.W. / Noordewier, T. 1997.

7 Vgl. u.a. Pugh, D.S. et al. 1969; Hopwood, A.G. 1974; Bruns, W.J. / Waterhouse, J.H. 1975; Ein-Dor, P. / Segev, E. 1978; Olerup, A. 1980; Merchant, K.A. 1981; Rosenzweig, K. 1981; Ein-Dor, P. / Segev,

che,[1] das Alter bzw. Entwicklungsstadium des Unternehmens,[2] die Rechtsform,[3] die Zugehörigkeit zu einem Konzern,[4] der gewerkschaftliche Organisationsgrad,[5] die geographische Ausdehnung des Unternehmens[6] und die Tatsache, ob das Unternehmen inhaber- oder fremdgeführt ist.[7]

AUSWAHL VON INTERNEN KONTEXTFAKTOREN

Die bisherige Erörterung von potentiellen Kontextfaktoren der Kostenrechnung veranschaulichte, daß unternehmensinternen Einflußfaktoren die höhere Relevanz für Gestaltungsfragen der Kostenrechnung zugebilligt wird. Ein Vergleich der Zahl der identifizierten Einflußfaktoren und der sie analysierenden Studien verdeutlicht das größere Gewicht des internen Kontextes im Vergleich zum externen Kontext.[8] Das Forschungsmodell dieser Arbeit wird ebenso mehr interne als externe Einflußfaktoren enthalten.

Die ***Größe*** der betrachteten Organisation entwickelte sich in empirischen Kostenrechnungsstudien zum bedeutendsten Kontextfaktor von Systemmerkmalen der Kostenrechnung.[9] Für die vorliegende Untersuchung heißt dies, daß die Größe der betrachteten Geschäftseinheit als ein potentieller Einflußfaktor der Gestaltung des Kostenrechnungssystems im Forschungsmodell enthalten sein muß, um einen hohen Erklärungswert zu erzielen. Die Größe soll mit Hilfe der Zahl der Mitarbeiter in der Geschäftseinheit abgebildet werden. Die Bildung von Kosten-

E. 1982; Becker, H.P. 1984; Gremillion, L.L. 1984; Merchant, K.A. 1984; Jones, C.S. 1985a; Jones, C.S. 1985b; Raymond, L. 1985; Franz, C.R. / Robey, D. 1986; Merchant, K.A. / Simons, R. 1987; Govindarajan, V. 1988; Holmes, S. / Nicholls, D. 1988; Jaworski, B.J. 1988; Welge, M.K. 1988; Raymond, L. 1990; Cohen, J.R. / Paquette, L. 1991; Kosmider, A. 1991; Brink, H.-P. 1992; Flagg, J.C. / Hale, M.W. / Glover, H.D. 1992; Küpper, H.-U. 1993; Schehl, M. 1994; Macy, G. / Arunachalam, V. 1995; Choe, J.M. 1996; Gosselin, M. 1997; Littkemann, J. 1997b; Chenhall, R.H. / Langfield-Smith, K. 1998; Horváth, P. / Gleich, R. / Seidenschwarz, W. 1998.

1 Vgl. Gaydoul, P. 1980; Uebele, H. 1981; Becker, H.P. 1984; Simons, R. 1987; Holmes, S. / Nicholls, D. 1988; Welge, M.K. 1988; Kosmider, A. 1991; Brink, H.-P. 1992; Flagg, J.C. / Hale, M.W. / Glover, H.D. 1992; Amshoff, B. 1993; Küpper, H.-U. 1993; Niedermayer, R. 1994; Schehl, M. 1994; Chenhall, R.H. / Langfield-Smith, K. 1998; Horváth, P. / Gleich, R. / Seidenschwarz, W. 1998.

2 Vgl. Deshpandé, R. / Zaltman, G. 1982; Becker, H.P. 1984; Deshpandé, R. / Zaltman, G. 1984; Merchant, K.A. 1984; Franz, C.R. / Robey, D. 1986; Deshpandé, R. / Zaltman, G. 1987; Holmes, S. / Nicholls, D. 1988; Moenaert, R.K. / Souder, W.E. 1990a; Sinkula, J.M. 1990; Kosmider, A. 1991; Niedermayer, R. 1994; Sinkula, J.M. 1994; Macy, G. / Arunachalam, V. 1995.

3 Vgl. Gaydoul, P. 1980, Szyperski, N. / Müller-Böling, D. 1980; Becker, H.P. 1984; Kosmider, A. 1991; Amshoff, B. 1993; Horváth, P. / Gleich, R. / Seidenschwarz, W. 1998.

4 Vgl. Gaydoul, P. 1980; Uebele, H. 1981; Becker, H.P. 1984; Witte, E. 1984; Simons, R. 1987; Kosmider, A. 1991.

5 Vgl. Rosenzweig, K. 1981.

6 Vgl. Simons, R. 1987 und Amshoff, B. 1993.

7 Vgl. Becker, H.P. 1984 und Kosmider, A. 1991.

8 Vgl. ähnlich Abb. 9 und Abb. 10 in Abschnitt 4.1.3 Das Forschungsmodell im Überblick.

9 Vgl. Becker, H.P. 1985, S. 612 f. und Littkemann, J. 1997b, S. 862.

stellen und die Struktur von Verrechnungsvorgängen lehnt sich üblicherweise eng an Verantwortungsbereiche an, die immer durch bestimmte Personen repräsentiert werden.[1] Eine Messung über die Mitarbeiterzahl besitzt deshalb in einer kostenrechnungsspezifischen Untersuchung inhaltliche Vorteile gegenüber einem zweiten sehr gebräuchlichen Größenmaß, dem Umsatz. Trotz ihres Stellenwertes werden die Dimensionen der Organisationsstruktur nicht in das Forschungsmodell dieser Analyse integriert. Viele Merkmale der Organisationsstruktur stehen in ihren Wirkungen auf Informationssysteme der Größe der Organisation sehr nahe.[2] Da aber bisherige Kontextanalysen der Kostenrechnung den Einfluß der Größe auf die Kostenrechnung als wichtiger ansehen, gestatten diese Argumente den Verzicht auf Dimensionen der Organisationsstruktur zugunsten eines Größenmaßes.

Bei der Darstellung des internen Kontextes sollen wiederum zwei Konstrukte benutzt werden, die an die Systemtheorie und ihre zentralen Ideen anknüpfen. Wie bei der Abbildung des Kostenrechnungssystems und der externen Umgebung wird auch der interne Kontext über die beiden Dimensionen Komplexität und Dynamik erfaßt. Mit diesem letzten Schritt ist eine durchgängig systemtheoretische Sicht auf allen drei Ebenen der Untersuchung – dem externen Kontext, dem internen Kontext und dem Kostenrechnungssystem – gesichert. Neben dieser Begründung spricht die in einigen konzeptionellen Studien betonte Wichtigkeit dieser Variablen für die Gestaltung von Kostenrechnungssystemen für eine Berücksichtigung im Forschungsmodell.[3] Mit dem Konstrukt ***„Interne Komplexität“*** wird die Anzahl und Verschiedenartigkeit von Produkten, Produktbestandteilen und der dazugehörigen Produktionsprozesse beschrieben. Die ***„Interne Dynamik“*** bildet das Ausmaß der Veränderung der Aktivitäten des betrachteten Geschäftsbereichs ab.

Der vierte unternehmensinterne Einflußfaktor, der im Forschungsmodell enthalten sein wird, ist die ***Wettbewerbsstrategie*** der untersuchten Geschäftseinheit. Das strategische Management beeinflußt den Unternehmenserfolg substantiell.[4] Aber das Wettbewerbsverhalten hat nicht nur Relevanz für den Erfolg, sondern auch für die Informationssysteme einer Geschäftseinheit.[5] Ungeachtet dieses Stellenwertes der Strategie befriedigen die bislang erzielten Forschungsergebnisse nicht: Die Effekte der Wettbewerbsstrategie auf Informations- und Kon-

---

1 Vgl. u.a. Wöhe, G. 1990, S. 1239; Kloock, J. / Sieben, G. / Schildbach, T. 1991, S. 108; Schweitzer, M. / Küpper, H.-U. 1995, S. 129; Weber, J. 1997a, S. 63.

2 Vgl. exemplarisch DeCanio, S.J. / Watkins, W.E. 1998.

3 Vgl. Otley, D.T. 1980; Macy, G. / Arunachalam, V. 1995; Weber, J. 1995b.

4 Vgl. u.a. Raffée, H. / Fritz, W. 1991, S. 1222; Raffée, H. / Effenberger, J. / Fritz, W. 1994, S. 394; Fritz, W. / Effenberger, J. 1998, S. 104.

5 Vgl. Porter, M.E. / Millar, V.E. 1985, S. 159 f. und Littkemann, J. 1997b, S. 863.

trollsysteme sind unklar;[1] die Forschung an dieser Schnittstelle ist noch immer unterentwikkelt.[2] Die Ausrichtung der Kostenrechnung auf strategische Anforderungen wird zwar in den letzten Jahren extensiv unter der Bezeichnung „Strategisches Kostenmanagement" diskutiert.[3] Tatsächlich existieren aber nur wenige empirische und konzeptionelle Arbeiten, die eine Verbindung zwischen strategischen Variablen, Merkmalen der Kostenrechnung und Erfolgsgrößen herstellen.[4] Der Forderung, strategische Variablen in Kontingenzmodelle der Kostenrechnung einzubeziehen,[5] soll in dieser Arbeit entsprochen werden.

Strategische Fragestellungen können auf verschiedenen organisatorischen Ebenen[6] und über unterschiedliche Strategietypologien[7] behandelt werden. In dieser Arbeit werden strategische Aspekte auf der Ebene der Geschäftseinheit in Form von Wettbewerbsstrategien bzw. generischen Strategien adressiert, unter denen man auf dem höchsten Abstraktionsniveau erkennbare Muster des Verhaltens im Wettbewerb versteht.[8] Als Strategietypologie wird auf Porter zurückgegriffen, der mit der Kostenführerschaft und der Differenzierung zwei Basisstrategien unterscheidet, zu denen auf Marktsegmente fokussierte Pendants existieren können.[9] Porters Wettbewerbsstrategien sind in der Forschung und Unternehmenspraxis akzeptiert und konsistent in ihren Inhalten.[10] Ihre Existenz und enge Beziehung zu anderen international bekannten Konzeptionen wie der Typologie von Miles und Snow[11] wurde empirisch analysiert.[12] Im Rahmen dieser Arbeit beschreibt die Wettbewerbsstrategie somit die strategische Grundposition der betrachteten Geschäftseinheit in ihrem relevanten Markt. Die Klassifikation der Wettbewerbsstrategien erfolgt nach Porter in Kostenführerschaft und Differenzierung:

---

1 Vgl. Simons, R. 1990, S. 127.

2 Vgl. Dent, J.F. 1990, S. 21 und Langfield-Smith, K. 1997, S. 228.

3 Vgl. Shank, J.K. / Govindarajan, V. 1988; Shank, J.K. 1989; Shank, J.K. / Govindarajan, V. 1989; Simmonds, K. 1989; Bromwich, M. 1990; Horváth, P. 1990; Fröhling, O. 1991; Holzwarth, J. 1993; Baden, A. 1997; Maus, S. 1997; Weber, J. 1997e; Baden, A. 1998; Brokekemper, A. 1998; Dixon, R. 1998; Horváth, P. / Brokekemper, A. 1998.

4 Vgl. Abernethy, M.A. / Guthrie, C.H. 1994; Govindarajan, V. / Shank, J.K. 1995; Chong, V.K. / Chong, K.M. 1997; Chenhall, R.H. / Langfield-Smith, K. 1998.

5 Vgl. Dent, J.F. 1990, S. 20.

6 Vgl. Beard, D.W. / Dess, G.G. 1981, S. 665; Daft, R.L. / Macintosh, N.B. 1984, S. 47; Porter, M.E. 1987, S. 43; Dent, J.F. 1990, S. 5 f.; Pearce, J.A. / Robinson, R.B. 1991, S. 4-6; Corsten, H. / Will, T. 1992, S. 185; Homburg, C. / Simon, H. 1995, Sp. 2754; Langfield-Smith, K. 1997, S. 209 f.

7 Vgl. Mintzberg, H. 1973; Miller, D. / Friesen, P.H. 1978; Galbraith, C. / Schendel, D. 1983; Herbert, T.T. / Deresky, H. 1987, S. 137; Dent, J.F. 1990, S. 5 f.; Govindarajan, V. / Shank, J.K. 1992, S. 14 f.; Porter, M.E. 1996, S. 65-68; Langfield-Smith, K. 1997, S. 211 f.

8 Vgl. exemplarisch Porter, M.E. 1980, S. 34 und Homburg, C. / Simon, H. 1995, Sp. 2754.

9 Vgl. Porter, M.E. 1980, S. 34-46 und Porter, M.E. 1985, S. 11-26.

10 Vgl. Govindarajan, V. 1988, S. 830.

11 Vgl. u.a. Miles, R.E. / Snow, C.C. 1978; Miles, R.E. et al. 1978; Hambrick, D.C. 1983; Smith, K.G. / Guthrie, J.P. / Chen, M.-J. 1983; Shortell, S.M. / Zajac, E.J. 1990; Dvir, D. / Segev, E. / Shenhar, A. 1993; Slater, S.F. / Narver, J. 1993.

12 Vgl. u.a. Segev, E. 1989; Homburg, C. / Simon, H. 1995, Sp. 2759 f.; Langfield-Smith, K. 1997.

- Bei der ***Kostenführerschaft*** geht es um die Erreichung und den Erhalt einer im Wettbewerbsvergleich günstigen Kostenposition. Dieser Kostenvorsprung erlaubt es, relativ ähnliche Produkte und Dienstleistungen zu einem relativ niedrigen Preis anzubieten und so das Kaufverhalten der potentiellen Kunden zugunsten des eigenen Leistungsangebots zu beeinflussen.[1]

- Die ***Differenzierungsstrategie*** strebt eine branchenweite Einzigartigkeit von Produkten bzw. Dienstleistungen an. Die eigenen Leistungen unterscheiden sich somit von denen der Konkurrenten in – für die Kunden – wichtigen Dimensionen wie Qualität, Flexibilität, Kundenservice Lieferzeiten bzw. Produktdesign. Die Kostenposition ist bei der Differenzierungsstrategie von nachgeordneter Bedeutung, darf aber nicht ignoriert werden.[2]

Die Fokusstrategie, die als eine Spezialform der beiden zuvor beschriebenen Wettbewerbsvorteile in einer bestimmten Kundengruppe, einem Produktsegment oder einem geographischen Markt angesehen werden kann,[3] wird nicht separat untersucht.

4.1.3 Das Forschungsmodell im Überblick

In den beiden vorangegangenen Abschnitten wurde abgeleitet, welche potentiellen Erfolgsfaktoren für die Kostenrechnung existieren und von welchen Größen die Gestaltung der Kostenrechnung abhängen kann. Der Literaturüberblick und die Ableitung des Forschungsmodells basierten auf einem weiten Spektrum an Arbeiten zu Informationssystemen in Organisationen.

Um einen fundierten Einblick in den Stand der Forschung zu Kontingenzansätzen der Kostenrechnung zu erhalten, sind in den Abb. 9 und Abb. 10 die wichtigsten empirischen und theoretischen Studien, ihre Forschungsmethodik und ihr Bezug zu wichtigen Variablengruppen bei der Analyse von Kostenrechnungssystemen aufgeführt. Bei den so beschriebenen Arbeiten handelt es sich um wesentliche inhaltliche Vorarbeiten zu der vorliegenden Studie.

In bisherigen Studien wurde offensichtlich dem unternehmensinternen Kontext die größte Bedeutung bei der Erklärung von Gestaltungsparametern und Erfolgsgrößen der Kostenrechnung beigemessen. Die ersten Studien, die den Kontingenzansatz auch für die Kostenrechnung nutzbar machten, bezogen sich nur auf wenige Variablengruppen. Allerdings befinden sich auch unter den frühen kontexttheoretischen Arbeiten Studien, die Größen aus fast allen ko-

---

[1] Vgl. Porter, M.E. 1980, S. 35; Porter, M.E. 1985, S. 13; Chenhall, R.H. / Langfield-Smith, K. 1998, S. 244.

[2] Vgl. Porter, M.E. 1980, S. 37; Porter, M.E. 1985, S. 14; Chenhall, R.H. / Langfield-Smith, K. 1998, S. 244.

[3] Vgl. Porter, M.E. 1980, S. 38 und 1985, S. 15.

stenrechnungsrelevanten Bereichen integrieren.[1] Um so erstaunlicher ist die Tatsache, daß die historische Analyse eine systematische Schwäche der Forschungsaktivitäten seit den 90er Jahren offenbart: Persönlichkeits- und Beziehungsmerkmale wurden seitdem erheblich vernachlässigt.[2]

Eine Prüfung der Schwerpunkte der Methode der Datenerhebung zeigt die weite Verbreitung von schriftlichen Fragebogenuntersuchungen. Die Kontextabhängigkeit der Kostenrechnung wurden relativ selten in Fallstudien und Experimenten geprüft. Gerade Experimenten muß ein eingeschränktes Potential für kontexttheoretische Untersuchungen zugesprochen werden, da bei diesen nur ein restringiertes Set an Variablen in die Analyse einfließen kann, um die Situation kontrollierbar zu halten, und relativ geringe Fallzahlen erreicht werden. Diese Tatsache spiegelt sich auch in den experimentellen Arbeiten wider, die in Abb. 9 und Abb. 10 aufgeführt sind. Im Gegensatz dazu wird in theoretisch-konzeptionellen Studien oft auf die ganze Palette der möglichen Variablengruppen eingegangen. Von insgesamt nur drei Arbeiten, die Variablen in allen fünf Kategorien erfassen, sind zwei konzeptioneller[3] und nur eine empirischer Art.[4] Dieses Forschungsdefizit empirischer Studien erscheint besonders gravierend, da die einzige umfassende empirische Studie von Becker nur äußerst wenige der möglichen Beziehungen zwischen den vielen Variablen behandelt.

Das Resümee der Kontingenzansätze zur Kostenrechnung zeigt somit deutlich den Bedarf für eine umfassende empirische Analyse. Diesem hohen Anspruch stellt sich die vorliegende Arbeit. Die Diskussion möglicher Variablen in den beiden vorangegangenen Abschnitten führte insgesamt fünf potentielle Erfolgsfaktoren der Kostenrechnung und sieben mögliche Kontextfaktoren der Gestaltung des Kostenrechnungssystems in das zweistufige Forschungsmodell ein, das in Abb. 11 visualisiert ist. In der empirischen Analyse soll einerseits geprüft werden, ob Kontextfaktoren wie die externe und interne Dynamik bzw. Komplexität, die Größe der Geschäftseinheit oder die verfolgte Wettbewerbsstrategie die Gestaltung des Kostenrechnungssystems beeinflussen. Andererseits wird auf der zweiten Analyseebene die erfolgskritische Rolle von System- und Beziehungsparametern für die Dienstleistungsqualität der Kostenrechnung untersucht.

---

1 Vgl. Gordon, L.A. / Miller, D. 1976.

2 Vgl. gegensätzlich Macy, G. / Arunachalam, V. 1995; Choe, J.M. 1996; Chenhall, R.H. / Langfield-Smith, K. 1998.

3 Vgl. Ginzberg, M.J. 1980 und Macy, G. / Arunachalam, V. 1995.

4 Vgl. Becker, H.P. 1984.

Autore(n) der Studie	Jahr	Art der Studie	Externer Kontext	Interner Kontext	Beziehung / Personen	Kostenrechnungssystem	Kostenrechnungserfolg
Dalton, F.E. / Miner, J.B.	1970	Experiment			X		X
Gallagher, C.A.	1974	Fragebogen			X	X	X
Driver, M.J / Mock, T.J.	1975	Experiment			X		X
Hayes, D.C.	1975	Fragebogen	X	X			X
Gordon, L.A. / Miller, D.	1976	Theorie	X	X	X	X	
Rahman, M. / McCosh, A.M.	1976	Frageb./Interview		X	X	X	
Tomassini, L.A.	1976	Theorie		X	X	X	
McGhee, W. / Shields, M.D. / Birnberg, J.G.	1978	Experiment			X	X	
Waterhouse, J.H. / Tiessen, P.	1978	Theorie	X	X		X	
Ginzberg, M.J.	1980	Theorie	X	X	X	X	X
Ein-Dor, P. / Segev, E.	1982	Interview		X	X	X	
Flamholtz, E.G.	1983	Fallstudie		X		X	
Becker, H.P.	1984	Fragebogen	X	X	X	X	X
Gordon, L.A. / Narayanan, V.K.	1984	Interview	X	X	X	X	
Jones, C.S.	1985	Interview	X	X		X	X
Otley, D.T.	1985	Theorie	X	X	X	X	X
Chenhall, R.H. / Morris, D.	1986	Interview	X	X	X	X	
Schweikart, J.A.	1986	Fragebogen	X		X	X	X

Abb. 9: Studien zur Kontextabhängigkeit der Kostenrechnung (Teil I)

Autore(n) der Studie	Jahr	Art der Studie	Externer Kontext	Interner Kontext	Beziehung / Personen	Kostenrechnungssystem	Kostenrechnungserfolg
Brownell, P.	1987	Fragebogen	X		X		X
Simons, R.	1987	Frageb./Interview	X	X		X	X
Raymond, L.	1990	Interview		X		X	X
Gul, F.A.	1991	Fragebogen	X			X	X
Kosmider, A.	1991	Fragebogen		X		X	X
Brink, H.-P.	1992	Theorie	X	X		X	
Cunningham, G.H.	1992	Fallstudie		X		X	X
Abernethy, M.A. / Guthrie, C.H.	1994	Fragebogen		X		X	X
Gul, F.A. / Chia, Y.M.	1994	Fragebogen	X	X		X	X
Mia, L. / Chenhall, R.H.	1994	Interview	X	X		X	X
Schehl, M.	1994	Fragebogen	X	X		X	
Macy, G. / Arunachalam, V.	1995	Theorie	X	X	X	X	X
Choe, J.M.	1996	Interview		X	X	X	
Chong, V.K.	1996	Fragebogen	X			X	X
Chong, V.K. / Chong, K.M.	1997	Fragebogen	X	X		X	X
Gosselin, M.	1997	Fragebogen		X		X	
Littkemann, J.	1997b	Theorie	X	X		X	
Chenhall, R.H. / Langfield-Smith, K.	1998	Fragebogen		X	X	X	X

Abb. 10: Studien zur Kontextabhängigkeit der Kostenrechnung (Teil II)

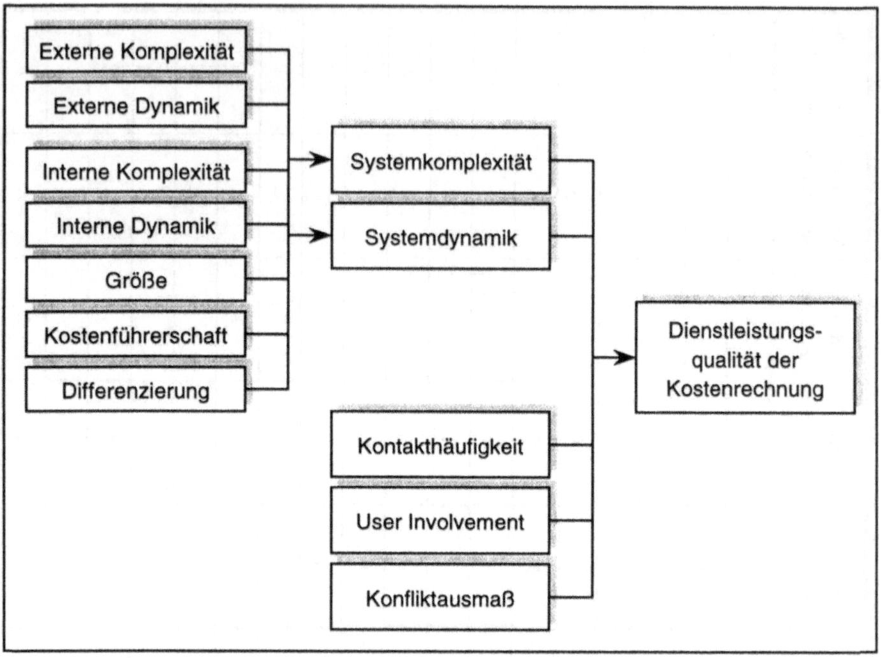

Abb. 11: Überblick über das Forschungsmodell

4.2 Ableitung der Forschungshypothesen

In der ausführlichen Erörterung möglicher Variablen für das Forschungsmodell wurde teilweise auf die Existenz und die Art von Zusammenhängen zwischen einzelnen Variablen Bezug genommen. Dieser Abschnitt der Untersuchung widmet sich diesem Thema, indem – ausgehend von der untersuchungsspezifischen Definition der Kostenrechnung[1] – Forschungshypothesen für die im Rahmen der empirischen Analyse zu überprüfenden Beziehungen zwischen den Konstrukten des Forschungsmodells abgeleitet werden.

Die Begründung der Relevanz und der Richtung der Zusammenhänge erfolgt im Rückgriff auf und über die Bewertung von empirischen und theoretischen Argumenten früherer Studien. Die Forschungshypothesen, die im erläuterten Sinn konzeptionelle und empirische Elemente ver-

1 Vgl. Abschnitt 3.1 Die Kostenrechnung und ihre Informationsempfänger.

binden, werden im Anschluß an diesen Untersuchungsschritt mit den Ergebnissen der eigenen empirischen Erhebung und somit dem aktuellen Stand der Unternehmenspraxis konfrontiert.

4.2.1 Die Beziehung Kontext – Kostenrechnungssystem

Die potentiellen Beziehungen zwischen dem Kontext und den Merkmalen der Kostenrechnung werden nacheinander anhand von drei Variablengruppen des Forschungsmodells abgeleitet. Zuerst geht es um die Größe der Geschäftseinheit, danach um Komplexitäts- und Dynamikmaße, die sich entweder auf die externe oder die interne Umgebung beziehen, und schließlich um zwei Variablen zur Beschreibung der strategischen Ausrichtung der Geschäftseinheit.

KOSTENRECHNUNG UND GRÖßE DER GESCHÄFTSEINHEIT

Die Größe der Geschäftseinheit wurde deshalb in das Forschungsmodell integriert, weil frühere Studien diese Variable als wichtigsten Einflußfaktor auf die Gestaltung des Kostenrechnungssystems herausarbeiteten.[1]

Zwei Konstrukte dienen in dieser Arbeit der Abbildung des Kostenrechnungssystems: die Systemkomplexität und die Systemdynamik. Mit dem Verhältnis zwischen der Größe der betrachteten Organisation und der ***Systemdynamik*** der Kostenrechnung haben sich bisherige Studien nicht explizit auseinandergesetzt. Es fällt sehr schwer, diese beiden Variablen argumentativ zu verbinden. Wenn man diesen Versuch trotzdem unternimmt, resultieren widersprüchliche Tendenzaussagen: Einerseits kann eine umfangreiche Abbildungsaufgabe, wie sie in großen Geschäftseinheiten zweifellos entsteht, als Flexibilitätshindernis interpretiert werden; andererseits lohnt sich der Einsatz von EDV-unterstützten Kostenrechnungssystemen erst ab einer gewissen Größenordnung der Geschäftseinheit, was einer Anpassungsfähigkeit und Dynamik des Kostenrechnungssystems infolge komfortabler Änderungsmöglichkeiten förderlich sein dürfte. Dieses Beispiel ist ein Indiz für die gegensätzlichen Effekte. Vor diesem Hintergrund wird auf eine Forschungshypothese zur Beziehung zwischen der Größe der Geschäftseinheit und der Systemdynamik der Kostenrechnung verzichtet.

Für einen Einfluß der Größe der Geschäftseinheit auf die ***Systemkomplexität*** der Kostenrechnung sprechen sowohl theoretische als auch empirische Argumente. Das Objekt einer allgemeinen Abbildungsfunktion der Kostenrechnung ist der Prozeß der Werteentstehung und des Werteverzehrs in der betrachteten Organisationseinheit. Je größer die betroffene Organisa-

---

[1] Vgl. Abschnitt 4.1.2.2 Unternehmensinterner Kontext.

tionseinheit ist, um so mehr Elemente hat der Leistungserstellungs- und Leistungsverwertungsprozeß. Die zusätzlichen Zurechnungsobjekte erhöhen die Zahl der Elemente des Kostenrechnungssystems. Daneben kann durch die neuen Kostenrechnungsobjekte die Diversität der Eigenschaften und Beziehungen innerhalb des Systems zunehmen. Letztlich resultiert auf diese Weise eine höhere Systemkomplexität der Kostenrechnung.

Diese Begründung einer positiven Beziehung zwischen der Größe der Geschäftseinheit und der Systemkomplexität wird von weiteren konzeptionellen Argumenten gestützt.[1] So sieht Gremillion mit zunehmender Größe und einer höheren Zahl von Teilnehmern an internen Kommunikationsprozessen einen steigenden Kommunikations- und Koordinationsbedarf.[2] Als Integrationsmechanismus zur Bewältigung dieser Schwierigkeit eignen sich Informationssysteme, deren Komplexität dann mit dem höheren Koordinationsbedarf zunimmt.[3] Gremillion führt ergänzend ein zweites Argument an: Die Vorteilhaftigkeit hoher Investitionen in Informationssysteme steigt mit zunehmender Größe der entsprechenden Organisationseinheit; der Einstieg in EDV-technisch unterstützte Systeme gilt dann als Komplexitätstreiber.[4]

In empirischen Analysen wurde diese Thematik ebenfalls aufgegriffen. So unterschiedlich die Meßansätze für die Systemkomplexität der Kostenrechnung ausfallen, so eindeutig bestätigen die Ergebnisse der Analysen die positive Beziehung zwischen der Größe der untersuchten Organisationseinheit und der Systemkomplexität.[5] Folgende Forschungshypothese wird hiermit formuliert:

H4 Die Komplexität des Kostenrechnungssystems wird von der Größe der Geschäftseinheit positiv beeinflußt.

KOSTENRECHNUNG UND UMWELTKOMPLEXITÄT SOWIE -DYNAMIK

Die Entwicklung des Forschungsmodells und der darin enthaltenen Variablen sah sich ausdrücklich der systemtheoretischen Sicht auf die Kostenrechnung und ihrer externen und internen Umgebung verpflichtet. Auf jeder dieser drei Ebenen enthält das Forschungsmodell sowohl ein Komplexitäts- als auch Dynamikmaß.

---

1 Vgl. Ein-Dor, P. / Segev, E. 1978; Raymond, L. 1990; Küpper, H.-U. 1993; Li, E.Y. 1997a; Littkemann, J. 1997b.

2 Vgl. Gremillion, L.L. 1984, S. 5.

3 Vgl. erneut Gremillion, L.L. 1984, S. 5.

4 Vgl. Gremillion, L.L. 1984, S. 6.

5 Vgl. Gaydoul, P. 1980; Eschenbach, R. / Ohner, M. 1981; Becker, H.P. 1984; Holmes, S. / Nicholls, D. 1988; Raymond, L. 1990.

Angesichts der allgemeinen, wertbezogenen Abbildungsaufgabe, die die Dienstleistungsfunktion der Kostenrechnung für das Management mit sich bringt, wird in dieser Untersuchung die – im folgenden näher zu erläuternde – Idee einer generellen Analogie von Komplexitäts- und Dynamikgrößen auf allen Ebenen des Forschungsmodells vertreten. Demgegenüber werden keine Querverbindungen zwischen der Komplexität und der Dynamik hergestellt, da die für diese Beziehungen existierenden theoretischen und empirischen Argumente nicht zu eindeutigen Ergebnissen führten. So postulieren Gordon/Miller zwar eine direkte Beziehung zwischen der Umgebungsdynamik und der Breite bzw. Diversität der im Kostenrechnungssystem widergespiegelten Informationen.[1] Gegen diese Meinung spricht aber beispielsweise, daß ein konstantes Niveau an Aktualität der im Kostenrechnungssystem erfaßten Informationen mit unverändertem Aufwand nur dann realisierbar ist, wenn eine zunehmende Umgebungsdynamik durch eine geringere Komplexität des Kostenrechnungssystems kompensiert wird. Häufigere Aktualisierungen erstrecken sich in diesem Fall auf ein eingeschränktes Set an Kostenrechnungsobjekten. Derartige Konflikte traten ebenfalls in empirischen Studien auf. So sah Becker theoretische Argumente für eine indirekte Beziehung zwischen dem Marktwachstum und dem Umsatzwachstum des Unternehmens einerseits und der Verwendung einer Kostenrechnung bzw. dem Komplexitätsniveau der eingesetzten Verfahren andererseits; empirisch mußte er aber für das Marktwachstum einen direkten Einfluß auf die Verwendung der Kostenrechnung feststellen, während er für das Umsatzwachstum keine signifikanten Effekte beobachten konnte.[2] Offenbar konnte er für den Einfluß dynamikbezogener Größen des Umfeldes auf komplexitätsähnliche Parameter der Kostenrechnung keine eindeutigen Beziehungen nachweisen.

Im Gegensatz zu diesen sich widersprechenden Ergebnissen bisheriger Studien sind die Argumente für die Korrespondenz der Umgebungskomplexität mit der ***Systemkomplexität*** der Kostenrechnung konform. Theoretisch führt eine höhere Komplexität der Kostenrechnungsumgebung dazu, daß sich die wertmäßige Abbildungsaufgabe der Kostenrechnung auf eine größere Zahl von Elementen und deren Beziehungen erstreckt. Beispielsweise führt ein neues Produkt und der entsprechende Herstellungsprozeß, also eine höhere interne Komplexität, zu zusätzlichen Kostenträgern und Kostenstellen. Durch diese Umfeldveränderung wird die Zahl der Kostenrechnungsobjekte und letztlich die Komplexität des Systems anwachsen. Ähnlich sind die kostenrechnungsbezogenen Effekte eines neuen Kunden, der die externe Komplexität steigert, zu beurteilen. Über die Abbildung dieser Kundenbeziehung im Kostenrechnungssystem wächst unter anderem die Komplexität der Verrechnung, da möglicherweise die Gliederungsmöglichkeiten einer Deckungsbeitragsrechnung beeinflußt werden.

---

[1] Vgl. Gordon, L.A. / Miller, D. 1976.

[2] Vgl. Becker, H.P. 1984, S. 87 f. und Becker, H.P. 1985, S. 612.

Neben diesen theoretischen Argumenten bestätigen auch die Ergebnisse empirischer Studien die direkte Beziehung von Komplexitätsmaßen des Umfeldes und der Kostenrechnung. In einigen empirischen Analysen wurde konkret eine signifikant positive Beziehung zwischen der (internen und/oder externen) Komplexität und der Systemkomplexität festgestellt,[1] während andere Untersuchungen einer Abstimmung der Umweltunsicherheit und des Differenzierungsgrades der Kostenrechnung eine erfolgsförderliche Rolle zugestehen.[2] Für die vorliegende Untersuchung werden deshalb folgenden Forschungshypothesen formuliert:

H5 Die Komplexität des Kostenrechnungssystems wird von der Komplexität der externen Umgebung der Geschäftseinheit positiv beeinflußt.

H6 Die Komplexität des Kostenrechnungssystems wird von der Komplexität der internen Umgebung der Kostenrechnung positiv beeinflußt.

Empirische Erfahrungen zum Zusammenhang der Dynamik des Umfeldes der Kostenrechnung und der ***Systemdynamik*** liegen nicht vor. Die theoretische Erklärung der Beziehung zwischen den Dynamikmaßen auf den drei Ebenen des Forschungsmodells kann indes parallel zur Argumentation für die Komplexitätsgrößen erfolgen. Die Kostenrechnung zeichnet ein wertmäßiges Abbild der Geschäftseinheit und ihrer Beziehungen zur externen Umwelt. Umfeldveränderungen müssen deshalb in der Kostenrechnung nachgezeichnet bzw. verfolgt werden. Modifikationen der Objekte und Beziehungen innerhalb des Kostenrechnungssystems sind in diesem Sinne eine unvermeidbare Folge des Wandels der Kostenrechnungsumgebung. Die beiden folgenden Forschungshypothesen ergeben sich aus dieser Argumentation:

H7 Die Dynamik des Kostenrechnungssystems wird von der Umweltdynamik der Geschäftseinheit positiv beeinflußt.

H8 Die Dynamik des Kostenrechnungssystems wird von der Dynamik der internen Umgebung der Kostenrechnung positiv beeinflußt.

Kostenrechnung und Wettbewerbsstrategie

Der Untersuchung des Zusammenhangs zwischen Strategie und Kostenrechnung widmeten sich erst wenige theoretische[3] und empirische[4] Untersuchungen. Allerdings wurden in anderen Studien Gedanken entwickelt, die sich bei einer weiten Interpretation in unmittelbarer Nähe zu dieser Beziehung befinden und so zur Ableitung der Forschungshypothesen herangezogen

---

1 Vgl. Becker, H.P. 1984 und Gordon, L.A. / Narayanan, V.K. 1984.

2 Vgl. Carley, K.M. / Lin, Z. 1983; Chenhall, R.H. / Morris, D. 1986; Gul, F.A. 1991; Gul, F.A. / Chia, Y.M. 1994; Chong, V.K. / Chong, K.M. 1997.

3 Vgl. Langfield-Smith, K. 1997, S. 218 f.

4 Vgl. Simons, R. 1987.

werden können. Empirisch sind vor allem Analysen zu nennen, die sich detailliert der Verbindung der drei Variablen Strategie, Kostenrechnung bzw. Kontrollsystem und Unternehmenserfolg widmeten.[1] Daneben wurden in einigen empirischen Studien Unterschiede im Informationsverhalten von Unternehmen beobachtet, die sich auf verschiedene Strategien zurückführen ließen.[2] Auf der konzeptionellen Ebene rücken vornehmlich Arbeiten in den Blickpunkt, die eine Abstimmung der Unternehmensstrukturen auf die strategische Ausrichtung des Unternehmens fordern.[3] Wenn man nun die Kostenrechnung als einen wesentlichen Teil der Unternehmensstruktur auffaßt, gelten die Forderungen nach einer Strategiekonformität unmittelbar auch für dieses Informationssystem. Generell kann vermutet werden, daß zwischen strategischen Variablen und Parametern des Kostenrechnungssystems ein Zusammenhang besteht, da aus strategischen Motiven heraus interne Strukturen und die Beziehungen der Geschäftseinheit zu Marktpartnern verändert werden, was unmittelbare Wirkungen für die Elemente eines Kostenrechnungssystems mit sich bringt.

Die Konzeptualisierung der Wettbewerbsstrategie in dieser Arbeit lehnte sich an die Typologie generischer Wettbewerbsstrategie von Porter an.[4] Zuerst soll deshalb analysiert werden, wie sich die Verfolgung einer ***Kostenführerschaftsstrategie*** zu den Systemparametern der Kostenrechnung in der jeweiligen Geschäftseinheit verhält. In einer Geschäftseinheit, die einen relativen Kostenvorsprung erreichen und behaupten will, erfordern ein einfacher Herstellungsprozeß und ein enges Produktprogramm nur wenige Zurechnungsobjekte in der Kostenrechnung. Die Verrechnungsbeziehungen werden bewußt einfach und nachvollziehbar gehalten, um die Kostenrechnung in Verbindung mit wenigen Wertansätzen zur Basis eines allgemein akzeptierten, nachprüfbaren Kontroll- und Anreizsystems zu machen.[5] Diese theoretischen Argumente werden von den Ergebnissen einer empirischen Analyse von Chong/Chong gestützt, die für Geschäftseinheiten mit einer Defender-Strategie, die der Kostenführerschaftsstrategie sehr nahe steht,[6] einen niedrigen Differenzierungsgrad der Kostenrechnungsinformationen feststellen konnten.[7] Allerdings ergeben sich in theoretischer Sicht einig Gegenargumente gegen diese komplexitätsreduzierende Rolle der Kostenführerschaft. Um Kostensenkungspotentiale zur Erreichung einer Kostenführerschaftsposition identifizieren zu können,

---

1 Vgl. Govindarajan, V. 1984; Govindarajan, V. / Gupta, A.K. 1985; Govindarajan, V. 1988; Govindarajan, V. / Fisher, J. 1990; Daniel, S.J. / Reitsperger, W.D. 1991; Abernethy, M.A. / Guthrie, C.H. 1994; Chong, V.K. / Chong, K.M. 1997; Ittner, C.D. / Larcker, D.F. 1997.

2 Vgl. McDaniel, S.W. / Kolari, J.W. 1987, S. 23; Simons, R. 1987, S. 366; Abernethy, M.A. / Guthrie, C.H. 1994, S. 60; Chong, V.K. / Chong, K.M. 1997, S. 273.

3 Vgl. exemplarisch Chandler, A.D. 1962.

4 Vgl. Abschnitt 4.1.2.2 Unternehmensinterner Kontext.

5 Vgl. Schweitzer, M. / Friedl, B. 1997, S. 458.

6 Vgl. exemplarisch Segev, E. 1989, S. 500.

7 Vgl. Chong, V.K. / Chong, K.M. 1997, S. 273.

wurde der Kostenrechnung in theoretischen Studien eine besonders detaillierte Abbildungsaufgabe zugeordnet.[1] Wegen dieser gegensätzlichen Effekte in der Beziehung zwischen einer Kostenführerschaftsstrategie und der Systemkomplexität der Kostenrechnung wird auf die Formulierung einer diesbezüglichen Forschungshypothese verzichtet.

Bezüglich der zweiten Systemdimension der Kostenrechnung sind die Auswirkungen der Verfolgung einer Kostenführerschaftsstrategie fest umrissen. Zur Realisierung von Skaleneffekten ist es im Rahmen der Kostenführerschaft unumgänglich, das Produktprogramm und den Herstellungsprozeß über einen längeren Zeitraum unverändert zu lassen. Darüber hinaus sind Leistungsmaßstäbe als Basis von Anreizsystemen nur dann einsetzbar, wenn sie eine gewisse zeitliche Konstanz besitzen. Die Eigenschaften des Kostenrechnungssystems – also Zurechnungsobjekte, Verrechnungsbeziehungen und Wertansätze – verändern sich dabei in einem ähnlich geringen Maße. Die Systemdynamik der Kostenrechnung ist also um so geringer, je konsequenter die Kostenführerschaft angestrebt wird.[2]

H9 Die Dynamik des Kostenrechnungssystems wird von der Stärke der Verfolgung einer Kostenführerschaftsstrategie der Geschäftseinheit negativ beeinflußt.

Als zweite generische Wettbewerbsstrategie wird die ***Differenzierungsstrategie*** untersucht.[3] Bezüglich des Zusammenhangs zwischen diesem Strategietyp und der Systemkomplexität der Kostenrechnung ergeben sich wie bei der Kostenführerschaft gegensätzliche Effekte.

Einerseits fungieren das breite Produktprogramm und der variantenreiche Herstellungsprozeß als Komplexitätstreiber, da dadurch die Zahl der in der Kostenrechnung zu berücksichtigenden Objekte relativ hoch ist. Interne Leistungsverflechtungen spiegeln sich im Kostenrechnungssystem wider. Das Management benötigt interne und externe Informationen für seine produkt- und marktbezogenen Entscheidungen und sollte dabei verschiedene Sichten anwenden. Mehrere Wertansätze für eine und dieselbe Problemstellung sind förderlich für die Lösung dieser Entscheidungsprobleme. Dieser Argumentation folgen sowohl theoretische als auch empirische Studien.[4] Andererseits wird bei der Verfolgung einer Differenzierungsstrategie für Informations-, Anreiz- und Steuerungszwecke vielfach auf nicht-finanzielle bzw. sogar nicht-quantitative Größen ausgewichen. Die Kostenrechnung spielt so eine geringere Rolle, da sie von anderen Informationssystemen verdrängt wird. Eine Reduzierung der Systemkomple-

---

1 Vgl. Abernethy, M.A. / Guthrie, C.H. 1994, S. 60 und Langfield-Smith, K. 1997, S. 213.
2 Vgl. Schweitzer, M. / Friedl, B. 1997, S. 459.
3 Vgl. Porter, M.E. 1980, S. 37.
4 Vgl. theoretisch Abernethy, M.A. / Guthrie, C.H. 1994, S. 60 und empirisch Chong, V.K. / Chong, K.M. 1997, S. 273.

xität erscheint in diesem Sinne nur folgerichtig, wie auch in anderen Studien argumentiert wird.[1] Theoretisch kann nicht identifiziert werden, welcher der beiden Effekte überwiegt.

Innovativität und Kreativität zählen zu den Basiseigenschaften der Mitarbeiter einer Geschäftseinheit mit einer Differenzierungsstrategie. Eine laufende Neuproduktentwicklung führt zur ständigen Modifikation des Produktprogramms und der entsprechenden Herstellungsprozesse in Reaktion auf sich wandelnde Kundenbedürfnisse. Diese Veränderungen des Unternehmens und seiner Leistungen spiegeln sich auch im Kostenrechnungssystem wider, indem Zurechnungsobjekte, Verrechnungsbeziehungen und Wertansätze variieren. Empirisch wurden diese Effekte bisher nicht untersucht; vereinzelt unterstützen konzeptionelle Studien diese Argumentation,[2] die sich in folgender Forschungshypothese zusammenfassen läßt:

H10 Die Dynamik des Kostenrechnungssystems wird von der Stärke der Verfolgung einer Differenzierungsstrategie der Geschäftseinheit positiv beeinflußt.

4.2.2 Erfolgsauswirkungen von Systemmerkmalen

Nachdem für die erste Stufe des Forschungsmodells sieben Forschungshypothesen entwickelt wurden, die den Zusammenhang des Kontextes und der Systemparameter der Kostenrechnung betreffen, widmet sich dieser Abschnitt der zweiten Stufe des Forschungsmodells. Mit dem Kostenrechnungssystem stehen den Kostenrechnern Ressourcen zur Verfügung, auf denen ihre Aktivitäten aufbauen. Die Systemvoraussetzungen beeinflussen die von den Kostenrechnern erbrachten Dienstleistungen für das Management. Damit rückt die Frage in den Mittelpunkt, welchen Einfluß Systemmerkmale auf die vom Management wahrgenommene Dienstleistungsqualität haben können.

Bisherige Studien widmeten sich kaum der Beziehung zwischen der Komplexität eines Informationssystems und dem Erfolg dieser Informationsdienstleistung. In einer dieser Studien beschreibt Raymond konzeptionell und empirisch die erfolgsförderliche Wirkung einer hohen Anzahl möglicher Anwendungen in einem Management-Informationssystem, wobei als Erfolgsindikatoren sowohl das Nutzungsverhalten als auch die Nutzerzufriedenheit zur Anwendung kommen.[3] Tait/Vessey konnten einen derartigen Zusammenhang zwischen Komplexitäts- und Erfolgsmaßen eines Informationssystems in ihrer empirischen Analyse nicht feststellen.[4] Einen Erklärungsansatz für dieses Resultat der Studie von Tait/Vessey liefert Brockhoff,

1 Vgl. theoretisch Langfield-Smith, K. 1997, S. 216 f. und empirisch Simons, R. 1991, S. 60.
2 Vgl. Langfield-Smith, K. 1997, S. 216 f. und Schweitzer, M. / Friedl, B. 1997, S. 459.
3 Vgl. Raymond, L. 1985.
4 Vgl. Tait, P. / Vessey, I. 1988.

der in einer Delphi-Studie Voraussetzungen schildert, unter denen internalisiertes Wissen durch externe Informationen substituiert wird.[1] Unvereinbar mit den beschriebenen Effekten sind allerdings die von Dickson/Senn/Chervany angeführten Argumente, daß die Komplexität eines Informationssystems ein potentielles Hindernis für eine positive Wahrnehmung bei den Informationsempfängern darstellen kann, obwohl die Informationen unbestritten erfolgsförderliche Wirkungen entfalten.[2]

Trotz dieses vereinzelt angeführten Gegenarguments soll in dieser Arbeit eine positive Wirkung einer hohen Komplexität des Kostenrechnungssystems auf die Dienstleistungsqualität überprüft werden. Eine hohe ***Systemkomplexität*** kann durch drei Faktoren verursacht werden, die einzeln oder in beliebigen Kombinationen auftreten können: einer hohen Zahl an Zurechnungsobjekten, einer Vielzahl von Verrechnungsbeziehungen oder einem Pluralismus an Wertansätzen. Viele Kostenrechnungsobjekte erlauben ein detailliertes wertmäßiges Abbild geplanter und/oder realisierter Aktivitäten; Beziehungsnetze können unterschiedliche Szenarien widerspiegeln; die Auswertungsmöglichkeiten werden von der Diversität möglicher Wertansätze beeinflußt. Alle drei Komponenten besitzen das Potential, die Dienstleistungsqualität der Kostenrechnung positiv zu beeinflussen, da sie wesentliche Facetten dieses Erfolgsmaßes betreffen. Vor allem ist mit der Breite und Tiefe der Informationen sowie der Genauigkeit des Informationsangebots die Ergebnisqualität der Kostenrechnung von einer höheren Komplexität des Kostenrechnungssystems betroffen.[3] Die Dienstleistungsqualität kann solange über breitere, tiefere und genauere Informationen gesteigert werden, wie die dysfunktionalen Effekte eines Überangebots an Informationen vermieden werden.[4] Diese Filterfunktion kommt dem Kostenrechner zu, der dafür Sorge zu tragen hat, daß die vielfältigen Möglichkeiten eines komplexen Systems nicht zu Plausibilitäts- und Verständnisproblemen führen. Unter dieser Prämisse bleibt folgende Forschungshypothese zum Zusammenhang von Systemkomplexität und Dienstleistungsqualität der Kostenrechnung festzuhalten:

H11 Die wahrgenommene Dienstleistungsqualität der Kostenrechnung wird von der Systemkomplexität der Kostenrechnung positiv beeinflußt.

Für eine hohe ***Systemdynamik*** der Kostenrechnung sind im Begriffsverständnis dieser Arbeit ebenfalls erfolgsförderliche Konsequenzen zu erwarten. Wenn es den Kostenrechnern gelingt, ihr System flexibel und anpassungsfähig zu halten, können sie zügig auf neue Bedürfnisse des Managements und Veränderungen des Kostenrechnungskontextes reagieren. Diese Reaktions-

1 Vgl. Brockhoff, K. 1986, S. 263.
2 Vgl. Dickson, G.W. / Senn, J.A. / Chervany, N.L. 1977, S. 921.
3 Vgl. Abschnitt 3.3.2 Die Konzeptualisierung der Dienstleistungsqualität.
4 Vgl. u.a. Bronner, E. / Witte, E. / Wossidlo, P.R. 1972, S. 203 und Witte, E. 1972, S. 64-80.

fähigkeit stellt ein zentrales Element der Konzeptualisierung der Prozeßqualität der Kostenrechnung dar.[1] Darüber hinaus ist die Realitätsnähe des Informationsangebots der Kostenrechnung ein Element der Ergebnisqualität. Beide Komponenten der Dienstleistungsqualität werden somit von einer hohen Systemdynamik positiv beeinflußt. Als ein Gegenargument gegen diese positive Beziehung läßt sich anführen, daß ständige Änderung in den Strukturen der Kostenrechnung und ihren Produkten den internen Kunden verwirren können. Dies könnte den positiven Effekten einer hohen Systemdynamik widersprechen. Trotz dieses Gegeneffekts wird für diese Untersuchung folgende Forschungshypothese formuliert:

H12 Die wahrgenommene Dienstleistungsqualität der Kostenrechnung wird von der Systemdynamik der Kostenrechnung positiv beeinflußt.

4.2.3 Erfolgsauswirkungen von Beziehungsmerkmalen

Neben den Systemparametern enthält das Forschungsmodell weitere potentielle Erfolgsfaktoren der Kostenrechnung. Drei Größen beschreiben Facetten der Beziehung zwischen den internen Kunden der Kostenrechnung und den Kostenrechnern selbst; sie werden im folgenden diskutiert, um entsprechende Forschungshypothesen ableiten zu können.

Eines der drei im Forschungsmodell enthaltenen Merkmale der internen Kunden-Lieferanten-Beziehung ist die ***Kontakthäufigkeit*** der Manager zur Kostenrechnung. Sowohl auf der Produzentenseite als auch auf der Lieferantenseite haben zahlreiche Berührungspunkte Effekte, die mittelbar die wahrgenommene Dienstleistungsqualität der Kostenrechnung betreffen. Beim Management führen die vielfältigen Kontakte zu den Kostenrechnern oder den Kostenrechnungsinformationen zu Lern- und Erfahrungseffekten. Jedem Manager erleichtert die Vertrautheit mit der Kostenrechnung die zielgerichtete Nutzung der Informationen. Ihm wird es möglich, seine Bedürfnisse besser zu artikulieren und dem Kostenrechner den Boden für eine wertvolle Dienstleistung zu bereiten. Auf seiten des Kostenrechners sind ebenfalls positive Effekte zu erwarten. Er kann infolge der häufigen Kontakte seine Wissensbasis über die Manager und ihre Problemfelder aufbauen und ausweiten. Lohnende Einsatzfelder für die Kostenrechnung lassen sich so identifizieren. Gleichzeitig ist der Kostenrechner in der Lage, seine Aktivitäten und Angebote ständig an den Bedarfen des Managements zu spiegeln, um so kontinuierlich seine Dienstleistungen zu verbessern.

Wenn man diese Wirkungen zusammenfaßt, bleiben ausschließlich erfolgsfördernde Argumente für die Beziehung zwischen der Kontakthäufigkeit und der Dienstleistungsqualität der

[1] Vgl. Abschnitt 3.3.2 Die Konzeptualisierung der Dienstleistungsqualität.

Kostenrechnung festzuhalten. Alle drei Komponenten der Dienstleistungsqualität werden positiv beeinflußt:[1] Die Kompetenz der Kostenrechner nimmt genauso zu (Potentialqualität) wie die vielfachen Berührungspunkte positive Effekte für die Rechtzeitigkeit, Anpassungsfähigkeit und Beratungsqualität der Kostenrechnung mit sich bringen (Prozeßqualität); für die Manager werden die Kostenrechnungsinformationen leichter verständlich, plausibel und nachvollziehbar (Ergebnisqualität). Derartige Beziehungen wurden für die Kostenrechnung noch nicht empirisch analysiert. Forschungsergebnisse für andere interne Kunden-Lieferanten-Beziehungen bestätigen jedoch die erfolgsfördernde Rolle der Kontakthäufigkeit,[2] die in folgender Forschungshypothese formuliert ist:

H13 Die wahrgenommene Dienstleistungsqualität der Kostenrechnung wird von der Kontakthäufigkeit der Manager zur Kostenrechnung positiv beeinflußt.

Das Forschungsmodell enthält als zweites Merkmal der internen Kunden-Lieferanten-Beziehung das ***Konfliktausmaß*** in dem Verhältnis zwischen Managern und Kostenrechnern. Für die Kostenrechnung liegen diesbezüglich noch keine empirischen Erfahrungen vor. Im Bereich der Marktforschung konnte jedoch mehrfach festgestellt werden, daß sich ein hohes Konfliktausmaß in der Beziehung zwischen dem Produzenten und Empfänger von Informationsdienstleistungen negativ auf Erfolgsgrößen wie die Effektivität der Beziehung, die Produktqualität oder den Erfolg des Informationsempfängers auswirkt.[3] Die Validität dieser Resultate ist eng mit dem dysfunktionalen Konfliktverständnis verknüpft, wie es auch in dieser Untersuchung vertreten wird.[4]

Theoretische Überlegungen bestätigen diesen empirisch identifizierten Zusammenhang. Zu einer hohen Dienstleistungsqualität tragen im besonderen Maße eine konstruktive Arbeitsatmosphäre und die gemeinsame Suche nach Lösungsansätzen für eine Vielzahl von Problemen bei. Auseinandersetzungen über die Art der Zusammenarbeit oder Kontroversen über die Gültigkeit von Informationen behindern eine derartig hohe Beziehungsqualität. Antwortzeiten auf Anfragen des Managements werden länger und die Bereitschaft, sich in die Probleme des internen Kunden hineinzudenken, nehmen mit zunehmenden Konflikten ab. Das Management weicht bei Konflikten mit der Kostenrechnung auf andere Informationsangebote aus oder verzichtet im Extremfall auf eine bestimmte Information.

---

1 Vgl. erneut Abschnitt 3.3.2 Die Konzeptualisierung der Dienstleistungsqualität.

2 Vgl. exemplarisch Fisher, R.J. / Maltz, E. / Jaworski, B.J. 1997.

3 Vgl. Ruekert, R.W. / Walker, O.C. 1987; Menon, A. / Bharadwaj, S.G. / Howell, R. 1996; Menon, A. / Jaworski, B.J. / Kohli, A.K. 1997.

4 Vgl. Abschnitt 4.1.1.2 Beziehungsparameter der Kostenrechnung.

Es sprechen somit empirische und konzeptionelle Argumente für eine negative Beziehung zwischen dem Konfliktausmaß und der wahrgenommenen Dienstleistungsqualität der Kostenrechnung. Diese Auffassung kommt in der Forschungshypothese H14 zum Ausdruck:

H14 Die wahrgenommene Dienstleistungsqualität der Kostenrechnung wird von dem Konfliktausmaß zwischen den Managern und Kostenrechnern negativ beeinflußt.

Als letztem Beziehungsmerkmal wendet sich die Ableitung von Forschungshypothesen nun der Partizipation des Managements beim Entwurf und der Gestaltung der Kostenrechnung zu. Für das ***User Involvement*** liegen in dessen Beziehung zu Erfolgsgrößen von Informationssystemen bzw. Informationsbeziehungen umfangreiche Forschungserfahrungen vor.[1] Für Management-Informationssysteme wurde mehrfach festgestellt, daß eine stärkere Einbeziehung der Manager in die Systemgestaltung ihre Qualitäts- und Zufriedenheitswahrnehmungen positiv beeinflußt.[2] In ihrem Literaturüberblick führen Ives/Olson insgesamt sieben empirische Studien auf, die einen signifikanten positiven Einfluß des User Involvement auf Erfolgsmaßstäbe von Informationssystemen ermittelten.[3] Vergleichbare empirische Ergebnisse wurden für die Empfänger von Kostenstellenberichten[4] und Marktforschungsinformationen[5] erzielt.

Als Begründung für diesen Zusammenhang kann angeführt werden, daß der höhere Partizipationsgrad der Manager bei diesen zu einer stärkeren Beschäftigung mit der Kostenrechnung und zu einer gewissen Verpflichtung führt, dem Produkt, an dem man selbst mitgewirkt hat, seine Wertschätzung zukommen zu lassen. Für die Kostenrechner schafft ein hohes User Involvement das Potential für eine hohe Kundenorientierung. Ihnen bleibt es aber überlassen, wie deutlich sich die Wünsche der Manager in den Produkten widerspiegeln. Unabhängig von dieser Implementierungsfrage schafft ein hoher Partizipationsgrad die Voraussetzungen für eine hohe Dienstleistungsqualität der Kostenrechnung. Durch die eigene Beteiligung würdigen die Manager die Maßnahmen und deren Ergebnisse. Die Wertschätzung des eigenen Beitrags zu einem Produkt oder einer Dienstleistung verzerrt die Wahrnehmungen, Verhaltensabsich-

---

1 Vgl. Gallagher, C.A. 1974; Swanson, E.B. 1974; Lucas, H.C. 1975a; Zmud, R.W. 1979; Olson, M.H. / Ives, B. 1981; Ein-Dor, P. / Segev, E. 1982; Libby, R. / Lewis, B.L. 1982; Robey, D. / Farrow, D. 1982; Ives, B. / Olson, M.H. 1984; Merchant, K.A. 1984; Brownell, P. 1985; Baroudi, J.J. / Olson, M.H. / Ives, B. 1986; Franz, C.R. / Robey, D. 1986; Brownell, P. 1987b; Zinkhan, G.M. / Joachimsthaler, E.A. / Kinnear, T.C. 1987; Montazemi, A.R. 1988; Tait, P. / Vessey, I. 1988; Conrath, D.W. / Mignen, O.P. 1990; Moorman, C. / Zaltman, G. / Deshpandé, R. 1992; Küpper, H.-U. 1993; Choe, J.M. 1996; Jackson, C.M. / Chow, S. / Leitch, R.A. 1997.

2 Vgl. Lucas, H.C. 1975a; Edström, A. 1977; Franz, C.R. / Robey, D. 1986; Montazemi, A.R. 1988.

3 Vgl. Ives, B. / Olson, M.H. 1984, S. 597.

4 Vgl. Gallagher, C.A. 1974.

5 Vgl. Moorman, C. / Zaltman, G. / Deshpandé, R. 1992.

ten und tatsächliche Verfahrensweisen der internen Kunden zumeist unbewußt.[1] Die folgende Forschungshypothese drückt diesen Zusammenhang aus:

H15 Die wahrgenommene Dienstleistungsqualität der Kostenrechnung wird von der Stärke der Einbeziehung der Manager in den Entwurf und die Gestaltung der Kostenrechnungssysteme positiv beeinflußt.

Die zwölf Forschungshypothesen zur Kontextabhängigkeit der Kostenrechnungsparameter und zu potentiellen Erfolgsfaktoren der wahrgenommenen Dienstleistungsqualität der Kostenrechnung sind in Tab. 13 festgehalten.

ÜBERBLICK ÜBER FORSCHUNGSHYPOTHESEN			
Hypothese	**Exogene Variable**	**Endogene Variable**	**Richtung der Beziehung**
H4	Größe der Geschäftseinheit	Systemkomplexität	+
H5	Externe Komplexität	Systemkomplexität	+
H6	Interne Komplexität	Systemkomplexität	+
H7	Externe Dynamik	Systemdynamik	+
H8	Interne Dynamik	Systemdynamik	+
H9	Kostenführerschaftsstrategie	Systemdynamik	–
H10	Differenzierungsstrategie	Systemdynamik	+
H11	Systemkomplexität	Dienstleistungsqualität	+
H12	Systemdynamik	Dienstleistungsqualität	+
H13	Kontakthäufigkeit	Dienstleistungsqualität	+
H14	Konfliktausmaß	Dienstleistungsqualität	–
H15	User Involvement	Dienstleistungsqualität	+

Tab. 13: Die Forschungshypothesen zur serviceorientierten Gestaltung der Kostenrechnung im Überblick

4.3 Die empirische Überprüfung der postulierten Zusammenhänge

Die theoretisch und empirisch begründeten Forschungshypothesen werden anhand der empirischen Daten überprüft. Wie schon im Abschnitt 3.4 dieser Arbeit wird erneut auf die triadische Fragebogenerhebung in Geschäftseinheiten deutscher Unternehmen des verarbeitenden

1 Vgl. ähnlich u.a. Küpper, H.-U. 1993 und Jackson, C.M. / Chow, S. / Leitch, R.A. 1997.

Gewerbes zurückgegriffen.[1] Abermals geht der Vorstellung und Interpretation der Resultate der empirischen Analysen eine Beschreibung der Operationalisierung der im Forschungsmodell enthaltenen Untersuchungsinhalte und der zur Anwendung kommenden Datenanalyseverfahren voraus.

4.3.1 Die Messung der relevanten Konstrukte

Das zur Ableitung von Gestaltungsempfehlungen entwickelte Forschungsmodell[2] enthält vier verschiedene Variablengruppen:

- die Dienstleistungsqualität als Erfolgsmaßstab der Kostenrechnung,
- Charakteristika der Beziehung zwischen Managern und Kostenrechnern,
- Systemparameter der Kostenrechnung und
- Umgebungsfaktoren der Kostenrechnung

Das triadische Design der empirischen Erhebung erlaubt es, die Zielgruppe der Erfassung bestimmter Konstrukte in Abhängigkeit von der untersuchten Fragestellung zu wählen. Für das nun zu analysierende Forschungsmodell und die damit in Verbindung stehenden Forschungshypothesen kann folglich zweckgerichtet festgelegt werden, aus den Einschätzungen welcher Managergruppe(n) die Konstrukte gebildet werden.

DIE DIENSTLEISTUNGSQUALITÄT DER KOSTENRECHNUNG

Mit der Dienstleistungsqualität der Kostenrechnung wird der Erfolg der Kostenrechnung als Führungsinstrument des Managements abgebildet. Die Urteile der internen Kunden der Kostenrechnung, also im Sinne der empirischen Erhebung dieser Arbeit der General Manager und Marketingmanager, sind somit der einzig valide Erfolgsmaßstab. Wie schon für die erste empirische Analyse im Rahmen dieser Arbeit ausführlich beschrieben,[3] sind die Wahrnehmungen der Kostenrechnungskunden in drei Dimensionen mit insgesamt 21 Indikatoren erfaßt. Auf eine Diskussion der Gütekriterien der Messung kann an dieser Stelle verzichtet werden, da diese ebenfalls schon an früherer Stelle erfolgte.[4]

---

1 Vgl. Abschnitt 2.5 Datenerhebung und Datenbasis.

2 Vgl. Abschnitt 4.1 Ableitung des Forschungsmodells.

3 Vgl. die Abschnitte 3.3.2 Die Konzeptualisierung der Dienstleistungsqualität und 3.4.2 Die Operationalisierung der Konstrukte.

4 Vgl. erneut Abschnitt 3.4.2 Die Operationalisierung der Konstrukte.

DIE BEZIEHUNGSMERKMALE DER KOSTENRECHNUNG

Das Forschungsmodell beinhaltet drei Konstrukte, die die Beziehung zwischen den internen Kunden der Kostenrechnung und den Kostenrechnern beschreiben. Als erstes wendet sich dieser Abschnitt der Operationalisierung der ***Kontakthäufigkeit*** zu. Dieses Beziehungsmerkmal wurde allein bei den Kunden der Kostenrechnung ermittelt. Über die Zusammenfassung der Indikatoren mit den Angaben der General Manager und Marketingmanager zu einem Konstrukt sollte die Validität und Reliabilität der Messung gefördert werden. Eine Berücksichtigung der Meinung der Kostenrechnungsmanager ist an dieser Stelle nicht angebracht, da infolge des Charakters der Kontakthäufigkeit allein Kundenurteile relevant sind. Der Eindruck der Manager von der Kontakthäufigkeit zur Kostenrechnung soll abgebildet werden. Dieses Konstrukt beinhaltet zwei Indikatoren, wodurch die Gütekriterien der zweiten Generation nicht anwendbar sind.[1] Tab. 14 enthält deshalb nur Informationen zu den Item to Total-Korrelationen, dem Cronbachschen Alpha und der erklärten Varianz aus der exploratorischen Faktorenanalyse.

„HÄUFIGKEIT DES KONTAKTS"			
a) Informationen zu den einzelnen Indikatoren des Konstrukts			
Bezeichnung des Indikators	Item to Total-Korrelation	Indikator-reliabilität	t-Wert der Faktorladung
• Ich komme mit den Informationen der Kostenrechnung sehr oft in Berührung.	0,63	–	–
• Mit den Kostenrechnern habe ich einen häufigen Kontakt.	0,63	–	–
b) Informationen zum Konstrukt			
Cronbachsches Alpha:	0,77	Durchschnittlich erfaßte Varianz:	–
Erklärte Varianz:	0,82	Faktorreliabilität:	–

Tab. 14: Informationen zum Konstrukt „Kontakthäufigkeit"

Die Kontakthäufigkeit der Manager zur Kostenrechnung beschreiben zwei Indikatoren, die sich einerseits auf die Kostenrechnungsinformationen und andererseits auf die Kostenrechner selbst beziehen. Die verwendeten Reliabilitäts- und Validitätskriterien der ersten Generation deuten auf eine hohe Güte der Messung hin. Das Cronbachsche Alpha liegt ungeachtet der geringen Zahl der Indikatoren und der damit verbundenen Schwierigkeiten[2] über den in der Lite-

[1] Vgl. exemplarisch Homburg, C. 1998, S. 151.
[2] Vgl. Homburg, C. / Giering, A. 1996, S. 8 und Gruner, K.E. 1997, S. 106.

ratur genannten Anspruchsniveaus. Die erklärte Varianz beläuft sich auf 0,82 und überschreitet damit den üblicherweise geforderten Wert von 0,5 beträchtlich. Der fehlende Rückgriff auf existierende Studien hat offensichtlich die Qualität des Meßinstruments nicht vermindert.

Das ***Konfliktausmaß*** wurde bei allen drei Managergruppen erfaßt, da unabhängig vom Ort des Auftretens einer Konfliktwahrnehmung dysfunktionale Wirkungen in der internen Kunden-Lieferanten-Beziehung entstehen können. Ein solcher Meßansatz, der die Meinungen mehrerer Personen berücksichtigt, fördert außerdem eine hohe Validität und Reliabilität eines Meßansatzes, indem er individuelle Unterschiede eliminiert.[1]

„KONFLIKTAUSMAß"			
a) Informationen zu den einzelnen Indikatoren des Konstrukts			
Bezeichnung des Indikators	Item to Total-Korrelation	Indikator-reliabilität	t-Wert der Faktorladung
• Bei der Zusammenarbeit mit den Kostenrechnern kommt es häufig zu Spannungen.	0,65	0,69	17,68
• Es gibt häufig Meinungsverschiedenheiten über die Art der Bereitstellung von Informationen durch die Kostenrechnung.	0,67	0,68	17,53
• Es gibt keine oder nur sehr wenige Konflikte mit den Kostenrechnern.†	0,50	0,42	12,86
• Es gibt häufig Unstimmigkeiten über die Art der Zusammenarbeit zwischen mir und den Kostenrechnern.	0,50	0,49	14,04

b) Informationen zum Konstrukt			
Cronbachsches Alpha:	0,77	Durchschnittlich erfaßte Varianz:	0,57
Erklärte Varianz:	0,60	Faktorreliabilität:	0,84

† Reversed-coded-Item, d.h. umgekehrte Skala im Vergleich zu den anderen Indikatoren

Tab. 15: Informationen zum Konstrukt „Konfliktausmaß"

Wie in Tab. 15 dargestellt, wurde die angestrebte hohe Güte für die Messung des Konfliktausmaßes bei den drei Managergruppen tatsächlich erreicht, indem mit der Formulierung der Indikatoren an die sehr positiven Erfahrungen bisheriger Studien angeknüpft wurde.[2] Die einzelnen Gütemaße erfüllen ausnahmslos die Anforderungen; dies gilt mit einer Ausnahme auch für die nicht in der Tabelle aufgeführten globalen Anpassungsmaße, die eine hohe Qualität der

1 Vgl. Phillips, L.W. 1981, S. 411 f.; Bagozzi, R.P. / Phillips, L.W. 1982, S. 487; John, G. / Reve, T. 1982, S. 522 f.; Anderson, J.C. 1985, S. 86; Kumar, N. / Stern, L.W. / Anderson, J.C. 1993, S. 1634.

2 Vgl. Ruekert, R.W. / Walker, O.C. 1987; Jaworski, B.J. / Kohli, A.K. 1993; Maltz, E. / Kohli, A.K. 1996; Menon, A. / Bharadwaj, S.G. / Howell, R. 1996.

Konzeptualisierung und Operationalisierung des Konstrukts zu den Konflikten zwischen Managern und Kostenrechnern mit befriedigenden Werten bestätigen (CFI=1,00 / GFI=1,00 / AGFI=0,99). Da einzig das inferenzstatistische Anpassungsmaß RMSEA mit einem Wert von 0,10 das übliche Anspruchsniveau von 0,05 überschreitet, wurde die vorgestellte Skala unverändert beibehalten.[1]

„USER INVOLVEMENT“			
a) Informationen zu den einzelnen Indikatoren des Konstrukts			
Bezeichnung des Indikators	Item to Total-Korrelation	Indikator-reliabilität	t-Wert der Faktorladung
• Meine Vorstellungen werden beim Entwurf und bei der Veränderung der Kostenrechnung und ihrer Produkte erfragt.	0,85	–	–
• Beim Entwurf und der Veränderung der Kostenrechnung und ihrer Produkte werden meine Vorstellungen berücksichtigt.	0,85	–	–
b) Informationen zum Konstrukt			

Cronbachsches Alpha:	0,92	Durchschnittlich erfaßte Varianz:	–
Erklärte Varianz:	0,93	Faktorreliabilität:	–

Tab. 16: Informationen zum Konstrukt „User Involvement“

Für das ***User Involvement*** gelten dieselben Vorbemerkungen wie für die Häufigkeit des Kontakts zur Kostenrechnung: Die erforderlichen Informationen wurden mit zwei Indikatoren bei den Kunden der Kostenrechnung ermittelt. Infolgedessen bietet Tab. 16 nur einen Teil der üblicherweise bereitgestellten Angaben zur Messung. Wie in der Konzeptualisierung des User Involvements dargestellt, können zwei verschiedene Stufen der Einbeziehung der Informationsempfänger in die Dienstleistungserstellung unterschieden werden. Die Vorstellungen der Adressaten der Informationen können von den Produzenten erfragt werden oder sich tatsächlich in den Informationsangeboten explizit widerspiegeln. Die Indikatoren knüpfen genau an diesen beiden Elemente eines User Involvements an, wie es häufig in existierenden Studien erfolgte.[2] Die Indikatoren zur Beurteilung der Validität und Reliabilität der Messung zeigen – wie aus den Informationen in Tab. 16 ersichtlich – hervorragende Werte.

---

1 Vgl. Homburg, C. / Baumgartner, H. 1995a, S. 172.

2 Vgl. u.a. Gallagher, C.A. 1974; Swanson, E.B. 1974; Lucas, H.C. 1975a; Olson, M.H. / Ives, B. 1981; Robey, D. / Farrow, D. 1982; Ives, B. / Olson, M.H. 1984; Baroudi, J.J. / Olson, M.H. / Ives, B. 1986; Franz, C.R. / Robey, D. 1986; Tait, P. / Vessey, I. 1988; Moorman, C. / Zaltman, G. / Deshpandé, R. 1992.

DIE SYSTEMPARAMETER DER KOSTENRECHNUNG

Die Eigenschaften des Kostenrechnungssystems sollen in zwei Dimensionen abgebildet werden.[1] Die Komplexität und Dynamik des Kostenrechnungssystems sollen über Angaben des Kostenrechnungsmanagers gemessen werden, da er der Experte für dieses System ist und somit zuverlässig über seinen Aufgabenbereich Auskunft geben kann.

Die Konzeptualisierung der Kostenrechnung[2] lehnte sich eng an die systemtheoretische Betrachtungsweise an, die ebenfalls Basis der Beschreibung der Kostenrechnungsumgebung war.[3] Die Erwähnung von Elementen eines Systems und den Beziehungen zwischen diesen Elementen verdeutlicht die Kompliziertheit einer Erfassung der Dimensionen des Kostenrechnungssystems. In diesem Sinne greifen in verschiedenen Studien[4] zur Anwendung gekommene Versuche zur Abbildung der Kostenrechnung, die sich beispielsweise auf eine Erfassung der Anzahl von Kostenarten, Kostenstellen und Kostenträgern beschränken, für die Zwecke dieser Studie zu kurz. Diese Meßansätze besitzen zwar die Möglichkeit, die Komplexität der Kostenrechnung objektiv zu messen. Auf diese Chance einer Objektivierung der Komplexitäts- und Dynamikmaße soll in dieser Untersuchung jedoch zugunsten einer inhaltlichen Analogie zum systemtheoretisch geprägten Begriffsverständnis verzichtet werden. Die Komplexität und Dynamik des Kostenrechnungssystems wurde über subjektive Maße erfaßt; für die Messung wurde also auf die Wahrnehmungen der Kostenrechnungsmanager zurückgegriffen.

Die ***Systemkomplexität*** wurde über drei Indikatoren abgebildet, die sich auf die im Kostenrechnungssystem enthaltenen Elemente, ihre Beziehungsstruktur und mögliche Wertansätze beziehen. Dieses Meßinstrument ist in hohem Maße unabhängig von der konkreten methodischen Ausgestaltung der Kostenrechnung. Jedes Kostenrechnungssystem verfügt über Kontierungsobjekte, für die gewisse Bewertungen existieren und die in einen – wie auch immer gearteten – Zusammenhang gebracht werden. Grundsätzlich läßt sich die Formulierung der Indikatoren für einzelne Kostenrechnungsmethoden präzisieren. Auf diesen Schritt wurde jedoch explizit verzichtet, um die Allgemeingültigkeit des Meßinstruments über mehrere Unternehmen mit verschiedenen Methoden hinweg nicht zu gefährden. Die mit diesem Erhebungsinstrument erzielte Güte der Messung kann insgesamt nicht befriedigen. So liegt die Indikatorreliabilität für den zweiten Indikator mit einem Wert von 0,11 zu niedrig. Inhaltlich bildet die-

1 Vgl. Abschnitt 4.1.1.1 Systemparameter der Kostenrechnung.
2 Vgl. erneut Abschnitt 4.1.1.1 Systemparameter der Kostenrechnung.
3 Vgl. Abschnitt 4.1.2 Kontextfaktoren der Kostenrechnung.
4 Vgl. u.a. Becker, H.P. 1984; Kind, H. 1986; Krauß, W. / Eifert, M. 1990; Kosmider, A. 1991; Weber. J. 1993c; Kosmider, A. 1994; Lange, J.-U. / Schauer, B.D. 1996; Währisch, M. 1996.

ser Indikator jedoch eine unverzichtbare Facette der Komplexität ab, da mit ihm indirekt die Zahl der parallel genutzten Anwendungen, Instrumente oder Methoden innerhalb des Kostenrechnungssystems und damit ein zentraler Komplexitätstreiber verfolgt wird. Deshalb wird für diese Untersuchung an dieser Struktur des Meßinstruments für die Systemkomplexität festgehalten.

„SYSTEMKOMPLEXITÄT DER KOSTENRECHNUNG“			
a) Informationen zu den einzelnen Indikatoren des Konstrukts			
Bezeichnung des Indikators	Item to Total-Korrelation	Indikator-reliabilität	t-Wert der Faktorladung
• Die Anzahl der Kontierungsobjekte (wie Kostenstellen, Produkte oder Aufträge) ist bei uns sehr hoch.	0,50	0,57	4,82
• Je nach Problemstellung rechnen wir mit unterschiedlichen Wertansätzen (z. B. Vollkosten und Teilkosten).	0,33	0,11	3,27
• Die Anzahl der Verrechnungsbeziehungen in unserer Kostenrechnung ist sehr hoch.	0,60	0,91	6,01
b) Informationen zum Konstrukt			
Cronbachsches Alpha:	0,65	Durchschnittlich erfaßte Varianz:	0,53
Erklärte Varianz:	0,61	Faktorreliabilität:	0,72

Tab. 17: Informationen zum Konstrukt „Systemkomplexität“

„SYSTEMDYNAMIK DER KOSTENRECHNUNG“			
a) Informationen zu den einzelnen Indikatoren des Konstrukts			
Bezeichnung des Indikators	Item to Total-Korrelation	Indikator-reliabilität	t-Wert der Faktorladung
• Die Zurechnungsobjekte der Kostenrechnung (wie Kostenstellen, Produkte oder Aufträge) verändern sich häufig.	0,55	0,47	7,48
• Die Verrechnungsbeziehungen zwischen den Zurechnungsobjekten variieren häufig.	0,68	0,92	9,90
• Die Verrechnungssätze (z. B. Zuschlagssätze oder andere Kostenansätze) verändern sich häufig.	0,44	0,31	5,99
b) Informationen zum Konstrukt			
Cronbachsches Alpha:	0,72	Durchschnittlich erfaßte Varianz:	0,57
Erklärte Varianz:	0,65	Faktorreliabilität:	0,79

Tab. 18: Informationen zum Konstrukt „Systemdynamik“

Die drei Indikatoren der ***Systemdynamik*** der Kostenrechnung leiten sich ebenfalls aus der systemtheoretischen Sicht der Kostenrechnung ab. Die Angaben der Kostenrechnungsmanager führten hier – im Vergleich zur Messung der Systemkomplexität – zu einer besseren Erfüllung der Reliabilitäts- und Validitätskriterien. Insgesamt kann die Konzeptualisierung und Operationalisierung des Kostenrechnungssystems als befriedigend angesehen werden, da mit Ausnahme einer Indikatorreliabilität die Grenzwerte für die Kriterien zur Beurteilung der Validität und Reliabilität der Messung überschritten wurden.

DER KONTEXT DER KOSTENRECHNUNG

Als potentielle Einflußfaktoren der Gestaltung der Kostenrechnung wurden insgesamt sieben Variablen identifiziert. Um eine möglichst hohe Objektivität der Messung zu erzielen, bietet es sich an, die Umweltkonstrukte aus den Angaben aller drei Manager zu ermitteln, die je Geschäftseinheit befragt wurden. Dazu wurde für jedes der Konstrukte ein Mittelwert aus den Werten für die entsprechenden Konstrukte der drei Manager gebildet. Die unbestrittenen Vorteile eines solchen Meßansatzes werden allerdings von einem Gegenargument mehr als aufgewogen. In den Hypothesen kommt eine enge Beziehung zwischen der Gestaltung der Kostenrechnung und dem Kontext zum Ausdruck. Das Management der Kostenrechnungssysteme liegt aber allein in der Verantwortung der Controlling- bzw. Kostenrechnungsleiter, die in der schriftlichen Erhebung befragt wurden. Letztlich ist allein ihre Einschätzung der Umweltveränderungen – bei einer angenommenen Kontextabhängigkeit der Kostenrechnung – für Modifikationen in den Kostenrechnungsaktivitäten relevant. Deshalb setzt die Messung der Umweltfaktoren ausschließlich an der Beurteilung der Kostenrechnungsmanager an.

Als unbestritten wichtigster Kontextfaktor der Kostenrechnung wird – wie schon erwähnt – in konzeptionellen und empirischen Studien die ***Größe*** der betrachteten Organisationseinheit genannt. Die Messung erfolgte unter Berücksichtigung der vorgenommenen Konzeptualisierung[1] und in Anlehnung an andere empirische Studien[2] über die Zahl der in der Geschäftseinheit beschäftigten Mitarbeiter. Um den Ansprechpersonen der Fragebogenerhebung die schriftliche Auskunft zu erleichtern, wurden im Fragebogen acht Antwortkategorien, also verschiedene Größenklassen, vorgegeben. Die Anwendung der üblichen Gütekriterien zur Beurteilung der Reliabilität und Validität der Messung ist bei einem solchen Meßinstrument nicht möglich. Einen Anhaltspunkt für die Gültigkeit der Messung liefern jedoch die signifikant po-

---

1 Vgl. Abschnitt 4.1.2.2 Unternehmensinterner Kontext.

2 Vgl. Clancy, C. / Collins, F. 1979; Ein-Dor, P. / Segev, E. 1982; Becker, H.P. 1984; Franz, C.R. / Robey, D. 1986; Grinyer, P.H. / Al-Bazzaz, S. / Yasai-Ardekani, M. 1986; Govindarajan, V. 1988; Grinyer, P.H. / McKiernan, P. / Yasai-Ardekani, M. 1988; Holmes, S. / Nicholls, D. 1988; Raymond, L. 1990; Kosmider, A. 1991; Amshoff, B. 1993; Niedermayer, R. 1994; Schehl, M. 1994.

sitiven und mit Werten um 0,95 sehr hohen Korrelationskoeffizienten zwischen den Zuordnungen der General Manager, Marketingmanager und Kostenrechnungsmanager.

Die Komplexität und Dynamik der Kostenrechnungsumgebung wurde auf zwei Ebenen erfaßt. Die Operationalisierung der beiden Komplexitätsmaße erfolgte exakt in der Weise, wie sie bei der Bildung des Unsicherheitsmaßes in Abschnitt 3.2.2.3 ausführlich beschrieben wurde. Die Maße für die externe und interne Komplexität wurden mit jeweils drei Indikatoren gebildet. Für die Überprüfung der Kontextabhängigkeit der Kostenrechnungsgestaltung wurde im Unterschied zur Bildung des Unsicherheitskonstrukts allerdings auf die Urteile der Kostenrechnungsmanager zurückgegriffen, da – wie bereits ausführlich erläutert – in erster Linie ihr Urteil Relevanz für eventuelle gestaltende Eingriffe in die Kostenrechnungsaktivitäten besitzt. Die Güte dieses Meßansatzes läßt sich anhand der Angaben in Tab. 19 für die externe Komplexität und in Tab. 20 für die interne Komplexität beurteilen.

Die Konzeptualisierung und Operationalisierung der ***externen Komplexität*** über die Angaben der Kostenrechnungsmanager kann insgesamt als akzeptabel angesehen werden. Mit der Ausnahme des letzten Indikator werden die üblichen Grenzwerte erreicht. Dieser Indikator soll trotz der erheblichen Schwäche bei der Indikatorreliabilität für die Konstruktbildung benutzt werden, da er mit der Zahl der Wettbewerber ein zentrales Element der Umweltkomplexität abdeckt. Wie schon bei der Operationalisierung der Unsicherheit soll somit aus inhaltlichen Gründen an der Struktur dieses Konstrukts festgehalten werden.

„EXTERNE KOMPLEXITÄT“			
a) Informationen zu den einzelnen Indikatoren des Konstrukts			
Bezeichnung des Indikators	Item to Total-Korrelation	Indikatorreliabilität	t-Wert der Faktorladung
• Die Zahl der Marktsegmente ist sehr hoch.	0,55	0,88	7,51
• Die Kunden der verschiedenen Segmente stellen sehr unterschiedliche Anforderungen.	0,47	0,44	6,83
• Die Zahl der Wettbewerber ist sehr hoch.	0,27	0,11	3,62

b) Informationen zum Konstrukt			
Cronbachsches Alpha:	0,61	Durchschnittlich erfaßte Varianz:	0,48
Erklärte Varianz:	0,58	Faktorreliabilität:	0,70

Tab. 19: Informationen zum Konstrukt „Externe Komplexität“

Bei der Messung der ***internen Komplexität*** über die Urteile der Kostenrechnungsmanager konnten hervorragende Werte erzielt werden. Alle Gütekriterien für einzelne Indikatoren oder das gesamte Konstrukt bewegen sich ausnahmslos oberhalb der spezifischen Grenzwerte.

Die Operationalisierung der beiden Konstrukte zur externen und internen Dynamik orientierte sich ebenfalls an den beiden dynamikbezogenen Komponenten des Unsicherheitskonstrukts des Abschnitts 0. Im Unterschied zu dieser Operationalisierung, die sich auf die Häufigkeit wichtiger Änderungen bezog, wurden die Kostenrechnungsmanager jedoch um eine Beurteilung der Vorhersehbarkeit von wichtigen Veränderungen gebeten, da sich diese Konzeptualisierung bei der Suche nach Kontextfaktoren der Kostenrechnung als besonders erfolgsversprechend herausstellte.[1]

„INTERNE KOMPLEXITÄT“			
a) Informationen zu den einzelnen Indikatoren des Konstrukts			
Bezeichnung des Indikators	Item to Total-Korrelation	Indikator-reliabilität	t-Wert der Faktorladung
• Die Produkte werden aus einer Vielzahl von Einzelteilen erstellt.	0,76	0,89	12,14
• Die Einzelteile der Produkte unterscheiden sich bezüglich ihrer Herstellung, ihres Einbaus und ihrer Weiterverarbeitung stark voneinander.	0,73	0,71	10,45
• Die Zahl der Produktionsstufen ist sehr hoch.	0,54	0,43	7,69
b) Informationen zum Konstrukt			
Cronbachsches Alpha:	0,81	Durchschnittlich erfaßte Varianz:	0,67
Erklärte Varianz:	0,73	Faktorreliabilität:	0,86

Tab. 20: Informationen zum Konstrukt „Interne Komplexität“

„EXTERNE DYNAMIK“			
a) Informationen zu den einzelnen Indikatoren des Konstrukts			
Bezeichnung des Indikators	Item to Total-Korrelation	Indikator-reliabilität	t-Wert der Faktorladung
• Veränderungen der Kundenpräferenzen	0,53	0,40	6,95
• Veränderungen der Wettbewerbsstrategien der Anbieter	0,70	0,92	10,60
• Veränderungen der Marktanteile einzelner Wettbewerber	0,55	0,47	7,52
b) Informationen zum Konstrukt			
Cronbachsches Alpha:	0,76	Durchschnittlich erfaßte Varianz:	0,60
Erklärte Varianz:	0,68	Faktorreliabilität:	0,81

Tab. 21: Informationen zum Konstrukt „Externe Dynamik“

[1] Vgl. u.a. Ginzberg, M.J. 1980 und Gordon, L.A. / Narayanan, V.K. 1984.

Drei Indikatoren beschreiben wichtige Facetten der absatzmarktbezogenen Umgebung der Geschäftseinheit. Die Güte der Konzeptualisierung und Operationalisierung der ***externen Dynamik*** ist – wie aus Tab. 21 ersichtlich – als sehr gut anzusehen, da alle Grenzwerte für die einzelnen Gütemaße überschritten werden.

Die ***interne Dynamik*** der Geschäftseinheit wurde mit Hilfe von vier Indikatoren zu wichtigen Veränderungen bei den Produkten, der Wertschöpfungstiefe, der Fertigungsprozesse und der Organisationsstruktur erfaßt. Die Informationen zur Güte der Messung sind in Tab. 22 aufgeführt und zeugen von einer guten Qualität der Konzeptualisierung und Operationalisierung der Messung der internen Dynamik.

Allein für den letzten Indikator wurde eine sehr niedrige Indikatorreliabilität festgestellt. Gegen eine Eliminierung dieses Faktors sprechen allerdings die Signifikanz des t-Wertes der Faktorladung und inhaltliche Argumente. Veränderungen der Organisationsstruktur stellen einen wichtigen Treiber für die Dynamik dar. Da sich auch die nicht in der Übersicht erwähnten globalen Anpassungsmaße (RMSEA=0,04 / CFI=1,00 / GFI=0,99 / AGFI=0,95) ausnahmslos in den empfohlenen Bereichen bewegen, wird auf eine Streichung des letzten Indikators verzichtet.

„INTERNE DYNAMIK"			
a) Informationen zu den einzelnen Indikatoren des Konstrukts			
Bezeichnung des Indikators	Item to Total-Korrelation	Indikator-reliabilität	t-Wert der Faktorladung
• Veränderungen der angebotenen Produkte/Marken	0,49	0,52	7,88
• Veränderungen der Wertschöpfungstiefe	0,56	0,58	8,28
• Veränderungen der Fertigungsprozesse	0,53	0,49	7,58
• Veränderungen der Organisationsstruktur	0,34	0,15	3,91
b) Informationen zum Konstrukt			
Cronbachsches Alpha:	0,69	Durchschnittlich erfaßte Varianz:	0,43
Erklärte Varianz:	0,53	Faktorreliabilität:	0,75

Tab. 22: Informationen zum Konstrukt „Interne Dynamik"

Die strategische Ausrichtung der Geschäftseinheit wurde in Anlehnung an Porter und die beiden von ihm unterschiedenen generischen Wettbewerbsstrategien konzeptualisiert. Für die Operationalisierung der Kostenführerschafts- und Differenzierungsstrategie standen grundsätzlich drei verschiedene Meßansätze zur Verfügung:

- Eine erste Methode ist dadurch gekennzeichnet, daß die strategische Ausrichtung von einem externen Beobachter anhand im vorhinein bestimmter Merkmale festgelegt wird.[1] Dieser Ansatz wurde für diese Untersuchung nicht gewählt, da er die Beobachtung aller in der Stichprobe enthaltenen Geschäftseinheiten durch eine Person voraussetzt, was bei der hier gewählten Fragebogenerhebung unmöglich ist.

- Oft werden die relevanten Strategietypen innerhalb des Fragebogens oder eines Interviews kurz erläutert. Anschließend wird die Auskunftsperson um die Auswahl der Alternative gebeten, die die Situation der Geschäftseinheit am treffendsten beschreibt (self-typing/paragraph approach). Auch dieser Ansatz kam im Rahmen dieser Arbeit nicht zur Anwendung, da er auf der Prämisse aufbaut, daß sich die Wettbewerbsstrategien gegenseitig ausschließen. Gerade diese Voraussetzung ist jedoch für die generischen Wettbewerbsstrategien von Porter umstritten.[2]

- Ein dritter Ansatz, der in vorangegangenen Studien erfolgreich angewandt wurde,[3] mißt die Stärke der Verfolgung bestimmter Strategien, indem wesentliche Facetten eines Strategietyps in Indikatoren beschrieben werden. Die Ansprechperson wird dann um eine Einschätzung gebeten, in welchem Ausmaß die Geschäftseinheit die entsprechenden Aktivitäten betont. Für jede Wettbewerbsstrategie werden die Indikatoren dann zu einem Konstrukt zusammengefaßt. Diese Art der Messung wurde innerhalb der vorliegenden empirischen Untersuchung für die Erfassung der Strategie bei den Kostenrechnungsmanagern benutzt.

Die Formulierung der Indikatoren für die ***Kostenführerschaftsstrategie*** lehnte sich unmittelbar an die Konzeptualisierung dieses Strategietyps an.[4] Die drei Indikatoren und die Informationen zur Güte der mit ihnen erfolgten Messung finden sich in Tab. 23.[5] Die indikator- und konstruktbezogenen Angaben zeigen, daß einige der Anspruchsniveaus nicht ganz erreicht werden konnten. Trotzdem soll an der aufgeführten Konzeptualisierung und Operationalisierung der Kostenführerschaftsstrategie keine Veränderung vorgenommen werden, da die Abweichung von den Grenzwerten nur minimal ist und inhaltliche Argumente für die Berücksichtigung der betreffenden Items sprechen.

---

1 Vgl. exemplarisch Cunningham, G.H. 1992.

2 Vgl. Corsten, H. / Will, T. 1992, S. 189 f.; Miller, D. 1992b, S. 37; Miller, D. / Dess, G. 1993, S. 558; Homburg, C. / Simon, H. 1995, Sp. 2759.

3 Vgl. u.a. Dess, G.G. / Davis, P.S. 1984; Kim, L. / Lim, Y. 1988; Homburg, C. / Krohmer, H. / Workman, J.P. 1999.

4 Vgl. Abschnitt 4.1.2.2 Unternehmensinterner Kontext.

5 Vgl. Dess, G.G. / Davis, P.S. 1984; Govindarajan, V. 1988; Kim, L. / Lim, Y. 1988; Miller, D. 1988; Chenhall, R.H. / Langfield-Smith, K. 1998; Homburg, C. / Krohmer, H. / Workman, J.P. 1999.

„KOSTENFÜHRERSCHAFTSSTRATEGIE"			
a) Informationen zu den einzelnen Indikatoren des Konstrukts			
Bezeichnung des Indikators	Item to Total-Korrelation	Indikator-reliabilität	t-Wert der Faktorladung
• Erzielen von Wettbewerbsvorteilen durch Größenvorteile (Economies of Scale)	0,44	0,43	5,75
• Kostensenkung in der Produktion und bei der Materialbeschaffung	0,41	0,37	5,50
• Effizienzsteigerung in den Bereichen Marketing und Produktentwicklung	0,45	0,37	5,47
b) Informationen zum Konstrukt			
Cronbachsches Alpha:	0,62	Durchschnittlich erfaßte Varianz:	0,39
Erklärte Varianz:	0,57	Faktorreliabilität:	0,66

Tab. 23: Informationen zum Konstrukt „Kostenführerschaftsstrategie"

„DIFFERENZIERUNGSSTRATEGIE"			
a) Informationen zu den einzelnen Indikatoren des Konstrukt			
Bezeichnung des Indikators	Item to Total-Korrelation	Indikator-reliabilität	t-Wert der Faktorladung
• Erzielen von Wettbewerbsvorteilen durch hochwertige Produkte	0,59	0,75	10,20
• Schaffung eines hohen Kundennutzens durch produktbegleitende Dienstleistungen	0,36	0,22	5,03
• Erzielen von Wettbewerbsvorteilen durch Neuproduktentwicklung	0,42	0,32	6,18
• Aufbau eines führenden Images (Produkt-/Marken-/Herstellerimage)	0,52	0,47	7,70
• Entwicklung von kundenspezifischen Lösungen und Produkten	0,53	0,28	5,71
b) Informationen zum Konstrukt			
Cronbachsches Alpha:	0,71	Durchschnittlich erfaßte Varianz:	0,41
Erklärte Varianz:	0,49	Faktorreliabilität:	0,77

Tab. 24: Informationen zum Konstrukt „Differenzierungsstrategie"

Die ***Differenzierungsstrategie*** wurde mit Hilfe von fünf Indikatoren charakterisiert. In der Konzeptualisierung der Differenzierungsstrategie wurden eine im Wettbewerbsvergleich herausragende Qualität und ein kundenspezifisches Leistungsangebot als zentrale Merkmale dieser Wettbewerbsstrategie identifiziert.[1] Diese Charakteristika spiegeln sich unmittelbar in der Formulierung der Indikatoren wider, die sich eng an die Operationalisierung der Differenzierungsstrategie in schon existierenden Studien anlehnt.[2] Die Güte der Messung wird gerade von den Indikatoren beeinträchtigt, die diesen Eigenschaften einer Differenzierungsstrategie am nächsten kommen. Wegen dieser genannten inhaltlichen Argumente werden die wenigen Abweichungen von den zu erreichenden Anspruchsniveaus toleriert. Diese Entscheidung wird zusätzlich von der Qualität der globalen Anpassungsmaße bestätigt, die sich im angestrebten Bereich bewegen (CFI=0,98 / GFI=0,98 / AGFI=0,93). Erneut stellt das inferenzstatistische Maß RMSEA mit einem Wert von 0,07 eine Ausnahme dar, gilt aber mit dieser Ausprägung unterhalb von 0,08 noch als akzeptabel.[3]

Insgesamt wurde mit den erläuterten Operationalisierungen des Kostenrechnungssystems, der Beziehungsparameter und der Kontextfaktoren die Basis für eine Messung mit hoher Validität und Reliabilität gelegt. Vor allem die zweckgerichtete Auswahl der Antwortgruppen, die durch das triadische Design der Studie erst möglich wurde, stellt ein wertvolles Fundament für die Dependenzanalysen dar. Für die folgenden Abhängigkeitsanalysen stehen bei Nutzung der beschriebenen Meßinstrumente 105 Datensätze zur Verfügung, die vollständige Angaben aller drei Manager enthalten, die je Geschäftseinheit befragt wurden.[4] Damit gehen in die Analysen 315 Fragebögen ein, aus denen in Abhängigkeit vom abgebildeten Realitätsausschnitt die gewünschten Informationen entnommen wurden.

4.3.2 Die statistischen Analysemethoden

Das Forschungsmodell[5] und die dazugehörigen Hypothesen[6] zeichnen sich durch eine zweistufige Analysestruktur aus. In einem ersten Schritt werden Einflußfaktoren auf die Gestaltung des Kostenrechnungssystems gesucht. Die zweite Stufe des Forschungsmodell stellt einen Zusammenhang zwischen Merkmalen des Kostenrechnungssystems und Charakteristika der Beziehung einerseits und der Dienstleistungsqualität der Kostenrechnung andererseits her.

Prinzipiell existieren Datenanalyseverfahren, die fähig sind, dieses mehrstufige Design in einem Analyseschritt abzubilden. Für diese Fragestellungen eignen sich unter anderem die

---

[1] Vgl. erneut Abschnitt 4.1.2.2 Unternehmensinterner Kontext.

[2] Vgl. erneut Dess, G.G. / Davis, P.S. 1984; Kim, L. / Lim, Y. 1988; Miller, D. 1988; Chenhall, R.H. / Langfield-Smith, K. 1998; Homburg, C. / Krohmer, H. / Workman, J.P. 1999.

[3] Vgl. Homburg, C. / Baumgartner, H. 1995a, S. 167 mit Verweis auf Browne, M. / Cudeck, R. 1993.

[4] Vgl. Abschnitt 2.5 Datenerhebung und Datenbasis.

[5] Vgl. Abschnitt 4.1.3 Das Forschungsmodell im Überblick.

[6] Vgl. Abschnitt 4.2 Ableitung der Forschungshypothesen.

Schätzung von Strukturgleichungsmodellen bzw. die Anwendung von kausalanalytischen Verfahren.[1] Die indikatorbasierte Messung der im Forschungsmodell enthaltenen Konstrukte läßt die Anwendung derartiger Analyseverfahren zu. Für die Prüfung des Forschungsmodells zu potentiellen Einflußfaktoren auf die Dienstleistungsqualität der Kostenrechnung können diese Verfahren jedoch nicht angewandt werden. Das zweistufige, komplexe Modell, in dem eine Reihe wichtiger Einflußfaktoren berücksichtigt wurde, führt zu einer hohen Zahl von Parametern, die in dem Kausalmodell zu schätzen wären. Die dafür erforderliche sehr hohe Stichprobengröße[2] wurde in der Datenerhebung allerdings nicht erreicht. Deshalb ist die Anwendung dieses Verfahrens zur Prüfung der Forschungshypothesen nicht möglich. Statt dessen wird ein anderer Ansatz verfolgt, der die zweistufige Struktur des Forschungsmodells in zwei Schritten analysiert.

Diese beiden Untersuchungsschritte werden erneut über multiple lineare Regressionsanalysen realisiert, deren Eigenschaften oben[3] ausführlich beschrieben wurden. Alles in allem müssen drei lineare Regressionsmodelle getrennt voneinander geschätzt werden:

- Das erste Regressionsmodell untersucht die Beziehung zwischen den Kontextfaktoren der Kostenrechnung und der ***Systemkomplexität***. Zwei der unabhängigen Variablen charakterisieren den externen Kontext (Dynamik und Komplexität) und fünf die interne Umgebung der Kostenrechnung (Dynamik, Komplexität, Größe der Geschäftseinheit, Kostenführerschaft, Differenzierung). Mit ihnen soll ein möglichst hoher Erklärungswert für die Systemkomplexität als abhängige Variable des Modells erzielt werden.

- Das zweite Regressionsmodell widmet sich der Kontextabhängigkeit der Gestaltung des Kostenrechnungssystems. Mit den gleichen unabhängigen Variablen wie im Regressionsmodell für die Systemkomplexität wird die Beziehung zur ***Systemdynamik*** als abhängiger Variablen analysiert.

- Das dritte Regressionsmodell enthält die wahrgenommene ***Dienstleistungsqualität*** der Kostenrechnung als abhängige Variable und versucht, die Variablen zu identifizieren, die diesen Erfolgsindikator für die Kostenrechnungsaktivitäten signifikant po-

---

1 Vgl. Boudon , R.1965; Asher, H.B. 1976; Benz, J. 1990; Fornell, C. / Larcker, D.F. 1981; Homburg, C. 1992a und 1992b; Jöreskog, K.G. / Sörbum, D. 1993; Bagozzi, R.P. 1994b; Bagozzi, R.P. / Baumgartner, H. 1994; Brachinger, W. / Ost, F. 1996; Hildebrandt, L. / Homburg, C. 1998; Homburg, C. / Pflesser, C. 1999b.

2 Vgl. u.a. Fritz, W. 1992, S. 118 f.; Homburg, C. / Baumgartner, H. 1995b, S. 1093; Baumgartner, H. / Homburg, C. 1996, S. 146.

3 Vgl. Abschnitt 3.4.3 Zur Auswahl der Datenanalysemethode.

sitiv beeinflussen. Fünf unabhängige Variablen kommen dafür in Frage:[1] die Systemkomplexität und die Systemdynamik als Parameter des Kostenrechnungssystems sowie die Kontakthäufigkeit, das User Involvement und das Konfliktausmaß als Merkmale der internen Kunden-Lieferanten-Beziehung zwischen Management und Kostenrechnung.

Die Konformität der Forschungshypothesen mit den empirischen Daten wird anhand der unstandardisierten Regressionskoeffizienten beurteilt. Wenn die für diese Größen geschätzten Werte signifikant von Null abweichen (t-Test) und das Vorzeichen besitzen, das in der Hypothese abgeleitet wurde, dann spricht aus empirischer Sicht nichts gegen die Aussage der entsprechenden Forschungshypothese. Als weiteres Indiz für die Bewährung der Hypothesen werden die Signifikanz des F-Tests für alle unabhängigen Variablen und der Erklärungswert der Regressionsmodelle herangezogen.

Zusätzlich zu den drei linearen Regressionsmodellen, die schrittweise die Forschungshypothesen H4 bis H15 überprüfen, werden weitere Regressionsmodelle geschätzt, für die keine Forschungshypothesen abgeleitet wurden. Mit diesen Modellen wird ein möglicher Einfluß der Kontextfaktoren auf die Beziehung zwischen den potentiellen Erfolgsfaktoren der Kostenrechnung und der Dienstleistungsqualität ermittelt, also der ***erfolgsmoderierende Charakter der Kontextfaktoren*** analysiert. Dazu kommt die häufig[2] genutzte moderierte lineare Regressionsanalyse mit multiplikativem Interaktionsterm zur Anwendung, da die Voraussetzung einer zumindest ordinalen Messung der Variablen erfüllt und mit der Analyse beabsichtigt ist, den Einfluß der Moderatorvariablen auf die Form der Beziehung festzustellen.[3]

Mit Moderator bezeichnet man in Abgrenzung zu Mediatoren[4] dann eine Variable, wenn die Beziehung zwischen zwei (oder mehreren) anderen Variablen eine Funktion der erstgenannten Variable ist.[5] Moderatoren können in einer Regressionsanalyse entweder die Richtung bzw. Form oder die Stärke der Beziehung zwischen exogener und endogener Variable beeinflussen.[6] In Abhängigkeit davon, ob die Moderatorvariable einen signifikanten Einfluß auf die en-

---

1 Vgl. Abschnitt 4.1.1 Erfolgsfaktoren der Kostenrechnung.

2 Vgl. Brownell, P. 1982; Gupta, A.K. / Govindarajan, V. 1984; Brownell, P. 1985; Brownell, P. / Hirst, M. 1986, S. 244; Franz, C.R. / Robey, D. 1986; Gupta, A.K. / Govindarajan, V. 1986; Brownell, P. 1987a; Govindarajan, V. 1988; Govindarajan, V. / Fisher, J. 1990; Gul, F.A. 1991; Gul, F.A. / Chia, Y.M. 1994; Chong, V.K. 1996; Miller, D. et al. 1996; Kim, C. / Suh, K. / Lee. J. 1998; Li, M. / Ye, L.R. 1999.

3 Vgl. Zedeck, S. 1971, S. 301; Allison, P.D. 1977, S. 144; Arnold, H.J. / Evans, M.G. 1979, S. 58; Arnold, H.J. 1982, S. 169; Venkatraman, N. 1989, S. 426 f.

4 Vgl. Rozeboom, W.W. 1956, S. 252 f. und Venkatraman, N. 1989, S. 428-430.

5 Vgl. Zedeck, S. 1971, S. 296; James, L.R. / Brett, J.M. 1984, S. 310; Shields, J.F. / Shields, M.D. 1998, S. 51.

6 Vgl. u.a. Sharma, S. / Durand, R.M. / Gur-Arie, O. 1981, S. 292; Arnold, H.J. 1982, S. 145; Baron, R.M. / Kenny, D.A. 1986, S. 1174.

dogene Variable besitzt, werden reine Moderatoren (ohne signifikante Beziehung) und Quasi-Moderatoren (mit signifikantem Einfluß) unterschieden.[1]

Für eine moderierte Regressionsanalyse wird eine zusätzliche unabhängige Variable in die Regressionsgleichung aufgenommen. Diese Variable wird gebildet, indem man den Wert des potentiellen Moderators mit dem Wert der unabhängigen Variablen multipliziert, deren Beziehung zur abhängigen Variablen möglicherweise von der Moderatorvariablen beeinflußt wird. Wenn nun die Schätzung des Regressionsmodells einen signifikant von Null verschiedenen Regressionskoeffizienten für den Interaktionsterm ergibt, so kann der entsprechenden Variablen der Charakter eines Moderators zugesprochen werden.

Eine Hilfestellung für die Interpretation der moderierten linearen Regressionsanalyse bieten einerseits das dritte Regressionsmodell zu den Erfolgsfaktoren der Kostenrechnung und andererseits eine ergänzende Analyse der Beziehung zwischen den potentiellen Moderatoren und der wahrgenommenen Dienstleistungsqualität der Kostenrechnung:

- Das Basis-Regressionsmodell wird benötigt, um die von den Moderatoren unabhängigen Haupteffekte der Systemkomplexität und -dynamik, der Kontakthäufigkeit, des User Involvement und des Konfliktausmaßes auf die Dienstleistungsqualität beurteilen zu können.[2]
- Wie bei der Charakterisierung von Moderatorvariablen erläutert, liegt bei reinen Moderatoren keine signifikante Beziehung der moderierenden Variablen auf die endogene Variable vor. Um den Typ der moderierenden Variablen sicher angeben zu können, wird ein Regressionsmodell geschätzt, in dem die direkten Einflüsse der Kontextfaktoren auf die Dienstleistungsqualität ermittelt werden.

Damit bleibt festzuhalten, daß drei lineare multiple Regressionsanalysen zur Überprüfung der Forschungshypothesen von moderierten Regressionsanalysen ergänzt werden, um den Einfluß der Kontextfaktoren auf die Beziehung zwischen den potentiellen Erfolgsfaktoren der Kostenrechnung und der wahrgenommen Dienstleistungsqualität beurteilen zu können.

4.3.3 Die Ergebnisse der empirischen Analysen

Die gerade beschriebene Datenanalysemethode wird nun benutzt, um das Forschungsmodell[3] und die entsprechenden Forschungshypothesen[4] einer empirischen Überprüfung zu unterzie-

---

[1] Vgl. Sharma, S. / Durand, R.M. / Gur-Arie, O. 1981, S. 292.

[2] Vgl. Allison, P.D. 1977, S. 148 f.; Govindarajan, V. / Gupta, A.K. 1985, S. 60; Govindarajan, V. / Fisher, J. 1990, S. 274.

[3] Vgl. Abschnitt 4.1.3 Das Forschungsmodell im Überblick.

[4] Vgl. Abschnitt 4.2 Ableitung der Forschungshypothesen.

hen. Die empirischen Analysen erfolgten in drei Stufen: Zuerst wurden die beiden Regressionsmodelle zur Kontextabhängigkeit der Systemparameter der Kostenrechnung geschätzt. Anschließend wurde die multiple lineare Regressionsanalyse für die potentiellen Erfolgsfaktoren der Kostenrechnung durchgeführt. Die Resultate dieser beiden Analyseschritte wurden dann auf die detailliert entwickelten Forschungshypothesen bezogen. Die dritte Stufe der Analysen enthielt dann die moderierten Regressionsanalysen für den möglichen Einfluß von Kontextfaktoren auf die Beziehung zwischen den System- und Beziehungsparametern sowie der Dienstleistungsqualität.

STUFE 1: KONTEXTABHÄNGIGKEIT DER GESTALTUNG DER KOSTENRECHNUNG

Um mögliche Einflußfaktoren auf die Systemparameter zu identifizieren und die Forschungshypothesen H4 bis H10 anhand der empirischen Daten zu überprüfen, wurden zwei Regressionsmodelle mit einem äquivalenten Set an unabhängigen Variablen geschätzt. Die Resultate der multiplen linearen Regressionsanalysen auf die Systemkomplexität bzw. die Systemdynamik der Kostenrechnung sind in Tab. 25 aufgeführt. Die Tabelle enthält für jede der unabhängigen Variablen den standardisierten Regressionskoeffizienten und das exakte Signifikanzniveau des entsprechenden t-Tests (p-Wert).[1] Darüber hinaus findet sich in der Tabelle für jedes Regressionsmodell das Bestimmtheitsmaß[2] und das Signifikanzniveau des F-Tests. Die Informationen zu den Regressionen sind um Angaben zu den sieben betroffenen Forschungshypothesen ergänzt. Auf diese Weise ist es möglich, die Ergebnisse der empirischen Analysen unmittelbar in Beziehung zu den postulierten Zusammenhängen zu setzen.

Insgesamt ist für die beiden Regressionsgleichungen festzuhalten, daß ein erheblicher Teil der Varianz der beiden abhängigen Größen von der Gesamtheit der unabhängigen Variablen erklärt werden kann. Das Bestimmtheitsmaß bewegt sich mit Werten von 0,40 und 0,46 für die Zahl der im Regressionsmodell enthaltenen unabhängigen Faktoren auf einem akzeptablen Niveau. In beiden Analysen hat die Gesamtheit der exogenen Variablen einen hochsignifikant positiven Einfluß auf die Systemkomplexität bzw. Systemdynamik der Kostenrechnung.

Als fünfte exogene Variable ist in Tab. 25 die Größe der Geschäftseinheit in ihrer Beziehung zur Systemkomplexität und Systemdynamik der Kostenrechnung dargestellt. Der Regressionskoeffizient unterscheidet sich signifikant von Null und hat einen positiven Wert. Damit stimmen die Aussagen der Forschungshypothese H4, die eine direkte Beziehung zwischen der Größe der Geschäftseinheit und der Systemkomplexität der Kostenrechnung postuliert, mit den empirischen Daten überein.

---

1 Vgl. Abschnitt 3.4.2 Zur Auswahl der Datenanalysemethode.

2 Vgl. erneut Abschnitt 3.4.2 Zur Auswahl der Datenanalysemethode.

Regressionsanalysen auf Systemcharakteristika der Kostenrechnung		
Endogene Variable Exogene Variable	System- komplexität	System- dynamik
Externe Komplexität	0,12 (p=14,0%)	- 0,02 (p=83,3%)
Externe Dynamik	0,13 (p=8,6%)	0,14 (p=11,4%)
Interne Komplexität	0,18 (p=3,2%)	0,25 (p=1,0%)
Interne Dynamik	0,24 (p=0,2%)	0,19 (p=3,6%)
Größe der Geschäftseinheit	0,43 (p=0,0%)	0,14 (p=12,3%)
Kostenführerschaftsstrategie	0,28 (p=0,1%)	0,18 (p=6,2%)
Differenzierungsstrategie	- 0,16 (p=7,7%)	0,09 (p=37,6%)
Erklärungsgehalt des Modells	*0,40* *(p=0,0%)*	*0,46* *(p=0,0%)*

Tab. 25: Ergebnisse der linearen multiplen Regressionsanalysen von Kontextvariablen auf Systemcharakteristika der Kostenrechnung

Die Resultate der Regressionsanalysen verifizieren ebenfalls die Aussagen der beiden Forschungshypothesen H6 und H8, wie die beiden standardisierten Regressionskoeffizienten von 0,18 für die interne Komplexität und 0,19 für die interne Dynamik zeigen. In ihnen kommt zum Ausdruck, daß das Komplexitätsmaß (bzw. Dynamikmaß) für den internen Kostenrechnungskontext in einem direkten Zusammenhang mit der Systemkomplexität (bzw. Systemdynamik) der Kostenrechnung steht. Diese Aussagen können auf einem Sicherheitsniveau von 95 Prozent als durch die empirischen Daten bestätigt angesehen werden. Bei der Gestaltung des Kostenrechnungssystems werden somit systematisch Gegebenheiten berücksichtigt, die sich innerhalb der Geschäftseinheit befinden.

Die Forschungshypothesen H5 und H7 zu einem Einfluß des externen Kontextes auf die Systemparameter der Kostenrechnung werden durch die empirischen Analysen nicht gestützt. Eine hohe externe Komplexität spiegelt sich genauso wenig in einer hohen Systemkomplexität wider, wie eine hohe externe Dynamik in einem direkten Zusammenhang mit einer hohen Systemdynamik der Kostenrechnung steht. Veränderungen im externen Umfeld der Kostenrechnung führen also nicht zu einer Modifikation des Kostenrechnungssystems.

Eine Abstimmung der Systemdynamik der Kostenrechnung mit der strategischen Ausrichtung der Geschäftseinheit wurde in den Forschungshypothesen H9 und H10 postuliert. Diese beiden Forschungshypothesen und die damit verbundenen Aussagen konnten durch die empirischen Analysen ebenfalls nicht bestätigt werden. Das Informationssystem Kostenrechnung wird damit nicht in Einklang mit der Wettbewerbsstrategie gestaltet. Für keine der theoretisch untersuchten Beziehungen zur Wettbewerbsstrategie konnte ein signifikanter Effekt festgestellt werden.

Neben den Hypothesentests offenbarten die Regressionsanalysen zur Kontextabhängigkeit der Kostenrechnung weitere bemerkenswerte Ergebnisse:

- Die theoretische Diskussion um die Wirkung einer Kostenführerschaftsstrategie dokumentierte zwei gegensätzliche Effekte, deren relative Stärke a priori nicht bestimmbar war.[1] In der Unternehmenspraxis überwiegt – mit einem Blick auf den signifikant positiven Regressionskoeffizienten für den Einfluß der Kostenführerschaft auf die Systemkomplexität – offensichtlich die Rolle der Kostenrechnung als Instrument zur Identifikation von Kostensenkungspotentialen relativ zu ihrem Stellenwert als Spiegelbild einfacherer Strukturen und Prozesse. Nach der Größe der Geschäftseinheit stellt die Stärke der Verfolgung einer Kostenführerschaft den zweitwichtigsten Einflußfaktor auf die Systemkomplexität der Kostenrechnung dar.
- Innerhalb der Geschäftseinheit finden sich zusätzlich zu den Zusammenhängen, die in die Forschungshypothesen eingingen, weitere signifikante Beziehungen: Die interne Dynamik beeinflußt die Systemkomplexität; die interne Komplexität wirkt sich auf die Systemdynamik der Kostenrechnung aus. Die Kompensation einer hohen Unsicherheitswahrnehmung – unabhängig von ihrem Ursprung – erfolgt offenkundig in beiden Dimensionen des Kostenrechnungssystems, ohne daß eine klare Differenzierung in Komplexitäts- und Dynamikkomponenten vorgenommen wird.

Somit konnte eine Kontextabhängigkeit der Eigenschaften des Kostenrechnungssystems nur für die Größe der Geschäftseinheit, die interne Komplexität und die interne Dynamik festgestellt werden. Lediglich in bezug auf diese Einflußgrößen wird eine Koordination mit den Kostenrechnungsstrukturen vorgenommen. Wie in Tab. 26 ersichtlich, wurden alle anderen Forschungshypothesen von den empirischen Daten nicht unterstützt; ihre Berechtigung ist deshalb sehr fraglich.

---

1 Vgl. Abschnitt 4.2.1 Die Beziehung Kontext – Kostenrechnungssystem.

KONTEXTABHÄNGIGKEIT IN FORSCHUNGSHYPOTHESEN UND ANALYSERGEBNISSEN				
Nummer	**Exogene Variable**	**Endogene Variable**	**Forschungs-hypothese**	**Analyse-ergebnis**
H4	Größe der Geschäftseinheit	Systemkomplexität	+	+
H5	Externe Komplexität	Systemkomplexität	+	
H6	Interne Komplexität	Systemkomplexität	+	+
H7	Externe Dynamik	Systemdynamik	+	
H8	Interne Dynamik	Systemdynamik	+	+
H9	Kostenführerschaftsstrategie	Systemdynamik	–	
H10	Differenzierungsstrategie	Systemdynamik	+	

Tab. 26: Vergleich von Forschungshypothesen und Ergebnissen der Regressionsanalysen zur Kontextabhängigkeit der Kostenrechnung

STUFE 2: DETERMINANTEN DER DIENSTLEISTUNGSQUALITÄT

Eine dritte multiple lineare Regressionsanalyse untersuchte den Einfluß von System- und Beziehungsparametern der Kostenrechnung auf die vom Management wahrgenommene Dienstleistungsqualität. Die Resultate der entsprechenden Schätzung sind in Tab. 27 aufgeführt. Der Erklärungswert des Regressionsmodells ist mit einem Bestimmtheitsmaß von 0,46 befriedigend. Wie das Signifikanzniveau des F-Tests ausdrückt, wird die wahrgenommene Dienstleistungsqualität der Kostenrechnung von der Gruppe der fünf exogenen Variablen signifikant beeinflußt. Die in der Tabelle enthaltenen Beta-Koeffizienten und das dazugehörige Signifikanzniveau des t-Tests für die Regressionskoeffizienten erlaubt eine Überprüfung der Forschungshypothesen H11 bis H15.

Mit den ersten beiden Variablen und ihrer Berücksichtigung in der Regressionsanalyse sind die Forschungshypothesen H11 und H12 betroffen, die direkte Effekte einer hohen Systemkomplexität und Systemdynamik auf die wahrgenommene Dienstleistungsqualität postulieren. In der Regressionsanalyse konnte kein signifikanter Einfluß der Gestaltungsparameter der Kostenrechnung auf den Erfolg der internen Dienstleistung festgestellt werden. Die Hypothesen H11 und H12 sind damit vor dem Hintergrund der empirischen Daten nicht haltbar.

Für die drei Beziehungsparameter ergaben sich im Gegensatz zu den Systemparametern aus den empirischen Analysen signifikante Auswirkungen auf die wahrgenommene Dienstleistungsqualität. Wie der standardisierte Regressionskoeffizient von 0,20 bezeugt, nimmt mit häufigeren Kontakten zwischen dem Management und der Kostenrechnung die wahrgenommene Dienstleistungsqualität der Kostenrechnung zu. Die Aussagen der Forschungshypothese H13 decken sich also mit den Ergebnissen der empirischen Erhebung.

REGRESSIONSANALYSE AUF DIE DIENSTLEISTUNGSQUALITÄT		
Exogene Variable	**Hypothese**	**Beta-Koeffizient**
Komplexität der Kostenrechnung	+	- 0,02 (p=84,0%)
Dynamik der Kostenrechnung	+	0,09 (p=25,8%)
Kontakthäufigkeit	+	0,20 (p=0,8%)
Konfliktausmaß	–	- 0,37 (p=0,0%)
User Involvement	+	0,34 (p=0,0%)
Erklärungsgehalt des Modells		*0,46 (p=0,0%)*

Tab. 27: Ergebnisse der Regressionsanalyse von System- und Beziehungsmerkmalen auf die Dienstleistungsqualität der Kostenrechnung

Auch die Forschungshypothese H14 konnte anhand der empirischen Daten bestätigt werden. Konflikte haben eine kontraproduktive Wirkung auf den Erfolg der Dienstleistung Kostenrechnung. Über eine Reduzierung des Konfliktausmaßes zwischen den Managern und den Kostenrechnern läßt sich die wahrgenommene Dienstleistungsqualität der Kostenrechnung erheblich steigern, wie es der Beta-Koeffizient von - 0,37 ausdrückt.

In bezug auf das User Involvement stimmen ebenso die theoretischen und empirischen Argumente für den erfolgsförderlichen Charakter dieser Variablen überein. Die Hypothese H15 beschreibt einen positiven Einfluß einer verstärkten Einbeziehung der internen Kunden der Kostenrechnung in Entwurf und Gestaltung der Systeme auf die Erfolgswahrnehmung. Diese Vorgabe wurde mit dem signifikant positiven, standardisierten Regressionkoeffizienten in Tab. 27 bestätigt.

Die geschätzten Parameter des Regressionsmodells zeigen noch weitere Besonderheiten der Beziehung zwischen Managern und Kostenrechnung. Das Konfliktausmaß nimmt im Vergleich zu den anderen Beziehungsmerkmalen und Systemmerkmalen eine besondere Rolle ein, da der entsprechende Beta-Koeffizient den absolut größten Wert besitzt. Die beiden anderen Beziehungsmerkmale haben einen deutlich geringeren Einfluß auf die Dienstleistungsqualität, wie sich an den entsprechenden Regressionskoeffizienten nachvollziehen läßt.

STUFE 3: MODERATIONSANALYSEN

Den moderierten Regressionsanalysen ging eine Untersuchung der direkten Beziehung von potentiellen Moderatoren und Dienstleistungsqualität voraus. Da keinerlei signifikante Effekte in dieser Analyse gefunden wurden, würde es sich bei den potentiellen Einflußfaktoren um reine Moderatoren handeln.

MODERIERTE REGRESSIONSANALYSEN AUF DIE DIENSTLEISTUNGSQUALITÄT		
Exogene Variable **Moderierende Variable**	System-komplexität	System-dynamik
Externe Komplexität	+ (p=25,2%)	+ (p=27,7%)
Externe Dynamik	– (p=69,5%)	+ (p=99,7%)
Interne Komplexität	+ (p=39,4%)	+ (p=45,4%)
Interne Dynamik	+ (p=34,9%)	+ (p=45,8%)
Größe der Geschäftseinheit	– (p=62,7%)	– (p=66,0%)
Kostenführerschaftsstrategie	+ (p=27,7%)	+ (p=22,0%)
Differenzierungsstrategie	+ (p=38,0%)	+ (p=25,8%)

Tab. 28: Ergebnisse der multiplen linearen Regressionsanalysen mit multiplikativen Moderationstermen auf die Dienstleistungsqualität

Die letzte beschriebene Regression diente als Ausgangspunkt für die Durchführung von moderierten linearen Regressionsanalysen. Schritt für Schritt wurde dieses Basismodell um jeweils einen multiplikativen Interaktionsterm erweitert. Die Aufmerksamkeit wurde dabei auf die Parameterschätzung für den Regressionskoeffizienten des Interaktionsterms gelenkt. Diese Koeffizienten für die Interaktionsterme in den insgesamt zwölf Modellschätzungen sind in Tab. 28 aufgeführt. Auf detaillierte Informationen zu den moderierten Regressionsanalysen soll angesichts der erläuterten Unmöglichkeit einer sinnvollen Interpretation weiterer Modellparameter[1] verzichtet werden.

Schließlich bleibt für die Gesamtheit aller zwölf moderierten Regressionsanalysen auf die wahrgenommene Dienstleistungsqualität festzuhalten, daß kein Kontextfaktor die Beziehung zwischen den potentiellen Erfolgsfaktoren der Kostenrechnung und der wahrgenommenen Dienstleistungsqualität signifikant beeinflußt. Damit bleiben die Ergebnisse der zweiten Stufe dieser Analyse unverändert, daß die Systemparameter der Kostenrechnung keinerlei Beziehung zur Dienstleistungsqualität der Kostenrechnung besitzen, jedoch von den Beziehungsmerkmalen substantielle Erfolgswirkungen ausgehen.

4.4 Schlußfolgerungen für eine serviceorientierte Kostenrechnung

Die Resultate der Regressionsanalysen und ihre Gegenüberstellung mit den Forschungshypothesen lassen einige Schlußfolgerungen über den momentanen Stand der Kostenrechnungspraxis in deutschen Industrieunternehmen zu. Die Gestaltung der Kostenrechnungssysteme in deutschen Industrieunternehmen erfolgt gegenwärtig in Korrespondenz zu den internen Verhältnissen der jeweiligen Geschäftseinheit. Die Kostenrechnungsverantwortlichen berücksichtigen bei dieser Aufgabe jedoch weder die Märkte, in denen die Geschäftseinheit aktiv ist, noch die eigene Wettbewerbsstrategie in einer systematischen Weise. Die Ergebnisse der empirischen Analysen bestätigen damit einen der beiden Hauptkritikpunkte, die als Ausgangspunkt dieser Untersuchung die vielfältigen Äußerungen zu einem Modifikationsbedarf der deutschen Kostenrechnung integrierten.[2]

Trotz dieser theoretisch und empirisch attestierten Schwächen der Kostenrechnungspraxis in deutschen Industrieunternehmen werden verstärkte Aktivitäten der Kostenrechner zu einer systematischen Berücksichtigung der Kontextbedingungen und ihrer Veränderungen in den Kostenrechnungssystemen nicht als sinnvoll erachtet. Im wesentlichen sind dafür zwei Gründe maßgeblich:

- Selbst ohne eine empirisch feststellbare Beziehung zwischen der Kostenrechnung und bestimmten Kontextfaktoren sind die Kostenrechnungssysteme hochkomplex: So bescheinigen etwa 40 Prozent der in dieser Studie befragten Kostenrechnungsverantwortlichen ihrem System eine hohe Komplexität.[3] Schon unter diesen Bedingungen sind erhebliche Ressourcen für das Management der Kostenrechnungssysteme erforderlich. Die oft hohe Umweltkomplexität wäre ein zusätzlicher Treiber der Systemkomplexität der Kostenrechnung, wodurch sich das aufgezeigte Problem weiter verschärfen würde.

---

1 Vgl. Abschnitt 4.3.2 Die statistischen Analysemethoden.

2 Vgl. Abschnitt 1.2 Die Zielsetzung der Untersuchung.

3 Vgl. Homburg, C. et al. 1998a, S. 14.

- Darüber hinaus konnte die Rolle der Systemparameter als Erfolgsfaktoren der Kostenrechnung anhand der empirischen Ergebnisse nicht bestätigt werden. Eine Abstimmung der Charakteristika des Kostenrechnungssystems mit dem jeweiligen Kontext trägt somit nicht zu einer höheren wahrgenommenen Dienstleistungsqualität der Kostenrechnung bei.

Statt einer verbesserten Kontextorientierung der Gestaltung des Kostenrechnungssystems wird in dieser Arbeit eine Umverteilung der Ressourcen weg von einer Systemorientierung hin zu einer Konzentration auf die Gestaltung der Beziehung der Kostenrechner zu ihren internen Kunden als sinnvoll erachtet. Eine konsequente interne Kundenorientierung besitzt – wie es in den empirisch validierten Forschungshypothesen H13, H14 und H15 zum Ausdruck kommt – ein erhebliches Potential, den Erfolg der Informationsdienstleistung Kostenrechnung zu steigern. Die empirische Erhebung, auf der die Regressionsanalysen basieren, deckte diesbezügliche Defizite auf.[1] Die Ergebnisse der Befragung zeigen, daß die interne Kundenorientierung von den Kostenrechnern selbst deutlich höher als von ihren internen Kunden eingeschätzt wird: auf einer Skala von 1 (sehr niedrige Kundenorientierung) bis 7 (sehr hohe Kundenorientierung) gaben die Kostenrechner ihre interne Kundenorientierung mit durchschnittlich 5,0 an. Entscheidend ist in diesem Zusammenhang jedoch nicht das Urteil der Kostenrechner, sondern die Einschätzung der Kunden der Kostenrechnung. Hier ergaben sich mit Werten von 4,5 (General Manager) und 4,2 (Marketing-/Vertriebs-Leiter) deutlich schlechtere Resultate. Der Mittelwertunterschied ist auf dem 1 %-Niveau signifikant. Basis dieser Aussage ist ein t-Test, mit dessen Hilfe die Mittelwerte der beiden internen Kundengruppen mit dem Mittelwert der Kostenrechner verglichen wurden. Die derzeitige Kostenrechnungspraxis wird der Bedeutung einer konsequenten internen Kundenorientierung, wie sie in dieser und weiteren Studien[2] vertreten wird, nicht gerecht.

Die Ergebnisse der Regressionsanalyse zeigen jedoch Wege auf, über ein intensiveres Beziehungsmanagement die interne Kundenorientierung und die Dienstleistungsqualität der Kostenrechnung zu steigern. Wie auch schon bei der theoretischen Diskussion der Forschungshypothesen zum Ausdruck kam,[3] ermöglichen häufigere Kontakte zwischen dem Management und der Kostenrechnung den Aufbau von Wissen über die Informationsbedarfe der Manager und deren Veränderungen. Wie sich ebenfalls anhand der Ergebnisse der Fragebogenerhebung feststellen ließ, liegen bei den Kostenrechnern einige Mißverständnisse bezüglich der Infor-

1 Vgl. ähnlich Homburg, C. et al. 1998a, S. 25-27 und Homburg, C. et al. 1998b, S. 19.

2 Vgl. u.a. Pfau, B. / Detzel, D. / Geller, A. 1991; Davis, T.R.V. 1992; Bruhn, M. 1995a; Bruhn, M. 1995b; Neuhaus, P. 1996; Stauss, B. 1996; Stauss, B. 1997; Beckett-Camarata, E.J. / Camarata, M.R. / Barker, R.T. 1998; Meyer, A. / Oppermann, K. 1998.

3 Vgl. Abschnitt 4.2.3 Erfolgsauswirkungen von Beziehungsmerkmalen.

mationsbedarfe ihrer internen Kunden vor. So sehen die Kostenrechnungsverantwortlichen in Entscheidungen über die Annahme von Aufträgen das wichtigste Einsatzfeld von Kostenrechnungsinformationen in Marketing und Vertrieb. Die Marketingmanager nennen dieses Entscheidungsfeld entsprechend seiner kostenrechnerischen Relevanz erst an vierter Stelle hinter Preisentscheidungen sowie Entscheidungen über die Einführung und Eliminierung von Produkten.[1] Über häufige Kontakte zwischen den Kostenrechnern und ihren internen Kunden ist ein Abbau dieser Divergenzen möglich, da die Kostenrechner während dieser Interaktionen systematisch Eindrücke und Informationen über den Umgang des Managements mit Informationen sammeln können, die anschließend in bedarfsgerechteren Informationsangeboten resultieren. Diese Forderungen gelten insbesondere für den Marketing- und Vertriebsbereich, in dem vor allem die Defizite in der Einschätzung der internen Kundenorientierung und der wahrgenommenen Dienstleistungsqualität existieren.[2]

Ein weiterer Ansatzpunkt für eine erfolgreichere Kostenrechnung ist die Vermeidung von Konflikten und ihren dysfunktionalen Effekten über ein professionelles Beziehungsmanagement. Neben den methodisch-fachlichen Fähigkeiten werden von Kostenrechnern und Controllern in immer stärkerem Maße Qualifikationen im Verhaltensbereich und spezifische Persönlichkeitseigenschaften gefordert.[3] Über den Erwerb dieser Fähigkeiten wird zumindest die Voraussetzung für ein erfolgreiches Konfliktmanagement geschaffen.

In der Regressionsanalyse wurde der Partizipationsgrad der Manager am Entwurf und der Gestaltung der Kostenrechnungssysteme und -informationen als ein weiterer valider Ausgangspunkt zur Erreichung einer höheren wahrgenommenen Dienstleistungsqualität der Kostenrechnung identifiziert. Dieser Weg zu einer wertvolleren Kostenrechnung steht in einer sehr engen Beziehung zu den beiden geschilderten Beziehungsparametern Kontakthäufigkeit und Konfliktausmaß. In der Ableitung der Forschungshypothese für den Zusammenhang von User Involvement und Dienstleistungsqualität wurde argumentiert,[4] daß eine höhere Partizipation auf beiden Seiten der internen Kunden-Lieferanten-Beziehung positive Effekte hat. Auf seiten der Empfänger der Informationen können spezifische Persönlichkeitsmerkmale des Kostenrechners gleichzeitig helfen, Konflikte zu vermeiden und die Lern- und Erfahrungseffekte beim Management sinnvoll zu fördern. Bei den Kostenrechnern selbst bieten häufige Kontakte und ein hohes User Involvement ein ähnliches Potential, detaillierte Kenntnisse über die

1 Vgl. Homburg, C. et al. 1998a, S. 35.
2 Vgl. erneut Homburg, C. et al. 1998a, S. 29 f.
3 Vgl. u.a. Deyhle, A. 1980, S. 40 f.; Weber, J. / Kosmider, A. 1991, S. 31 f.; McNair, C.J. 1995, S. 41-43; Deyhle, A. 1997, S. 21; Deyhle, A. / Gill, D. / Blazek, A. 1997, S. 188-193; Weber, J. 1998, S. 328-332; Weber, J. / Schäffer, U. 1998a, S. 230 f.
4 Vgl. Abschnitt 4.2.3 Erfolgsauswirkungen von Beziehungsmerkmalen.

internen Kunden der Kostenrechnung und ihre Bedürfnisse aufzubauen. Eine Integration der Manager in den Entwicklungsprozeß von neuen Informationsangeboten kann gleichzeitig als eine aktive Konfliktvermeidungs- bzw. Problemlösungsstrategie angesehen werden.

Insgesamt dürfte diese vorläufige Interpretation der Resultate der empirischen Analysen eine wesentliche Folge für die Aktivitäten der Kostenrechner verdeutlicht haben: Kostenrechner sollten ihre Ressourcen in der Situation, die mit Hilfe der empirischen Erhebung festgehalten wurde, umverteilen: Statt einer für Kostenrechner typischen Systemorientierung sollten sie sich dem bewußten und aktiven Management der internen Kunden-Lieferanten-Beziehung widmen. Ansatzpunkte für eine stärker am Management orientierte und erfolgreichere Dienstleistung wurden über die Forschungshypothesen zum Einfluß von Beziehungsparametern auf die wahrgenommene Servicequalität vorgestellt. Diese verhältnismäßig abstrakte Forderung wird an späterer Stelle dieser Untersuchung konkretisiert werden.[1]

---

[1] Vgl. Abschnitt 5.3 Management-Empfehlungen für eine hohe Dienstleistungsqualität der Kostenrechnung.

5 Hohe interne Dienstleistungsqualität – Weg und Ziel

Im Mittelpunkt dieser Arbeit steht mit der Kostenrechnung ein zentrales Informationsinstrument des Managements. In zwei Untersuchungsschritten wurden wichtige Einsatzfelder der Kostenrechnung in Beziehung zu spezifischen Umweltkonstellationen gesetzt[1] sowie Ansatzpunkte für eine serviceorientierte Gestaltung der Kostenrechnungsaktivitäten aufgezeigt,[2] um die zu Beginn dieser Arbeit identifizierten Kritikpunkte der Kostenrechnungspraxis in deutschen Industrieunternehmen systematisch beseitigen zu können.

In diesem letzten Abschnitt der Arbeit werden die wesentlichen Ergebnisse der Analyse zusammengefaßt. Einerseits geht es darum, den Erkenntnisfortschritt für die Wissenschaft abzuschätzen und die damit verbundenen Grenzen der Untersuchung darzustellen. Andererseits werden die theoretischen und empirischen Resultate auf ihre praktischen Konsequenzen durchleuchtet. Gerade mit diesem letzten Schritt innerhalb dieser Analyse wird versucht, dem Anspruch des pragmatischen Wissenschaftsziels gerecht zu werden, dem sich diese Arbeit verpflichtet sieht.[3]

5.1 Zusammenfassung der Forschungsergebnisse

Die Kostenrechnung unterliegt derzeitig einer intensiven Diskussion: Sowohl in der Wissenschaft als auch in der Unternehmenspraxis wird den gegenwärtigen Kostenrechungssystemen ein Modifikationsbedarf zuerkannt, der bis zu generellen Existenzfragen einer eigenständigen Kostenrechnung neben den vorgeschriebenen Systemen der Buchführung und Bilanzierung reicht.[4] Die vielen Kritikpunkte an der Kostenrechnung konnten auf zwei Kernargumente reduziert werden:

- einem zu stark auf die Entscheidungsorientierung fokussierten Rollenverständnis und
- einer mangelhaften Berücksichtigung von Kontextfaktoren.

Die Verbindung einer sachlich-analytischen mit einer quantitativ-empirischen Forschungsstrategie erlaubte es, einen Überblick über mögliche Rollen der Kostenrechung zu gewinnen. Die vom Management wahrgenommene Dienstleistungsqualität wurde als ein rollen- und kontext-

[1] Vgl. Abschnitt 3.4 Der Zusammenhang von Rollen, Unsicherheit und Dienstleistungsqualität.
[2] Vgl. Abschnitt 4.3 Die empirische Überprüfung der postulierten Zusammenhänge.
[3] Vgl. Abschnitt 2.2 Der Forschungsansatz der Arbeit.
[4] Vgl. Abschnitt 1.1.1 Anzeichen einer Kostenrechnungskritik.

unabhängiger Erfolgsmaßstab für die Kostenrechnung identifiziert, für den Erfolgs- und Kontextfaktoren der internen Informationsdienstleistung Kostenrechnung gesucht wurden. Die empirische Überprüfung der theoretisch entwickelten Forschungshypothesen gestattete sodann die Ableitung von Gestaltungsempfehlungen für eine serviceorientierte Kostenrechnung. Gerade diese Umsetzung der Forschungsergebnisses in praxisnahe Konzepte trägt zur Erfüllung des Ziels dieser Arbeit bei, sich am pragmatischen Wissenschaftziel zu messen. Diese allgemeinen Resultate der konzeptionellen und empirischen Analysen werden im folgenden ausführlicher erläutert und in Beziehung zu den Forschungsfragen dieser Untersuchung gesetzt.

5.1.1 Potentielle Rollen einer Kostenrechnung in Unternehmen

Die Kostenrechnung stellt eine primär auf finanziellen Größen basierende Informationsdienstleistung für das Management dar, mit der betriebliche Aktivitäten und deren Beziehungen zu Märkten für die Unterstützung von Führungsaufgaben abgebildet werden.[1] Dieses Begriffsverständnis bietet Raum für verschiedene Schwerpunkte in der Realisierung dieser Dienstleistungsfunktion.

In deutschen Kostenrechnungslehrbüchern dominiert eine ***entscheidungsorientierte*** Sicht auf die Kostenrechnung, in der sie zur Fundierung spezieller, meist kurzfristiger Entscheidungen dient.[2] Sie zeigt die potentiellen und realen Konsequenzen von Entscheidungen auf, bewertet Handlungsalternativen in Entscheidungsmodellen und ermöglicht im Endeffekt eine Kontrolle der Realisierung von Entscheidungen. Diese sehr beschränkte Betrachtungsweise wird in neueren Veröffentlichungen regelmäßig um eine ***verhaltenssteuernden*** Funktion der internen Unternehmensrechnung ergänzt. Die Kostenrechnung berücksichtigt in dieser Sicht explizit einen Mehrpersonenkontext und hierarchische Beziehungen in Organisationen und wird zur Beeinflussung anderer Entscheidungsträger im Unternehmen verwendet.

Selbst diese beiden Einsatzfelder einer Kostenrechnung widmen sich – wie vor allem internationale Studien zeigen[3] – nur einem unvollständigen Ausschnitt eines weiten Spektrums möglicher Kostenrechnungsrollen. Für die Systematisierung der Vielzahl möglicher Zwecke lehnte sich diese Arbeit an der Definition der Kostenrechnung als Informationsinstrument zur Unterstützung von Führungsaufgaben des Managements an. Innerhalb des Führungsprozesses lassen sich mit der Willensbildung, der Willensdurchsetzung, der Ausführung und der Kontrolle

1 Vgl. Abschnitt 3.1 Die Kostenrechnung und ihre Informationsempfänger.
2 Vgl. Abschnitt 3.2.1.2 Die Kostenrechnung in der Willensbildung.
3 Vgl. exemplarisch Burchell, S. et al. 1980.

vier Phasen unterscheiden.[1] In dieses Schema wurden sodann alle diejenigen Kostenrechnungsrollen eingeordnet, die ***unabhängig von interpersonellen Effekten*** zu beobachten sind:[2]

- In der Willensbildung führen reflexive bzw. intuitive Vorgänge auf Basis von Außen- und Kontrollinformationen zu einer geistigen Antizipation des beabsichtigten Ausführungsprozesses. Die Fundierung von Entscheidungen hat in dieser Führungsphase eine zentrale Bedeutung. Die Kostenrechnung unterstützt in erster Linie reflexive Willensbildungsprozesse – entweder instrumentell oder konzeptionell. Viele Kostenrechnungssysteme und -methoden basieren auf entscheidungsorientierten Wurzeln.

- In der Willensdurchsetzung werden die antizipierten Realisationshandlungen konkretisiert und durch die Überwindung von Hemmnissen der tatsächlichen Verwirklichung näher gebracht. An beiden Elementen setzen Anwendungsgebiete der Kostenrechnung an: Entscheidungsorientierte Kostenrechnungsmodelle und -informationen tragen zur Konkretisierung bei, während Facetten der Verhaltenssteuerung mit Hilfe von Kostenrechnungsinformationen Realisationshemmnisse abbauen.

- In der Phase der Ausführung hat die Kostenrechnung als Führungsinstrument des Managements keine eigenständige Bedeutung, da diese Phase kein Bestandteil der Führung ist, sondern im Verständnis des zugrundegelegten Führungszyklus allein den konkreten Handlungsvollzug verkörpert.

- In der letzten Phase des Führungsprozesses, der Kontrolle, werden die Ausführungshandlungen und ihre Resultate dokumentiert, um durch den Vergleich des Gewollten mit dem tatsächlich Erreichten Rückkopplungen in die Willensbildung und –durchsetzung zu ermöglichen. Die Dokumentation von Werteentstehung und -verzehr zählt zu den am häufigsten genannten Zwecken der Kostenrechnung, aber auch für die Soll-Ist-Abweichung stellt die Kostenrechnung Informationen zur Verfügung, die den Vorteil besitzen, über verschiedene Bereiche hinweg aggregierbar zu sein. Die Kostenrechnungsstrukturen bieten Ansatzpunkte für Abweichungsanalysen und Steuerungsimpulse.

Diese vorläufige Übersicht über Einsatzmöglichkeiten der Kostenrechnung in den verschiedenen Phasen des idealtypischen Führungsprozesses verdeutlicht, daß die traditionell diskutierten Zwecke der Kostenrechnung – Planung und Kontrolle, teilweise ergänzt um Dokumentation, Information oder Steuerung – diese Führungsphasen und ihre informationellen Verbindungen weitestgehend abdecken. Mit der Beeinflußbarkeit des Verhaltens des Handlungsträ-

---

1 Vgl. Abschnitt 3.2.1.1 Ein Schema zur Einordnung der Kostenrechnungsrollen.

2 Vgl. Abschnitt 3.2.1 Das Spektrum möglicher Kostenrechnungsrollen.

gers, der an dieser Stelle noch alle Phasen des Führungsprozesses in einer Person vereint, durch kostenrechnerische Informationen wurde der auffälligste Schwachpunkt der traditionellen Rollendiskussion beseitigt.

Ergänzend zu dieser führungsprozeßbezogenen Analyse, die von einer interpersonellen Trennung der Führungs- und Ausführungshandlungen abstrahierte, wandte sich die Analyse nachfolgend einem ***Mehrpersonenkontext*** zu. Wenn eine bestimmte Personengruppe gemeinsam wirtschaftlichen Aktivitäten nachgeht, kann die Beziehung zwischen den einzelnen Mitgliedern dieser Gruppe entweder als Hierarchie oder aber als gleichgeordnetes Verhältnis angelegt sein. Bei der Suche nach Rollen für eine Informationsdienstleistung Kostenrechnung wurden deshalb verschiedene Positionen eingenommen, um so ein möglichst breites Potential möglicher Einsatzfelder für die Kostenrechnung zu identifizieren.

Anhand einer detaillierten Prüfung bisheriger Forschungsergebnisse konnten drei hierarchieunabhängige Anwendungsgebiete der Kostenrechnung erkannt werden:

- Erstens hat die Kostenrechnung den Charakter einer über Funktionen und Bereiche hinweg verständlichen Sprache. Mit der Sprachfunktion der Kostenrechnung ist es sogar möglich, eine unternehmensspezifische Kultur zu kreieren bzw. zu fördern.
- Zweitens dient die Kostenrechnung als Koordinations- und Integrationsinstrument. Bei mehreren Handlungsträgern läßt sich mit der Kostenrechnung ein gemeinsames Verständnis von Problemen und Situationen aufbauen, die die Basis für die Lösung von Konfliktsituationen bilden.
- Drittens bieten Mehrpersonenkontexte Raum für eine politische Instrumentalisierung der Kostenrechnung. Eine bewußte Informationspolitik, das Zurückhalten oder Verzerren von Informationen erlaubt es, Machtpositionen zu stärken oder die Stärke von Verhandlungspositionen zu beeinflussen.

Aus der Perspektive eines Untergebenen wurde die Kostenrechnung als ein Legitimierungswerkzeug beschrieben, da sich mit ihr ein Bild rationaler Aktivitäten vor Vorgesetzten und Dritten entwerfen läßt. Über Kostenrechnungsinformationen lassen sich Argumente für historische bzw. zukünftige Entscheidungen finden, die aus anderen Motiven heraus getroffen wurden bzw. werden sollen.

Vor dem Hintergrund eines Überordnungsverhältnisses wurde eine Kostenrechnungsrolle identifiziert; bei der Verhaltenssteuerung handelt es sich um einen Zweck, der in letzter Zeit eine sehr starke Beachtung in der Forschung gefunden hat und der durch eine Vielzahl von Facetten geprägt wird. Zentrales Charakteristikum dieser Rolle ist die Steuerung nachgelagerter Entscheidungen, indem Prozeßvorschriften, Zielvorgaben, Anreizsysteme oder Verrechnungspreissysteme auf Kostenrechnungsinformationen basieren. Die Verhaltenssteuerung im Mehrpersonenkontext entspricht damit der Funktion der Kostenrechnung zur Überwindung von Realisationshemmnissen, die bei der Willensdurchsetzung geschildert wurde. In beiden Fällen geht es um eine Beeinflussung der Präferenzsysteme der Person, die die vorgedachten Ausführungsprozesse tatsächlich wahrnehmen soll. Nur dieses letzte Einsatzfeld der Kostenrechnung für die Steuerung des Verhaltens von nachgelagerten Entscheidungen ist seit einigen Jahren breit in der deutschen Kostenrechnungsliteratur verankert. Vereinzelt wird auf die Sprachfunktion, auf den koordinierenden bzw. den konfliktregelnden Einsatz hingewiesen. Der Bedeutung der Kostenrechnung zur Legitimation eigener Entscheidungen und Handlungen oder als politisches Instrument werden allein internationale Quellen gerecht.

Mit der hier zusammengefaßten ausführlichen Zweckdiskussion[1] wurde die erste Forschungsfrage beantwortet, welche Rollen ein Führungsinstrument Kostenrechnung in Unternehmen grundsätzlich erfüllen kann. Als zweitem Schwerpunkt widmete sich die Untersuchung der Frage, wie sich die vielen Kostenrechnungszwecke systematisieren lassen bzw. von welchen Faktoren es abhängt, welche Rollen für ein spezielles Unternehmen Relevanz erlangen. Die Zweckvielfalt wurde vor diesem Hintergrund auf drei integrierende Rollen der Kostenrechnung reduziert, die sich folgendermaßen charakterisieren und auf die bisherige Zweckdiskussion beziehen lassen:[2]

- Als ***Auskunftsapparat*** (answering machine) dient die Kostenrechnung dazu, Entscheidungsalternativen zu identifizieren, ihre Konsequenzen zu beschreiben und anhand eines vorliegenden Entscheidungsmodells zweckbezogen zu bewerten. Über einen Alternativenvergleich resultieren diese Bewertungsprozesse unmittelbar in Entscheidungen bzw. Handlungen. Diese Rolle schließt damit die instrumentelle Fundierung von Entscheidungen, die Konkretisierung von antizipierten Handlungen und die Überwindung von Realisationshemmnissen ein.

- In der Rolle als ***Lernapparat*** (learning machine) wird die Kostenrechnung genutzt, um eine breite Erfahrungsbasis über die Folgen bestimmter Entscheidungen bzw. der Variation bestimmter Entscheidungsparameter aufzubauen. Die Entscheidungsalgorithmen und Bewertungsprozesse haben keine direkten Konsequenzen, sondern aus der Erfahrungsbasis heraus werden zu einem späteren Zeitpunkt konkrete Handlungen entstehen. Die konzeptionelle Fundierung von Entscheidungen sowie die Dokumentation und Kontrolle der Realisation als Basis von informatorischen Rückkopplungen können dem Lernapparat zugeordnet werden.

---

[1] Vgl. erneut Abschnitt 3.2.1 Das Spektrum möglicher Kostenrechnungsrollen.

[2] Vgl. Abschnitt 3.2.2 Nutzungsarten und Unsicherheit als Systematisierungsansatz.

- Wenn mit der Kostenrechnung Ziele und Handlungsweisen rationalisiert werden, kann von der Rolle eines ***Begründungsapparats*** (rationalisation machine) gesprochen werden. Die Kostenrechnung bestätigt die Sinnhaftigkeit von (vorgefaßten) Meinungen und beeinflußt mit ihren Strukturen und Informationen gemeinsame oder nachgelagerte Entscheidungen. Der Begründungsapparat integriert alle Facetten der Kostenrechnung im Mehrpersonenkontext außer der über alle Rollen hinweg relevanten Sprachfunktion.

Die drei Einsatzfelder von Kostenrechnungsinformationen stehen in einer engen Beziehung zu alternativen Unsicherheitswahrnehmungen der Entscheidungsträger. Eine Verbindung der Merkmale des Auskunfts-, Lern- und Begründungsapparats mit Typologien des Umfeldes, die auf Unsicherheitswahrnehmungen beruhen, gestattete es, ein Forschungsmodell zum Zusammenhang der drei Kostenrechnungsrollen mit drei verschiedenen Umweltzuständen und einem Erfolgsindikator für die Kostenrechnung zu entwickeln. In die Forschungshypothesen[1] flossen gleichzeitig zwei Aspekte ein:

- In den Forschunghypothesen wurde die Relevanz der drei Kostenrechnungsrollen in bestimmten Umweltzuständen deutlich. Bei einer niedrigen wahrgenommenen Unsicherheit wirkt sich eine Nutzung der Kostenrechnung als Auskunftsapparat besonders günstig auf den Erfolg der Kostenrechnung aus. Erfolgskritisch für die Kostenrechnung bei einem mittleren Unsicherheitsgrad ist die Anwendung als Lernapparat, da Kontextveränderungen einen instrumentellen Einsatz verhindern. Bei einer hohen Umweltunsicherheit besitzt eine erfolgreiche Kostenrechnung die Merkmale eines Begründungsapparates, mit dem unabhängig von realen Gegebenheiten rationale Entscheidungsmodelle aufgebaut werden.

- Die Überprüfung der Forschungshypothesen erlaubte es zugleich, einen rollen- und kontextübergreifenden Erfolgsindikator für die Kostenrechnung vorzustellen. Wenn eine Beziehung dieses Erfolgsmaßes zu den drei Kostenrechnungsrollen und der Umweltunsicherheit aufgezeigt werden kann, liegt ein konkreter Maßstab für kostenrechnungsbezogene Gestaltungsempfehlungen vor.

Mit Hilfe einer empirischen Analyse, die auf den Angaben von 227 Managern aufbaute, wurde dieses Forschungsmodell überprüft. Allerdings setzte dieser Schritt die Identifikation eines potentiellen Erfolgsmaßstabes für die Kostenrechnungsaktivitäten voraus.

---

[1] Vgl. Abschnitt 3.4.1 Forschungshypothesen.

5.1.2 Ein kontext- und rollenadäquates Erfolgsmaß der Kostenrechnung

Die dritte der Forschungsfragen dieser Untersuchung stellte die Gestaltungsparameter der Kostenrechner zur Beeinflussung des Erfolgs ihrer Aktivitäten in den Mittelpunkt. Die Beantwortung dieser Frage setzt voraus, daß für den Erfolg der Kostenrechnung ein Maß existiert. Wie der letzte Abschnitt verdeutlicht hat, steht diese Problematik zusätzlich in einem engen Zusammenhang zu den Rollen und dem Kontext der Kostenrechnung. Deshalb widmete sich die Arbeit ausführlich den verschiedenen möglichen Erfolgsmaßstäben für kostenrechnerische Aktivitäten in Unternehmen.

Die vielen in existierenden Studien benutzten und erwähnten Erfolgsmaßstäbe für Informationssysteme bzw. Informationsdienstleistungen wurden in fünf Gruppen eingeordnet, die sich darin unterscheiden, wie nahe sie den Informationsaktivitäten stehen. Dieses Entfernungsmaß läßt sich dadurch bestimmen, daß die Zahl derjenigen Variablen abgeschätzt wird, die auf das jeweilige Erfolgsmaß einwirken. Je größer der Anteil der Faktoren, die den Informationsaktivitäten zuordenbar sind, um so höher ist die Nähe des Erfolgsindikators zum Informationssystem bzw. zur Informationsdienstleistung. Die folgende Aufzählung beginnt mit globalen, also kostenrechnungsfernen Erfolgsmaßen und geht mit zunehmender Nähe zur Kostenrechnung bis hin zu qualitätsbezogenen Erfolgsindikatoren:[1]

- Die Kostenrechnung soll mit ihren Informationen eine Voraussetzung für erfolgssteigernde Entscheidungen und Handlungen des Managements schaffen. Deshalb erscheint es nur folgerichtig, eine Verbindung zwischen der Kostenrechnung und organisationsbezogenen Erfolgsgrößen wie Renditen oder Wertbeiträgen herzustellen. Der Nachweis einer solchen Beziehung gelang allerdings noch nicht – eine Tatsache, die auch für kostenrechnungsnähere Größen wie den Informationswert oder die Systemeffektivität und -effizienz gilt.

- Einige Studien nutzten Größen wie den Erfolg des Managements, die Anpassung des Entscheidungsverhaltens oder die Zufriedenheit mit der Aufgabenerfüllung, um die Wirkung von Kostenrechnungsinformationen auf einer personenbezogenen Ebene zu erfassen. Da aber diese individuellen Erfolgsgrößen noch immer von vielen informationsunabhängigen Faktoren bedingt werden, überraschen die uneinheitlichen Forschungsergebnisse nicht.

- Nutzungsbezogene Erfolgsindikatoren lösen sich von einer Wirkungsanalyse der Informationen. Die existierenden Ansätze reichen von der Festlegung von Nutzungsarten bzw. -typen über eine Unterscheidung einer Nicht-Nutzung und Nutzung bis hin

[1] Vgl. Abschnitt 3.3.1 Erfolgsmaßstäbe von Informationssystemen.

zur Häufigkeit bzw. Intensität der Nutzung, wobei objektive und subjektive Skalen benutzt werden.

- Neben dem Nutzungsverhalten spielen Meßansätze zur Abbildung der Zufriedenheit der Empfänger mit den Informationen die wichtigste Rolle in empirischen Studien. Die Messung basiert in der Regel auf einfachen Skalen, die die Wahrnehmungen der entsprechenden Manager nutzen.

- Als fünfte Art von Erfolgsindikatoren werden in bisherigen Studien Qualitätsmaße benutzt, die sich auf das Informationssystem, auf die Informationen selber oder aber die gesamte Informationsdienstleistung beziehen können. Die Systemqualität wird teilweise mit objektiven Daten erfaßt; die Skalen zur Informations- bzw. Dienstleistungsqualität setzen meist an Wahrnehmungen der Informationsempfänger an.

Für diese Untersuchung wurde die Dienstleistungsqualität als ein geeigneter Erfolgsindikator identifiziert. In seinem Verständnis deckt er sich mit der Definition der Kostenrechnung als Dienstleistung für das Management. Darüber hinaus läßt eine zweckgerichtete Fokussierung der Konzeptualisierung der Dienstleistungsqualität genug Raum, um die diskutierten Erfolgsindikatoren zumindest ansatzweise in das Verständnis der Dienstleistungsqualität zu integrieren.

Das für den Zweck dieser Arbeit entwickelte Begriffsverständnis der Dienstleistungsqualität der Kostenrechnung nutzte einen merkmals- und kundenorientierten Meßansatz.[1] Drei Dimensionen der Dienstleistungsqualität wurden unterschieden. Mit der Potentialqualität wurden alle Fähigkeiten und Bereitschaften erfaßt, die auf die Informationsgenerierung und -bereitstellung hin ausgerichtet sind. Die Aktivitäten im Rahmen des Bereitstellungsprozesses der Kostenrechnungsinformationen wurden in der Dimension Prozeßqualität evaluiert. Die Ergebnisqualität widmete sich den kostenrechnerischen Informationen, die dem Management zur Erfüllung der Führungsaufgaben zur Verfügung gestellt werden. Diese Konzeptualisierung und die darauf aufbauende Operationalisierung wurde aus den Erfahrungen einer Vielzahl existierender Studien abgeleitet, die vor allem aus dem Dienstleistungsmarketing stammen. Die Messung der Dienstleistungsqualität basierte auf 21 Indikatoren in drei Dimensionen und den Wahrnehmungen von 227 internen Kunden der Kostenrechnung.

Das Forschungsmodell verband die wahrgenommene Dienstleistungsqualität der Kostenrechnung mit verschiedenen Kostenrechnungsrollen und Umweltzuständen. Vor der empirischen Überprüfung der Forschungshypothesen zeigte eine konzeptionelle Argumentation den rollen-

[1] Vgl. Abschnitt 3.3.2 Die Konzeptualisierung der Dienstleistungsqualität.

integrierenden Charakter des Erfolgsmaßstabes Dienstleistungsqualität der Kostenrechnung, indem die Widerspiegelung der verschiedenen Kostenrechnungsrollen in den einzelnen Facetten der Dienstleistungsqualität aufgezeigt wurde. Anschließend wurde mit Hilfe der empirischen Datenanalysen versucht, die Forschungshypothesen zu den Beziehungen zwischen der Umgebungsunsicherheit, den Kostenrechnungsrollen und der Dienstleistungsqualität zu validieren. Als Datenanalyseverfahren wurden multiple Regressionsmodelle in drei Teilstichproben geschätzt, die anhand der Unsicherheitswahrnehmung der Manager gebildet wurden. Jede der drei Regressionsanalysen enthielt die drei Kostenrechnungsapparate als Gruppe exogener Variablen und die wahrgenommene Dienstleistungsqualität als endogene Variable. Statistisch wurde gepüft, welche Beziehungsstruktur zwischen den drei Kostenrechnungsrollen und der Dienstleistungsqualität situationsspezifisch festzustellen war.

Die Resultate der drei multiplen Regressionsanalysen und der darauf aufbauenden Hypothesentests stimmen in ihren Tendenzaussagen mit den theoretisch abgeleiteten Forschungshypothesen überein. Allerdings konnte über Signifikanztests für die Unterschiede in der Stärke des Einflusses der drei Kostenrechnungsrollen auf die Kostenrechnung nur eine der drei Hypothesen bestätigt werden. Diese Forschungshypothese sagt aus, daß bei einer mittleren Unsicherheit des Kostenrechnungskontextes die Dienstleistungsqualität der Kostenrechnung am stärksten von einer Nutzung der Kostenrechnung als Lernapparat beeinflußt wird. Die beiden anderen Hypothesen beschreiben, daß relativ zu den beiden verbleibenden Verwendungsarten

- bei einer niedriger Unsicherheit der Kostenrechnungsumgebung die Nutzung der Kostenrechnung als Auskunftsapparat und
- bei einer hohen Umgebungsunsicherheit die Nutzung der Kostenrechnung als Begründungsapparat

den jeweils größten Einfluß auf die wahrgenommene Dienstleistungsqualität der Kostenrechnung hat. Für die empirische Gültigkeit dieser beiden Forschungshypothesen sprechen zwar nicht die Signifikanztests der Differenzen der Regressionskoeffizienten, jedoch lassen sich mit Hilfe der Signifikanzniveaus der Regressionskoeffizienten und der Höhe der Beta-Koeffizienten einige Indizien für das in den Hypothesen beschriebene Beziehungsmuster anführen.

Der enge Zusammenhang zwischen Kostenrechnungsrollen, Kontext und Erfolg der Kostenrechnung wurde also sowohl theoretisch als auch empirisch begründet. Die wahrgenommene Dienstleistungsqualität konnte als ein Erfolgsmaßstab der Kostenrechnungsaktivitäten identifiziert werden, der in einer engen Beziehung zu drei zentralen Kostenrechnungszwecken und verschiedenen Unsicherheitswahrnehmungen des Kontextes steht.

Das dritte Kapitel der Arbeit legte eine wichtige Grundlage für die im vierten Kapitel zu entwickelnden kostenrechnungsspezifischen Gestaltungsempfehlungen. Die Dienstleistungsqualität eignete sich somit als ein Maßstab für die Suche nach Erfolgsfaktoren der Kostenrechnung, ohne dabei verschiedene Kontexte und Rollen zu vernachlässigen.

Schließlich konnte mit Hilfe der Resultate der empirischen Analysen die zweite Forschungsfrage nach einer Systematisierung der Bandbreite der Einsatzfelder der Kostenrechnung beantwortet werden. Entscheidend für die Relevanz bestimmter Zwecke der Kostenrechnung ist die Unsicherheitswahrnehmung der Informationsempfänger, die wiederum an die Komplexität und Dynamik des Entscheidungskontextes gebunden ist. Auf dem Spektrum von einem niedrigen bis zu einem hohen Grad der Umgebungsunsicherheit können die drei integrierenden Nutzungsarten der Kostenrechnung als Auskunfts-, Lern- und Begründungsapparat angesiedelt werden. Für den Kostenrechnungsmanager implizieren die in diesem Abschnitt erzielten Resultate der empirischen Analysen, daß er seine Aktivitäten in Abhängigkeit von der wahrgenommenen Umgebungsunsicherheit auf verschiedene Einsatzfelder der Kostenrechnung konzentrieren sollte. Die kontextabhängige Förderung der Verwendungsart der Kostenrechnung durch das Management bietet ein erhebliches Potential zur Steigerung des Erfolgs der Kostenrechnung. So kann er beispielweise bei einer mittleren Umweltunsicherheit den – anhand der Dienstleistungsqualität gemessenen – Erfolg der Kostenrechnung steigern, indem er in erster Linie eine Verwendung der Kostenrechnung als Lernapparat fördert. Diese Analyseergebnisse ließen sich somit als ein Ansatzpunkt für eine grundsätzliche Ausrichtung der Kostenrechnungsaktivitäten in Abhängigkeit vom Grad der wahrgenommenen Unsicherheit interpretieren.

5.1.3 Dominanz von Beziehungsparametern für eine erfolgreiche Kostenrechnung aus Kundensicht

Mit den beiden verbleibenden Forschungsfragen nach Erfolgsfaktoren der Kostenrechnung und Kontextfaktoren, die bei der Gestaltung der Kostenrechnung zu beachten sind, beschäftigte sich ein zweites Forschungsmodell. Eine erste Stufe dieses Modells enthielt System- und Beziehungsparameter der Kostenrechnung; die zweite Stufe untersuchte den Einfluß von internen und externen Kontextfaktoren auf die Systemparameter der Kostenrechnung.

Die Auswahl von Variablen für jede Kategorie dieses ***Forschungsmodells*** erwies sich als eine komplexe Aufgabenstellung, da existierende konzeptionelle und empirische Studien eine Vielzahl von Themen und Variablen adressierten, der Stand der Forschung anhand ihrer Argumentation aber nicht eindeutig ablesbar war. Verschiedenste Konzeptualisierungen und Operationalisierung von Variablen und konfliktionäre Resultate verhinderten einen gesicherten

Erkenntnisstand, auf den zurückgegriffen werden könnte. Die wesentlichen bisherigen Kontingenzansätze für die Kostenrechnung repräsentierten regelmäßig nur Teilgebiete der relevanten Variablengruppen.[1] Frühe Arbeiten vernachlässigten oft den externen Kontext, während seit den 80er Jahren Beziehungs- und Persönlichkeitsmerkmale selten Eingang in die theoretischen und empirischen Untersuchungen fanden. Nur wenige, meist konzeptionelle Studien wiesen auf den gesamten Umfang an Einflußfaktoren auf die Gestaltung und den Erfolg von Informationssystemen hin.

Deshalb entstand das Forschungsmodell mit den in ihm enthaltenen Variablen über eine extensive Literaturanalyse,[2] die Arbeiten zu Informationssystemen, der Kontextabhängigkeit ihrer Gestaltung und ihrer potentiellen Erfolgsfaktoren einschloß. Im Ergebnis dieser Prüfung existierender Studien enthielt das zweistufige Forschungsmodell[3]

- die wahrgenommene Dienstleistungsqualität als Erfolgsmaßstab der Kostenrechnung,
- die Systemkomplexität und die Systemdynamik der Kostenrechnung sowie die Kontakthäufigkeit, das User Involvement und das Konfliktausmaß als potentielle Erfolgsfaktoren der Kostenrechnung und
- die marktbezogene Komplexität und Dynamik als externe Kontextfaktoren sowie die interne Komplexität, die interne Dynamik, die Größe der Geschäftseinheit, das Ausmaß der Verfolgung der Kostenführerschafts- und Differenzierungsstrategie als interne Kontextfaktoren der Kostenrechnungsgestaltung.

Über die gleichzeitige Berücksichtigung von internen und externen Kontextfaktoren, Beziehungsmerkmalen sowie der Gestaltung und des Erfolgs der Kostenrechnung in einer empirischen Untersuchung nahm sich diese Arbeit eines Defizits des Standes der Kostenrechnungsforschung an.

Erneut wurden für die wesentlichen Zusammenhänge des Forschungsmodells ***Hypothesen*** abgeleitet. Sieben Forschungshypothesen stellten eine Beziehung zwischen dem Kontext und der Gestaltung des Kostenrechnungssystems her.[4] Sie verbanden vor allem die untersuchungsspezifische Definition der Kostenrechnung mit systemtheoretischen Ideen, die eine Korrespondenz der Komplexitäts- und Dynamikmaße auf allen drei Ebenen des Forschungsmodells (externer Kontext, interner Kontext, Kostenrechnung) erwarten ließ. Zusätzlich wurde für die Größenabhängigkeit der Systemkomplexität der Kostenrechnung auf die umfangreichen Re-

---

1 Vgl. Abschnitt 4.1.3 Das Forschungsmodell im Überblick.
2 Vgl. Abschnitt 4.1 Ableitung des Forschungsmodells.
3 Vgl. Abschnitt 4.1.3 Das Forschungsmodell im Überblick.
4 Vgl. Abschnitt 4.2.1 Die Beziehung Kontext – Kostenrechnungssystem.

sultate bisheriger Studien rekurriert, während der Einfluß der strategischen Ausrichtung der Geschäftseinheit auf die Gestaltung der Kostenrechnung die aktuelle theoretische Diskussion um eine Strategieorientierung der Kostenrechnung aufgriff. In zwei Forschungshypothesen wurde eine erfolgsfördernde Wirkung einer hohen Systemkomplexität und -dynamik der Kostenrechnung postuliert.[1] Drei weitere Forschungshypothesen stellten eine Beziehung zwischen der Dienstleistungsqualität der Kostenrechnung und den Beziehungsmerkmalen Kontakthäufigkeit, User Involvement und Konfliktausmaß her.[2]

Die insgesamt zwölf Forschungshypothesen wurden anhand von ***multiplen linearen Regressionsmodellen*** überprüft, die auf Angaben von 315 Managern aus 105 Geschäftseinheiten basierten. Je Geschäftseinheit konnte auf drei Fragebögen des General Managers, des Marketing-/Vertriebsleiters und des Kostenrechnungsverantwortlichen zurückgegriffen werden. Aus dieser Datenbasis wurde für die Messung der Variablen eine bewußte Auswahl getroffen.[3] Ein derartig aufwendiger, in bisherigen Kontingenzstudien zur Kostenrechnung nicht zu findender Ansatz, auf mehrere Informanten in jeder der mehr als 100 Untersuchungseinheiten zurückzugreifen, bot ein besonders hohes Potential, eine valide und zuverlässige Messung zu erzielen. Im Rahmen der Dependenzanalysen widmeten sich zwei multiple lineare Regressionsanalysen der Kontextabhängigkeit der Systemkomplexität bzw. Systemdynamik der Kostenrechnung, wobei beide Modelle als exogene Variablen die internen und externen Komplexitäts- und Dynamikmaße, die Größe der Geschäftseinheit und die beiden Variablen für die Wettbewerbsstrategie enthielten. Mit den fünf Forschungshypothesen zum Zusammenhang von einerseits System- und Beziehungsmerkmalen der Kostenrechnung und andererseits der Dienstleistungsqualität beschäftigte sich ein drittes multiples lineares Regressionsmodell.

Die drei beschriebenen Regressionsanalysen führten bei der Überprüfung der Forschungshypothesen zu folgenden ***Resultaten***:[4]

- Die Hypothesen zur Kongruenz der Komplexitäts- und Dynamikmaße für den externen Kontext und das Kostenrechnungssystem konnten empirisch nicht bestätigt werden. Die Gestaltung des Systems erfolgt somit unabhängig von Marktgegebenheiten.
- Die Ergebnisse der Regressionsanalysen validierten drei der fünf Forschungshypothesen zu einem Zusammenhang des internen Kontextes und der Dimensionen des Kostenrechnungssystems. Die Systemkomplexität steigt mit einer zunehmenden internen Komplexität und mit der Größe der betrachteten Geschäftseinheit. Je dynami-

1 Vgl. Abschnitt 4.2.2 Erfolgsauswirkungen von Systemmerkmalen.
2 Vgl. Abschnitt 4.2.3 Erfolgsauswirkungen von Beziehungsmerkmalen.
3 Vgl. Abschnitt 4.3.1 Die Messung der relevanten Konstrukte.
4 Vgl. Abschnitt 4.3.3 Die Ergebnisse der empirischen Analysen.

scher die interne Umgebung, um so höher ist auch die Systemdynamik der Kostenrechnung. Allerdings mußte festgestellt werden, daß die strategische Ausrichtung nicht den Einfluß auf die Systemdynamik hat, die in den Forschungshypothesen postuliert wurde.

- Die fehlende Anpassung der Systemparameter ist jedoch als weniger bedenklich anzusehen, als es in den Forschungshypothesen zur direkten Beziehung von Systemmerkmalen und der Dienstleistungsqualität der Kostenrechnung zum Ausdruck kommt. Diese beiden Hypothesen konnten von empirischen Argumenten nicht unterstützt werden, da keiner der entsprechenden Regressionskoeffizienten signifikant von Null differierte.
- Die Aussagen der drei Forschungshypothesen zu einer erfolgskritischen Rolle von Beziehungsparametern entsprechen den Resultaten der Regressionsanalyse auf die Dienstleistungsqualität. Die wahrgenommene Dienstleistungsqualität der Kostenrechnung läßt sich somit steigern, indem das User Involvement und die Kontakthäufigkeit der Manager zur Kostenrechnung erhöht und das Konfliktausmaß zwischen Kostenrechnern und Managern verringert wird.

Unabhängig von den theoretisch entwickelten Forschungshypothesen wurden überdies moderierte Regressionsanalysen mit einem multiplikativen Interaktionsterm auf dem beschriebenen Datensatz durchgeführt, um einen potentiellen Einfluß der Kontextvariablen auf den Zusammenhang zwischen den System- und Beziehungsparametern auf der einen Seite und der wahrgenommenen Dienstleistungsqualität der Kostenrechnung auf der anderen Seite ausfindig zu machen. Dabei konnte jedoch für keinen der Kontextfaktoren eine moderierende Wirkung ermittelt werden, weshalb der kontextunabhängige Charakter der Beziehungseigenschaften als Erfolgsfaktoren erhalten blieb.

Bezüglich der Forschungsfragen bleibt damit festzuhalten, daß interne und externe Kontextfaktoren von Kostenrechnungsverantwortlichen bei der Gestaltung ihrer Systeme nur teilweise beachtet werden. Marktbezogene und strategische Faktoren wirken sich nicht signifikant auf die Systemparameter der Kostenrechnung aus. Hinsichtlich der Gestaltungsparameter, über die Kostenrechner zur Beeinflussung des Erfolgs ihrer Tätigkeit verfügen, deuteten konzeptionelle und empirische Argumente auf die beträchtliche Bedeutung von Beziehungsmerkmalen hin; die in den empirischen Analysen enthaltenen Systemparameter der Kostenrechnung hatten im Gegensatz dazu keinerlei Einfluß auf den Erfolg der Kostenrechnungsaktivitäten.

Aus einer Verbindung der vorgestellten Ergebnisse der Dependenzanalysen und zusätzlichen deskriptiven Resultaten der empirischen Erhebung ergaben sich einige ***Schlußfolgerungen*** für eine serviceorientierte Gestaltung der Kostenrechnung in deutschen Industrieunternehmen.[1] Als einer der beiden Hauptkritikpunkte an der Kostenrechnungspraxis wurde zu Beginn dieser Arbeit eine ungenügende Beachtung von Umgebungsfaktoren und ihrer Veränderungen identifiziert.[2] Die Ergebnisse der empirischen Erhebung bei 360 Managern in mehr als 100 Geschäftseinheiten in deutschen Industrieunternehmen des verarbeitenden Gewerbes bestätigen diese theoretischen Erkenntnisse. Die interne Kundenorientierung der Kostenrechnung war zum Zeitpunkt der Erhebung relativ gering, und die Kostenrechnung wurde ohne eine explizite Berücksichtigung von marktbezogenen und strategischen Variablen gestaltet.

Trotz dieser sowohl theoretisch als auch empirisch aufgezeigten Defizite konnte auf Basis der Forschungsergebnisse dieser Untersuchung keine verstärkte Rücksichtnahme auf Kontextfaktoren empfohlen werden. Zwei Gründe wurden dafür angeführt:

- Die Kostenrechnungssysteme sind derzeit von einer sehr hohen Komplexität gekennzeichnet. Über das Umfeld die Systemkomplexität zusätzlich zu erhöhen und so von den Kostenrechnungsverantwortlichen weitere Ressourcen für das Systemmanagement zu binden, erscheint deshalb wenig sinnvoll.

- Für die Systemparameter konnten keine signifikanten Erfolgswirkungen empirisch validiert werden. Andere Faktoren besitzen im Gegensatz dazu ein erhebliches Erfolgspotential.

Deshalb wurden aus den Resultaten dieser Arbeit – insbesondere aus den Ergebnissen der empirischen Analyse des zweiten Forschungsmodells – Empfehlungen für eine Umverteilung der Kostenrechnungsressourcen abgeleitet. Die Kostenrechner sollten versuchen, sich von einer Fokussierung auf die Optimierung der Kostenrechnungssysteme hin zu einem systematischen Gestaltung der Beziehungen zu ihren internen Kunden, dem Management, zu entwickeln. Auf diese Weise sollten Kostenrechner in der Lage sein, ihre interne Kundenorientierung, die Dienstleistungsqualität der Kostenrechnung und mittelbar auch den Unternehmenserfolg zu steigern. Die Regressionsanalyse auf die wahrgenommene Dienstleistungsqualität der Kostenrechnung zeigte mit der Kontakthäufigkeit, dem User Involvement und dem Konfliktausmaß mögliche Ansatzpunkte. Der interne Kunde und seine Bedürfnisse müssen zum zentralen Maßstab der Kostenrechnungsaktivitäten werden.

---

[1] Vgl. Abschnitt 4.4 Schlußfolgerungen für eine serviceorientierte Kostenrechnung.

[2] Vgl. Abschnitt 1.2 Die Zielsetzung der Untersuchung.

5.2 Grenzen der Untersuchung und Identifikation weiteren Forschungsbedarfs

Wie die Zusammenfassung der Forschungsergebnisse im vorangegangenen Abschnitt verdeutlichte, gelang es mit der vorliegenden Untersuchung, einige Defizite in der Kostenrechnungsforschung aufzuarbeiten. Nicht nur in der Art und dem Umfang der empirischen Analyse wurde im Bereich der Kostenrechnung Neuland betreten, sondern auch die theoretische Aufarbeitung der Rollen der Kostenrechnung und die konzeptionelle Ableitung der beiden Forschungsmodelle trägt zu einer Weiterentwicklung des Standes der Forschung bei. Diese wenigen Facetten veranschaulichen die Erkenntnisse dieser Untersuchung in einer wissenschaftlichen Perspektive. Wie bei jedem wissenschaftlichen Erkenntnisprozeß sind auch für diese Arbeit Aussagegrenzen zu beachten. Diese sollen an dieser Stelle diskutiert werden, um gleichzeitig Anknüpfungspunkte für weiteren Forschungsbedarf aufzuzeigen.

Unter Berücksichtigung der expliziten Verbindung einer sachlich-analytischen mit einer quantitativ-empirischen Forschungsstrategie sollen die Grenzen der Untersuchung und die Identifikation eines weiteren Forschungsbedarfs in zwei separaten Schritten erfolgen. Bevor sich die Argumentation diesen beiden Punkten zuwendet, sei an dieser Stelle noch einmal auf die ausführliche forschungstheoretische Einordnung dieser Arbeit hingewiesen.[1] Die Geltung der hier erzielten Forschungsergebnisse ist an die dargestellten Fundamente der Arbeit geknüpft. Die sich aus diesem Forschungsansatz ergebenden Interpretationsgrenzen werden daher hier nicht noch einmal aufgeführt.

KONZEPTIONELLE UNTERSUCHUNGSGRENZEN UND WEITERER FORSCHUNGSBEDARF

Im Mittelpunkt dieser Arbeit stand einerseits die Untersuchung von möglichen Rollen einer Kostenrechnung und andererseits die Ableitung von Gestaltungsempfehlungen für eine erfolgreichere Kostenrechnung.[2] Um unter den Restriktionen des Umfangs der theoretischen und empirischen Analysen zu gültigen Aussagen zu gelangen, wurde auf die Diskussion bestimmter ***angrenzender Themen*** verzichtet. So wurde bei der Schilderung der Ausgangspunkte der Untersuchung auf zwei Themenbereiche hingewiesen, die in der aktuellen Diskussion um einen Veränderungsbedarf der Kostenrechnung eine hohe Relevanz besitzen:[3]

- Gerade im Rahmen der Globalisierungstendenzen in der externen Rechnungslegung findet eine intensive Erörterung der Konvergenz von externem und internem Rech-

---

[1] Vgl. insbesondere Abschnitt 2.2 Der Forschungsansatz der Arbeit.

[2] Vgl. Abschnitt 1.2 Die Zielsetzung der Untersuchung.

[3] Vgl. Abschnitt 1.1.2.1 Veränderungen im Umfeld der Kostenrechnung.

nungswesen statt.[1] Dabei spielt die Steuerungsrelevanz von Rechnungsweseninformationen eine sehr wichtige Rolle. Die Verbindung dieser Fragestellung zur Übersicht möglicher Kostenrechnungszwecke ist offensichtlich. Obwohl dem Kostenrechner mit der umfassenden Rollendiskussion eines Informationsinstruments Kostenrechnung einige Argumente für eine eigenständige Kostenrechnung präsentiert wurden, so muß doch festgehalten werden, daß die vorliegende Arbeit vor allem in der empirischen Analyse die Abgrenzungsfragen der Kostenrechnung zum externen Rechnungswesen vernachlässigt. Zukünftige Studien, für die diese Untersuchung in anderer Hinsicht viele Vorleistungen erbracht hat, müssen derartige Fragestellungen für eine vollständige Abbildung der aktuellen Entwicklungen berücksichtigen.

- Moderne Informationsinstrumente wie Shareholder-Value-Analysen oder Balanced Scorecards stellen eine ernstzunehmende Konkurrenz für die Kostenrechnung dar, wurden aber in den theoretischen und empirischen Analysen – unabhängig von der Kostenrechnungskritik im einführenden Kapitel – nicht explizit erwähnt. Zweifellos könnte eine vergleichende Analyse des Umgangs mit derartigen Informationsarten wesentlich zu einem tieferen Verständnis des Informationsverhaltens des Managements beitragen und so Ansatzpunkte für eine zielgerichtetere Gestaltung von Informationssystemen bieten. Ergänzend dazu lassen sich möglicherweise die Erkenntnisse dieser Arbeit auf die Beziehung anderer Lieferanten von Informationen an das Management übertragen. Zukünftige Forschungsaktivitäten können hier anschließen.

Einer Verfeinerung der ***Konzeptualisierung*** des Erfolgs der Kostenrechnung scheint bei der hohen Bedeutung dieser Frage für eine zielgerichtete Gestaltung der Kostenrechnungsaktivitäten geboten. Diese Arbeit nutzte die wahrgenommene Dienstleistungsqualität als Erfolgsindikator unternehmensinterner Kunden-Lieferanten-Beziehungen. Dieser merkmals- und kundenorientierte Meßansatz faßte die Angaben in drei Qualitätsdimensionen zusammen. Folgende Anknüpfungspunkte ergeben sich auf diesem Gebiet:

- Einerseits besteht ein erheblicher Forschungsbedarf für eine Erhöhung der Güte dieses subjektiven Meßansatzes. Für einige der im Rahmen dieser Untersuchung benutzten Indikatoren konnten zwar viele theoretische Gründe für eine Einbeziehung in das Meßinstrument gefunden werden, die Validitäts- und Reliabilitätsindikatoren zeigten aber teilweise meßtechnische Schwächen.[2] Weitere empirische Analysen sind für diese Indikatoren erforderlich, um eine höhere Konsistenz von konzeptionellen und empirischen Belegen zu erzielen. Derartige Replikationsstudien können durchaus zu zweckmäßigen Modifikationen der Meßinstrumente führen.

---

1 Vgl. exemplarisch Küting, K. / Lorson, P. 1998c.

2 Vgl. Abschnitt 3.4.2 Die Operationalisierung der Konstrukte.

- Andererseits erlauben breitere Forschungsbemühungen auf dem Gebiet der empirischen Erfolgsmessung von Informationsdienstleistungen den Aufbau einer Erfahrungsbasis, aus der letztlich objektive Meßinstrumente entstehen könnten. Für einige Erfolgsmaßstäbe der Kostenrechnung wie der Nutzungshäufigkeit oder der Systemqualität liegen schon sporadisch gewonnene Erkenntnisse zum Einsatz objektiver Erfolgsindikatoren vor.[1] Diese Erfolgskennzahlen sind in der Unternehmenspraxis bedeutend einfacher zu implementieren als sich Akzeptanz für subjektive Erfolgsmaße finden läßt. Deshalb sollten diese Instrumente parallel zu den subjektiven Meßansätzen weiterentwickelt werden.

Als eine letzte Restriktion der Untersuchung muß auf die Größenabhängigkeit der Gestaltung der Kostenrechnung eingegangen werden. Die empirischen Analysen für deutsche Industrieunternehmen bezeugten erneut die außerordentliche Bedeutung dieses Kontextfaktors für die Kostenrechnung. Vor diesem Hintergrund erscheint es sehr lohnend, in einer spezifischen Untersuchung für kleine und mittlere Unternehmen die hier behandelten Forschungsfragen wieder aufzugreifen und die erzielten Ergebnisse auf die Validität im neuen Kontext zu überprüfen. Obwohl einige, auch empirische Studien für die Kostenrechnungspraxis kleiner und mittlerer Unternehmen durchaus vorliegen, sind Themen wie die Art der Verwendung von Kostenrechnungsinformationen oder die Beeinflußbarkeit des Kostenrechnungserfolgs noch nicht explizit adressiert worden.

Empirische Untersuchungsgrenzen und weiterer Forschungsbedarf

Die empirisch bedingten Aussagegrenzen ergeben sich in erster Linie aus dem gewählten Vorgehen in der Datenerhebung und der daraus entstandenen Datenbasis für die empirischen Analysen.[2] Die Datenerhebung setzte an einer geschichteten zufälligen Auswahl von deutschen Unternehmen des verarbeitenden Gewerbes in dessen wichtigsten fünf Branchen an. Dadurch kann zwar von einer gewissen Gültigkeit der Untersuchungsergebnisse für die Unternehmen des verarbeitenden Gewerbes und damit einen Großteil der Industrieunternehmen in Deutschland ausgegangen werden, obgleich der exakte Nachweis der Geltung der Resultate für andere industrielle Branchen noch zu erbringen ist.

Allerdings wird auf diese Weise ein Wirtschaftsbereich vollständig ausgeschlossen, der mehr und mehr an Bedeutung gewinnt.[3] Für ***Dienstleistungsunternehmen*** haben Aussagen, die im industriellen Kontext gewonnen wurden, nicht notwendigerweise Gültigkeit. Prinzipiell

---

1 Vgl. Abschnitt 3.3.1 Erfolgsmaßstäbe von Informationssystemen.
2 Vgl. Abschnitt 2.5 Datenerhebung und Datenbasis.
3 Vgl. exemplarisch Bruhn, M. 1997, S. 1-3.

spricht die große Bedeutung einer hohen internen Servicequalität für die Erzielung einer hohen externen Dienstleistungsqualität[1] für eine Relevanz der Erkenntnisse dieser Arbeit auch im Zusammenhang mit Dienstleistungsunternehmen. Nichtsdestotrotz besteht die Möglichkeit, daß sich Unterschiede in der Konzeptualisierung bzw. Operationalisierung von Begriffen und in der Signifikanz bestimmter Beziehungen ergeben. Die eingehende Behandlung dieser Problematik bleibt kommenden Forschungsaktivitäten vorbehalten.

Eine weitere Restriktion ergibt sich aus der ausschließlichen Befragung von in Deutschland ansässigen Geschäftseinheiten von Unternehmen. Im deutschsprachigen Raum besitzt die Kostenrechnung ein besondere Tradition, so daß die Frage nach der Gestaltung von Kostenrechnungssystemen in Unternehmen außerhalb von Deutschland grundsätzlich andere Resultate erwarten läßt. Ein Indiz für bedeutende Unterschiede zwischen internationalen und deutschen Studien konnte im Rahmen dieser Arbeit bei der Rollendiskussion gefunden werden. Interpersonelle Aspekte hatten mit Ausnahme der Verhaltenssteuerung in der deutschen Kostenrechnungsforschung kaum Gewicht, während international in diesem Bereich ein erhebliches Potential für den Einsatz der Kostenrechnung aufgezeigt wurde.[2] Eine ***Internationalisierung*** des Ansatzes dieser Forschungsaktivitäten zur Ableitung von Empfehlungen zu einer serviceorientierten Gestaltung der Kostenrechnung scheint deshalb lohnend.

Die empirische Erhebung dieser Arbeit war als eine Querschnittuntersuchung konzipiert. Für die Ablehnung einer ***Längsschnittuntersuchung*** sprachen vor allem Zeit- und Kostenargumente. Gerade bei der Analyse von Wirkungen bestimmter Kontextveränderungen oder der Beeinflußbarkeit des Kostenrechnungserfolgs durch Veränderungen in Beziehungen und Systemen stellt eine Studie von Kostenrechnungen im Zeitablauf die adäquate Untersuchungsmethode dar. Eine derartige Untersuchung wäre eine lohnende Ergänzung der in dieser Arbeit gewählten Erhebungsform.

Der nächste Ansatzpunkt für zukünftige Forschungsarbeiten betrifft die ***Zielgruppe*** der Datenerhebung. Zwischen den beiden internen Kundengruppen, die in der Fragebogenerhebung dieser Arbeit angesprochen wurden, konnten signifikante Unterschiede beispielsweise in der Einschätzung der internen Kundenorientierung der Kostenrechnung registriert werden.[3] Die Befragung anderer Empfänger der Kostenrechnungsinformationen wie Manager in der Produktion oder in der Forschung und Entwicklung ergibt sich damit als eine Erweiterung des Forschungsdesigns dieser Studie. Ein solches Vorgehen ist mit einer hohen Komplexität der Da-

1 Vgl. exemplarisch Lukas, B.A. / Maignan, I. 1996, S. 185.
2 Vgl. Abschnitt 3.2.1 Das Spektrum möglicher Kostenrechnungsrollen.
3 Vgl. Abschnitt 4.4 Schlußfolgerungen für eine serviceorientierte Kostenrechnung.

tenerhebung und -analyse verbunden. Als möglicher Ausweg aus diesem Dilemma bietet sich eine Fallstudienmethodik an, mit der gleichzeitig der Bedarf einer detaillierten Analyse von Erfolgsgrößen der Kostenrechnung erfüllt werden kann und Chancen für einen Rückgriff auf die komplexen Beziehungsstrukturen der Kostenrechnung in der Unternehmenspraxis bestehen.

Die Überprüfung der ***Güte der Meßinstrumente*** dieser Arbeit läßt ein weiteres Verbesserungspotential erkennen, das zukünftige Kontingenzstudien zur Kostenrechnung ausschöpfen sollten. Die Messung der Konstrukte der Wettbewerbsstrategie oder der Systemparameter der Kostenrechnung überschreitet nicht durchgängig die entsprechenden Grenzwerte der Kriterien zur Beurteilung der Validität und Reliabilität. Die Meßinstrumente sollten deshalb in neuen empirischen Erhebungen kritisch geprüft werden.

Eine letzte empirische Restriktion dieser Untersuchung ist in den benutzten Datenanalysen und ihrer Leistungsfähigkeit zu finden. Komplexe Beziehungsstrukturen wie diejenigen zwischen den drei Kostenrechnungsrollen, dem Grad der wahrgenommenen Umweltsicherheit und der Dienstleistungsqualität der Kostenrechnung[1] oder aber die im mehrstufigen Forschungsmodell abgebildeten Zusammenhänge zwischen Kontextvariablen, möglichen Erfolgsfaktoren und der Dienstleistungsqualität[2] verlangen komplexe Datenanalyseverfahren. Diese Arbeit nutzte verschiedene Varianten der multiplen linearen Regressionsanalyse. Der Umfang der Stichprobe erlaubte nicht die Anwendung anderer Methoden wie Strukturgleichungsmodellen[3] oder Clusteranalysen.[4] Der Einsatz dieser Verfahren läßt jedoch die genauere Untersuchung der Beziehung zwischen Rollen, Kontext und Erfolg der Kostenrechnung[5] sowie die Entdeckung weiterer Zusammenhänge erwarten, wodurch die Identifikation wieterer Kontextfaktoren bzw. Erfolgsfaktoren der Kostenrechnung möglich wäre. Die Erklärungswerte der Regressionsanalysen lassen auf ein dementsprechendes Potential schließen.[6] Letztlich besteht durch einen höheren Stichprobenumfang und die damit einsetzbaren Datenanalyseverfahren die begründete Hoffnung, die Frage nach der Signifikanz der theoretisch postulierten und empirisch aufgezeigten Unterschiede im situationsabhängigen Einfluß der Kostenrechnungsapparate auf die Servicequalität[7] abschließend zu klären.

---

1 Vgl. Abb. 8 in Abschnitt 3.4.1 Forschungshypothesen.

2 Vgl. Abb. 11 in Abschnitt 4.1.3 Das Forschungsmodell im Überblick.

3 Vgl. Abschnitt 2.4 Das grundlegende Forschungsdesign.

4 Vgl. u.a. Steinhauser, D. / Langer, K. 1977; Aldenderfer, M.S. / Blashfield, R.K. 1984; Everitt, B.S. 1995; Bacher, J. 1996; Kaufmann, H. / Pape, H. 1996.

5 Vgl. Abschnitt 3.4 Der Zusammenhang von Rollen, Unsicherheit und Dienstleistungsqualität.

6 Vgl. Abschnitt 4.3.3 Die Ergebnisse der empirischen Analysen.

7 Vgl. Abschnitt 3.4.4 Übersicht über die Ergebnisse der Analysen.

5.3 Management-Empfehlungen für eine hohe Dienstleistungsqualität der Kostenrechnung

Trotz der vielfältigen Ansatzpunkte für weitere Forschungsarbeiten, die auch die Grenzen der vorliegenden Untersuchung deutlich vor Augen führten, konnten über die konzeptionellen und empirischen Argumente dieser Arbeit viele Erkenntnisse gewonnen werden, die einen hohen praktischen Nutzen versprechen. Diese Forschungsresultate wurden in mehreren Schritten entwickelt und in den drei Bestandteilen der Zusammenfassung auf ihre Kernaussagen reduziert. Für den an der Kostenrechnungspraxis interessierten Manager halten sie vielfältige Anregungen zur Steigerung des Erfolgs der Informationsdienstleistung Kostenrechnung bereit. In diesem letzten Abschnitt der Arbeit werden die Erkenntnisse für praktische Zwecke systematisiert und präsentiert. Ein praxisorientierter Leitfaden, der im folgenden ausführlich vorgestellt wird, integriert die Erkenntnisse der empirischen Erhebung dieser Untersuchung und weiterer Forschungsaktivitäten wie die des Arbeitskreises „Benchmarking des Controlling".[1]

FORMULIERUNG EINER PHILOSOPHIE FÜR DIE KOSTENRECHNUNG

Wie ausführlich im Rahmen dieser Untersuchung diskutiert, verfügt die deutsche Kostenrechnung über eine lange historische Tradition, in deren Verlauf eine Vielzahl von Einsatzfeldern für dieses Informationsinstrument identifiziert wurde. Die hohe Bedeutung der Kostenrechnung in der Unternehmenspraxis kann zu einem wesentlichen Anteil gerade auf diese Diversität der Systeme und Informationen unter einer einheitlichen Bezeichnung zurückgeführt werden. Vor dem Hintergrund eines zunehmenden Wettbewerbs mit anderen Informationssystemen muß eine derartige unscharfe Begriffsbestimmung aber eher als Schwäche denn als Erfolgsfaktor angesehen werden.

Die internen Wettbewerber der Kostenrechnung entstanden in der Regel aus einer konkreten Problemstellung heraus. Für sie fällt es nicht schwer, die speziellen Einsatzfelder und die damit verbundenen Absichten aufzuzeigen. Diese Anforderungen werden ebenso auf die Kostenrechnung übertragen. Für sie gilt es, die eigene Rolle und den entsprechenden Wertschöpfungsbeitrag zu definieren und gegenüber anderen Funktionen abzugrenzen. Ziel und Ergebnis dieses Prozesses ist in der Regel ein ***Leitbild***, das Werte und Normen der Arbeit der Kostenrechner, eine Definition der Kunden und der kundenspezifischen Wertschaffung sowie die unternehmensinterne Rolle der Kostenrechnung explizit und verbal beschreibt.

---

1 Vgl. Weber, J. / Aust, R. 1997, S. 37-43; Weber, J. / Weißenberger, B.E. / Aust, R. 1997b, S. 33; Homburg, C. et al. 1998a, S. 39-47; Homburg, C. et al. 1998c, S. 58 f.; Weber, J. / Aust, R. 1998a, S. 22; Weber, J. / Aust, R. 1998b, S. 138 f.; Weber, J. / Aust, R. 1998e, S. 276 f.

„Leitbilder erfüllen ihre Aufgabe nur dann, wenn sie aufwendig erarbeitet wurden und ständige Reflexion erfahren."[1] Ein Nutzen für die Kostenrechnung und ihre Informationsprodukte entsteht also nicht nur aus der Formulierung des Leitbildes selbst, sondern allein der ***Entstehungsprozeß*** führt schon zu Lerneffekten:[2]

- Strategisches Denken für die Kostenrechnung selbst wird gefördert. Die in die Entwicklung des Leitbildes involvierten Kostenrechner erweitern ihre Kenntnisse bezüglich möglicher Rollen der Kostenrechnung und den damit verbundenen Folgen für die Gestaltung des Systems.
- Gleichzeitig wird auf einer eher operativen Ebene bei jedem Kostenrechner Wissen über die Aufgaben einzelner Kostenrechner in verschiedenen Organisationseinheiten (beispielsweise in Werken, Vertriebsniederlassungen oder Zentralabteilungen) geschaffen. Abstimmungs- und Koordinationsprozesse können so leichter erfolgen.
- Die Diskussion des Leitbildes schafft einheitliche Denkmuster bzw. ein gemeinsames Verständnis für bestimmte Sachverhalte bei allen Kostenrechnern. Erneut wirkt sich dies förderlich für die kostenrechnungsinterne Kommunikation und Koordination aus.

Das gemeinsam entwickelte Leitbild kann nach seiner Formulierung als Basis einer aktiven ***Kommunikationspolitik*** der Kostenrechnung mit anderen Bereichen benutzt werden. Mit diesen Formulierungen haben die Kostenrechner festgehalten, welche Zwecke der Kostenrechnung in dem jeweiligen Unternehemen relevant sind und auf welche Art und Weise sie diese Zielvorstellung verfolgen werden.

Identifikation von internen Kundengruppen

Nachdem die Fundamente der Kostenrechnungsaktivitäten mit dem Leitbild gelegt sind, müssen im nächsten Schritt die internen Kunden der Kostenrechnung identifiziert werden. In der Vergangangeit wurde die Kostenrechnung – wie schon erwähnt – stark angebotsorientiert betrieben: Oftmals bestimmten die Kostenrechner den Aufbau und die Inhalte ihrer Rechnungen und Analysen, bevor sie mit ihren Produkten an die Informationsempfänger herantraten. Der außerordentliche Aufwand, der mit der Implementierung und Anpassung moderner Standardsoftware verbunden ist, verstärkte diese Problematik noch zusätzlich. In empirischen Studien mußte als Folge einer Vernachlässigung der systematischen Suche nach und konsequenten

[1] Weber, J. 1998, S. 343.

[2] Vgl. ähnlich Weber, J. 1998, S. 335.

Einbindung von internen Kunden festgestellt werden, daß bei den Informationsempfängern zumindest teilweise Resignation[1] und Fatalismus[2] vorzufinden sind.

Derartige Tatsachen führen das Erfordernis einer zielgerichteten Suche nach neuen und alten internen Kunden der Kostenrechnung deutlich vor Augen. Als erstes gilt es für die Kostenrechner, die Zahl der potentiellen Nutzer der Informationsdienstleistung Kostenrechnung zu ermitteln. Das ***„Marktpotential"*** der Kostenrechnung sollte unter Berücksichtigung bestehender und möglicher neuer interner Kunden-Lieferanten-Beziehungen in Abgrenzung zu potentiellen Wettbewerbern ergründet werden. Folgende erste Ideen können bei diesem Schritt behilflich sein:

- Das Nutzenpotential der Kostenrechnung ist nicht auf bestimmte Funktionen oder Organisationsebenen beschränkt. Zentral und dezentral finden sich mögliche Kundengruppen – angefangen von der Unternehmensleitung über funktionale Manager bis hin zur Unterstützung der Verantwortlichen in dezentralen Geschäftseinheiten. Beispielsweise sind Prozeßbeschreibungen und entsprechende Kostenzuordnungen für eine Distributionslogistik von erheblicher Bedeutung. Vertriebsaktivitäten lassen sich genauso über bestimmte Deckungsbeiträge steuern, wie ein Target Costing im Bereich Forschung und Entwicklung eingesetzt werden kann.

- Der Bereich Marketing und Vertrieb muß bisher als eine vernachlässigte interne Kundengruppe angesehen werden.[3] Diese These läßt sich auch mit den Resultaten der empirischen Erhebung dieser Arbeit bekräftigen, da die Marketingmanager die Kostenrechnung systematisch schlechter beurteilen als die General Manager.[4] Die Marketing- und Vertriebsleiter erscheinen deshalb als ein unentdecktes Kundenpotential der Kostenrechnung.

- Selbst unternehmensextern lassen sich (neue) potentielle Kunden der Kostenrechnung identifizieren. Finanzanalysten streben einen immer tiefere Einblick in die internen Strukturen und Abläufe an. Sie begnügen sich vielfach nicht mit den Informationen des externen Rechnungswesens. Vor diesem Hintergrund nimmt natürlich auch die Bedeutung der Manager im Finanzenbereich als wichtiger Empfänger von Kostenrechnungsinformationen zu, da sie als Kontaktperson zu den Kapitalmärkten fungieren.

---

1 Vgl. Homburg, C. et al. 1998a, S. 31 f.

2 Vgl. Weber, J. / Aust, R. 1997, S. 26 f.

3 Vgl. exemplarisch Homburg, C. / Daum, D. 1997a, S. 404 und 1997b, S. 19-27.

4 Vgl. Homburg, C. et al. 1998a, S. 25-30.

Auf die beschriebene Art und Weise kann die Zahl der potentiellen Kostenrechnungskunden geklärt werden. Diese erste Maßnahme genügt jedoch nicht, um eine nützliche Ausgangsbasis für die nächsten Schritte zu einer erfolgreicheren Kostenrechnung zu schaffen. Eine Einteilung aller internen Kunden in voneinander abgrenzbare Segmente erleichtert die kundenindividuelle Gestaltung der Kostenrechnung erheblich. Jedes der ***Kundensegmente*** sollte solche Kunden erfassen, die ähnliche Anforderungen an die Kostenrechnung stellen, während die Kundensegmente untereinander möglichst heterogen sein sollten.

Wie an dieser Maßnahme deutlich wird, lassen sich Ideen aus dem unternehmensexternen Kontext sinnvollerweise auf interne Märkte übertragen. Gleiches gilt neben der gerade geschilderten Kundensegmentierung auch für eine interne Marktforschung zur Emittlung der segmentspezifischen Kundenbedürfnisse. Als Instrumente der internen Marktforschung können Interviews mit einzelnen Kunden, Gruppendiskussionen oder in bestimmten Fällen auch schriftliche Befragungen vorgenommen werden. Beispielsweise läßt sich das Lead-User-Konzept[1] auf die Kostenrechnung anwenden: Neue Berichte oder Analysen können in Pilotanwendungen gemeinsam mit diesen Neuerungen besonders von aufgeschlossenen Nutzern auf ihre Substanz und Akzeptanz geprüft werden, bevor diese neuen Kostenrechnungsprodukte mit großem Aufwand für eine große Kundengruppe zugänglich gemacht werden. Positive Erfahrungen mit einem derartigen Vorgehen wurde unter anderem bei der Implementierung von Balanced Scorecards gemacht.[2]

In der empirischen Erhebung konnten einige Ansatzpunkte für eine Kundensegementierung gewonnen werden. Zentrale Merkmale des potentiellen Kostenrechnungskunden wie Funktion, hierarchische Position, Alter bzw. Erfahrungsbasis sowie Qualifikation bzw. Ausbildung können als Differenzierungskriterium herangezogen werden, da sie zu divergierenden Bedürfnisstrukturen führen. So zeigt die Nutzung der Kostenrechnungsinformationen der General Manager andere Merkmale als die der Marketingmanager. Die Kostenrechnung erlangt in verschiedenen Entscheidungsfeldern ihre größte Bedeutung,[3] und die Verwendung der Kostenrechnung als politisches Instrument spielt bei Marketingmanagern eine größere Rolle als bei General Managern.[4] Die Klärung der Frage, ob diese Effekte auf die verschiedenen Funktionen oder hierarchische Positionen zurückzuführen sind, bleibt weiteren Forschungsbemühungen vorbehalten. Ein weiteres Beispiel bezieht sich auf die Bedeutung des Produktwissens für den Erfolg verschiedener Vermarktungsstrategien. Je schwieriger es für die Kunden der Ko-

1 Vgl. exemplarisch Nagel, R. 1993.
2 Vgl. exemplarisch Mountfield, A. / Schalch, O. 1998.
3 Vgl. Homburg, C. et al. 1998a, S. 34 f.
4 Vgl. Homburg, C. et al. 1999.

stenrechnung ist, die Qualität der Dienstleistung zu beurteilen, um so wichtiger ist es für den Kostenrechner, aktiv seine Reputation zu beobachten und zu beeinflussen.[1] Diese Erläuterungen verdeutlichen die Möglichkeiten, anhand von Persönlichkeitsmerkmalen Kundensegmente mit verschiedenen Bedürfnissen zu identifizieren.

ENTWURF VON PRODUKTEN DER KOSTENRECHNUNG

Die über die interne Marktforschung gewonnenen Erkenntnisse entfalten ihre ganze Wirkung erst dadurch, daß sie zusätzlich zur Kundensegmentierung auch in die Gestaltung der Kostenrechnungsprodukte einfließen. Sie bilden den Ausgangspunkt für den Entwurf des Dienstleistungsangebots der Kostenrechnung.

Mit Hilfe ihres detaillierten Wissens über die Bedürfnisse der internen Kunden können die Kostenrechner segmentspezifische ***Kostenrechnungsprodukte*** kreieren. Diese Aufgabe erschöpft sich allerdings nicht in der Frage, ob ein Kostenstellenbericht sinnvoll für ein bestimmtes Kundensegment sein kann. Vielmehr geht es beim Entwurf der Produkte um eine Festlegung von ***Leistungsdimensionen*** und ***Qualitätsstandards***. Damit sind Themen angesprochen wie

- die Aktualität eines Kostenstellenberichts,
- der Detaillierungsgrad einer Produktkalkulation,
- die Höhe des zeitlichen Aufwandes für begleitende Beratungen,
- die Genauigkeit von Verrechnungspreisen,
- der Zyklus der bereichsbezogenen Berichterstattung,
- die Reaktionszeit auf unregelmäßige Anfragen oder
- der Umfang des Ergebnisberichts an die Geschäftsführung.

Die Zielvorgaben für derartige Produktmerkmale sind gemeinsam mit den internen Kunden festzulegen. Die erfolgskritische Rolle des User Involvment, die sich aus den empirischen Analysen ergab,[2] wird an dieser Stelle deutlich, denn die Priorisierung bestimmter Produkte und Leistungsdimensionen kann nur aus Kundensicht erfolgen – er setzt die Qualitätsstandards, nicht der Kostenrechner. Beim Kostenrechner bleibt allerdings die Verantwortung, die Konsequenzen einer Umsetzung von Wünschen seiner internen Kunden aufzuzeigen. Die Messung und entsprechende Offenlegung des Preises bzw. der Kosten von Kostenrechnungsprodukten verstärkt zwar – unabhängig von einer tatsächlichen Belastung des Managers mit diesen Kosten – die Konkurrenzsituation der Kostenrechnung zu anderen Informationsinstru-

---

1 Vgl. Weber, J. 1997c, S. 13 f.

2 Vgl. Abschnitt 4.3.3 Die Ergebnisse der empirischen Analysen.

menten; jedoch ist diese Vorgehensweise der einzige Weg, zu wirtschaftlich gerechtfertigten Informationsaktivitäten zu gelangen. Die Kostenrechnung muß sich somit dem harten internen Wettbewerb stellen.

Ein erfolgversprechender Schritt zur Steigerung der eigenen Konkurrenzfähigkeit ist die Forcierung des ***Servicegedankens*** in der Kostenrechnung. Die gemeinsam mit den Managern erarbeiteten Informationsangebote sollten durch die Kostenrechner mit adäquaten Beratungen, Erläuterungen oder Trainings verbunden werden. Vor allem in der tagtäglichen Arbeit entfaltet ein hohes Serviceniveau der Kostenrechner seine Wirkung, wenn nicht Zahlenkolonnen, sondern quantitativ fundierte Handlungsalternativen mit ihren Konsequenzen präsentiert werden. Ein solches Niveau der Kostenrechnung ist aber nur dann erreichbar, wenn die in dieser Arbeit empirisch validierten Zusammenhänge berücksichtigt werden: Wissen über die internen Kunden und ihre Probleme wird durch häufige Kontakte aufgebaut, wodurch eine höhere Dienstleistungsqualität erreichbar wird.[1] Bei den Managern wird durch den hohen Interaktionsgrad die Akzeptanz der entsprechenden Produkte gefördert.[2]

Schließlich soll für die Entwicklung von Kostenrechnungsprodukten auf ein spezielles Element von Berichten und Systemen hingewiesen werden, das sich bei den Empfängern von Informationen einer besonderen Wertschätzung erfreut. Verschiedentlich wird auf die Möglichkeiten hingewiesen, über die Nutzung von ***grafischen Elementen*** den Erfolg von Informationsdienstleistungen substantiell zu steigern.[3] Ein prominentes Beispiel ist eine Ampelgrafik, bei der Plan-Ist-Abweichungen nicht – wie sonst üblich – in Prozenten angegeben werden, sondern durch verschiedene Farben symbolisiert werden:[4] Bei substantiellen Abweichungen warnt der Bericht bzw. das entsprechende Element mit Rot; geringe Differenzen werden durch Gelb gekennzeichnet, während die grüne Farbe auf eine Planerfüllung hinweist. Dem Empfänger des Berichts wird so schnell deutlich, welchen Themen er seine besondere Aufmerksamkeit zuwenden sollte.

Entwicklung der erforderlichen Ressourcen

Die Kundenbedürfnisse und die daraus resultierenden Produktwünsche sind aber nur eine Seite der Medaille – auf der anderen Seite sind die Ressourcen zu beachten, die für die Kostenrechnung zur Verfügung stehen bzw. aufzubauen sind. Die Bewertung und Weiterentwicklung aller Potentiale der Kostenrechnung sollte vor dem Hintergrund des gemeinsam mit

---

1 Vgl. erneut Abschnitt 4.3.3 Die Ergebnisse der empirischen Analysen.

2 Vgl. exemplarisch Dickson, G.W. / Senn, J.A. / Chervany, N.L. 1977, S. 921.

3 Vgl. u.a. Dickson, G.W. / Senn, J.A. / Chervany, N.L. 1977, S. 921 und Weber, J. / Aust, R. 1998d, S. 228.

4 Vgl. Weber, J. 1998, S. 324 f.

den internen Kunden entwickelten Dienstleistungsangebots erfolgen. Ziel muß es sein, eine bewußte Ressourcenverteilung und -entwicklung zu erreichen. Einerseits betrifft diese Frage die technischen Voraussetzungen, andererseits sind die Kostenrechner selbst und ihre Fähigkeiten zu berücksichtigen. Eine Priorisierung der im folgenden genannten Ansatzpunkte muß auf einer unternehmensindividuellen Kosten-Nutzen-Betrachtung basieren, weshalb die an dieser Stelle aufgeführten Aussagen zwar den Analyse- und Bewertungsprozeß strukturieren, jedoch nicht das Ergebnis vorwegnehmen.

Bezüglich der ***Kostenrechner und ihrer Kompetenzen*** muß analysiert werden, ob die Kostenrechner in der Lage sind, die Kundenanforderungen umzusetzen. Schwierigkeiten können dabei in zweierlei Hinsicht entstehen: Entweder werden mehr Kostenrechner benötigt oder die derzeit tätigen Kostenrechner verfügen nicht über die erforderlichen Fähigkeiten. Die Kapazitätsfrage ist kurzfristig leichter zu beurteilen und – sei es über die Anpassung des Kostenrechnungsangebots oder der Zahl der Mitarbeiter in der Kostenrechnung – zu lösen. Deutlich komplizierter ist es, die Kompetenzen der Kostenrechner mit den Kostenrechnungsprodukten in Einklang zu bringen. Der Erwerb von Fachkenntnissen und vor allem die Entwicklung von sozialen Fähigkeiten und Verhaltensweisen erfordern viel Zeit. Beispielsweise müssen Kostenrechner vertiefte Kenntnisse über Kapitalmärkte besitzen, wenn sie mit Shareholder-Value-Analysen konfrontiert werden. Die im Rahmen dieser Arbeit so oft erwähnte Serviceorientierung verlangt nach speziellen Qualifikationen im Verhaltensbereich. Als Dienstleister besteht für die Kostenrechner die Notwendigkeit, ihre Informationen und Analysen zu erläutern und den Managern beratend zur Seite zu stehen. Teamfähigkeit und Moderationsbegabung unterstützen ein gekonntes Beziehungsmanagement, mit dem ein geringes Konfliktausmaß – einer der in der empirischen Untersuchung validierten Erfolgsfaktoren[1] – erreichbar wird.

Neben den personellen Ressourcen müssen die ***Systemvoraussetzungen*** mit dem Dienstleistungsangebot der Kostenrechnung abgestimmt werden. Gerade die als so wichtig bezeichnete Nutzung grafischer Elemente setzt voraus, daß zusätzlich zu der vorhandenen betriebswirtschaftlichen Standardsoftware zusätzliche Programme vorhanden sind, die Informationen maschinell grafisch aufbereiten. Zur Vermeidung von Redundanzen und manueller Doppelarbeit müssen Schnittstellen zu anderen betrieblichen Informationssystemen wie beispielsweise den CAD-Systemen in der Forschung und Entwicklung definiert sein. Den Möglichkeiten moderner Software sind dabei (fast) keine Grenzen gesetzt, jedoch ist vor den Gefahren von überdimensionierten EDV-Standard-Systemen zu warnen. Wie die Resultate der empirischen Erhebung, die für diese Arbeit durchgeführt wurde, zeigten, geht mit dem Einsatz von SAP-Modu-

[1] Vgl. Abschnitt 4.3.3 Die Ergebnisse der empirischen Analysen.

len eine hohe Komplexitätseinschätzung der Kostenrechnungssysteme einher.[1] Dieser Fakt erscheint wenig förderlich, will man ein verstärktes Beziehungsmanagement anstreben. Der Kostenrechner sollte deshalb nur diejenigen Softwarekomponenten implementieren, die er für die Erfüllung dauerhafter Kundenbedarfe benötigt, um die Pflege sicherstellen zu können.

Bei allen Veränderungsnotwendigkeiten, die sich aus den Bedarfen der Kostenrechnungskunden, Veränderungen in der externen und internen Umgebung der Kostenrechnung oder durch konkurrierende Informationssysteme ergeben sollten, verbleiben den Kostenrechnern noch immer einige vorerst unverrückbare Stärken. Die Kostenrechner besitzen ein konkurrenzloses Wissen darüber, wie Verbundeffekte zu erkennen und adäquat in Führungs- und Steuerungssystemen zu berücksichtigen sind. Die Frage, wann welche Kosten wie zugerechnet werden müssen, stellt sich auch unabhängig von einem System unter der Bezeichnung Kostenrechnung. Dieses Wissen stellt eine Kernkompetenz der Kostenrechner dar. Daneben besitzen Kostenrechner einen breiten Erfahrungsschatz im Umgang mit einem Teil ihrer potentiellen Kunden. Diese Kenntnisse gilt es für wertvolle Kostenrechnungsprodukte nutzbar zu machen. Ein solcher ressourcenorientierter Ansatz[2] zur Entwicklung eines wettbewerbsfähigen Dienstleistungsangebots für die Kostenrechnung stellt durchaus einen erfolgversprechenden Weg dar. Obwohl derzeit der Handlungsbedarf eher auf der Seite der internen Kunden zu finden ist, darf diese Quelle einer erfolgreichen Kostenrechnung nicht gänzlich vernachlässigt werden.

Bewußtes und proaktives Management des Erfolgs der Kostenrechnung

Die Realisation der ersten vier Elemente dieses Leitfadens für eine erfolgreichere Kostenrechnung garantiert eine hervorragende ***Ausgangsbasis*** für eine erfolgreiche interne Dienstleistung unter der Bezeichnung Kostenrechnung. Zum Erreichen eines dauerhaften Erfolgs fehlt aber noch eine letzte, ständig relevante Aktivität. Die Erfassung des Erfolgs der Kostenrechnungsaktivitäten stellt keinen einmaligen Prozeß, sondern eine ***permanente Aufgabe*** dar.

Um das Leistungsangebot kontinuierlich an sich wandelnde Bedürfnisse der internen Kunden anpassen zu können, sollte die Messung des Kostenrechnungserfolgs neben einem Gesamturteil auf der Ebene einzelner Angebote und Produkte erfolgen. Gerade in diesem Bereich bestehen derzeitig grundsätzliche Defizite, da der Erfolg der Kostenrechnung – wenn überhaupt erfaßt – an Größen wie der Budgeterfüllung festgemacht wird.[3] Als ein wesentliches Element des Entwurfs von Kostenrechnungsprodukten wurde die Festlegung von Qualitätsstandards

---

1 Vgl. Homburg, C. et al. 1998a, S. 19.

2 Vgl. u.a. Wernerfelt, B. 1984; Barney, J. 1991; Grant, R.M. 1991; Peteraf, M.A. 1993; Black, J.A. / Boal, K.B. 1994; Miller, D. / Shamsie, J. 1996; Hunt, S.D. / Morgan, R.M. 1997.

3 Vgl. Becker, W. / Benz, K. 1997, S. 666.

genannt, die auf den Erwartungen der Kunden basierten. Dieser Schritt vereinfacht die Fixierung von quantitativen ***Anspruchsniveaus für einzelne Leistungsdimensionen***, an denen Erfolgskontrollen und somit ein aktives Management des Kostenrechnungserfolges ansetzen können.

Wenn eine in dieser Art differenzierte Erfolgsmessung für einzelne Kostenrechnungsprodukte verwirklicht wird, lassen sich die Ideen der in der strategischen Planung prominenten Portfolio-Ansätze[1] auf die Kostenrechnung übertragen. Grundidee dieser Ansätze ist die Positionierung bestimmter Objekte in ein zweidimensionales Koordinatensystem und die Ableitung von Normstrategien in Abhängigkeit der von der Einordnung der in dieser Matrix befindlichen Objekte. Für die Kostenrechnung würde dies bedeuten, zwei Variablen für die Charakterisierung der Kostenrechnungsprodukte identifizieren zu müssen. Die Werte für eine dieser Größen werden von der Kundenseite determiniert, während die zweite Größe durch die Kostenrechnungsaktivitäten beeinflußt werden kann. Eine mögliche kundenseitige Variable ist in der Bedeutung einzelner Kostenrechnungsprodukte für die internen Kunden der Kostenrechnung zu sehen. Diverse Erfolgsindikatoren für die Kostenrechnung bieten sich als zweite Variable an. Zu diesen zählt auch die interne Kundenzufriedenheit, die für den Entwurf eines ***Produkt-Wichtigkeits-Zufriedenheits-Profils***[2] genutzt werden kann. Anhand ihrer Bedeutung für den Empfänger und seines Zufriedenheitsurteils werden die Kostenrechnungsprodukte (z. B. Kostenstellenbericht, Produktkalkulationen oder Ergebnisbericht) in eine zweidimensionale Matrix eingeordnet.

Wenn nun beispielsweise für den Ergebnisbericht festgestellt wird, daß die Kunden mit ihm sehr zufrieden sind, er aber nur eine geringe Bedeutung in den Augen der Manager besitzt, so sollten einige der für seine Erstellung benutzten Kostenrechnungsressourcen besser für andere Kostenrechnungsprodukte eingesetzt werden, die mit einer höheren Bedeutung für die Kostenrechnungskunden und geringen Zufriedenheitswerten bedacht wurden. Idealerweise läßt sich ein hohes Zufriedenheitsurteil für diejenigen Produkte registrieren, die eine hohe Bedeutung besitzen, und eine geringe Zufriedenheit für Produkte mit geringer Bedeutung feststellen.

Eine laufende Anpassung an sich wandelnde Kundenbedürfnisse kann aber auch durch andere Instrumente gewährleistet werden, die abermals dem externen Marketing entstammen. So ergänzt ein aktives ***Beschwerdemanagement*** eine Erfolgsmessung für die Kostenrechnung. Auf eine relativ einfache Weise erfaßt ein Feedbackbogen am Ende eines Berichts oder einer Analyse die Kritik der Empfänger. Die Implementierung eines internen ***Verrechnungspreissy-***

---

1 Vgl. u.a. Homburg, C. 1991b, S. 103-124 und Welge, M.K. / Al-Laham, A. 1992, S. 181-220.

2 Vgl. Homburg, C. et al. 1998a, S. 44-46.

stems kann ungefähr Marktbedingungen simulieren. Zwar wird aus Praktikabilitätsgründen dieses Instrument nicht in das vollständige Spektrum aller internen Dienstleistungen einbezogen, aber gerade für die Verhaltenssteuerung lassen sich verschiedenste Wirkungen erzielen.[1] Ein drittes Instrument sind ***Bewertungen*** des Dienstleistungsanbieters durch die Kunden, die sich unmittelbar auf die Entlohnunssysteme des Kostenrechners auswirken.

Insgesamt sollten diese Ausführungen einige Anhaltspunkte für eine dauerhafte Verankerung einer ***Kundennähe*** in der Kostenrechnung liefern. Unabhängig davon, über welche Größen der Erfolg der Kostenrechnung gemessen wird, läßt eine regelmäßige Erfolgsmessung auf wertvolle Kostenrechnungsaktivitäten hoffen. Eines der Elemente einer hohen Kundennähe der Kostenrechnung ist ein häufiger Kontakt zwischen den Kostenrechnern und ihren internen Kunden. Dem Kostenrechner wird mit dieser Größe eine wichtige Stellschraube an die Hand gegeben, den Erfolg der Kostenrechnung zu steigern.[2] Zahlreiche Interaktionen ermöglichen es ebenfalls, Kritik frühzeitig zu äußern und so Konflikte zu vermeiden. Ein proaktives Management des Kostenrechnungserfolgs wird über diese Stellschrauben erst möglich.

FAZIT DES PRAXISORIENTIERTEN LEITFADENS

Mit der Umsetzung der fünf beschriebenen Schritte läßt sich eine Informationsdienstleistung Kostenrechnung erreichen, deren Rolle und Wertschöpfungsbeitrag klar umrissen und kommunizierbar ist. Als zentrale Maxime der Kostenrechnungsaktivitäten wurde eine schon in sehr frühen Arbeiten[3] geforderte klare Orientierung an den Bedürfnissen der Manager unter permanenter Erfolgskontrolle beschrieben. Auf diesem Implementierungsweg lassen sich einige der in der Unternehmenspraxis existierenden Kritikpunkte beseitigen. Eine Kostenrechnung mit einer hohen internen Kundenorientierung trägt dazu bei, über eine hohe externe Kundenorientierung der unternehmerischen Aktivitäten den Unternehmenserfolg zu steigern.[4]

5.4 Fazit der Untersuchung

Die Kostenrechnung stellt einen zentralen Bestandteil des betrieblichen Informationssystems dar. Die vorliegende Untersuchung beschäftigte sich intensiv mit den Rollen, die die Kostenrechnung in Unternehmen erfüllen kann, und präsentierte Ansatzpunkte zur Steigerung des Erfolgs der unternehmensinternen Dienstleistung Kostenrechnung. Eine Fragebogenerhebung

---

1 Vgl. Weber, J. / Weißenberger, B.E. / Aust, R. 1997c, S. 29.
2 Vgl. Abschnitt 4.3.3 Die Ergebnisse der empirischen Analysen.
3 Vgl. exemplarisch Noble, H.S. 1927.
4 Vgl. u.a. Stauss, B. / Schulze, H.S. 1990, S. 156; Piercy, N.F. 1996, S. 14; Kricsfalussy, A. 1997, S. 103.

mit einem beachtlichen Komplexitätsgrad stellte eine solide Basis dar, um konzeptionelle und empirische Argumente zu pragmatischen Handlungsempfehlungen verdichten zu können.

Das breite Spektrum möglicher Kostenrechnungsrollen, das in Deutschland unberechtigterweise zu oft auf die Entscheidungsorientierung reduziert wird, konnte in drei verschiedene Verwendungsarten überführt werden. Wie gezeigt werden konnte, stehen die drei Kostenrechnungsrollen Auskunfts-, Lern- und Begründungsapparat in einer engen theoretischen und empirischen Beziehung zur Unsicherheitswahrnehmung der Manager und der Dienstleistungsqualität der Kostenrechnung.

Die aus der Fragebogenerhebung gewonnene Datenbasis diente vor allem der Ableitung von pragmatischen Gestaltungsempfehlungen für eine serviceorientierte Kostenrechnung. Empirisch konnten Forschungshypothesen bestätigt werden, die Beziehungsmerkmalen eine zentrale Bedeutung zur Steigerung der Dienstleistungsqualität der Kostenrechnung einräumen. Systemparametern und Kontextfaktoren wurden anhand der Resultate der Analysen keine entscheidende Rolle zur Beeinflussung der Dienstleistungsqualität der Kostenrechnung beigemessen.

Diese Forschungsergebnisse wurden letztlich in einen praxisorientierten Leitfaden umgesetzt, um Managern Ansatzpunkte zu einer serviceorientierteren Gestaltung der Kostenrechnung zu geben. Die breite Verankerung in der internationalen Literatur und der Rückgriff auf aktuelle empirische Daten tragen dazu bei, daß sich die vorliegende Arbeit und ihre Erkenntnisse auch im Lichte weiterer Forschungsbemühungen bewähren wird.

Literaturverzeichnis

Aaker, D.A. / Day, G.S. (1983): Marketing Research, 2nd edition, New York: John Wiley & Sons 1983.

Abel, B. (1979): Kritischer Rationalismus und das Wertfreiheitsprinzip, in: Raffeé, H. / Abel, B. (Hrsg.): Wissenschaftstheoretische Grundfragen der Wirtschaftswissenschaften, München: Vahlen 1979, S. 215-234.

Abernethy, M.A. / Guthrie, C.H. (1994): An Empirical Assessment of the "Fit" Between Strategy and Management Information System Design, in: Accounting and Finance, Vol. 34, S. 49-66.

Abteilung Betriebswirtschaft im VDMA (1997): TPM Total Profit Management: Ansätze für eine gewinnorientierte Unternehmensgestaltung im Maschinen- und Anlagenbau, Frankfurt/Main: Maschinenbau Verlag 1997.

Achen, C.H. (1982): Interpreting and Using Regression, Sage University Papers Series. Quantitative Applications in the Social Sciences No. 29, Newbury Park, CA: Sage Publications Inc. 1982.

Achrol, R.S. (1992): The Dimensions of Marketing Channel Environments, in: Frazier, G.L. (Ed.): Advances in Distribution Channel Research, Vol. 1, Greenwich, CT: JAI Press 1992, S. 1-43.

Achrol, R.S. / Stern, L.W. (1988): Environmental Determinants of Decision-Making Uncertainty in Marketing Channels, in: Journal of Marketing Research, Vol. 25, February, S. 36-50.

Ackhoff, R.L. (1958): Towards a Behavioral Theory of Communication, in: Management Science, Vol. 4, S. 218-234.

Albach, H. (1969): Informationswert, in: Grochla, E. (Hrsg.): Handwörterbuch der Organisation, Stuttgart: Poeschel 1969, Sp. 720-727.

Albach, H. (1988): Kosten, Transaktionen und externe Effekte im betrieblichen Rechnungswesen, in: Zeitschrift für Betriebswirtschaft, 58. Jg., S. 1143-1170.

Albach, H. (1990): Der dispositive Faktor in Theorie und Praxis, in: Zeitschrift für Betriebswirtschaft, 60. Jg., S. 533-548.

Albach, H. (1993): Betriebswirtschaftslehre als Wissenschaft: Entwicklungstendenzen in der modernen Betriebswirtschaftslehre, in: Zeitschrift für Betriebswirtschaft, 63. Jg., Ergänzungsheft 3/1993, S. 7-26.

Albert, H. (1976): Wissenschaftstheorie, in: Grochla, E. / Wittmann, W. (Hrsg.): Handwörterbuch der Betriebswirtschaft, 4. Auflage, Stuttgart: Poeschel 1976, Sp. 4674-4692.

Albert, H. (1980): Traktat über kritische Vernunft, 4. Auflage, Tübingen: J.C.B. Mohr (Paul Siebeck) 1980.

Albright, T.L. / Lee, T.A. (1995): A Case Study of the Organizational Effects of Accounting Information Within a Manufacturing Environment, in: Epstein, M.J. / Poston, K.M. (Ed.): Advances in Management Accounting, Vol. 4, Greenwich, CT: JAI Press 1995, S. 27-43.

Aldenderfer, M.S. / Blashfield, R.K. (1984): Cluster Analysis, Sage University Papers Series. Quantitative Applications in the Social Sciences No. 44, Newbury Park, CA: Sage Publications Inc. 1984.

Aldrich, H. (1972): Technology and Organization Structure, in: Administrative Science Quarterly, Vol. 17, S. 26-43.

Aldrich, H.E. (1979): Organizations and Environments, Englewood Cliffs, NJ: Prentice-Hall 1979.

Alewell, K. / Bleicher, K. / Hahn, D. (1985) (Hrsg.): Entscheidungsfälle aus der Unternehmenspraxis, Wiesbaden: Gabler 1971.

Alles, M. / Newman, P. / Noel, J. (1998): The value of information in internal management communication, in: Journal of Economic Behavior & Organization, Vol. 36, S. 295-317.

Allhoff, D.W. / Allhoff, W. (1996): Rhetorik & Kommunikation - Ein Lehr- und Übungsbuch zur Gesprächspädagogik, 11. Auflage, Regensburg: bvs 1996.

Allison, P.D. (1977): Testing for Interaction in Multiple Regression, in: American Journal od Sociology, Vol. 83, No. 1, S. 144-153.

Amernic, J.H. (1985): The Roles of Accounting in Collective Bargaining, in: Accounting, Organizations and Society, Vol. 10, No. 2, S. 227-253.

Amshoff, B. (1993): Controlling in deutschen Unternehmungen: Realtypen, Kontext und Effizienz, Wiesbaden: Gabler 1993.

Anderson, C.R. / Paine, F.T. (1978): PIMS: A Reexamination, in: Academy of Management Review, Vol. 3, S. 602-612.

Anderson, J.C. (1985): A Measurement Model to Assess Measure-Specific Factors in Multiple-Informant Research, in: Journal of Marketing Research, Vol. 22, No. 1 (February), S. 86-92.

Anderson, J.C. / Gerbing, D.W. (1993): Proposed Template for Journal of Marketing Research Measurement Appendix, Kellog Graduate School of Management, Northwestern University , Evaston 1993.

Anderson, J.C. / O'Reilly, C.A., III. (1981): Effects of an Organizational Control System on Managerial Satisfaction and Performance, in: Human Relations, Vol. 34, No. 6, S. 491-501.

Anderson, P. (1983): Marketing, Scientific Progress, and Scientific Method, in: Journal of Marketing, Vol. 47, October, S. 18-31.

Andritzky, K. (1976): Die Operationalisierbarkeit von Theorien zum Konsumentenverhalten, Berlin: Duncker & Humblot 1976.

Ansari, S. (1979): Towards an Open Systems Appoach to Budgeting, in: Accounting, Organizations and Society, Vol. 4, No. 3, S. 149-161.

Ansari, S. / Euske, K.J. (1987): Rational, Rationalizing and Reifying Uses of Accounting Data in Organizations, in: Accounting, Organizations and Society, Vol. 12, No. 6, S. 549-570.

Ansari, S.L. (1977): An Integrated Approach to Control System Design, in: Accounting, Organizations and Society, Vol. 2, No. 2, S. 101-112.

Ansari, S.L. / Bell, J. (1991): Symbolism, Collectivism and Rationality in Organisational Control, in: Accounting, Auditing & Accountability Journal, Vol. 4, No. 2, S. 4-27.

Armstrong, J.S. / Overton, T.S. (1977): Estimating Nonresponse Bias in Mail Surveys, in: Journal of Marketing Research, Vol. 14, August, S. 396-402.

Arndt, J. (1985): On Making Marketing Science More Scientific: Role of Orientations, Paradigms, Metaphors, and Puzzle Solving, in: Journal of Marketing, Vol. 49, July, S. 11-23.

Arnold, H.J. (1982): Moderator Variables: A Clarification of Conceptual, Analytic and Psychometric Issues, in: Organizational Behavior and Human Performance, Vol. 29, S. 143-174.

Arnold, H.J. / Evans, M.G. (1979): Testing Multiplicative Models Does Not Require Ratio Scales, in: Organizational Behavior and Human Performance, Vol. 24, S. 41-59.

Asher, H.B. (1983): Causal Modeling, Sage University Papers Series. Quantitative Applications in the Social Sciences No. 3, 2nd edition, Newbury Park, CA: Sage Publications Inc. 1983.

Aust, R. (1996): Kennzahlen zur Beschreibung des externen Rechnungswesens: Mehr Wirtschaftlichkeit auch im Rechnungswesen, in: bilanz & buchhaltung, 42. Jg., Heft 10, S. 377-384.

Aust, R. (1997a): Prozeßkostenrechnung, in: Signale, 12. Jg., Heft 2, S. 44-45.

Aust, R. (1997b): Scorecards, in: Signale, 12. Jg., Heft 2, S. 43-44.

Auster, E. / Choo, C.W. (1994): How Senior Managers Acquire and Use Information in Environmental Scanning, in: Information Processing & Management, Vol. 30, No. 5, S. 607-618.

Bach, S. (1998): Ordnungsbrüche in Unternehmen – die Fortentwicklung interner Modelle, Wiesbaden: Gabler 1998.

Bach, S. / Brettel, M. / Grothe, M. / Schäffer, U. / Weber, J. (1998): Grundmodell einer dynamischen Theorie ökonomischer Akteure, WHU-Forschungspapier Nr. 56, Vallendar 1998.

Bacher, J. (1996): Clusteranalyse – anwendungsorientierte Einführung, 2. Auflage, München: Oldenbourg 1996.

Backhaus, K. / Erichson, B. / Plinke, W. / Weiber, R. (1996): Multivariate Analysemethoden - Eine anwendungsorientierte Einführung, 8. Auflage, Berlin: Springer 1996.

Baden, A. (1997): Strategische Kostenrechnung: Einsatzmöglichkeiten und Grenzen, Wiesbaden: Gabler 1997.

Baden, A. (1998): Die strategische Kostenrechnung - Eine "revolutionäre Umorientierung des internen Rechnungswesens"?, in: Zeitschrift für Betriebswirtschaft, 68. Jg., S. 605-626.

Bagozzi, R. / Yi, Y. / Phillips, L.W. (1991): Assessing Construct Validity in Organizational Research, in: Administrative Science Quarterly, Vol. 36, S. 421-458.

Bagozzi, R.P. (1982): An Examination of the Validity of Two Models of Attitude, in: Fornell, C. (Ed.): A Second Generation of Multivariate Analysis, Vol. 2, New York: Praeger 1982, S. 145-184.

Bagozzi, R.P. (1994a): Measurement in Marketing Research: Basic Principles of Questionnaire Design, in: Bagozzi, R.P. (Ed.): Principles of Marketing Research, Cambridge, MA: Blackwell Publishers 1994, S. 1-49.

Bagozzi, R.P. (1994b): Structural Equation Models in Marketing Research: Basic Principles, in: Bagozzi, R.P. (Ed.): Principles of Marketing Research, Cambridge, MA: Blackwell Publishers 1994, S. 317-385.

Bagozzi, R.P. / Baumgartner, H. (1994): The Evaluation of Structural Equation Models and Hypothesis Testing, in: Bagozzi, R.P. (Ed.): Principles of Marketing Research, Cambridge, MA: Blackwell Publishers 1994, S. 386-422.

Bagozzi, R.P. / Fornell, C. (1982): Theoretical Concepts, Measurements, and Meaning, in: Fornell, C. (Ed.): A Second Generation of Multivariate Analysis, Vol. 2, New York: Praeger 1982, S. 24-38.

Bagozzi, R.P. / Phillips, L.W. (1982): Representing and Testing Organizational Theories: A Holistic Construal, in: Administrative Science Quarterly, Vol. 27, S. 459-489.

Bailey, J.E. / Pearson, S.W. (1983): Development of a Tool for Measuring and Analyzing Computer User Satisfaction, in: Management Science, Vol. 29, S. 530-545.

Baldus, T. (1969): Das Rechnungswesen als Grundlage für Entscheidungen der Unternehmensführung, in: Busse von Colbe, W. / Sieben, G. (Hrsg.): Betriebswirtschaftliche Information, Entscheidung und Kontrolle, Wiesbaden: Gabler 1969, S. 71-84.

Ballwieser, W. (1991): Das Rechnungswesen im Lichte neuerer ökonomischer Theorie, in: Ordelheide, D. / Rudolph, B. / Büsselmann, E. (Hrsg.): Betriebswirtschaftslehre und ökonomische Theorie, Stuttgart: Poeschel 1991, S. 97-124.

Banbury, J. / Nahapiet, J.E. (1979): Towards a Framework for the Study of the Antecedents and Consequences of Information Systems in Organizations, in: Accounting, Organizations and Society, Vol. 4, No. 3, S. 163-177.

Bannmüller, E. (1997): Stichwort "Produktlebenszykluskostenrechnung", in: Signale, 12. Jg., Heft 2, S. 46 f.

Barney, J. (1991): Firm Resources and Sustained Competitive Advantage, in: Journal of Management, Vol. 17, S. 99-120.

Baron, R.M. / Kenny, D.A. (1986): The Moderator-Mediator Variable Distinction in Social Psychology Research: Conceptual, Strategic, and Statistical Considerations, in: Journal of Personality and Social Psychology, Vol. 51, No. 6, S. 1173-1182.

Baroudi, J.J. / Olson, M.H. / Ives, B. (1986): An Empirical Study of the Impact of User Involvement on System Usage and Information Satisfaction, in: Communications of the ACM, Vol. 29, No. 3, S. 232-238.

Barzen, D. / Wahle, P. (1990): Das PIMS-Programm – was es wirklich wert ist, in: HARVARD manager, 12. Jg., Heft 1, S. 100-109.

Baumgartner, H. / Homburg, C. (1996): Applications of Structural Equation Modeling in Marketing and Consumer Research: A Review, in: International Journal of Research in Marketing, Vol. 13, No. 2, S. 139-161.

Bäumges, M. (1998): Kinder lernen kommunizieren: Kommunikation und soziales Lernen in der Grundschule, Koblenz: Universität Koblenz-Landau 1998.

Bausch, T. (1995): Auswahlverfahren in der Marktforschung, in: Tietz, B. / Köhler, R. / Zentes, J. (Hrsg.): Handwörterbuch des Marketing, 2. Auflage, Stuttgart: Schäffer-Poeschel 1995, Sp. 155-166.

Beard, D.W. / Dess, G.G. (1981): Corporate Level Strategy, Business Level Strategy, and Firm Performance, in: Academy of Management Journal, Vol. 24, No. 4, S. 663-688.

Bearden, W.O. / Netemeyer, R.G. / Mobley, M.F. (1993): Handbook of Marketing Scales: Multi-Item Measures for Marketing and Consumer Behavior Research, Newbury Park, CA: Sage Publications Inc. 1993.

Beck, J. / Denkeler, F. / Spahl, T. (1994): Qualitätsverbesserung durch Optimierung der internen Kunden-Lieferanten-Beziehungen, in: QZ - Zeitschrift für Industrielle Qualitätssicherung, 39. Jg., Heft 9, S. 1014-1016.

Becker, G.M. (1998): Das interne Rechnungswesen auf dem Prüfstand, in: Das Wirtschaftsstudium, 27. Jg., Heft 10, S. 1100-1104.

Becker, H.P. (1984): Verwendung und Gestaltung der Kosten- und Leistungsrechnung in mittelgroßen Unternehmen, Darmstadt: S. Toeche-Mittler 1984.

Becker, H.P. (1985): Einsatz der Kostenrechnung in mittelgroßen Industrieunternehmen, in: Zeitschrift für betriebswirtschaftliche Forschung, 37. Jg., S. 601-617.

Becker, J. (1999): Marktorientierte Unternehmensführung: Messung, Determinanten, Erfolgsauswirkungen, Wiesbaden: Gabler 1999.

Becker, W. / Benz, K. (1997): Effizienz-Verständnis und Effizienz-Instrumente des Controlling – Ergebnisse einer empirischen Untersuchung in deutschen Unternehmen, in: Die Betriebswirtschaft, 57. Jg., S. 655-671.

Beckett-Camarata, E.J. / Camarata, M.R. / Barker, R.T. (1998): Integrating External and Internal Customer Relationships through Relationship Management: A Strategic Response to Changing Global Environment, in: Journal of Business Research, Vol. 41, S. 71-81.

Behrens, G. (1993): Wissenschaftstheorie und Betriebswirtschaftslehre, in: Wittmann, W. / Kern, W. / Köhler, R. / Küpper, H.-U. / Wysocki, K. von (Hrsg.): Handwörterbuch der Betriebswirtschaft, 5. Auflage, Stuttgart: Schäffer-Poeschel 1993, Sp. 4763-4772.

Benkenstein, M. (1993): Dienstleistungsqualität: Ansätze zur Messung und Implikationen für die Steuerung, in: Zeitschrift für Betriebswirtschaft, 63. Jg., S. 1095-1116.

Benkenstein, M. / Güthoff, J. (1998): Methoden zur Messung der Dienstleistungsqualität, in: Bruhn, M. / Meffert, H. (Hrsg.): Handbuch Dienstleistungsmanagement – Von der strategischen Konzeption zur praktischen Umsetzung, Wiesbaden: Gabler 1998, S. 429-447.

Benz, J. (1990): Kausalanalyse in der Marketingforschung auf verschiedenen Wegen: Kombination "traditioneller Verfahren" oder simultane Methoden?, in: Marketing · Zeitschrift für Forschung und Praxis, 12. Jg., S. 241-249.

Berekoven, L. / Eckert, W. / Ellenrieder, P. (1996): Marktforschung – Methodische Grundlagen und praktische Anwendung, 7. Auflage, Wiesbaden: Gabler 1996.

Berndlmaier, A.F. / Klein, G.A. (1997): Kundenorientierung in der US-amerikanischen Rechnungslegung: Der Comprehensive Report des Special Comitee on Financial Reporting des AICPA, in: Der Betrieb, 50. Jg., S. 1089-1095.

Berry, A.J. / Capps, T. / Ferguson, P. / Hopper, T. / Lowe, E.E. (1985): Management Control in the Area of the NBC: Rationales of Accounting Practice in a Public Enterprise, in: Accounting, Organizations and Society, Vol. 10, No. 1, S. 3-28.

Berry, D.A. (1990): Subgroup Analysis, in: Biometrics, Vol. 46, S. 1227-1230.

Berry, W.D. (1993): Understanding Regression Assumptions, Sage University Papers Series. Quantitative Applications in the Social Sciences No. 92, Newbury Park, CA: Sage Publications Inc. 1993.

Berry, W.D. / Feldman, S. (1985): Multiple Regression Analysis in Practice, Sage University Papers Series. Quantitative Applications in the Social Sciences No. 50, Newbury Park, CA: Sage Publications Inc. 1985.

Bertalanffy, L. von (1949): Zu einer allgemeinen Systemtheorie, in: Biologia Generalis, 19. Jg., S. 114-129.

Bertalanffy, L. von (1977): Allgemeine Systemtheorie, in: Frei, D. (Hrsg.): Theorien der internationalen Beziehungen, München: Piper 1977, S. 259-262.

Bertalanffy, L. von (1998): General System Theory. Foundations, Development, Applications, 12th printing, New York: Braziller 1998.

Berthel, J. (1984): Information, in: Grochla, E. / Wittmann, W. (Hrsg.): Handwörterbuch der Betriebswirtschaft, 4. Auflage, Ungekürzte Studienausgabe, Stuttgart: Poeschel 1984, Sp. 1865-1873.

Beyer, J.M. / Trice, H.M. (1982): The Utilization Process: A Conceptual Framework and Synthesis of Empirical Findings, in: Administrative Science Quarterly, Vol. 27, December, S. 591-622.

BFuP-Meinungsspiegel (1995): Aktuelle Überlegungen zur Gestaltung von Kostenrechnungssystemen, in: Betriebswirtschaftliche Forschung und Praxis, 47. Jg., S. 626-648.

Biermann, T. (1997): Interne Kunden-Lieferanten-Beziehungen gestalten: Kundenorientierung will gelernt sein, in: Gablers Magazin, 11. Jg., Heft 6/7, S. 57-59.

Biermann, T. / Dehr, G. (1998): Wenn Arbeitskollegen zu Kunden werden: Mit interner Kundenorientierung entwickelt sich das Unternehmen selbst zum Marktplatz, in: HARVARD manager, 20. Jg., Heft 3, S. 93-99.

Birchard, B. (1995): Making It Count, in: CFO, Vol. 11, October, S. 42-51.

Birnberg, J.G. (1993): Current Trends in Behavioral Accounting Research in the United States, in: Die Betriebswirtschaft, 53. Jg., S. 5-25.

Birnberg, J.G. / Shields, J.F. (1989): Three Decades of Behavioral Accounting Research: A Search for Order, in: Behavioral Research in Accounting, Vol. 1, S. 23-74.

Birnberg, J.G. / Turopolec, L. / Young, S.M. (1983): The Organizational Context of Accounting, in: Accounting, Organizations and Society, Vol. 8, No. 2/3, S. 111-129.

Bischoff, J. (1994): Das Shareholder Value-Konzept: Darstellung – Probleme – Handhabungsmöglichkeiten, Wiesbaden: Gabler 1994.

Bisgay, L. (1994): Management Accounting Practices, in: Management Accounting, September 1994, S. 75 f.

Black, J.A. / Boal, K.B. (1994): Strategic resources: Traits, configurations and paths to sustainable competitive advantage, in: Strategic Management Journal, Vol. 15, Summer Special Issue, S. 131-148.

Bleicher, K. / Meyer, E. (1976): Führung in der Unternehmung – Formen und Modelle, Reinbek bei Hamburg: Rowohlt 1976.

Bleymüller, J. / Gehlert, G. / Gülicher, H. (1991): Statistik für Wirtschaftswissenschaftler, 7. Auflage, München: Vahlen 1991.

Boland, R.J, Jr. (1979): Control, Causality and Information System Requirements, in: Accounting, Organizations and Society, Vol. 4, No. 4, S. 259-272.

Boland, R.J., Jr. / Pondy, L.R. (1983): Accounting in Organizations: A Union of Natural and Rational Perspectives, in: Accounting, Organizations and Society, Vol. 8, No. 2/3, S. 223-234.

Booth, R. (1996): Accountants do it by proxy, in: Management Accounting-London, Vol. 74, May, S. 48.

Bouchard, T.J., Jr. (1976): Field Research Methods: Interviewing, Questionnaires, Participants Observation, Unobtrusive Measures, in: Dunnette, M.D. (Ed.): Handbook of Industrial and Organisational Psychology, Chicago, IL: Rand McNally 1976, S. 363-413.

Boudon, R. (1965): A Method of Linear Causal Analysis: Dependence Analysis, in: American Sociological Review, Vol. 30, S. 365-374.

Bourgeois, L.J., III. (1985): Strategic Goals, Perceived Uncertainty, and Economic Performance in Volatile Environments, in: Academy of Management Journal, Vol. 28, No. 3, S. 548-573.

Bowen, J. / Bowers, M.R. (1986): A Marketing Contingency Approach to Service Organizational Structure, in: Venkatesan, M. / Schmalensee, D. / Marshall, C. (Ed.): Creativity in Service Marketing: What's New, What Works, What's Developing, Proceeding Series, Chicago, IL: American Marketing Association 1986, S. 78-82.

Brachinger, W. / Ost, F. (1996): Modelle mit latenten Variablen: Faktorenanalyse, Latent-Structure-Analyse und LISREL-Analyse, in: Fahrmeir, L. / Hamerle, A. / Tutz, G. (Hrsg.): Multivariate statistische Verfahren, 2. Auflage, Berlin: Walter de Gruyter 1996, S. 639-766.

Branch, B. (1980): The Laws of the Marketplace and ROI Dynamics, in: Financial Management, Vol. 9, No. 2, S. 58-65.

Braun, W. (1979): Das Transsubjektivitätsprinzip, in: Raffeé, H. / Abel, B. (Hrsg.): Wissenschaftstheoretische Grundfragen der Wirtschaftswissenschaften, München: Vahlen 1979, S. 209-213.

Brecht, H.D. / Martin, M.P. (1996): Accounting Information Systems: The Challenge of Extenting Their Scope to Business and Information Strategy, in: Accounting Horizons, Vol. 10, No. 4, S. 16-22.

Brede, H. (1993): Entwicklungstrends in Kostenrechnung und Kostenmanagement, in: Die Unternehmung, 47. Jg., Heft 4, S. 333-358.

Brede, H. (1994): Verbreitung des Kostenmanagements in schweizerischen Grossunternehmen: Ergebnisse einer empirischen Untersuchung, in: Die Unternehmung, 48. Jg., Heft 5, S. 335-350.

Breid, V. (1995): Die Aussagefähigkeit agencytheoretischer Ansätze im Hinblick auf die Verhaltenssteuerung von Entscheidungsträgern, in: Zeitschrift für betriebswirtschaftliche Forschung, 47. Jg., S. 821-854.

Breid, V. (1995): Grenzplankostenrechnung, in: Küpper, H.-U. / Weber, J. (Hrsg.): Grundbegriffe des Controlling, Stuttgart: Schäffer-Poeschel 1995, S. 138 f.

Brettel, M. (1997): Gestaltung der Führung im Krankenhaus, Wiesbaden: Gabler 1997.

Bright, J. / Davies, R.E. / Downes, C.A. / Sweeting, R.C. (1992): The deployment of costing techniques and practices: a UK study, in: Management Accounting Research, Vol. 3, No. 3, S. 201-211.

Brignall, S. (1997): A contingent rationale for cost system design in services, in: Management Accounting Research, Vol. 8, S. 325-346.

Brignall, T.J. / Fitzgerald, L. / Johnston, R. / Silvestro, R. (1991): Performance measurement in service businesses, in: Management Accounting-London, Vol. 69, November, S. 34-36.

Brink, H.-J. (1978): Die Kosten- und Leistungsrechnung im System der Unternehmensführung, in: Betriebswirtschaftliche Forschung und Praxis, 30. Jg., Heft 6, S. 565-576.

Brink, H.-J. (1992): Einflußfaktoren auf die Gestaltung der Kostenrechnungssysteme, in: Männel, W. (Hrsg.): Handbuch Kostenrechnung, Wiesbaden: Gabler 1992, S. 167-181.

Brockhoff, K. (1986): Decision Quality and Information, in: Witte, E. / Zimmermann, H.-J. (Ed.): Empirical Research on Organizational Decision-Making, Amsterdam: North-Holland 1986, S. 249-265.

Brockhoff, K. (1994): Management organisatorischer Schnittstellen – unter besonderer Berücksichtigung der Koordination von Marketingbereichen mit Forschung und Entwicklung, Joachim-Jungius-Gesellschaft der Wissenschaften, Göttingen: Vandenhoeck und Ruprecht 1994.

Brokekemper, A. (1998): Strategieorientiertes Kostenmanagement – Strukturelle Kostentreiber als Bestimmungsgrößen der Kostenstruktur, in: Controlling, 10. Jg., Heft 5, S. 276-284.

Brokekemper, A. / Gleich, R. (1998): Benchmarking als Ausgangsbasis für die Reorganisation indirekter Bereiche, in: Kostenrechnungspraxis, 42. Jg., Sonderheft 1/1998, S. 49-56.

Bromwich, M. (1990): The Case for Strategic Management Accounting: The Role of Accounting Information for Strategy in Competitive Markets, in: Accounting, Organizations and Society, Vol. 15, No. 1/2, S. 27-46.

Bronner, E. / Witte, E. / Wossidlo, P.R. (1972): Betriebswirtschaftliche Experimente zum Informations-Verhalten in Entscheidungs-Prozessen, in: Witte, E. (Hrsg.): Das Informationsverhalten in Entscheidungsprozessen, Tübingen: J.C.B. Mohr (Paul Siebeck) 1972, S. 165-203.

Browne, M. / Cudeck, R. (1993): Alternative Ways of Assessing Model Fit, in: Bollen, K. / Long, J. (Ed.): Testing Structural Equation Models, Newbury Park, CA: Sage Publications Inc. 1993, S. 136-162.

Brownell, P. (1981): Participation in Budgeting, Locus of Control and Organizational Effectiveness, in: The Accounting Review, Vol. 56, No. 4, S. 844-860.

Brownell, P. (1982): The Role of Accounting Data in Performance Evaluation, Budgetary Participation, and Organizational Effectiveness, in: Journal of Accounting Research, Vol. 20, No. 1, S. 12-27.

Brownell, P. (1985): Budgetary Systems and the Control of Functionally Differentiated Organizational Activities, in: Journal of Accounting Research, Vol. 23, No. 2, S. 502-512.

Brownell, P. (1987a): The Role of Accounting Information, Environment and Management Control in Multi-National Organizations, in: Accounting and Finance, Vol. 27, S. 1-16.

Brownell, P. (1987b): The Use of Accounting Information in Management Control, in: Ferris, K.R. / Livingstone, J.L. (Ed.): Management Planning and Control: The Behavioral Foundations, Ohio: Century VII 1987, S. 177-196.

Brownell, P. / Hirst, M. (1986): Reliance of Accounting Information, Budgetary Participation, and Task Uncertainty: Tests of a Three-Way Interaction, in: Journal of Accounting Research, Vol. 24, No. 2, S. 241-249.

Bruhn, M. (1991): Qualitätssicherung im Dienstleistungmarketing – eine Einführung in die theoretischen und praktischen Probleme, in: Bruhn, M. / Stauss, B. (Hrsg.): Dienstleistungsqualität: Konzepte, Methoden, Erfahrungen, Wiesbaden: Gabler 1991, S. 19-48.

Bruhn, M. (1995a): Internes Marketing als Forschungsgebiet der Marketingwissenschaft, in: Bruhn, M. (Hrsg.): Internes Marketing: Integration der Kunden- und Mitarbeiterorientierung; Grundlagen - Implementierung - Praxisbeispiele, Wiesbaden: Gabler 1995, S. 13-61.

Bruhn, M. (1995b): Verfahren zur Messung der Qualität interner Dienstleistungen: Ansätze für einen Methodentransfer aus dem (externen) Dienstleistungsmarketing, in: Bruhn, M. (Hrsg.): Internes Marketing: Integration der Kunden- und Mitarbeiterorientierung; Grundlagen - Implementierung - Praxisbeispiele, Wiesbaden: Gabler 1995, S. 611-649.

Bruhn, M. (1997): Qualitätsmanagement für Dienstleistungen: Grundlagen, Konzepte, Methoden, 2. Auflage, Berlin: Springer 1997.

Bruhn, M. (1998): Stolpersteine auf dem Weg zum zufriedenen Kunden: Kundenzufriedenheit und interne Strukturen, in: Gablers Magazin, 12. Jg., Heft 4, S. 26-28.

Bruhn, M. / Meffert, H. (1998): Dienstleistungsmanagement als unternehmerische Herausforderung – Eine Einführung in das Handbuch, in: Bruhn, M. / Meffert, H. (Hrsg.): Handbuch Dienstleistungsmanagement – Von der strategischen Konzeption zur praktischen Umsetzung, Wiesbaden: Gabler 1998, S. 1-25.

Bruning, J.L. / Kintz, B.L. (1987): Computational Handbook of Statistics, 3rd edition, Glenview, IL: Scott, Foresman and Company 1987.

Bruns, W.J. / DeCoster, D.T. (1969): Accounting and Its Behavioral Implications, New York: McGraw-Hill 1969.

Bruns, W.J., Jr. (1968): Accounting Information and Decision Making: Some Behavioral Hypotheses, in: The Accounting Review, Vol. 43, No. 3, S. 469-480.

Bruns, W.J., Jr. / Waterhouse, J.H. (1975): Budgetary Control and Organization Structure, in: Journal of Accounting Research, Vol. 13, No. 2, S. 177-203.

Buchko, A.A. (1994): Conceptualization and Measurement of Environmental Uncertainty: An Assessment of the Miles and Snow Perceived Environmental Uncertainty Scale, in: Academy of Management Journal, Vol. 37, No. 2, S. 410-425.

Bungenstock, C. (1995): Entscheidungsorientierte Kostenrechnungssysteme: eine entwicklungsgeschichtliche Analyse, Wiesbaden: Gabler 1995.

Burchell, S. / Clubb, C. / Hopwood, A. / Hughes, J. / Nahapiet, J. (1980): The Roles of Accounting in Organizations and Society, in: Accounting, Organizations and Society, Vol. 5, No. 1, S. 5-27.

Burgstahler, D. / Sundem, G. (1989): The Evolution of Behavioral Accounting Research in the United States, 1968-1987, in: Behavioral Research in Accounting, Vol. 1, S. 75-108.

Busse von Colbe, W. (1991): Rechnungswesen, in: Busse von Colbe, W. (Hrsg.): Lexikon des Rechnungswesens: Handbuch der Bilanzierung und Prüfung, der Erlös-, Finanz-, Investitions- und Kostenrechnung, München/Wien: Oldenbourg 1991, S. 467-470.

Buth, W. (1977): Unternehmensführung: Managementkonzepte und Entscheidungslehre, Stuttgart: Kohlhammer 1977.

Buzzell, R.D. / Gale, B.T. (1987): The PIMS Principle, New York: The Free Press 1987.

Buzzell, R.D. / Gale, B.T. (1989): Das PIMS-Programm, Wiesbaden: Gabler 1989.

Buzzell, R.D. / Gale, B.T. / Sultan, R.G.M. (1975): Market Share - A Key to Profitability, in: Harvard Business Review, Vol. 53, January-February, S. 97-106.

Cammann, C. (1976): Effects of the Use of Control Systems, in: Accounting, Organizations and Society, Vol. 1, No. 4, S. 301-313.

Camp, R.C. (1989): Benchmarking – The Search for Industry Best Practices that Lead to Superior Performance, Milwaukee: Quality Press 1989.

Campbell, J.P. (1976): Psychometric Theory, in: Dunnette, M.D. (Ed.): Handbook of Industrial and Organisational Psychology, Chicago, IL: Rand McNally 1976, S. 185-222.

Carley, K.M. / Lin, Z. (1983): A Theoretical Study of Organizational Performance Under Information Distortion, in: Management Science, Vol. 43, No. 7, S. 976-997.

Carlzon, J. (1987): Moments of Truth, Cambridge, MA: Ballinger 1987.

Carmines, E.G. / Zeller, R.A. (1979): Reliability and Validity Assessment, Sage University Papers Series. Quantitative Applications in the Social Sciences No. 17, Newbury Park, CA: Sage Publications Inc. 1979.

Carnap, R. (1936): Testability and Meaning, in: Philosophy of Science, Vol. 3, No. 4, S. 419-471.

Carnap, R. (1937): Testability and Meaning – Continued, in: Philosophy of Science, Vol. 4, No. 1, S. 1-40.

Carnap, R. (1953): Testability and Meaning, in: Feigl, H. / Brodbeck, M. (Ed.): Readings in the Philosophy of Science, New York: Appleton-Century-Crofts 1953, S. 47-92.

Causey, R.L. (1979): Theory and Observation, in: Asquith, P.D. / Kyburg, H.E., Jr. (Ed.): Current Research in Philosophy of Science: Proceedings of the P.S.A. Critical Research Problems Conference, East Lansing: Philosophy of Science Association 1979, S. 187-206.

Chakravarty, S. / Widdows, R. / Feinberg, R.A. (1996): How 'Moments of Truth' Define Bank-Customer Relationships, in: Journal of Retail Banking Services, Vol. 18, No. 1, S. 29-34.

Chandler, A.D., Jr. (1962): Strategy and Structure: Chapters in the History of the Industrial Enterprise, Cambridge, MA: M.I.T. Press 1962.

Chandler, A.D., Jr. / Daems, H. (1979): Administrative Co-ordination, Allocation and Monitoring: A Comparative Analysis of the Emergence of Accounting and Organisation in the U.S.A. and Europe, in: Accounting, Organizations and Society, Vol. 4, No. 1/2, S. 3-20.

Chapman, C.S. (1997): Reflections on a Contingent View of Accounting, in: Accounting, Organizations and Society, Vol. 22, No. 2, S. 189-205.

Cheney, P.H. / Dickson, G.W. (1982): Organizational Characteristics and Information Systems: An Exploratory Investigation, in: Academy of Management Journal, Vol. 25, No. 1, S. 170-184.

Chenhall, R.H. / Langfield-Smith, K. (1998): The Relationship between Strategic Priorities, Management Techniques and Management Accounting: An Empirical Investigation Using a Systems Approach, in: Accounting, Organizations and Society, Vol. 23, No. 3, S. 243-264.

Chenhall, R.H. / Morris, D. (1986): The Impact of Structure, Environment, and Interdependence on the Perceived Usefulness of Management Accounting Systems, in: The Accounting Review, Vol. 61, No. 1, S. 16-35.

Child, J. (1972): Organizational Structure, Environment and Performance: The Role of Strategic Choice, in: Sociology, Vol. 6, S. 1-22.

Child, J. (1975): Managerial and Organizational Factors Associated with Company Performance - Part II. A Contingency Analysis, in: Journal of Management Studies, Vol. 12, February, S. 12-27.

Chmielewicz, K. (1978): Wissenschaftsziele und Forschungskonzeptionen der Wirtschaftswissenschaft, in: Schweitzer, M. (Hrsg.): Auffassungen und Wissenschaftsziele der Betriebswirtschaftslehre, Darmstadt: Wissenschaftliche Buchgesellschaft 1978, S. 417-449.

Chmielewicz, K. (1982): Betriebliches Rechnungswesen 1. Finanzrechnung und Bilanz, 3. Auflage, Opladen: Westdeutscher Verlag 1982.

Chmielewicz, K. (1984): Rechnungswesen, in: Grochla, E. / Wittmann, W. (Hrsg.): Handwörterbuch der Betriebswirtschaft, 4. Auflage, Ungekürzte Studienausgabe, Stuttgart: Poeschel 1984, Sp. 3343-3361.

Chmielewicz, K. (1994): Entwicklungslinien der Kosten- und Erlösrechnung, Stuttgart 1983.

Chmielewicz, K. (1994): Forschungskonzeptionen der Wirtschaftswissenschaften, 3. Auflage, Stuttgart: Schäffer-Poeschel 1994.

Choe, J.M. (1996): The Relationships among Performance and Accounting Information Systems, Influence Factors, and Evolution Level of Information Systems, in: Journal of Management Information Systems, Vol. 12, No. 4, S. 215-239.

Chong, V.K. (1996): Management Accounting Systems, Task Uncertainty and Managerial Performance: A Research Note, in: Accounting, Organizations and Society, Vol. 21, No. 5, S. 415-421.

Chong, V.K. / Chong, K.M. (1997): Strategic Choices, Environmental Uncertainty and SBU Performance: A Note on the Intervening Role of Management Accounting Systems, in: Accounting and Business Research, Vol. 27, No. 4, S. 268-276.

Choudhury, N. (1986): In Search of Relevance in Management Accounting Research, in: Accounting and Business Research, Vol. 16, Winter, S. 21-32.

Chrubasik, B. / Zimmermann, H.-J. (1987): Evaluierung der Modelle zur Bestimmung strategischer Schlüsselfaktoren, in: Die Betriebswirtschaft, 47. Jg., S. 426-450.

Churchill, G.A., Jr. (1979): A Paradigm for Developing Better Measures of Marketing Constructs, in: Journal of Marketing Research, Vol. 16, February, S. 64-73.

Churchill, G.A., Jr. (1991): Marketing Research: Methodological Foundations, 5th edition, Chicago, IL: The Dryden Press 1991.

Ciarlo, J.A. (1981): Editor's Introduction, in: Ciarlo, J.A. (Ed.): Utilizing Evaluation: Concepts and Measurement Techniques, Beverly Hills, CA: Sage Publications Inc. 1981, S. 9-15.

Clancy, C. / Collins, F. (1979): Informal Accounting Information Systems: Some Tentative Findings, in: Accounting, Organizations and Society, Vol. 4, No. 1/2, S. 21-30.

Clark, J.M. (1923): Studies in the Economics of Overhead Costs, Chicago: The University of Chicago Press 1923.

Coenenberg, A.G. (1973): Organisation des Rechnungswesens, in: Grochla, E. (Hrsg.): Handwörterbuch der Organisation, Ungekürzte Studienausgabe, Stuttgart: Poeschel 1973, Sp. 1413-1424.

Coenenberg, A.G. (1993): Rechnungswesen und Unternehmensrechnung, in: Wittmann, W. / Kern, W. / Köhler, R. / Küpper, H.-U. / Wysocki, K.v. (Hrsg.): Handwörterbuch der Betriebswirtschaft, 5. Auflage, Stuttgart: Schäffer-Poeschel 1993, Sp. 3677-3696.

Coenenberg, A.G. (1995): Einheitlichkeit oder Differenzierung von internem und externem Rechnungswesen: Die Anforderungen der internen Steuerung, in: Der Betrieb, 48. Jg., S. 2077-2083.

Coenenberg, A.G. / Fischer, T.M. (1991): Prozeßkostenrechnung – Strategische Neuorientierung in der Kostenrechnung, in: Die Betriebswirtschaft, 51. Jg., Heft 1, S. 21-38.

Coenenberg, A.G. / Günther, T. (1991): Erfolg durch strategisches Controlling? - Ergebnisse einer empirischen Untersuchung, in: Horváth, P. / Gassert, H. / Solaro, D. (Hrsg.): Controllingkonzeptionen für die Zukunft: Trends und Visionen, Stuttgart: Poeschel 1991, S. 29-45.

Coenenberg, A.G. / Haller, A. (1993): Empirische Forschung, in: Chmielewicz, K. / Schweizer, M. (Hrsg.): Handwörterbuch des Rechnungswesens, 3. Auflage, Stuttgart: Schäffer-Poeschel 1993, Sp. 506-517.

Coenenberg, G. / Fischer, T. / Schmitz, J. (1994): Target Costing und Product Life Cycle Costing als Instrumente des Kostenmanagements, in: Zeitschrift für Planung, 5. Jg., S. 1-38.

Cohen, J. (1968): Multiple Regression as a General Data-Analytic System, in: Psychological Bulletin, Vol. 70, No. 6, S. 426-443.

Cohen, J. (1994): The Earth is Round (p<.05), in: American Psychologist, Vol. 49, No. 12, S. 997-1003.

Cohen, J. / Cohen, P. (1975): Applied Multiple Regression/Correlation Analysis for the Behavioral Sciences, New York: John Wiley & Sons 1975.

Cohen, J.R. / Paquette, L. (1991): Management Accounting Practices: Perceptions of Controllers, in: Journal of Cost Management for the Manufacturing Industry, Fall 1991, S. 73-83.

Cohen, M.D. / March, J.G. / Olson, J.P. (1972): A Garbage Can Model of Organizational Choice, in: Administrative Science Quarterly, Vol. 17, S. 1-25.

Colignon, R. / Covaleski, M. (1988): An Examination of Managerial Accounting Practices as a Process of Mutual Adjustment, in: Accounting, Organizations and Society, Vol. 13, No. 6, S. 559-579.

Collins, F. (1982): Managerial Accounting Systems and Organizational Control: A Role Perspective, in: Accounting, Organizations and Society, Vol. 7, No. 2, S. 102-122.

Conner, R.F. (1981): Measuring Evaluation Utilization: A Critique of Different Techniques, in: Ciarlo, J.A. (Ed.): Utilizing Evaluation: Concepts and Measurement Techniques, Beverly Hills, CA: Sage Publications Inc. 1981, S. 59-75.

Conrath, D.W. / Mignen, O.P. (1990): What is being done to measure user satisfaction with EDP / MIS, in: Information and Management, Vol. 19, S. 7-19.

Cook, T.D. / Campbell, D.T. (1976): The Design and Conduct of Quasi-Experiments and True Experiments in Field Settings, in: Dunnette, M.D. (Ed.): Handbook of Industrial and Organisational Psychology, Chicago, IL: Rand McNally 1976, S. 223-326.

Cooper, D.J. / Hayes, D. / Wolf, F. (1981): Accounting in Organized Anarchies: Understanding and Designing Accounting Systems in Ambiguous Situations, in: Accounting, Organizations and Society, Vol. 6, No. 3, S. 175-191.

Cooper, R. (1997): The Changing Practice of Management Accounting: A US-Perspective of Cost Management, in: Franz, K.-P. / Kajüter, P. (Hrsg.): Kostenmanagement - Wettbewerbsvorteile durch systematische Kostensteuerung, Stuttgart: Schäffer-Poeschel 1997, S. 449-465.

Cooper, R. / Kaplan, R.S. (1998): The Promise – and Peril – of Integrated Cost Systems, in: Harvard Business Review, Vol. 76, July-August, S. 109-119.

Copeland, T. / Koller, T. / Murrin, J. (1998): Unternehmenswert: Methoden und Strategien für eine wertorientierte Unternehmensführung, 2. Auflage, Frankfurt/Main: Campus 1998.

Corrigan, J. (1995): The Balanced Scorecard: The New Approach to Performance Measurement, in: Australian Accountant, Vol. 66, August, S. 47-48.

Corsten, H. (1985): Die Produktion von Dienstleistungen. Grundzüge einer Produktionswirtschaftslehre des tertiären Sektors, Berlin: Schmidt 1985.

Corsten, H. (1988): Betriebswirtschaftslehre der Dienstleistungsunternehmen, München: Oldenbourg 1988.

Corsten, H. (1993): Dienstleistungsproduktion, in: Wittmann, W. / Kern, W. / Köhler, R. / Küpper, H.-U. / Wysocki, K. von (Hrsg.): Handwörterbuch der Betriebswirtschaft, 5. Auflage, Stuttgart: Schäffer-Poeschel 1993, Sp. 765-776.

Corsten, H. (1998): Ansatzpunkte für ein integratives Dienstleistungsmanagement, in: Bruhn, M. / Meffert, H. (Hrsg.): Handbuch Dienstleistungsmanagement – Von der strategischen Konzeption zur praktischen Umsetzung, Wiesbaden: Gabler 1998, S. 73-92.

Corsten, H. / Will, T. (1994): Das Konzept generischer Wettbewerbsstrategien, Kennzeichnung und kritische Analyse, in: Das Wirtschaftsstudium, 21. Jg., S. 185-191.

Cronbach, L.J. (1951): Coefficient Alpha and the Internal Structure of Tests, in: Psychometrika, Vol. 16, No. 3, S. 297-334.

Cronin, J.J., Jr. / Taylor, S.A. (1992): Measuring Service Quality: A Reexamination and Extension, in: Journal of Marketing, Vol. 56, July, S. 55-68.

Cunningham, G.H. (1992): Management Control and Accounting Systems under a Competitive Strategy, in: Accounting, Auditing & Accountability Journal, Vol. 5, No. 2, S. 85-102.

Dabholkar, P.A. (1993): Customer Satisfcation and Service Quality: Two Constructs or One?, in: Cravens, D.W. / Dickson, P.R. (Ed.): Enhancing Knowledge Development in Marketing, Vol. 4, Chicago, IL: American Marketing Association 1993, S. 10-18.

Daft, R.L. / Macintosh, N.B. (1978): A New Approach to Design and Use of Management Information, in: California Management Review, Vol. 21, No. 1, S. 82-92.

Daft, R.L. / Macintosh, N.B. (1984): The Nature and Use of Formal Control Systems for Management Control and Strategy Implementation, in: Journal of Management, Vol. 10, No. 1, S. 43-66.

Daimler Benz (1995): Steuerungsgrößen im Daimler-Benz-Konzern, DB-FACTS, Stuttgart-Möhringen: Daimler Benz 1997.

Dalton, F.E. / Miner, J.B. (1970): The Role of Accounting Training in Top Management Decision Making, in: The Accounting Review, Vol. 45, No. 1, S. 134-139.

Daniel, S.J. / Reitsperger, W.D. (1991): Linking Quality Strategy With Management Control Systems: Empirical Evidence From Japanese Industry, in: Accounting, Organizations and Society, Vol. 16, No. 7, S. 601-618.

Darby, M.R. / Karni, E. (1973): Free Competition and the Optimal Amount of Fraud, in: Journal of Law and Economics, Vol. 16, October, S. 67-88.

Darrow, A. / Kahl, D. (1982): A Comparison of Moderated Regression Techniques Considering Strength of Effect, in: Journal of Management, Vol. 8, No. 2, S. 35-47.

Davidson, H.J. / Trueblood, R.M. (1961): Accounting for Decisions-Making, in: The Accounting Review, Vol. 36, October, S. 577-582.

Davis, T.R.V. (1992): Internal Service Operations: Strategies for Increasing Their Effectiveness and Controlling Their Costs, in: Organizational Dynamics, Vol. 20, S. 5-22.

DeCanio, S.J. / Watkins, W.E. (1998): Information processing and organizational structure, in: Journal of Economic Behavior & Organization, Vol. 36, S. 275-294.

Dellmann, K. (1979): Das betriebliche Rechnungswesen als zielorientiertes, integriertes Rechenwerk, in: Die Betriebswirtschaft, 39. Jg., S. 165-178.

Dellmann, K. (1984): Kosten- und Leistungsrechnungen, in: Baetge, J. u.a. (Hrsg.): Vahlens Kompendium der Betriebswirtschaftslehre – Band 2, München: Vahlen 1984, S. 271-332.

DeLone, W.H. / McLean, E.R. (1992): Information System Success: The Quest for the Dependent Variable, in: Information Systems Research, Vol. 3, No. 1, S. 60-95.

Demski, J. / Feltham, G. (1976): Cost Determination: A Conceptual Approach, Ames: Iowa State University Press 1976.

Demski, J.S. (1994): Managerial Uses of Accounting Information, Boston: Kluwer 1994.

Dence, R. (1995): Best Practices Benchmarking, in: Holloway, J. / Lewis, J. / Mallory, G. (Ed.): Performance Measurement and Evaluation, London: Sage Publications Inc. 1995, S. 124-152.

Dent, J.F. (1986): Organizational research in accounting: perspectives, issues and a commentary, in: Bromwich, M. / Hopwood, A.G. (Ed.): Research and Current Issues in Management Accounting, London: Pitman 1986, S. 143-178.

Dent, J.F. (1990): Strategy, Organization and Control: Some Possibilities for Accounting Research, in: Accounting, Organizations and Society, Vol. 15, No. 1/2, S. 3-25.

Dent, J.F. (1991): Accounting and Organizational Cultures: A Field Study of the Emergence of a New Organizational Reality, in: Accounting, Organizations and Society, Vol. 16, No. 8, S. 705-732.

Dermer, J.D. (1973): Cognitive Characteristics and the Perceived Importance of Information, in: The Accounting Review, Vol. 48, No. 3, S. 511-519.

Dermer, J.D. (1975): Human Information Processing and Problem Solving: Implications for Behavioral Accounting Research, in: Livingstone, J.L. (Ed.): Managerial Accounting: The Behavioral Foundations, Second Printing, Columbus: Grid 1975, S. 193-208.

Deshpandé, R. (1982): The Organizational Context of Market Research Use, in: Journal of Marketing, Vol. 46, October, S. 91-101.

Deshpandé, R. (1983): "Paradigms Lost": On Theory and Method in Research in Marketing, in: Journal of Marketing, Vol. 47, October, S. 101-110.

Deshpandé, R. / Kohli, A.K. (1989): Knowledge Disavowal: Structural Determinants of Information-Processing Breakdown in Organizations, in: Knowledge: Creation, Diffusion, Utilization, Vol. 11, No. 2, S. 155-169.

Deshpandé, R. / Zaltman, G. (1982): Factors Affecting the Use of Market Research Information: A Path Analysis, in: Journal of Marketing Research, Vol. 19, S. 14-31.

Deshpandé, R. / Zaltman, G. (1984): A Comparison of Factors Affecting Researcher and Manager Perceptions of Market Research Use, in: Journal of Marketing Research, Vol. 21, February, S. 32-38.

Deshpandé, R. / Zaltman, G. (1987): A Comparison of Factors Affecting the Use of Market Research Information in Consumer and Industrial Firms, in: Journal of Marketing Research, Vol. 24, S. 114-118.

Dess, G.G. / Beard, D.W. (1984): Dimensions of Organizational Task Environments, in: Administrative Science Quarterly, Vol. 29, S. 52-73.

Dess, G.G. / Davis, P.S. (1984): Porter's (1980) Generic Strategies as Determinants of Strategic Group Membership and Organizational Performance, in: Academy of Management Journal, Vol. 27, No. 3, S. 467-488.

Dess, G.G. / Newport, S. / Rasheed, A.M.A. (1993): Configuration Research in Strategic Management: Key Issues and Suggestions, in: Journal of Management, Vol. 19, No. 4, S. 775-795.

Dess, G.G. / Rasheed, A.M.A. (1991): Conceptualizing and Measuring Organizational Environments: A Critique and Suggestions, in: Journal of Management, Vol. 17, No. 4, S. 701-710.

Deyhle, A. (1980): Controller-Handbuch: Enzylopädisches Lexikon für die Controller-Praxis, Ergänzungsband A, 2. Auflage, Gauting: Management Service Verlag 1980.

Deyhle, A. (1997): Management & Controlling Brevier – I. Band: Manager und Controller im Team, 7. Auflage, Wörthsee-Etterschlag: Management Service Verlag 1997.

Deyhle, A. / Gill, D. / Blazek, A. (1992): Controlling & the Controller: Cost Accounting, Marketing Planning, Management by Objectives, Role of the Controller, 2nd edition, Gauting: Management Service Publishing 1992.

Diamantopoulos, A. (1994): Modelling with LISREL: A Guide for the Uninitiated, in: Journal of Marketing Management, Vol. 10, S. 105-136.

Diamantopoulos, A. / Schlegelmilch, B.B. (1996): Determinants of Industrial Mail Survey Response: A Survey-on-Survey Analysis of Researchers' and Managers' Views, in: Journal of Marketing Management, Vol. 12, S. 505-531.

Diamantopoulos, A. / Souchon, A.L. (1996): Instrumental, Conceptual and Symbolic Use of Export Information: An Exploratory Study of U.K. Firms, in: Advances in International Marketing, Vol. 8, S. 117-144.

Dickson, G.W. / Senn, J.A. / Chervany, N.L. (1977): Research in Management Information Systems. The Minnesota Experiments, in: Management Science, Vol. 23, No. 9, S. 913-923.

Dietz, J.-W. (1990): Was leistet die PIMS-Datenbank?, in: Lücke, W. / Dietz, J.-W. (Hrsg.): Problemorientiertes Management, Wiesbaden: Gabler 1990, S. 57-86.

Dill, W.R. (1958): Environment as an Influence in Managerial Autonomy, in: Administrative Science Quarterly, Vol. 3, S. 409–443.

Dirrigl, H. (1998): Wertorientierung und Konvergenz in der Unternehmensrechnung, in: Betriebswirtschaftliche Forschung und Praxis, 50. Jg., S. 540-579.

Dirsmith, M.W. / Jablonsky, S.F. (1979): Zero-Base Budgeting as a Mangement Technique and Political Strategy, in: Academy of Management Review, Vol. 4, No. 4, S. 555-565.

Dixon, R. (1998): Accounting for Strategic Management: A Practical Application, in: Long Range Planning, Vol. 31, No. 2, S. 272-279.

Doll, W.J. / Raghunathan, T.S. / Lim, J.S. / Gupta, Y.P. (1995): A Confirmatory Factor Analysis of the User Information Satisfaction Instrument, in: Information Systems Research, Vol. 6, No. 2, S. 177-188.

Doll, W.J. / Torkzadeh, G. (1994): The Measurement of End-User Computing Satisfaction, in: MIS Quarterly, Vol. 12, June, S. 259-274.

Doll, W.J. / Xia, W. / Torkzadeh, G. (1994): A Confirmatory Factor Analysis of the End-User Computer Satisfaction Instrument, in: MIS Quarterly, Vol. 18, December, S. 453-461.

Donabedian, A. (1980): The Definition of Quality and Approaches to Its Assessment – Explorations in Quality Assessment and Monitoring, Vol. 1, Ann Arbor: Health Administration Press 1980.

Doney, P.M. / Armstrong, G.M. (1996): Effects of Accountability on Symbolic Information Search and Information Analysis by Organizational Buyers, in: Journal of the Academy of Marketing Science, Vol. 24, No. 1, S. 57-65.

Dorn, G. (1992): Geschichtliche Entwicklung der Kostenrechnung, in: Männel, W. (Hrsg.): Handbuch Kostenrechnung, Wiesbaden: Gabler 1992, S. 97-104.

Dorn, G. (1993): Geschichte der Kostenrechnung, in: Chmielewicz, K. / Schweizer, M. (Hrsg.): Handwörterbuch des Rechnungswesens, 3. Auflage, Stuttgart: Schäffer-Poeschel 1993, Sp. 722-729.

Dornach, F. (1997): Kundenzufriedenheit und internes Serviceklima: Was gutem internen Service im Wege steht, in: Gablers Magazin, 11. Jg., Heft 6/7, S. 53-56.

Downey, H.K. / Hellriegel, D. / Slocum, J.W., Jr. (1975): Environmental Uncertainty: The Construct and Its Application, in: Administrative Science Quarterly, Vol. 20, December, S. 613-629.

Downey, H.K. / Hellriegel, D. / Slocum, J.W., Jr. (1977): Individual Characteristics as Sources of Perceived Uncertainty Variability, in: Human Relations, Vol. 30, No. 2, S. 161-174.

Downey, H.K. / Slocum, J.W. (1975): Uncertainty: Measures, Research, and Sources of Variation, in: Academy of Management Journal, Vol. 18, No. 3, S. 562-578.

Drazin, R. / Van de Ven, A.H. (1985): Alternative Forms of Fit in Contingency Theory, in: Administrative Science Quarterly, Vol. 30, December, S. 514-539.

Driver, M.J. / Mock, T.J. (1975): Human Information Processing, Decision Style Theory, and Accounting Information Systems, in: The Accounting Review, Vol. 50, No. 3, S. 490-508.

Drury, C. (1992): Introduction, in: Drury, C. (Ed.): Management Accounting Handbook, Oxford: Butterworth-Heinemann 1992, S. 1-13.

Drury, C. / Dugdale, D. (1992): Surveys of management accounting practice, in: Drury, C. (Ed.): Management Accounting Handbook, Oxford: Butterworth-Heinemann 1992, S. 327-347.

Dubin, R. (1976): Theory Building in Applied Areas, in: Dunnette, M.D. (Ed.): Handbook of Industrial and Organisational Psychology, Chicago, IL: Rand McNally 1976, S. 17-39.

Duncan, R.B. (1972): Characteristics of Organizational Environments and Perceived Environmental Uncertainty, in: Administrative Science Quarterly, Vol. 17, March, S. 313-327.

Dvir, D. / Segev, E. / Shenhar, A. (1993): Technology's Varying Impact on the Success of Strategic Business Units within the Miles and Snow Typology, in: Strategic Management Journal, Vol. 14, S. 155-162.

Edström, A. (1977): User Influence and the Success of MIS Projects: A Contingency Approach, in: Human Relations, Vol. 30, No. 7, S. 589-607.

Edwards, K.A. / Emmanuel, C.R. (1990): Diverging views on the boundaries of management accounting, in: Management Accounting Research, Vol. 1, No. 1, S. 51-63.

Ein-Dor, P. / Segev, E. (1978): Organizational Context and the Success of Management Information Systems, in: Management Science, Vol. 24, No. 10, S. 1064-1077.

Ein-Dor, P. / Segev, E. (1982): Organizational Context and MIS Structure: Some Empirical Evidence, in: MIS Quarterly, Vol. 6, No. 3, S. 55-68.

Ein-Dor, P. / Segev, E. / Blumenthal, D. / Millet, I. (1984): Perceived Importance, Investment and Success of MIS, or The MIS Zoo - An Empirical Investigation and a Taxonomy, in: Systems, Objectives, Solutions, Vol. 4, S. 61-67.

Eisele, W. (1993): Technik des betrieblichen Rechnungswesens: Buchführung – Kostenrechnung – Sonderbilanzen, 5. Auflage, München: Vahlen 1993.

Elnathan, D. / Lin, T.W. / Young, S.M. (1996): Benchmarking and Management Accounting: A Framework for Research, in: Journal of Management Accounting Research, Vol. 8, S. 37-54.

Emore, J.R. / Ness, J.A. (1991): The Slow Pace of Meaningful Change in Cost Systems, in: Journal of Cost Management for the Manufacturing Industry, Winter 1991, S. 36-45.

Engelhardt, W.H. / Kleinaltenkamp, M. / Reckenfelderbäumer, M. (1993): Leistungsbündel als Absatzobjekte – Ein Ansatz zur Überwindung der Dichotomie von Sach- und Dienstleistungen, in: Zeitschrift für betriebswirtschaftliche Forschung, 45. Jg., S. 395-426.

Eschenbach, R. (1997): Controlling als Führungsfunktion – Tendenzen und Kontext, in: Rieder, L. (Hrsg.): Controllers Zukunft: Auftrag, Verantwortung, Rollenbild und Selbstverständnis der Controller, Zürich: Orell Füssli 1997, S. 15-32.

Eschenbach, R. / Ohner, M. (1981): Kostenrechnungen in der österreichischen Maschinen- und Stahlbauindustrie - eine vergleichende empirische Untersuchung, in: Journal für Betriebswirtschaft, o.J., Heft 4/1981, S. 227-245.

Everitt, B.S. (1995): Cluster Analysis, London: Arnold 1995.

Ewert, R. / Wagenhofer, A. (1997): Interne Unternehmensrechnung, 3. Auflage, Berlin: Springer 1997.

Ewusi-Mensah, K. (1981): The External Organizational Environment and its Impact on Management Information Systems, in: Accounting, Organizations and Society, Vol. 6, No. 4, S. 301-316.

Fahrmeier, L. / Kaufmann, H. / Kredler, C. (1996): Regressionsanalyse, in: Fahrmeir, L. / Hamerle, A. / Tutz, G. (Hrsg.): Multivariate statistische Verfahren, 2. Auflage, Berlin: Walter de Gruyter 1996, S. 93-168.

Falterbaum, H. / Beckmann, H. (1989): Buchführung und Bilanz: unter besonderer Berücksichtigung des Bilanzsteuerrechts und der steuerlichen Gewinnermittlung, 13. Auflage, Achim: Fleischer 1989.

Faßnacht, M. (1996): Preisdifferenzierung bei Dienstleistungen: Implementationsformen und Determinanten, Wiesbaden: Gabler 1996.

Faßnacht, M. (1998): Preisdifferenzierungsintensität bei Dienstleistern: Ein ökonomischer Erklärungsansatz, in: Zeitschrift für Betriebswirtschaft, 68. Jg., S. 719-743.

Feldman, M.S. / March, J.G. (1981): Information in Organizations as Signal and Symbol, in: Administrative Science Quarterly, Vol. 26, S. 171-186.

Feltham, G.A. (1968): The Value of Information, in: The Accounting Review, Vol. 43, No. 4, S. 684-696.

Ferreira, L.D. / Merchant, K.A. (1992): Field Research in Management Accounting and Control: A Review and Evaluation, in: Accounting, Auditing & Accountability Journal, Vol. 5, No. 4, S. 3-34.

Feyerabend, P.K. (1970): Wie wird man ein braver Empirist? Ein Aufruf zur Toleranz in der Erkenntnistheorie, in: Krüger, L. (Hrsg.): Erkenntnisprobleme der Naturwissenschaften: Texte zur Einführung in die Philosophie der Wissenschaft, Köln: Kiepenheuer & Witsch 1970, S. 302-335.

Fickert, R. (1993): Management Accounting – quo vadis?, in: Die Unternehmung, 47. Jg., S. 203-224.

Finlay, P.N. / Forhani, M. (1998): A classification of success factors for decision support systems, in: Journal of Strategic Information Systems, Vol. 7, S. 53-70.

Fischer, T.M. (1993): Kostenmanagement strategischer Erfolgsfaktoren, München: Vahlen 1993.

Fisher, C. (1996): The Impact of Perceived Environmental Uncertainty and Individual Differences on Management Information Requirements: A Research Note, in: Accounting, Organizations and Society, Vol. 21, No. 4, S. 361-369.

Fisher, R.J. / Maltz, E. / Jaworski, B.J. (1997): Enhancing Communication Between Marketing and Engineering: The Moderating Role of Relative Functional Identification, in: Journal of Marketing, Vol. 61, July, S. 54-70.

Fittkau, B. (1997): Kommunikation – Ein bestimmendes Moment von Organisationskulturen, in: Integrative Therapie, 23. Jg., Heft 1-2, S. 181-201.

Flagg, J.C. / Hale, M.W. / Glover, H.D. (1992): Field Research: A Foundation for Developing New Theories in Management Accounting, in: Management Research News, Vol. 15, No. 7, S. 8-14.

Flamholtz, E.G. (1983): Accounting, Budgeting and Control Systems in their Organizational Context: Theoretical and Empirical Perspectives, in: Accounting, Organizations and Society, Vol. 8, No. 2/3, S. 153-169.

Flamholtz, E.G. / Das, T.K. / Tsui, A.S. (1985): Toward an Integrative Framework of Organizational Control, in: Accounting, Organizations and Society, Vol. 10, No. 1, S. 35-50.

Flanagan, J.C. (1954): The Critical Incident Technique, in: Psychological Bulletin, Vol. 51, No. 4, S. 327-358.

Fornell, C. (1982a) (Ed.): A Second Generation of Multivariate Analysis: Methods, Vol. 1, New York: Prager 1982.

Fornell, C. (1982b) (Ed.): A Second Generation of Multivariate Analysis: Measurement and Evaluation, Vol. 2, New York: Prager 1982.

Fornell, C. / Larcker, D.F. (1981): Evaluating Structural Equation Models with Unobservable Variables and Measurement Error, in: Journal of Marketing Research, Vol. 18, February, S. 39-50.

Förster, F. / Fritz, W. / Silberer, G. / Raffée, H. (1984): Der LISREL-Ansatz der Kausalanalyse und seine Bedeutung für die Marketing-Forschung, in: Zeitschrift für Betriebswirtschaft, 54. Jg., S. 346-367.

Fox, J. (1991): Regression Diagnostics, Sage University Papers Series. Quantitative Applications in the Social Sciences No. 79, Newbury Park, CA: Sage Publications Inc. 1991.

Franz, C.R. / Robey, D. (1986): Organizational Context, User Involvement, and the Usefulness of Information Systems, in: Decision Sciences, Vol. 17, S. 329-356.

Franz, K.-P. / Kajüter, P. (1997): Kostenmanagement in Deutschland - Ergebnisse einer empirischen Untersuchung in deutschen Großunternehmen, in: Franz, K.-P. / Kajüter, P. (Hrsg.): Kostenmanagement - Wettbewerbsvorteile durch systematische Kostensteuerung, Stuttgart: Schäffer-Poeschel 1997, S. 481-502.

Freimann, J. (1994): Das Theorie-Praxis-Dilemma der Betriebswirtschaftslehre – Wissenschaftssoziologische Überlegungen zu einem besonderen Verhältnis –, in: Fischer-Winkelmann, W.F. (Hrsg.): Das Theorie-Praxis-Problem der Betriebswirtschaftslehre – Tagung der Kommission Wissenschaftstheorie, Wiesbaden: Gabler 1994, S. 7-24.

Frese, E. (1968): Kontrolle und Unternehmensführung – Entscheidungs- und organisationstheoretische Grundlagen, Wiesbaden: Gabler 1968.

Friedrich, R.J. (1982): In Defense of Multiplicative Terms in Multiple Regression Equations, in: American Journal of Political Science, Vol. 26, No. 4, S. 797-833.

Fritz, W. (1992): Marktorientierte Unternehmensführung und Unternehmenserfolg: Grundlagen und Ergebnisse einer empirischen Studie, Stuttgart: Schäffer-Poeschel 1992.

Fritz, W. (1997): Produktqualität, Marktanteil und Unternehmenserfolg - Ergebnisse der PIMS-Forschung und ihre empirische Relevanz für die westdeutsche Industrie -, in: Betriebswirtschaftliche Forschung und Praxis, 49. Jg., Heft 4, S. 455-469.

Fritz, W. / Effenberger, J. (1998): Strategische Unternehmensberatung – Verlauf und Erfolg von Projekten der Strategieberatung, in: Die Betriebswirtschaft, 58. Jg., S. 103-118.

Fröhling, O. (1991): Strategisches Management Accounting, in: Kostenrechnungspraxis, 35. Jg., S. 7-12.

Fröhling, O. / Krause, H. (1992): DV-gestütze Prozeßkostenrechnung – Integrationsaspekte und Umsetzung auf Standard-Softwarebasis, in: Männel, W. (Hrsg.): Handbuch Kostenrechnung, Wiesbaden: Gabler 1992, S. 384-394.

Fry, L.W. / Smith, D.A. (1987): Congruence, Contingency, and Theory Building, in: Academy of Management Review, Vol. 12, No. 1, S. 117-132.

Fuchs, H. (1973): Systemtheorie und Organisation, Wiesbaden: Gabler 1973.

Galbraith, C. / Schendel, D. (1983): An Empirical Analysis of Strategy Types, in: Strategic Management Journal, Vol. 4, S. 153-173.

Gallagher, C.A. (1974): Perceptions of the Value of a Management Information System, in: Academy of Management Journal, Vol. 17, No. 1, S. 46-55.

Gambling, T. (1977): Magic, Accounting and Morale, in: Accounting, Organizations and Society, Vol. 2, No. 2, S. 141-151.

Gans, C. / Reiß, M. (1986): Diagnostisches Rechnungswesen: Die Nutzung der Kostenrechnung zur Erkennung betrieblicher Handlungsnotwendigkeiten, in: Kostenrechnungspraxis, 30. Jg., S. 95-100.

Garbe, H. (1984): Informationsbedarf, in: Grochla, E. / Wittmann, W. (Hrsg.): Handwörterbuch der Betriebswirtschaft, 4. Auflage, Ungekürzte Studienausgabe, Stuttgart: Poeschel 1984, Sp. 1873-1882.

Garvin, D.A. (1984): What Does "Product Quality" Really Mean?, in: Sloan Management Review, Vol. 25, Fall, S. 25-43.

Garvin, D.A. (1988): Managing Quality: The Strategic and Competitive Edge, New York: The Free Press 1988.

Gatian, A.W. (1994): Is user satisfaction a valid measure of system effectiveness?, in: Information and Management, Vol. 26, S. 119-131.

Gaydoul, P. (1980): Controlling in der deutschen Unternehmenspraxis, Darmstadt: S. Toeche-Mittler 1980.

Gelderman, M. (1998): The relation between user satisfaction, usage of information systems and performance, in: Information and Management, Vol. 34, S. 11-18.

Gerbing, D.W. / Anderson, J.C. (1988): An Updated Paradigm for Scale Development Incorporating Unidimensionality and Its Assessment, in: Journal of Marketing Research, Vol. 25, May, S. 186-192.

Gerloff, E.A. / Muir, N.K. / Bodensteiner, W.D. (1991): Three Components of Perceived Environmental Uncertainty: An Exploratory Analysis of the Effects of Aggregation, in: Journal of Management, Vol. 17, No. 4, S. 749-768.

Gerum, E. (1979): Prinzipien des Konstruktivismus, in: Raffeé, H. / Abel, B. (Ed.): Wissenschaftstheoretische Grundfragen der Wirtschaftswissenschaften, München: Vahlen 1979, S. 205-208.

Gifford, W.E. / Bobbitt, H.R. / Slocum, J.W. (1979): Message Characteristics and Perceptions of Uncertainty by Organizational Decision Makers, in: Academy of Management Journal, Vol. 22, No. 3, S. 458-481.

Ginsberg, A. / Venkatraman, N. (1985): Contingency Perspectives of Organizational Strategy: A Critical Review of the Empirical Research, in: Academy of Management Review, Vol. 10, No. 3, S. 421-434.

Ginzberg, M.J. (1980): An Organizational Contingencies View of Accounting and Information Systems Implementation, in: Accounting, Organizations and Society, Vol. 5, No. 4, S. 369-382.

Glaser, H. (1992): Prozeßkostenrechnung – Darstellung und Kritik, in: Zeitschrift für betriebswirtschaftliche Forschung, 44. Jg., S. 275-288.

Glaser, H. (1993): Prozeßkostenrechnung, in: Chmielewicz, K. / Schweizer, M. (Hrsg.): Handwörterbuch des Rechnungswesens, 3. Auflage, Stuttgart: Schäffer-Poeschel 1993, Sp. 1643-1651.

Gleich, R. (1997): Balanced Scorecard, in: Die Betriebswirtschaft, 57. Jg., S. 432-435.

Goeldel, H. (1997): Gestaltung der Planung: konzeptioneller Ansatz und Fallstudien, Wiesbaden: Gabler 1997.

Goh, S. / Richards, G. (1997): Benchmarking the Learning Capability of Organizations, in: European Management Journal, Vol. 15, No. 5, S. 575-583.

Golembiewski, R. (1964): Accountancy as a function of organization theory, in: The Accounting Review, Vol. 39, No. 2, S. 333-341.

Goodman, P.S. / Fichman, M. / Lerch, F.J. / Snyder, P.R. (1995): Customer-Firm Relationships, Involvement, and Customer Satisfaction, in: Academy of Management Journal, Vol. 38, No. 5, S. 1310-1324.

Goodman, S.K. (1993): Information Needs for Management Decision-Making, in: Records Management Quarterly, Vol. 27, No. 4, S. 12-23.

Gordon, L.A. / Larcker, D.F. / Tuggle, F.D. (1978): Strategic Decision Processes and the Design of Accounting Information Systems: Conceptual Linkages, in: Accounting, Organizations and Society, Vol. 3, No. 3/4, S. 203-213.

Gordon, L.A. / Miller, D. (1976): A Contingency Framework for the Design of Accounting Information Systems, in: Accounting, Organizations and Society, Vol. 1, No. 1, S. 59-69.

Gordon, L.A. / Narayanan, V.K. (1984): Management Accounting Systems, Perceived Environmental Uncertainty and Organizational Structure: An Empirical Investigation, in: Accounting, Organizations and Society, Vol. 9, No. 1, S. 33-47.

Görgen, W. (1987): Schnittstellenmanagement zur Koordination von Marketing und Rechnungswesen, Arbeitsberichte des Instituts fur Markt- und Distributionsforschung der Universität zu Köln, Nr. 16, Köln: IMD 1987.

Gorry, G. / Morton, M.S. (1971): A Framework for Management Information Systems, in: Sloan Management Review, Vol. 12, Fall, S. 55-70.

Gosselin, M. (1997): The Effect of Strategy and Organizational Structure on the Adoption and Implementation of Activity-Based Costing, in: Accounting, Organizations and Society, Vol. 22, No. 2, S. 105-122.

Götze, U. / Meyerhoff, J.C. (1993): Die Prozeßkostenrechnung – Stand und Entwicklungstendenzen, in: Zeitschrift für Planung, 4. Jg., Heft 1, S. 65-96.

Govindarajan, V. (1984): Appropriateness of Accounting Data in Performance Evaluation: An Empirical Examination of Environmental Uncertainty as an Intervening Variable, in: Accounting, Organizations and Society, Vol. 9, No. 2, S. 125-135.

Govindarajan, V. (1988): A Contingency Approach to Strategy Implementation at the Business-Unit Level: Integrating Adminstrative Mechanisms with Strategy, in: Academy of Management Journal, Vol. 31, No. 4, S. 828-853.

Govindarajan, V. / Fisher, J. (1990): Strategy, Control Systems, and Resource Sharing: Effects on Business-Unit Performance, in: Academy of Management Journal, Vol. 33, No. 2, S. 259-285.

Govindarajan, V. / Gupta, A.K. (1985): Linking Control Systems to Business Unit Strategy: Impact on Performance, in: Accounting, Organizations and Society, Vol. 10, No. 1, S. 51-66.

Govindarajan, V. / Shank, J.K. (1992): Strategic Cost Management: Tailoring Controls to Strategies, in: Journal of Cost Management, Vol. 6, Fall, S. 14-24.

Govindarajan, V. / Shank, J.K. (1995): Strategic Cost Management: Tailoring Controls to Strategies, in: Reeve, J.M. (Ed.): Readings and Issues in Cost Management, New York: Warren, Gorham and Lamont 1995, S. 73-90.

Grant, R.M. (1991): The Resource-Based Theory of Competitive Advantage: Implications for Strategy Formulation, in: California Management Review, Vol. 33, S. 114-135.

Green, F.B. / Amenkhienan, F.E. (1992): Accounting Innovations: A Cross Sectional Survey of Manufacturing Firms, in: Journal of Cost Management for the Manufacturing Industry, Spring 1992, S. 58-64.

Gremillion, L.L (1984): Organization Size and Information System Use: En Empirical Study, in: Journal of Management Information Systems, Vol. 1, Fall 1984, S. 4-17.

Grinyer, P.H. / Al-Bazzaz, S. / Yasai-Ardekani, M. (1986): Towards a Contingency Theory of Corporate Planning: Findings in 48 U.K. Companies, in: Strategic Management Journal, Vol. 7, S. 3-28.

Grinyer, P.H. / McKiernan, P. / Yasai-Ardekani, M. (1988): Market, Organizational and Managerial Correlates of Economic Performance in the U.K. Electrical Engineering Industry, in: Strategic Management Journal, Vol. 9, S. 297-318.

Grochla, E. (1976): Praxeologische Organisationstheorie durch sachliche und methodische Integration – Eine pragmatische Konzeption –, in: Zeitschrift für betriebswirtschaftliche Forschung, 28. Jg., S. 613-637.

Grochla, E. (1978): Einführung in die Organisationstheorie, Stuttgart: Poeschel 1978.

Grochla, E. / Welge, M.K. (1975): Zur Problematik der Effizienzbestimmung von Organisationsstrukturen, in: Zeitschrift für betriebswirtschaftliche Forschung, 27. Jg., S. 273-289.

Gruner, K.E. (1996): Kundeneinbindung in den Produktinnovationsprozeß: Bestandsaufnahme, Determinanten und Erfolgsauswirkungen, Wiesbaden: Gabler 1996.

Gujarati, D. (1979): Basic Econometrics, International Student Edition, New York: McGraw-Hill 1979.

Gujarati, D.N. (1995): Basic Econometrics, 3rd edition, New York: McGraw-Hill 1995.

Gul, F.A. (1991): The Effects of Management Accounting Systems and Environmental Uncertainty on Small Business Managers' Performance, in: Accounting and Business Research, Vol. 22, No. 85, S. 57-61.

Gul, F.A. / Chia, Y.M. (1994): The Effects of Management Accounting Systems, Perceived Environmental Uncertainty and Decentralization on Managerial Performance: A Test of Three-Way Interaction, in: Accounting, Organizations and Society, Vol. 19, No. 4/5, S. 413-426.

Güldenberg, S. / Eschenbach, R. (1996): Organisatorisches Wissen und Lernen – erste Ergebnisse einer qualitativ-empirischen Erhebung, in: Zeitschrift für Führung und Organisation, 65. Jg., S. 4-9.

Gupta, A.K. / Govindarajan, V. (1984): Business Unit Strategy, Managerial Characteristics, and Business Unit Effectiveness at Strategy Implementation, in: Academy of Management Journal, Vol. 27, No. 1, S. 25-41.

Gupta, A.K. / Govindarajan, V. (1986): Resource Sharing among SBUs: Strategic Antecedents and Administrative Implications, in: Academy of Management Journal, Vol. 29, No. 4, S. 695-714.

Gutenberg, E. (1962): Unternehmensführung – Organisation und Entscheidungen, Wiesbaden: Gabler 1962.

Gutenberg, E. (1975): Einführung in die Betriebswirtschaftslehre, Wiesbaden: Gabler 1975.

Gutenberg, E. (1983): Grundlagen der Betriebswirtschaftslehre, Erster Band: Die Produktion, 24. Auflage, Berlin: Springer 1983.

Hafermalz, O. (1989): Schriftliche Befragung – Möglichkeiten und Grenzen, Wiesbaden: Gabler 1976.

Hahn, D. (1971): Führung des Systems Unternehmung, in: Zeitschrift für Führung und Organisation, 40. Jg., S. 161-169.

Hahn, D. (1988): Führung und Führungsorganisation, in: Zeitschrift für betriebswirtschaftliche Forschung, 40. Jg., S. 112-137.

Hahn, D. (1996): PuK, Controllingkonzepte: Planung- und Kontrolle, Planungs- und Kontrollsystem, Planungs- und Kontrollrechnung, Unternehmungsbeispiele, 5. Auflage, Wiesbaden: Gabler 1996.

Hahn, D. (1997): Strategische Unternehmensführung – Grundkonzept, in: Hahn, D. / Taylor, B. (Hrsg.): Strategische Unternehmensplanung – Strategische Unternehmensführung: Stand und Entwicklungstendenzen, 7. Auflage, Heidelberg: Physica 1997, S. 28-50.

Haller, A. (1997): Zur Eignung der US-GAAP für Zwecke des internen Rechnungswesens, in: Controlling, 9. Jg., S. 270-276.

Haller, S. (1993): Methoden zur Beurteilung von Dienstleistungsqualität – Überblick zum State of the Art –, in: Zeitschrift für betriebswirtschaftliche Forschung, 45. Jg., S. 19-40.

Hambrick, D.C. (1983): Some Tests of the Effectiveness and Functional Attributes of Miles and Snow's Strategic Types, in: Academy of Management Journal, Vol. 26, No. 1, S. 5-26.

Hamilton, S. / Chervany, N.L. (1981): Evaluating Information Systems Effectiveness - Part II: Comparing Evaluator Viewpoints, in: MIS Quarterly, Vol. 5, No. 4, S. 79-86.

Hamprecht, M. (1996): Controlling von Konzernplanungssystemen: Theoretische Ableitung und betriebliche Realität führungsstrukturabhängiger Ausprägungsmuster, Wiesbaden: Gabler 1996.

Hartmann, F. (1998): Accounting for performance evaluation: effects of uncertainty on the appropriateness of accounting performance measures, in: The European Accounting Review, Vol. 7, No. 3, S. 571-574.

Hauschildt, J. / Gemünden, H.G. / Grotz-Martin, S. / Haidle, U. (1983) (Hrsg.): Entscheidungen der Geschäftsführung: Typologie, Informationsverhalten, Effizienz, Tübingen: J.C.B. Mohr (Paul Siebeck) 1983.

Hauschildt, J. / Grün, O. (1993) (Hrsg.): Ergebnisse empirischer betriebswirtschaftlicher Forschung - Zu einer Realtheorie der Unternehmung, Stuttgart: Schäffer-Poeschel 1993.

Hayek, F.A. von (1972): Die Theorie komplexer Phänomene, Tübingen: J.C.B. Mohr (Paul Siebeck) 1972.

Hayes, D.C. (1975): The Contingency Theory of Managerial Accounting: An Empirical Test of an Assessment Model, Dissertation, The Ohio State University 1975.

Hayes, D.C. (1977): The Contingency Theory of Management Accounting, in: The Accounting Review, Vol. 52, No. 1, S. 22-39.

Hayes, D.C. (1978): The Contingency Theory of Management Accounting: A Reply, in: The Accounting Review, Vol. 53, No. 2, S. 530-533.

Heinen, E. (1970a): Der entscheidungsorientierte Ansatz in der Betriebswirtschaftslehre, in: Zeitschrift für Betriebswirtschaft, 40. Jg., S. 429-444.

Heinen, E. (1970b): Zielanalyse als Grundlage rationaler Unternehmenspolitik, in: Jacob, H. (Hrsg.): Zielprogramm und Entscheidungsprozeß in der Unternehmung, Schriften zur Unternehmensführung, Band 11, Wiesbaden: Gabler 1970, S. 7-26.

Heinen, E. (1976): Grundlagen betriebswirtschaftlicher Entscheidungen – Das Zielsystem der Unternehmung, 3. Auflage, Wiesbaden: Gabler 1976.

Heinen, E. (1983): Betriebswirtschaftliche Kostenlehre: Kostentheorie und Kostenentscheidungen, 6. Auflage, Wiesbaden: Gabler 1983.

Heinen, E. (1984): Kostenrechnung, in: Grochla, E. / Wittmann, W. (Hrsg.): Handwörterbuch der Betriebswirtschaft, 4. Auflage, Ungekürzte Studienausgabe, Stuttgart: Poeschel 1984, Sp. 2313-2323.

Heinen, E. (1985): Einführung in die Betriebswirtschaftslehre, 9. Auflage, Wiesbaden: Gabler 1985.

Heinen, E. (1986): Grundtatbestände betrieblicher Entscheidungen, in: Jacob, H. (Hrsg.): Industriebetriebslehre: Handbuch für Studium und Prüfung, 3. Auflage, Wiesbaden: Gabler 1986, S. 319-380.

Heinen, E. (1991) (Hrsg.): Industriebetriebslehre: Entscheidungen im Industriebetrieb, 9. Auflage, Wiesbaden: Gabler 1991.

Heinen, E. / Dietel, B. (1991): Kostenrechnung, in: Heinen, E. (Hrsg.): Industriebetriebslehre: Entscheidungen im Industriebetrieb, 9. Auflage, Wiesbaden: Gabler 1991, S. 1157-1313.

Heinen, E. / Dietel, B. (1993): Kostenrechnung, in: Chmielewicz, K. / Schweizer, M. (Hrsg.): Handwörterbuch des Rechnungswesens, 3. Auflage, Stuttgart: Schäffer-Poeschel 1993, Sp. 1234-1242.

Hentschel, B. (1990): Die Messung der wahrgenommenen Dienstleistungsqualität mit SERVQUAL: Eine kritische Auseinandersetzung, in: Marketing · Zeitschrift für Forschung und Praxis, 12. Jg., S. 230-240.

Henze, A. (1994): Marktforschung – Grundlage für Marketing und Markenpolitik, Stuttgart: Ulmer 1994.

Herbert, T.T. / Deresky, H. (1987): Generic Strategies: An Empirical Investigation of the Typology Validity and Strategy Content, in: Strategic Management Journal, Vol. 8, S. 135-147.

Hermann, U. (1996): Wertorientiertes ressourcenorientiertes Management: Neuausrichtung der Kostenrechnung aus ressourcenbasierter Sicht, Wiesbaden: Gabler 1996.

Hildebrandt, L. (1984): Kausalanalytische Validierung in der Marketingforschung, in: Marketing Zeitschrift für Forschung und Praxis, 6. Jg., S. 41-51.

Hildebrandt, L. / Homburg, C. (1998) (Hrsg.): Die Kausalanalyse - Instrument der empirischen betriebswirtschaftlichen Forschung, Stuttgart: Schäffer-Poeschel 1998.

Hilke, W. (1989): Grundprobleme und Entwickungstendenzen des Dienstleistungs-Marketing, in: Hilke, W. (Hrsg.): Dienstleistungs-Marketing: Banken und Versicherungen – Freie Berufe – Handel und Transport – Nicht-erwerbswirtschaftlich orientierte Organisationen, Wiesbaden: Gabler 1989, S. 5-44.

Hilton, R.W. (1979): The Determinants of Cost Information Value: An Illustrative Analysis, in: Journal of Accounting Research, Vol. 17, No. 2, S. 411-435.

Hilton, R.W. / Swieringa, R.J. (1981): Perceptions of Initial Uncertainty as a Determinant of Information Value, in: Journal of Accounting Research, Vol. 19, No. 1, S. 109-119.

Hiromoto, T. (1988): Another Hidden Edge - Japanese Management Accounting, in: Harvard Business Review, Vol. 66, July-August, S. 22-26.

Hirsch, R.E. (1968): Informationswert und -kosten und deren Beeinflussung, in: Zeitschrift für betriebswirtschaftliche Forschung, 20. Jg., S. 670-676.

Hoffmann, J.J. / Cullen, J.B. / Carter, N.M. / Hofacker, C.F. (1992): Alternative Methods for Measuring Organization Fit: Technology, Structure, and Performance, in: Journal of Management, Vol. 18, No. 1, S. 45-57.

Hofstedt, T.R. (1976): Behavioral Accounting Research: Pathologies, Paradigms and Prescriptions, in: Accounting, Organizations and Society, Vol. 1, No. 1, S. 43-58.

Hofstedt, T.R. / Kinard, J.C. (1970): A Strategy for Behavioral Accounting Research, in: The Accounting Review, Vol. 45, No. 1, S. 38-54.

Holmes, S. / Nicholls, D. (1988): An Analysis of the Use of Accounting Information by Australian Small Business, in: Journal of Small Business Management, April 1988, S. 57-68.

Holstrum, G.L. (1971): The Effect of Budget Adaptiveness and Tightness on Managerial Decision Behavior, in: Journal of Accounting Research, Vol. 9, No. 2, S. 268-277.

Holzwarth, J. (1993): Strategische Kostenrechnung? Zum Bedarf an einer modifizierten Kostenrechnung für die Bewertung der Alternativen strategischer Entscheidungen, Stuttgart: Schäffer-Poeschel 1993.

Homburg, C. (1989): Exploratorische Ansätze der Kausalanalyse als Instrument der Marketingplanung, Frankfurt/Main: Lang 1989.

Homburg, C. (1991a): Cross-Validation and Information Criteria in Causal Modeling, in: Journal of Marketing Research, Vol. 28, No. 2, S. 137-144.

Homburg, C. (1991b): Modellgestützte Unternehmensplanung, Wiesbaden: Gabler 1991.

Homburg, C. (1992a): Beispiele zur Kausalanalyse, in: Wirtschaftswissenschaftliches Studium, 21. Jg., Heft 10, S. 541-544.

Homburg, C. (1992b): Die Kausalanalyse - Eine Einführung, in: Wirtschaftswissenschaftliches Studium, 21. Jg., Heft 10, S. 499-508.

Homburg, C. (1998): Kundennähe von Industriegüterunternehmen: Konzeption - Erfolgsauswirkungen - Determinanten, 2. Auflage, Wiesbaden: Gabler 1998.

Homburg, C. / Baumgartner, H. (1995a): Beurteilung von Kausalmodellen: Bestandsaufnahme und Anwendungsempfehlungen, in: Marketing · Zeitschrift für Forschung und Praxis, 17. Jg., S. 162-177.

Homburg, C. / Baumgartner, H. (1995b): Die Kausalanalyse als Instrument der Marketingforschung: Eine Bestandsaufnahme, in: Zeitschrift für Betriebswirtschaft, 65. Jg., S. 1091-1108.

Homburg, C. / Becker, J. (1996): Zertifizierung von Qualitätssicherungssystemen nach den Qualitätssicherungsnormen DIN ISO 9000 ff. – Eine kritische Beurteilung, in: Wirtschaftswissenschaftliches Studium, 25. Jg., Heft 9, S. 444-450.

Homburg, C. / Daum, D. (1997a): Die Kundenstruktur als Controlling-Herausforderung, in: Controlling, 9. Jg., Heft 6, S. 394-405.

Homburg, C. / Daum, D. (1997b): Marktorientiertes Kostenmanagement: Kosteneffizienz und Kundennähe verbinden, Frankfurt/Main: Frankfurter Allgemeine Zeitung, Verl.-Bereich Wirtschaftsbücher 1997.

Homburg, C. / Giering, A. (1996): Konzeptualisierung und Operationalisierung komplexer Konstrukte, in: Marketing · Zeitschrift für Forschung und Praxis, 18. Jg., S. 5-24.

Homburg, C. / Giering, A. (1998) (Hrsg.): Konzeptualisierung und Operationalisierung komplexer Konstrukte - Ein Leitfaden für die Marketingforschung, Stuttgart: Schäffer-Poeschel 1998.

Homburg, C. / Krohmer, H. / Workman, J.P., Jr. (1999): Performance Impacts of Strategic Concensus: The Role of Strategy Type and Market-Related Dynamism, in: Strategic Management Journal, erscheint in Vol. 20.

Homburg, C. / Pflesser, C. (1999a): Konfirmatorische Faktorenanalyse, erscheint in: Herrmann, A. / Homburg, C. (Hrsg.): Marktforschung, Wiesbaden: Gabler 1999.

Homburg, C. / Pflesser, C. (1999b): Strukturgleichungsmodelle mit latenten Variablen: Kausalanalyse, erscheint in: Herrmann, A. / Homburg, C. (Hrsg.): Marktforschung, Wiesbaden: Gabler 1999.

Homburg, C. / Simon, H. (1995): Wettbewerbsstrategien, in: Tietz, B. / Köhler, R. / Zentes, J. (Hrsg.): Handwörterbuch des Marketing, 2. Auflage, Stuttgart: Schäffer-Poeschel 1995, Sp. 2753-2762.

Homburg, C. / Weber, J. / Aust, R. / Karlshaus, J.T. (1998a): Interne Kundenorientierung der Kostenrechnung – Ergebnisse der Koblenzer Studie –, Band 7 der Reihe Advanced Controlling, Vallendar 1998.

Homburg, C. / Weber, J. / Aust, R. / Karlshaus, J.T. (1998b): Interne Kundenorientierung der Kostenrechnung: Kostenrechner müssen umdenken, in: Gablers Magazin, 12. Jg., Heft 9, S. 18-20.

Homburg, C. / Weber, J. / Karlshaus, J.T. / Aust, R. (1998c): Kostenrechnung – Das Management als Kunde, in: Logistik Heute, 20. Jg., November, S. 58 f.

Homburg, C. / Weber, J. / Karlshaus, J.T. / Aust, R. (1999): Interne Kundenorientierung der Kostenrechnung? Ergebnisse einer empirischen Untersuchung in deutschen Industrieunternehmen, Unveröffentlichtes Arbeitspapier, Vallendar: WHU Koblenz 1999.

Homburg, C. / Werner, H. (1998): Kundenorientierung mit System: mit Customer-Orientation-Management zu profitablem Wachstum, Frankfurt/Main: Campus 1998.

Homburg, C. / Werner, H. / Englisch, M. (1997): Kennzahlengestütztes Benchmarking im Beschaffungsbereich – Konzeptionelle Aspekte und empirische Befunde, in: Die Betriebswirtschaft, 57. Jg., S. 48-64.

Hopwood, A.G. (1972): An Empirical Study of the Role of Accounting Data in Performance Evaluation, in: Journal of Accounting Research, Vol. 10, Supplement, S. 156-182.

Hopwood, A.G. (1974): Leadership Climate and the Use of Accounting Data in Performance Evaluation, in: The Accounting Review, Vol. 49, No. 3, S. 485-495.

Hopwood, A.G. (1978): Towards an Organizational Perspective for the Study of Accounting and Information Systems, in: Accounting, Organizations and Society, Vol. 3, No. 1, S. 3-13.

Hopwood, A.G. (1980): The Organisational and Behavioural Aspects of Budgeting and Control, in: Arnold, J. / Carsberg, B. / Scapens, R. (Ed.): Topics in Management Accounting, Oxford: Philip Allen 1980, S. 221-240.

Hopwood, A.G. (1983): On Trying to Study Accountancy in the Contexts in Which It Operates, in: Accounting, Organizations and Society, Vol. 8, No. 2/3, S. 287-305.

Hopwood, A.G. (1987): The Archaeology of Accounting Systems, in: Accounting, Organizations and Society, Vol. 12, No. 3, S. 207-234.

Horngren, C.T. (1992): Reflections on Activity Based Costing in the United States, in: Zeitschrift für betriebswirtschaftliche Forschung, Vol. 44, S. 289-293.

Horváth, P. (1990): Revolution im Rechnungswesen: Strategisches Kostenmanagement, in: Horváth, P. (Hrsg.): Strategieunterstützung durch das Controlling: Revolution im Rechnungswesen?, Stuttgart: Poeschel 1990, S. 175-193.

Horváth, P. (1991): Strategisches Kostenmanagement, in: Horváth, P. / Gassert, H. / Solaro, D. (Hrsg.): Controllingkonzeptionen für die Zukunft: Trends und Visionen, Stuttgart: Poeschel 1991, S. 71-90.

Horváth, P. (1994): Controlling, München: Vahlen 1994.

Horváth, P. (1997): Das Instrumentarium des Controllers im Jahre 2006, in: Rieder, L. (Hrsg.): Controllers Zukunft: Auftrag, Verantwortung, Rollenbild und Selbstverständnis der Controller, Zürich: Orell Füssli 1997, S. 95-112.

Horváth, P. / Brokekemper, A. (1998): Strategieorientiertes Kostenmanagement - Thesen zum Einsatz von Kosteninformationen im strategischen Planungsprozeß, in: Zeitschrift für Betriebswirtschaft, 68. Jg., S. 581-604.

Horváth, P. / Gleich, R. / Schmidt, S. (1998): Linking Target Costing to ABC at a Automotive Supplier, in: Journal of Cost Management, Vol. 12, March/April, S. 16-24.

Horváth, P. / Gleich, R. / Seidenschwarz, W. (1998): New Tools for Management and Control in German Organizations - Report on the Stuttgart Study, Paper Presented at the 21st Annual Congress of the European Accounting Association, Antwerp 1998.

Horváth, P. / Herter, R.N. (1992): Benchmarking – Vergleich mit den Besten der Besten, in: Controlling, 4. Jg., Heft 1, S. 4-11.

Horváth, P. / Kieninger, M. / Mayer, R. / Schimank, C. (1993): Prozeßkostenrechnung – oder wie die Praxis die Theorie überholt: Kritik und Gegenkritik, in: Die Betriebswirtschaft, 53. Jg., S. 609-628.

Horváth, P. / Mayer, E. (1993): Prozeßkostenrechnung – Konzeption und Entwicklungen, in: Kostenrechnungspraxis, 37. Jg., Sonderheft 2/1993, S. 15-28.

Horváth, P. / Mayer, R. (1989): Prozeßkostenrechnung: Der neue Weg zu mehr Kostentransparenz und wirkungsvolleren Unternehmensstrategien, in: Controlling, 1. Jg., Heft 4, S. 214-219.

Howell, R.A. / Brown, J.D. / Soucy, S.R. / Seed, A.H. (1987): Management Accounting in the New Manufacturing Environment: Current Cost Management Practice in Automated (Advanced) Manufacturing Environments, Montvale, NJ: National Association of Accountants 1987.

Huber, G.P. (1981): The Nature of Organizational Decision Making and the Design of Decision Support Systems, in: MIS Quarterly, Vol. 5, June, S. 1-11.

Huber, G.P. (1982): Organizational Information Systems: Determinants of their Performance and Behavior, in: Management Science, Vol. 28, No. 2, S. 138-155.

Huber, G.P. / O'Connell, M.J. / Cummings, L.L. (1975): Perceived Environmental Uncertainty: Effects of Information and Structure, in: Academy of Management Journal, Vol. 18, No. 4, S. 725-740.

Hummel, M. (1998): Der Markt für Dienstleistungen, in: Bruhn, M. / Meffert, H. (Hrsg.): Handbuch Dienstleistungsmanagement – Von der strategischen Konzeption zur praktischen Umsetzung, Wiesbaden: Gabler 1998, S. 53-72.

Hummel, S. / Männel, W. (1986): Kostenrechnung 1: Grundlagen, Aufbau und Anwendung, 4. Auflage, Wiesbaden: Gabler 1986.

Hunt, S.D. (1990): Truth in Marketing Theory and Research, in: Journal of Marketing, Vol. 54, July, S. 1-15.

Hunt, S.D. / Morgan, R.M. (1997): Resource-Advantage Theory: A Snake Swallowing Its Tail or a Genral Theory of Competition?, in: Journal of Marketing, Vol. 61, October, S. 74-82.

Iacobucci, D. (1994): Classical Factor Analysis, in: Bagozzi, R.P. (Ed.): Principles of Marketing Research, Cambridge, MA: Blackwell Publishers 1994, S. 279-316.

Iacobucci, D. / Grayson, K.A. / Ostrom, A.L. (1994): The Calculus of Service Quality and Customer Satisfaction: Theoretical and Empirical Differentiation and Integration, in: Swartz, T.A. / Bowen, D.E. / Brown, S.W. (Ed.): Advances in Service Marketing and Management: Research and Practice, Vol. 3, Greenwich, CT: JAI Press 1994, S. 1-67.

Illetschko, L.L. (1955): Dokumentations- und Instrumentalcharakter des betrieblichen Rechnungswesens, in: Illetschko, L.L. (Hrsg.): Management und Betriebswirtschaft: Vorträge und Aufsätze, Wien: Manzsche Verl.- und Univ.-Buchhandlung 1955, S. 25-35.

Innes, J. / Mitchell, F. (1990): The process of change in management accounting: some field study evidence, in: Management Accounting Research, Vol. 1, S. 3-19.

Ittner, C.D. / Larcker, D.F. (1997): Quality Strategy, Strategic Control Systems, and Organizational Performance, in: Accounting, Organizations and Society, Vol. 22, No. 3/4, S. 293-314.

Ives, B. / Hamilton, S. / Davis, G.B. (1980): A Framework for Research in Management Information Systems, in: Management Science, Vol. 26, No. 9, S. 910-934.

Ives, B. / Olson, M.H. (1984): User Involvement and MIS Success: A Review of Research, in: Management Science, Vol. 30, No. 5, S. 586-603.

Ives, B. / Olson, M.H. / Baroudi, J.J. (1983): The Measurement of User Information Satisfaction, in: Communications of the ACM, Vol. 26, No. 10, S. 785-793.

Jackson, C.M. / Chow, S. / Leitch, R.A. (1997): Toward an Understanding of the Behavioral Intention to Use an Information System, in: Decision Sciences, Vol. 28, No. 2, S. 357-389.

Jahnke, H. / Chwolka, A. (1998): Strategische Kostenrechnung: Eine spieltheoretische Begriffsbildung, in: Zeitschrift für betriebswirtschaftliche Forschung, 50. Jg., S. 656-677.

Jaworski, B.J. (1988): Toward a Theory of Marketing Control: Environmental Context, Control Types, and Consequences, in: Journal of Marketing, Vol. 52, July, S. 23-39.

Jaworski, B.J. / Kohli, A.K. (1993): Market Orientation: Antecedents and Consequences, in: Journal of Marketing, Vol. 57, July, S. 53-70.

Jick, T.D. (1979): Mixing Qualitative and Quantitative Methods: Triangulation in Action, in: Administrative Science Quarterly, Vol. 24, No. 4, S. 602-611.

John, G. / Martin, J. (1984): Effects of Organizational Structure of Marketing Planning on Credibility and Utilization of Plan Output, in: Journal of Marketing Research, Vol. 21, May, S. 170-183.

John, G. / Reve, T. (1982): The Reliability and Validity of Key Informant Data from Dyadic Relationships in Marketing Channels, in: Journal of Marketing Research, Vol. 19, S. 517-524.

Johnson, H.T. (1987): Performance Measurement for Competitive Excellence, in: Kaplan, R.S. (Ed.): Measures for Manufacturing Excellence, Boston, MA: Harvard Business School Press 1990, S. 63-89.

Johnson, H.T. / Kaplan, R.S. (1987): Relevance Lost: The Rise and Fall of Management Accounting, Boston, MA: Harvard Business School Press 1987.

Johnston, R. (1995): The determinants of service quality: satisfiers and dissatisfiers, in: International Journal of Service Industry Management, Vol. 6, No. 5, S. 53-71.

Jones, C.S. (1985a): An Empirical Study of the Evidence of Management Accounting Systems in Conditions of Rapid Change, in: Accounting, Organizations and Society, Vol. 10, No. 3, S. 303-328.

Jones, C.S. (1985b): An Empirical Study of the Role of Management Accounting Systems Following Takeover or Merger, in: Accounting, Organizations and Society, Vol. 10, No. 2, S. 177-200.

Jöreskog, K.G. / Sörbom, D. (1993): LISREL 8: Structural Equation Modeling with the SIMPLIS Command Language, Chicago, IL: Scientific Software International. Inc. 1993.

Kaiser, K. (1994): Operative Kennzahlenrechnung – ein Weiterentwicklungsansatz der Kosten- und Leistungsrechnung bei automatisierten Produktionsprozessen, in: Zeitschrift für betriebswirtschaftliche Forschung, 46. Jg., S. 751-772.

Kajüter, P. (1997): Prozeßmanagement und Prozeßkostenrechnung, in: Franz, K.-P. / Kajüter, P. (Hrsg.): Kostenmanagement - Wettbewerbsvorteile durch systematische Kostensteuerung, Stuttgart: Schäffer-Poeschel 1997, S. 209-231.

Kambartel, F. (1974a): Moralisches Argumentieren – Methodische Analysen zur Ethik, in: Kambartel, F. (Hrsg.): Praktische Philosophie und konstruktive Wissenschaftstheorie, Frankfurt/Main: Suhrkamp 1974, S. 54-72.

Kambartel, F. (1974b): Wie ist praktische Philosophie konstruktiv möglich? Über einige Mißverständnisse eines methodischen Verständnisses praktischer Diskurse, in: Kambartel, F. (Hrsg.): Praktische Philosophie und konstruktive Wissenschaftstheorie, Frankfurt/Main: Suhrkamp 1974, S. 9-33.

Kanuk, L. / Berenson, C. (1975): Mail Surveys and Response Rates: A Literature Review, in: Journal of Marketing Research, Vol. 12, November, S. 440-453.

Kaplan, R.S. (1988): Ein einziges Kostensystem ist zuwenig, in: HARVARD manager, 12. Jg., S. 98-104.

Kaplan, R.S. (1994): Devising a Balanced Scorecard Matched to Business Strategy, in: Planning Review, Vol. 22, September/October, S. 15-19, 48.

Kaplan, R.S. (1995): New Roles for Management Accountants, in: Journal of Cost Management, Vol. 9, Fall, S. 6-13.

Kaplan, R.S. / Norton, D.P. (1992): The Balanced Scorecard - Measures that Drive Performance, in: Harvard Business Review, Vol. 70, January-February, S. 71-79.

Kaplan, R.S. / Norton, D.P. (1993): Putting the Balanced Scorecard to Work, in: Harvard Business Review, Vol. 71, September-October, S. 134-142.

Kaplan, R.S. / Norton, D.P. (1996a): The Balanced Scorecard: Translating Strategy into Action, Boston, MA: Harvard Business School Press 1996.

Kaplan, R.S. / Norton, D.P. (1996b): Using the Balanced Scorecard as a Strategic Management System, in: Harvard Business Review, Vol. 74, January-February, S. 75-85.

Kast, F.E. / Rosenzweig, J.E. (1974): Organization and Management: A Systems Approach, 2nd edition, New York: McGraw-Hill 1974.

Kaufmann, H. / Pape, H. (1996): Clusteranalyse, in: Fahrmeir, L. / Hamerle, A. / Tutz, G. (Hrsg.): Multivariate statistische Verfahren, 2. Auflage, Berlin: Walter de Gruyter 1996, S. 437-536.

Keegan, D.P. / Eiler, R.S. / Jones, C.R. (1989): Are Your Performance Measures Obsolete?, in: Management Accounting, June 1989, S. 45-50.

Kenis, I. (1979): Effects of Budgetary Goal Characteristics on Managerial Attitudes and Performance, in: The Accounting Review, Vol. 54, No. 4, S. 707-721.

Kern, M. (1979): Klassische Erkenntnistheorien und moderne Wissenschaftslehre, in: Raffeé, H. / Abel, B. (Hrsg.): Wissenschaftstheoretische Grundfragen der Wirtschaftswissenschaften, München: Vahlen 1979, S. 11-27.

Ketchen, D.J., Jr. / Thomas, J.B. / Snow, C.C. (1993): Organizational Configurations and Performance: A Comparison of Theoretical Approaches, in: Academy of Management Journal, Vol. 36, No. 6, S. 1278-1313.

Khandwalla, P.N. (1973a): Effect of Competition on the Structure of Top Management Control, in: Academy of Management Journal, Vol. 16, No. 2, S. 285-295.

Khandwalla, P.N. (1973b): Viable and Effective Organizational Designs of Firms, in: Academy of Management Journal, Vol. 16, No. 3, S. 481-495.

Khandwalla, P.N. (1975): Unsicherheit und die "optimale" Gestaltung von Organisationen, in: Grochla, E. (Hrsg.): Organisationstheorie: Band 1, Stuttgart: Poeschel 1975, S. 140-156.

Kiedaisch, I. (1997): Internationale Kunden-Lieferanten-Beziehungen: Determinanten - Steuerungsmechanismen - Beziehungsqualität, Wiesbaden: Gabler 1997.

Kieser, A. (1971): Zur wissenschaftlichen Begründbarkeit von Organisationsstrukturen, in: Zeitschrift für Führung und Organisation, 40. Jg., S. 239-249.

Kieser, A. (1974): Der Einfluß der Umwelt auf die Organisationsstruktur der Unternehmung, in: Zeitschrift für Führung und Organisation, 43. Jg., S. 302-314.

Kieser, A. / Kubicek, H. (1978a): Organisationstheorien I: Wissenschaftstheoretische Anforderungen und kritische Analyse klassischer Ansätze, Stuttgart: Kohlhammer 1978.

Kieser, A. / Kubicek, H. (1978b): Organisationstheorien II: Kritische Analysen neuerer sozialwissenschaftlicher Ansätze, Stuttgart: Kohlhammer 1978.

Kieser, A. / Kubicek, H. (1992): Organisation, 3. Auflage, Berlin: Walter de Gruyter 1992.

Kilger, W. (1961): Flexible Plankostenrechnung. Einführung in Theorie und Praxis Moderner Kostenrechnung, 2. Auflage, Köln: Westdeutscher Verlag 1961.

Kilger, W. (1988): Betriebliches Rechnungswesen, in: Jacob, H. (Hrsg.): Allgemeine Betriebswirtschaftslehre: Handbuch für Studium und Prüfung, 5. Auflage, Wiesbaden: Gabler 1988, S. 921-1044.

Kilger, W. (1993): Flexible Plankostenrechnung und Deckungsbeitragsrechnung, 10. Auflage, Wiesbaden: Gabler 1993.

Kim, C. / Suh, K. / Lee. J. (1998): Utilization and User Satisfaction in End-User Computing: A Task Contingent Model, in: Information Resources Management Journal, Vol. 11, No. 4, S. 11-24.

Kim, L. / Lim, Y. (1988): Environment, Generic Strategies, and Performance in Rapidly Developing Countries: A Taxonomic Approach, in: Academy of Management Journal, Vol. 31, No. 4, S. 802-827.

Kind, H. (1985): Das interne Rechnungswesen - Ein Führungsinstrument? Ergebnisse einer empirischen Untersuchung, in: Kostenrechnungspraxis, 29. Jg., S. 181-186.

Kind, H. (1986): Das interne Rechnungswesen mittelständischer Industrieunternehmen - Ergebnisse einer empirischen Untersuchung -, 2. Auflage, Speyer: GABAL 1986.

Kirsch, W. (1974): Betriebswirtschaftslehre: Systeme, Entscheidungen, Methoden, Wiesbaden: Gabler 1974.

Klein, S. (1989): A Transaction Cost Explanation of Vertical Control in International Markets, in: Journal of the Academy of Marketing Science, Vol. 17, No. 3, S. 253-260.

Kleinaltenkamp, M. (1998): Begriffsabgrenzungen und Erscheinungsformen von Dienstleistungen, in: Bruhn, M. / Meffert, H. (Hrsg.): Handbuch Dienstleistungsmanagement – Von der strategischen Konzeption zur praktischen Umsetzung, Wiesbaden: Gabler 1998, S. 29-52.

Klemstine, C.F. / Maher, M.W. (1984): Management Accounting Research: A Review and Annotated Bibliography, London: Garland 1984.

Kloock, J. (1978): Aufgaben und Systeme der Unternehmensrechnung, in: Betriebswirtschaftliche Forschung und Praxis, 30. Jg., S. 493-510.

Kloock, J. / Sieben, J. / Schildbach, T. (1991): Kosten- und Leistungsrechnung, 6. Auflage, Düsseldorf: Werner 1991.

Kloot, L. (1997): Organizational Learning and Management Control Systems: Responding to Environmental Change, in: Management Accounting Research, Vol. 8, S. 47-73.

Knorr, K.D. (1977): Policymakers' Use of Social Science Knowledge: Symbolic or Instrumental?, in: Weiss, C.H. (Ed.): Using Social Research in Public Policy Making, Lexington, MA: Lexington Books 1977, S. 165-182.

Knorren, N. (1997): Unterstützung der Wertsteigerung durch Wertorientiertes Controlling (WOC), in: Kostenrechnungspraxis, 41. Jg., S. 203-210.

Knorren, N. (1998): Wertorientierte Gestaltung der Unternehmensführung, Wiesbaden: Gabler 1998.

Knorren, N. / Weber, J. (1997): Shareholder-Value - eine Controlling-Perspektive, Band 2 der Reihe Advanced Controlling, Vallendar 1997.

Kobayashi, T. (1993): Management Accounting, in: Chmielewicz, K. / Schweizer, M. (Hrsg.): Handwörterbuch des Rechnungswesens, 3. Auflage, Stuttgart: Schäffer-Poeschel 1993, Sp. 1381-1392.

Koberg, C.S. / Ungson, G.R. (1987): The Effects of Environmental Uncertainty and Dependence on Organizational Structure and Performance: A Comparative Study, in: Journal of Management, Vol. 13, No. 4, S. 725-737.

Koch, H. (1977): Zur Diskussion über die handlungstheoretische Konzeption in der Betriebswirtschaftslehre, in: Köhler, R. (Hrsg.): Empirische und handlungstheoretische Forschungskonzeptionen in der Betriebswirtschaftslehre, Stuttgart: Poeschel 1977, S. 283-300.

Koertge, N. (1979): The Problem of Appraising Scientific Theories, in: Asquith, P.D. / Kyburg, H.E., Jr. (Ed.): Current Research in Philosophy of Science: Proceedings of the P.S.A. Critical Research Problems Conference, East Lansing: Philosophy of Science Association 1979, S. 228-251.

Kohler, H. (1994): Statistics for Business and Economics, 3rd edition, New York, NY: HarperCollins 1994

Köhler, R. (1977): Die empirische und theoretische Forschungskonzeption im Sinne Eberhard Wittes bzw. Helmut Kochs – Stand und Entwicklungsmöglichkeiten –, in: Köhler, R. (Hrsg.): Empirische und handlungstheoretische Forschungskonzeptionen in der Betriebswirtschaftslehre, Stuttgart: Poeschel 1977, S. 301-335.

Köhler, R. (1992): Kosteninformationen für Marketing-Entscheidungen (Marketing-Accounting), in: Männel, W. (Hrsg.): Handbuch Kostenrechnung, Wiesbaden: Gabler 1992, S. 837-857.

Köhler, R. (1998): Kundenorientiertes Rechnungswesen als Voraussetzung des Kundenbindungsmanagements, in: Bruhn, M. / Homburg, C. (Hrsg.): Handbuch Kundenbindungsmanagement, Wiesbaden: Gabler 1998, S. 329-357.

Kosiol, E. (1964a): Betriebswirtschaftslehre und Unternehmensforschung: Eine Untersuchung ihrer Standorte und Beziehungen auf wissenschaftstheoretischer Grundlage, in: Zeitschrift für Betriebswirtschaft, 34. Jg., S. 743-762.

Kosiol, E. (1964b): Kostenrechnung, Wiesbaden: Gabler 1964.

Kosiol, E. (1965): Planung als Lenkungsinstrument der Unternehmensleitung, in: Zeitschrift für Betriebswirtschaft, 35. Jg., S. 77-96.

Kosmider, A. (1991): Stand und Einflußfaktoren der Kostenrechnung im Mittelstand, in: Weber, J. (Hrsg.): Kostenrechnung im Mittelstand, Stuttgart: Poeschel 1991, S. 21-38.

Kosmider, A. (1994): Controlling im Mittelstand: Eine Untersuchung der Gestaltung und Anwendung des Controllings in mittelständischen Industrieunternehmen, Stuttgart: Schäffer-Poeschel 1994.

Kotler, P. (1997): Marketing Management – Analysis, Planning, Implementation, and Control, 9th edition, Upper Saddle River, NJ: Prentice-Hall 1997.

Krähe, W. (1973): Organisation der Finanzierung, in: Grochla, E. (Hrsg.): Handwörterbuch der Organisation, Ungekürzte Studienausgabe, Stuttgart: Poeschel 1973, Sp. 535-543.

Krämer, W. (1998): Wie signifikant ist die Signifikanz?, in: Das Wirtschaftsstudium, 27. Jg., Heft 10, S. 1084.

Krauß, W. / Eifert, M. (1990): Kostenrechnung im Handwerk – eine empirische Untersuchung, in: Kostenrechnungspraxis, 34. Jg., S. 231-235.

Kreikebaum, H. (1993): Strategische Unternehmensplanung, 5. Auflage, Stuttgart: Kohlhammer 1993.

Kricsfalussy, A. (1997): Kundenorientierung = Mitarbeiterorientierung?!, in: Zeitschrift für Führung und Organisation, 66. Jg., S. 99-103.

Kroeber-Riel, W. (1992): Konsumentenverhalten, 5. Auflage, München: Vahlen 1992.

Kubicek, H. (1975): Empirische Organisationsforschung: Konzeption und Methodik, Stuttgart: Poeschel 1975.

Kückelhaus, M. (1997): Target Costing, in: Signale, 12. Jg., Heft 2, S. 48 f.

Kumar, N. / Stern, L.W. / Anderson, J.C. (1993): Conducting Interorganizational Research Using Key Informants, in: Academy of Management Journal, Vol. 36, No. 6, S. 1633-1655.

Kummer, S. (1995a): Plankostenrechnung, Flexible, in: Küpper, H.-U. / Weber, J. (Hrsg.): Grundbegriffe des Controlling, Stuttgart: Schäffer-Poeschel 1995, S. 253-255.

Kummer, S. (1995b): Plankostenrechnung, Starre, in: Küpper, H.-U. / Weber, J. (Hrsg.): Grundbegriffe des Controlling, Stuttgart: Schäffer-Poeschel 1995, S. 256.

Küpper, H.-U. (1983): Der Bedarf an Kosten- und Leistungsinformationen in Industrieunternehmungen – Ergebnisse einer empirischen Erhebung, in: Kostenrechnungspraxis, 27. Jg., S. 169-181.

Küpper, H.-U. (1989): Rechnungswesen und allgemeine Betriebswirtschaftslehre, in: Kirsch, W. / Picot, A. (Hrsg.): Die Betriebswirtschaftslehre im Spannungsfeld zwischen Generalisierung und Spezialisierung, Wiesbaden: Gabler 1989, S. 215-233.

Küpper, H.-U. (1990): Verknüpfung der Investitions- und Kostenrechnung als Kern einer umfassenden Planungs- und Kontrollrechnung, in: Betriebswirtschaftliche Forschung und Praxis, 42. Jg., S. 253-267.

Küpper, H.-U. (1992a): Anforderungen an die Kostenrechnung aus Sicht des Controlling, in: Männel, W. (Hrsg.): Handbuch Kostenrechnung, Wiesbaden: Gabler 1992, S. 138-153.

Küpper, H.-U. (1992b): Theoretische Grundlagen der Kostenrechnung, in: Männel, W. (Hrsg.): Handbuch Kostenrechnung, Wiesbaden: Gabler 1992, S. 38-53.

Küpper, H.-U. (1993): Internes Rechnungswesen, in: Hauschildt, J. / Grün, O. (Hrsg.): Ergebnisse empirischer betriebswirtschaftlicher Forschung - Zu einer Realtheorie der Unternehmung, Stuttgart: Schäffer-Poeschel 1993, S. 601-631.

Küpper, H.-U. (1995): Unternehmensrechnung, Integration, in: Küpper, H.-U. / Weber, J. (Hrsg.): Grundbegriffe des Controlling, Stuttgart: Schäffer-Poeschel 1995, S. 327-329.

Küpper, H.-U. (1998): Marktwertorientierung – neue und realisierbare Ausrichtung für die interne Unternehmensrechnung?, in: Betriebswirtschaftliche Forschung und Praxis, 50. Jg., S. 517-539.

Küting, K. / Lorson, P. (1993): Überblick über die Prozeßkostenrechnung: Stand, Entwicklungen und Grenzen, in: Kostenrechnungspraxis, 37. Jg., Sonderheft 2/1993, S. 29-36.

Küting, K. / Lorson, P. (1997): Erfolgs(potential)orientiertes Konzernmanagement - Eine Analyse erfolgszielorientierter Controlling-Konzepte und -Instrumente in globalen Konzernen, in: Betriebs-Berater, 52. Jg., Heft 20, Beilage 8, S. 1-31.

Küting, K. / Lorson, P. (1998a): Anmerkungen zum Spannungsfeld zwischen externen Zielgrößen und internen Steuerungsinstrumenten, in: Betriebs-Berater, 53. Jg., Heft 9, S. 469-475.

Küting, K. / Lorson, P. (1998b): Grundsätze eines Konzernsteuerungskonzepts auf "externer" Basis (Teil II), in: Betriebs-Berater, 53. Jg., Heft 45, S. 2303-2309.

Küting, K. / Lorson, P. (1998c): Konvergenz von internem und externem Rechnungswesen: Anmerkungen zu Strategien und Konfliktfeldern, in: Die Wirtschaftsprüfung, 51. Jg., S. 483-493.

Lange, B. (1982): Bestimmung strategischer Erfolgsfaktoren udn Grenzen ihrer empirischen Fundierung, in: Die Unternehmung, 36. Jg., S. 27-41.

Lange, J.-U. / Schauer, B.D. (1996): Ausgestaltung und Rechenzwecke mittelständischer Kostenrechnung, in: Kostenrechnungspraxis, 40. Jg., S. 202-208.

Langfield-Smith, K. (1997): Management Control System and Strategy: A Critical Review, in: Accounting, Organizations and Society, Vol. 22, No. 2, S. 207-232.

Larcker, D.F. / Lessig, V.P. (1980): Perceived Usefulness of Information: A Psychometric Examination, in: Decision Sciences, Vol. 11, No. 1, S. 121-134.

Laßmann, G. (1968): Die Kosten- und Erlösrechnung als Instrument der Planung und Kontrolle in Industriebetrieben, Düsseldorf: Stahleisen 1968.

Laßmann, G. (1995): Stand und Weiterentwicklung des Internen Rechnungswesens, in: Zeitschrift für betriebswirtschaftliche Forschung, 47. Jg., S. 1044-1063.

Laughlin, R.C. (1987): Accounting Systems in Organisational Contexts: A Case for Critical Theory, in: Accounting, Organizations and Society, Vol. 12, No. 5, S. 479-502.

Laughlin, R.C. (1995): Empirical research in accounting: alternative approaches and a case for "middle range" thinking, in: Accounting, Auditing & Accountability Journal, Vol. 8, No. 1, S. 63-87.

Laughlin, R.C. / Lowe, E.A. (1990): A Critical Analysis of Accounting Thought: Prognosis and Prospects for Understanding and Changing Accounting Systems Design, in: Cooper, D.J. / Hopper, T.M. (Ed.): Critical Accounts, Basingstoke: Macmillan 1990, S. 15-43.

Lawrence, P.R. / Lorsch, J.W. (1967): Differentiation and Integration in Complex Organizations, in: Administrative Science Quarterly, Vol. 12, June, S. 1-47.

Lawrence, P.R. / Lorsch, J.W. (1969): Organization and Environment: Managing Differentiation and Integration, Homewood, IL: Richard D. Irwin 1969.

Layer, M. (1985): Die Abstimmung des Internen Rechnungswesens auf die individuellen Unternehmensverhältnisse, in: Ballwieser, W. / Berger, K.-H. (Hrsg.): Information und Wirtschaftlichkeit, Wiesbaden: Gabler 1985, S. 715-743.

Lechner, K. (1984): Rechnungstheorie der Unternehmung, in: Kosiol, E. (Hrsg.): Handwörterbuch des Rechnungswesens, 2. Auflage, Ungekürzte Studienausgabe, Stuttgart: Poeschel 1984, Sp. 1502-1510.

Lechner, K. / Egger, A. / Schauer, R. (1994): Einführung in die allgemeine Betriebswirtschaftslehre, 15. Auflage, Wien: Linde 1994.

Lederer, A.L. / Mendelow, A.L. (1990): The Impact of the Environment on the Management of Information Systems, in: Information Systems Research, Vol. 1, No. 2, S. 205-222.

Lee, H. / Acito, F. / Day, R.L. (1987): Evaluation and Use of Marketing Research by Decision Makers: A Behavioral Simulation, in: Journal of Marketing Research, Vol. 24, May, S. 187-196.

Lee, H. / Lindquist, J.D. / Acito, F. (1997): Managers' Evaluation of Research Design and Its Impact on the Use of Research: An Experimental Approach, in: Journal of Business Research, Vol. 39, S. 231-240.

Lehmann, D.R. (1989): Market Research and Analysis, 3rd edition, Homewood, IL: Richard D. Irwin 1989.

Lehner, U. (1991): Controlling-Trends im Henkel-Konzern, in: Horváth, P. / Gassert, H. / Solaro, D. (Hrsg.): Controllingkonzeptionen für die Zukunft: Trends und Visionen, Stuttgart: Poeschel 1991, S. 125-141.

Leplin, J. (1981): Truth and Scientific Progress, in: Studies in the History and Philosophy of Science, Vol. 12, No. 4, S. 269-291.

Leplin, J. (1984) (Ed.): Scientific Realism, Berkeley: University of California Press 1984.

Leplin, J. (1986): Methodological Realism and Scientific Rationality, in: Philosophy of Science, Vol. 53, No. 1, S. 31-51.

Lewis, D. / Shea, T. (1996): The Impact of Culture on Management Information Needs, in: International Journal of Management, Vol. 13, No. 2, S. 241-248.

Lewis, T.G. (1995): Steigerung des Unternehmenswertes: Total Value Management, Landsberg/Lech: Moderne Industrie 1995.

Lewis-Beck, M.S. (1980): Applied Regression: An Introduction, Sage University Papers Series. Quantitative Applications in the Social Sciences No. 22, Newbury Park, CA: Sage Publications Inc. 1980.

Li, E.Y. (1997a): Marketing Information Systems in Small Companies, in: Information Resources Management Journal, Vol. 10, No. 1, S. 27-35.

Li, E.Y. (1997b): Perceived importance of information system success factors: A meta analysis of group differences, in: Information and Management, Vol. 32, S. 15-28.

Li, M. / Ye, L.R. (1999): Information technology and firm performance: Linking with environmental, strategic and managerial contexts, in: Information and Management, Vol. 35, S. 43-51.

Libby, R. / Lewis, B.L. (1977): Human Information Processing Research in Accounting: The State of the Art, in: Accounting, Organizations and Society, Vol. 2, No. 2, S. 245-268.

Libby, R. / Lewis, B.L. (1982): Human Information Processing Research in Accounting: The State of the Art in 1982, in: Accounting, Organizations and Society, Vol. 7, No. 3, S. 231-285.

Liedl, R. (1988): Eigenkapitalorientierte Investitionsrechnung bei Bertelsmann, in: Zeitschrift für betriebswirtschaftliche Forschung, 40. Jg., S. 172-182.

Liener, G. (1995): Konzernrechnungslegung im Umfeld von HGB und SEC, in: Küting, K. / Weber, C.-P. (Hrsg.): Das Rechnungswesen im Konzern, Stuttgart: Schäffer-Poeschel 1995, S. 205-216.

Lindsay, R.M. (1993): Achieving Scientific Knowledge: The Rationality of Scientific Method, in: Mumford, M. / Peasnell, K.V. (Ed.): Philosophical Perspectives in Accounting: Essays in Honour of Edward Stamp, London: Routledge 1993, S. 221-254.

Lindsay, W.M. / Rue, L.W. (1980): Impact of the Organization Environment on the Long-Range Planning Process: A Contingency View, in: Academy of Management Journal, Vol. 23, No. 3, S. 385-404.

Lingle, J.H. / Schiemann, W.A. (1996): From Balanced Scorecard to Strategic Gauges: Is Measurement Worth It?, in: Management Review, Vol. 85, March, S. 56-61.

Littkemann, J. (1997a): Erfolgreiches Innovationscontrolling - Ergebnisse einer empirischen Untersuchung, in: Zeitschrift für Betriebswirtschaft, 67. Jg., S. 1309-1331.

Littkemann, J. (1997b): Kontingenzansatz des Behavioral Accounting, in: Die Betriebswirtschaft, 57. Jg., S. 861-864.

Long, J.S. (1983): Confirmatory Factor Analysis, Sage University Papers Series. Quantitative Applications in the Social Sciences No. 33, Newbury Park, CA: Sage Publications Inc. 1983.

Lorenzen, P. (1974): Konstruktive Wissenschaftstheorie, Frankfurt/Main: Suhrkamp 1974.

Lorson, P. (1995): Benchmarking – Spitzenleistungen durch intelligente Wettbewerbsanalyse, in: Küting, K. / Weber, C.-P. (Hrsg.): Das Rechnungswesen im Konzern, Stuttgart: Schäffer-Poeschel 1995, S. 235-255.

Lowe, E.A. / McInnes, J.M. (1971): Control in Socio-Economic Organizations: A Rational for the Design of Management Control Systems (Section I), in: Journal of Management Studies, Vol. 8, May, S. 213-227.

Lowry, J. (1993): Management Accounting's Diminishing Post-Industrial Relevance: Johnson and Kaplan Revisited, in: Accounting and Business Research, Vol. 23, No. 90, S. 169-180.

Lubatkin, M. / Pitts, M. (1983): PIMS: Fact or Folklore?, in: The Journal of Business Strategy, May/June, S. 38-43.

Lucas, H.C., Jr. (1973a): A Descriptive Model of Information Systems in the Context of the Organization, in: Data Base, Vol. 5, No. 2, S. 27-36.

Lucas, H.C., Jr. (1973b): User reactions and the management of information services, in: Management Informatics, Vol. 2, No. 1, S. 165-172.

Lucas, H.C., Jr. (1974): Systems quality, users reactions and the use of information systems, in: Management Informatics, Vol. 3, No. 4, S. 207-212.

Lucas, H.C., Jr. (1975a): Performance and the Use of Information Systems, in: Management Science, Vol. 21, No. 8, S. 908-919.

Lucas, H.C., Jr. (1975b): The Use of an Accounting Information System, Action and Organizational Performance, in: The Accounting Review, Vol. 50, October, S. 735-746.

Lücke, W. (1993): Rechnungswesen, in: Chmielewicz, K. / Schweizer, M. (Hrsg.): Handwörterbuch des Rechnungswesens, 3. Auflage, Stuttgart: Schäffer-Poeschel 1993, Sp. 1686-1703.

Luhmann, N. (1991): Soziale Systeme – Grundriß einer allgemeinen Theorie, Frankfurt/Main: Suhrkamp 1991.

Lukas, B.A. / Maignan, I. (1996): Striving for Quality: The Key Role of Internal and External Customers, in: Journal of Market Focused Management, Vol. 1, S. 175-187.

Luther, L.-U. / Toepfer, T. (1996): Benchmarking von Planungssystemen: Effizienzsteigerung im Controllingbereich, in: Signale, 11. Jg., Heft 2, S. 37-43.

Lynch, R.L. / Cross, K.F. (1995): Performance Measurement Systems, in: Reeve, J.M. (Ed.): Readings and Issues in Cost Management, New York: Warren, Gorham and Lamont 1995, S. 327-346.

Macharzina, K. (1981): Verhaltenswissenschaft und Rechnungswesen, in: Kosiol, E. (Hrsg.): Handwörterbuch des Rechnungswesens, 2. Auflage, Stuttgart: Poeschel 1981, Sp. 1635-1642.

Macharzina, K. (1995): Unternehmensführung: das internationale Managementwissen; Konzepte - Methoden - Praxis, 2. Auflage, Wiesbaden: Gabler 1995.

Macintosh, N.B. (1981): A Contextual Model of Information Systems, in: Accounting, Organizations and Society, Vol. 6, No. 1, S. 39-53.

Macintosh, N.B. / Daft, R.L. (1987): Management Control Systems and Departmental Interdependencies: An Empirical Study, in: Accounting, Organizations and Society, Vol. 12, No. 1, S. 49-61.

Macy, G. / Arunachalam, V. (1995): Management Accounting Systems and Contingency Theory: In Search of Effective Systems, in: Epstein, M.J. / Poston, K.M. (Ed.): Advances in Management Accounting, Vol. 4, Greenwich, CT: JAI Press 1995, S. 63-86.

Mag, W. (1984): Informationsbeschaffung, in: Grochla, E. / Wittmann, W. (Hrsg.): Handwörterbuch der Betriebswirtschaft, 4. Auflage, Ungekürzte Studienausgabe, Stuttgart: Poeschel 1984, Sp. 1882-1894.

Maisel, L.S. (1992): Performance Measurement: The Balanced Scorecard, in: Journal of Cost Management, Vol. 6, No. 2, S. 47-52.

Maleri, R. (1994): Grundlagen der Dienstleistungsproduktion, 3. Auflage, Berlin: Springer 1994.

Maleri, R. (1998): Grundlagen der Dienstleistungsproduktion, in: Bruhn, M. / Meffert, H. (Hrsg.): Handbuch Dienstleistungsmanagement – Von der strategischen Konzeption zur praktischen Umsetzung, Wiesbaden: Gabler 1998, S. 117-139.

Malhotra, N. (1993): Marketing Research – An Applied Orientation, Englewood Cliffs, NJ: Prentice-Hall 1993.

Maltz, E. / Kohli, A.K. (1996): Market Intelligence Dissemination Across Functional Boundaries, in: Journal of Marketing Research, Vol. 33, S. 47-61.

Männel, W. (1981): Rechnungswesen, in: Albers, W. u.a. (Hrsg.): Handwörterbuch der Wirtschaftswissenschaften, Stuttgart: Gustav Fischer 1981, S. 456-478.

Männel, W. (1992): Anpassung der Kostenrechnung an moderne Unternehmensstrukturen, in: Männel, W. (Hrsg.): Handbuch Kostenrechnung, Wiesbaden: Gabler 1992, S. 105-137.

Männel, W. (1995) (Hrsg.): Prozeßkostenrechnung: Bedeutung – Methoden – Branchenerfahrungen – Softwarelösungen, Wiesbaden: Gabler 1995.

Männel, W. (1995): Ausrichtung von Kostenrechnung, Kostencontrolling und Kostenmanagement auf marktorientiert segmentierte Unternehmensstrukturen, in: Bühner, R. / Haase, K.D. / Wilhelm, J. (Hrsg.): Die Dimensionierung des Unternehmens, Stuttgart: Schäffer-Poeschel 1995, S. 63-72.

Männel, W. (1997): Reorganisation des führungsorientierten Rechnungswesens durch Integration der Rechenkreise, in: Kostenrechnungspraxis, 41. Jg., S. 9-19.

Marner, B. (1982): Zwecke und Ausgestaltungsformen von Kostenrechnungen in der industriellen Unternehmenspraxis, Arbeitsberichte aus dem Fachbereich Wirtschaft Nr. 8/1982, Osnabrück: Fachhochschule Osnabrück 1982.

Marr, R. (1989): Betrieb und Umwelt, in: Baetge, J. u.a. (Hrsg.): Vahlens Kompendium der Betriebswirtschaftslehre – Band 1, 2. Auflage, München: Vahlen 1989, S. 47-114.

Marshall, C.T. / Buzzell, R.D. (1990): PIMS and the FTS Line-of-Business Data: A Comparison, in: Strategic Management Journal, Vol. 11, S. 269-282.

Martin, A. (1989): Die empirische Forschung in der Betriebswirtschaftslehre: Eine Untersuchung über die Logik der Hypothesenprüfung, die empirische Forschungspraxis und die Möglichkeit einer theoretischen Fundierung realwissenschaftlicher Untersuchungen, Stuttgart: Poeschel 1989.

Mason, C.H. / Perreault, W.D., Jr. (1991): Collinearity, Power, and Interpretation of Multiple Regression, in: Journal of Marketing Research, Vol. 28, August, S. 268-280.

Mason, R.O. (1980): Discussions of The Roles of Accounting in Organizations and Society, in: Accounting, Organizations and Society, Vol. 5, No. 1, S. 29-30.

Mason, R.O. / Mitroff, I.I. (1973): A Program for Research on Management Information Systems, in: Management Science, Vol. 19, No. 5, S. 475-487.

Mattessich, R. (1970): Die wissenschaftlichen Grundlagen des Rechnungswesens: Eine analytische und erkenntniskritische Darstellung doppischer Informationssysteme für Betriebs- und Volkswirtschaft, Düsseldorf: Bertelsmann Universitätsverlag 1970.

Mattessich, R. (1984): Wirtschaftlichkeit des Rechnungswesens, in: Kosiol, E. (Hrsg.): Handwörterbuch des Rechnungswesens, 2. Auflage, Ungekürzte Studienausgabe, Stuttgart: Poeschel 1984, Sp. 1928-1931.

Mattessich, R. (1993): Paradigms, Research Traditions and Theory Nets of Accounting, in: Mumford, M. / Peasnell, K.V. (Ed.): Philosophical Perspectives in Accounting: Essays in Honour of Edward Stamp, London: Routledge 1993, S. 177-220.

Maus, S. (1997): Strategiekonforme Kostenrechnung bei Unsicherheit, in: Zeitschrift für betriebswirtschaftliche Forschung, 49. Jg., S. 1019-1046.

McDaniel, S.W. / Kolari, J.W. (1987): Marketing Strategy Implications of the Miles and Snow Strategic Typology, in: Journal of Marketing, Vol. 51, October, S. 19-30.

McGhee, W. / Shields, M.D. / Birnberg, J.G. (1978): The Effects of Personality on a Subject's Information Processing, in: The Accounting Review, Vol. 53, No. 3, S. 681-697.

McKinnon, S.M. / Bruns, W.J. (1992): The Information Mosaic: How managers use information, Hamilton: The Society of Management Accountants of Canada 1992.

McLeod, R. (1995): Systems Theory and Information Resources Management: Integrating Key Concepts, in: Information Resources Management Journal, Vol. 8, Spring 1995, S. 5-14.

McNair, C.J. (1995): To Serve the Customer Within, in: Journal of Cost Management, Vol. 9, No. 4, S. 40-43.

McWilliams. B. (1996): The Measure of Success, in: Across the Board, Vol. 33, February, S. 16-20.

Meffert, H. (1991): Marketing: Grundlagen der Absatzpolitik, 7. Auflage, Wiesbaden: Gabler 1991.

Meffert, H. (1991): Marketing: Grundlagen marktorientierter Unternehmensführung: Konzepte – Instrumente – Praxisbeispiele, 8. Auflage, Wiesbaden: Gabler 1998.

Meffert, H. (1992): Marketingforschung und Käuferverhalten, 2. Auflage, Wiesbaden: Gabler 1992.

Meffert, H. (1994): Marktorientierte Führung von Dienstleistungsunternehmen – neuere Entwicklungen in Theorie und Praxis, in: Die Betriebswirtschaft, 54. Jg., S. 519-541.

Meffert, H. / Bruhn, M. (1995): Dienstleistungsmarketing: Grundlagen, Konzepte, Methoden. Mit Fallbeispielen, Wiesbaden: Gabler 1995.

Mels, G. / Boshoff, C. / Nel, D. (1997): The Dimensions of Service Quality: The Original European Perspective Revisited, in: The Service Industries Journal, Vol. 17, No. 1, S. 173-189.

Menn, B.-J. (1995): Die spartenorientierte Kapitalergebnisrechnung im Bayer-Konzern, in: Küting, K. / Weber, C.-P. (Hrsg.): Das Rechnungswesen im Konzern, Stuttgart: Schäffer-Poeschel 1995, S. 217-234.

Menon, A. / Bharadwaj, S.G. / Howell, R. (1996): The Quality and Effectiveness of Marketing Strategy: Effects of Functional and Dysfunctional Conflict in Intraorganizational Relationships, in: Journal of the Academy of Marketing Science, Vol. 24, No. 4, S. 299-313.

Menon, A. / Jaworski, B.J. / Kohli, A.K. (1997): Product Quality: Impact of Interdepartmental Interactions, in: Journal of the Academy of Marketing Science, Vol. 25, No. 3, S. 187-200.

Menon, A. / Varadarajan, R. (1992): A Model of Marketing Knowledge Use Within Firms, in: Journal of Marketing, Vol. 56, October, S. 53-71.

Merchant, K.A. (1981): The Design of the Corporate Budgeting System: Influences on Managerial Behavior and Performance, in: The Accounting Review, Vol. 56, No. 4, S. 813-829.

Merchant, K.A. (1984): Influences on Departmental Budgeting: An Empirical Examination of a Contingency Model, in: Accounting, Organizations and Society, Vol. 9, No. 3/4, S. 291-307.

Merchant, K.A. (1985): Organizational Controls and Discreationary Program Decision Making: A Field Study, in: Accounting, Organizations and Society, Vol. 10, No. 1, S. 67-85.

Merchant, K.A. (1990): The Effects of Financial Controls on Data Manipulation and Management Myopia, in: Accounting, Organizations and Society, Vol. 15, No. 4, S. 297-313.

Merchant, K.A. / Simons, R. (1986): Research on Control in Complex Organizations: An Overview, in: Journal of Accounting Literature, Vol. 5, S. 183-203.

Mertens, P. (1984): Einflüsse der EDV auf die Weiterentwicklung des betrieblichen Rechnungswesens, in: Kostenrechnungspraxis, 28. Jg., S. 87-93.

Mertens, P. (1992): DV-Unterstützung der Kostenrechnung, in: Männel, W. (Hrsg.): Handbuch Kostenrechnung, Wiesbaden: Gabler 1992, S. 1199-1214.

Mertens, P. / Cas, K. / Meier, M. (1997): Die Integration von internen und externen Informationen als Herausforderung für das Controlling, in: Becker, W. / Weber, J. (Hrsg.): Kostenrechnung: Stand und Entwicklungsperspektiven; Wolfgang Männel zum 60. Geburtstag, Wiesbaden: Gabler 1997, S. 367-382.

Meyer, A. (1991): Dienstleistungs-Marketing, in: Die Betriebswirtschaft, 51. Jg., S. 195-209.

Meyer, A. (1998): Dienstleistungs-Marketing: Grundlagen und Gliederung des Handbuchs, in: Meyer, A. (Hrsg.): Handbuch Dienstleistungs-Marketing: Grundlagen, Management, Umsetzung, Branchenkonzepte und Praxisbeispiele, Band 1, Stuttgart: Schäffer-Poeschel 1998, S. 3-22.

Meyer, A. / Mattmüller, R. (1987): Qualität von Dienstleistungen – Entwurf eines praxisorientierten Qualitätsmodells, in: Marketing · Zeitschrift für Forschung und Praxis, 9. Jg., S. 187-195.

Meyer, A. / Oppermann, K. (1998): Bedeutung und Gestaltung des Internen Marketing, in: Meyer, A. (Hrsg.): Handbuch Dienstleistungs-Marketing: Grundlagen, Management, Umsetzung, Branchenkonzepte und Praxisbeispiele, Band 1, Stuttgart: Schäffer-Poeschel 1998, S. 991-1009.

Meyer, A. / Streich, K. (1998): Preispolitik für Dienstleistungen, in: Meyer, A. (Hrsg.): Handbuch Dienstleistungs-Marketing: Grundlagen, Management, Umsetzung, Branchenkonzepte und Praxisbeispiele, Band 1, Stuttgart: Schäffer-Poeschel 1998, S. 846-865.

Meyer, A.D. / Tsui, A.S. / Hinings, C.R. (1993): Configurational Approaches to Organizational Analysis, in: Academy of Management Journal, Vol. 36, No. 6, S. 1175-1195.

Meyer, J.W. (1983): On the Celebration of Rationality: Some Comments on Boland and Pondy, in: Accounting, Organizations and Society, Vol. 8, No. 2/3, S. 235-240.

Meyer, J.W. (1986): Social Environments and Organizational Accounting, in: Accounting, Organizations and Society, Vol. 11, No. 4/5, S. 345-356.

Meyer, W. (1979a): Die Methodologie des Kritischen Rationalismus, in: Raffeé, H. / Abel, B. (Hrsg.): Wissenschaftstheoretische Grundfragen der Wirtschaftswissenschaften, München: Vahlen 1979, S. 28-43.

Meyer, W. (1979b): Falsifikationslehre und ökonomische Theorie: Anwendungsprobleme des Kritischen Rationalismus, in: Raffeé, H. / Abel, B. (Hrsg.): Wissenschaftstheoretische Grundfragen der Wirtschaftswissenschaften, München: Vahlen 1979, S. 44-59.

Mia, L. (1993): The Role of MAS Information in Organisations: An Empirical Study, in: British Accounting Review, Vol. 25, S. 269-285.

Mia, L. / Chenhall, R.H. (1994): The Usefulness of Management Accounting Systems, Functional Differentiation and Managerial Effectiveness, in: Accounting, Organizations and Society, Vol. 19, No. 1, S. 1-13.

Miah, N.Z. / Mia, L. (1996): Decentralization, Accounting Controls and Performance of Government Organizations: A New Zealand Empirical Study, in: Financial Accountability & Management, Vol. 12, August 1996, S. 173-190.

Michalos, A.C. (1979): Philosophy of Social Science, in: Asquith, P.D. / Kyburg, H.E., Jr. (Ed.): Current Research in Philosophy of Science: Proceedings of the P.S.A. Critical Research Problems Conference, East Lansing: Philosophy of Science Association 1979, S. 463-502.

Miles, R.E. / Snow, C.C. (1978): Organizational Strategy, Structure, and Process, New York: McGraw-Hill 1978.

Miles, R.E. / Snow, C.C. (1986): Unternehmensstrategien, Hamburg: McGraw-Hill 1986.

Miles, R.E. / Snow, C.C. / Meyer, A.D. / Coleman, H.J., Jr. (1978): Organizational Strategy, Structure, and Process, in: Academy of Management Review, Vol. 3, S. 546-562.

Miller, D. (1981): Toward a New Contingency Approach: The Search for Organizational Gestalts, in: Journal of Management Studies, Vol. 18, No. 1, S. 1-26.

Miller, D. (1988): Relating Porter's Business Strategies to Environment and Structure: Analysis and Performance Implications, in: Academy of Management Journal, Vol. 31, No. 2, S. 280-308.

Miller, D. (1992a): Environmental Fit versus Internal Fit, in: Organization Science, Vol. 3, No. 2, S. 159-178.

Miller, D. (1992b): The Generic Strategy Trap, in: The Journal of Business Strategy, January/February, S. 37-42.

Miller, D. (1996): Configurations Revisited, in: Strategic Management Journal, Vol. 17, S. 505-512.

Miller, D. / Chen, M.-J. (1996): The Simplicity of Competitive Repertoires: An Empirical Analysis, in: Strategic Management Journal, Vol. 17, S. 419-439.

Miller, D. / Dess, G. (1993): Assessing Porter's (1980) Model in Terms of its Generalizability, Accuracy and Simplicity, in: Journal of Management Studies, Vol. 30, No. 4, S. 553-585.

Miller, D. / Friesen, P. (1980): Archetypes of Organizational Transition, in: Administrative Science Quarterly, Vol. 25, June, S. 268-299.

Miller, D. / Friesen, P.H. (1978): Archetypes of Strategy Formulation, in: Management Science, Vol. 24, No. 9, S. 921-933.

Miller, D. / Friesen, P.H. (1984): Organizations: A Quantum View, Englewood Cliffs, NJ: Prentice-Hall 1984.

Miller, D. / Lant, T.K. / Milliken, F.J. / Korn, H.J. (1996): The Evolution of Strategic Simplicity: Exploring Two Models of Organizational Adaption, in: Journal of Management, Vol. 22, No. 6, S. 863-887.

Miller, D. / Shamsie, J. (1996): The Resource-Based View of the Firm in Two Environments: The Hollywood Film Studios from 1936 to 1965, in: Academy of Management Journal, Vol. 39, No. 3, S. 519-543.

Miller, G.A. (1956): The Magical Number Seven Plus or Minus Two: Some Limits on Our Capacity for Processing Information, in: Psychological Review, Vol. 63, No. 2, S. 81-97.

Milliken, F.J. (1987): Three Types of Perceived Uncertainty About the Environment: State, Effect, and Response Uncertainty, in: Academy of Management Review, Vol. 12, No. 1, S. 133-143.

Mintzberg, H. (1973): Strategy-Making in Three Modes, in: California Management Review, Vol. 16, No. 2, S. 44-53.

Mock, T.J. (1971): Concepts of Information Value and Accounting, in: The Accounting Review, Vol. 46, No. 4, S. 765-778.

Mock, T.J. / Estrin, T.L. / Vasarhelyi, M.A. (1972): Learning Patterns, Decision Approach, and the Value of Information, in: Journal of Accounting Research, Vol. 10, Spring, S. 129-153.

Moenaert, R.K. / Souder, W.E. (1990a): An Analysis of the Use of Extrafunctional Information by R&D and Marketing Personnel: Review and Model, in: Journal of Product Innovation Management, Vol. 7, S. 213-229.

Moenaert, R.K. / Souder, W.E. (1990b): An Information Transfer Model for Integrating Marketing and R&D Personnel in New Product Development Projects, in: Journal of Product Innovation Management, Vol. 7, S. 91-107.

Moenaert, R.K. / Souder, W.E. (1996): Context and Antecedents of Information Utility at the R&D / Marketing Interface, in: Management Science, Vol. 42, No. 11, S. 1592-1610.

Mohr, J. / Fisher, R.J. / Nevin, J.R. (1996): Collaborative Communication in Interfirm Relationships: Moderating Effects of Integration and Control, in: Journal of Marketing, Vol. 60, July, S. 103-115.

Montazemi, A.R. (1988): Factors Affecting Information Satisfaction in the Context of the Small Business Environment, in: MIS Quarterly, Vol. 12, S. 239-256.

Moorman, C. (1995): Organizational Market Information Processes: Cultural Antecedents and New Product Outcomes, in: Journal of Marketing Research, Vol. 32, August, S. 318-335.

Moorman, C. / Deshpandé, R. / Zaltman, G. (1993): Factors Affecting Trust in Market Research Relationships, in: Journal of Marketing, Vol. 57, January, S. 81-101.

Moorman, C. / Miner, A.S. (1997): The Impact of Organizational Memory on New Product Performance and Creativity, in: Journal of Marketing Research, Vol. 34, S. 91-106.

Moorman, C. / Zaltman, G. / Deshpandé, R. (1992): Relationships Between Providers and Users of Market Research: The Dynamics of Trust Within and Between Organizations, in: Journal of Marketing Research, Vol. 29, August, S. 314-328.

Morgan, N. / Piercy, N. (1996): Exploring the Relationship between Marketing and Quality Functions at the SBU Level: Influences and Outcomes, Research Papers in Management Studies No. 19, Cambridge: University of Cambridge 1996.

Mountfield, A. / Schalch, O. (1998): Konzeption von Balanced Scorecards und Umsetzung in ein Management Informationssystem mit dem SAP Business Information Warehouse, in: Controlling, 10. Jg., Heft 5, S. 316-322.

Müller, S. / Lohmann, F. (1997): Qualitative und quantitative Erfassung von Dienstleistungsqualität? Die Critical Incident Technique und die Gap-Analyse im Methodenvergleich, in: Zeitschrift für betriebswirtschaftliche Forschung, 49. Jg., S. 973-989.

Mussnig, W. (1996): Von der Kostenrechnung zum Management Accounting, Wiesbaden: Gabler 1996.

Nagel, R. (1993): Lead-User-Innovationen: Entwicklungskooperationen am Beispiel elektronischer Leiterplatten, Wiesbaden: Gabler 1993.

Nahapiet, J.E. (1988): The Rhetoric and Reality of an Accounting Change: A Study of Resource Allocation, in: Accounting, Organizations and Society, Vol. 13, No. 4, S. 333-358.

Nebel, M. / Brandl, M. / Arnaout, A. (1998): Centersteuerung mit Größen des externen Rechnungswesens – Das Beispiel MTU München –, in: Kostenrechnungspraxis, 42. Jg., S. 274-281.

Nelson, P. (1970): Information and Consumer Behavior, in: Journal of Political Economy, Vol. 78, S. 311-329.

Nelson, P. (1974): Advertising as Information, in: Journal of Political Economy, Vol. 82, S. 729-754.

Neter, J. / Wassermann, W. / Kutner, M.H. (1989): Applied Linear Regression Models, 2nd edition, Homewood, IL: Richard D. Irwin 1989.

Neuhaus, P. (1996): Interne Kunden-Lieferanten-Beziehungen, Wiesbaden: Gabler 1996.

Newing, R. (1995): Wake up to the balanced scorecard, in: Management Accounting-London, Vol. 73, March, S. 22-23.

Nieden, M. zur (1972): Zur Anwendbarkeit von Informationswertrechnungen, in: Zeitschrift für Betriebswirtschaft, 52. Jg., S. 493-512.

Niedermayer, R. (1994): Entwicklungsstand des Controlling: System, Kontext und Effizienz, Wiesbaden: DUV 1994.

Nieschlag, R. / Dichtl, E. / Hörschgen, H. (1997): Marketing, 18. Auflage, Berlin: Duncker & Humblot 1997.

Nisbett, R. / Ross, L. (1980): Human Inference: Strategies and Shortcomings of Social Judgements, Englewood Cliffs, NJ: Prentice-Hall 1980.

Noble, H.S. (1927): The Relation of Business Organization to Accounting, in: The Accounting Review, Vol. 2, September, S. 232-236.

Nonaka, I. / Takeuchi, H. (1997): Organisation des Wissens. Wie japanische Unternehmen eine brachliegende Ressource nutzbar machen, Frankfurt/Main: Campus 1997.

Nunnally, J.C. (1978): Psychometric Theory, 2nd edition, New York: McGraw Hill 1978.

Obermeier, G. (1995): Das Shareholder-Value-Konzept in der externen Rechnungslegung, in: Küting, K. / Weber, C.-P. (Hrsg.): Das Rechnungswesen im Konzern, Stuttgart: Schäffer-Poeschel 1995, S. 1-8.

Oebel, C. (1992): BDI-Empfehlungen zur Kosten- und Leistungsrechnung, in: Männel, W. (Hrsg.): Handbuch Kostenrechnung, Wiesbaden: Gabler 1992, S. 957-966.

Olerup, A. (1980): On a Contingency Framework of Computerized Information Systems, in: Lucas, H.C. / Land, F.F. / Lincoln, T.J. / Supper, K. (Ed.): The Information Systems Environment, Amsterdam: North Holland 1980, S. 83-92.

Olson, M.H. / Ives, B. (1981): User Involvement in System Design: An Empirical Test of Alternative Approaches, in: Information and Management, Vol. 4, S. 183-196.

Opp, K.-D. (1976): Methodologie der Sozialwissenschaften: Einführung in Probleme ihrer Theorienbildung, 2. Auflage, Reinbek bei Hamburg: Rowohlt 1976.

Opp, K.-D. (1995): Methodologie der Sozialwissenschaften: Einführung in Probleme ihrer Theorienbildung und praktischen Anwendung, 3. Auflage, Opladen: Westdeutscher Verlag 1995.

O'Reilly, C.A., III. (1978): The Intentional Distortion of Information in Organizational Communication: A Laboratory and Field Approach, in: Human Relations, Vol. 31, No. 2, S. 173-193.

O'Reilly, C.A., III. (1980): Individuals and Information Overload in Organizations: Is More Necessarily Better?, in: Academy of Management Journal, Vol. 23, No. 4, S. 684-696.

O'Reilly, C.A., III. (1982): Variations in Decision Makers' Use of Information Sources: The Impact of Quality and Accessibility of Information, in: Academy of Management Journal, Vol. 25, No. 4, S. 756-771.

O'Reilly, C.A., III. (1983): The Use of Information in Organizational Decision Making: A Model and Some Propositions, in: Cummings, L.L. / Staw, B.M. (Ed.): Research in Organizational Behavior: An Annual Series of Analytical Essays and Critical Reviews, Vol. 5, Greenwich, Conn.: JAI Press 1983, S. 103-139.

Osterloh, M. / Grand, S. (1995): Modellbildung versus Frameworking: Die Position von Williamson und Porter, in: Wächter, H. (Hrsg.): Selbstverständnis betriebswirtschaftlicher Forschung: Tagung der Kommission Wissenschaftstheorie, Wiesbaden: Gabler 1995, S. 1-25.

Ostroff, C. / Schmitt, N. (1993): Configurations of Organizational Effectiveness and Efficiency, in: Academy of Management Journal, Vol. 36, No. 6, S. 1345-1361.

Otley, D. / Broadbent, J. / Berry, A. (1995): Research in Management Control: An Overview of its Development, in: British Journal of Management, Vol. 6, Special Issue, S. S31-S44.

Otley, D.T. (1980): The Contingency Theory of Management Accounting: Achievement and Prognosis, in: Accounting, Organizations and Society, Vol. 5, No. 4, S. 413-428.

Otley, D.T. (1985): Developments in Management Accounting Research, in: The British Accounting Review, Vol. 17, No. 2, S. 3-23.

Otley, D.T. (1994): Management control in contemporary organizations: towards a wider framework, in: Management Accounting Research, Vol. 5, S. 289-299.

Otley, D.T. / Berry, A.J. (1980): Control, Organisation and Accounting, in: Accounting, Organizations and Society, Vol. 5, No. 2, S. 231-244.

Ouchi, W.G. (1977): The Relationship Between Organizational Structure and Organizational Control, in: Administrative Science Quarterly, Vol. 22, March, S. 95-113.

Ouchi, W.G. (1979): A Conceptual Framework for the Design of Organizational Control Mechanisms, in: Management Science, Vol. 25, September, S. 833-848.

Ouchi, W.G. / Maguire, M.A. (1975): Organisational Control: Two Functions, in: Administrative Science Quarterly, Vol. 20, December, S. 559-569.

Ouksel, A.M. / Mihavics, K. / Chalos, P. (1997): Accounting Information Systems and Organizational Learning, in: Accounting, Management & Information Technology, Vol. 7, No. 1, S. 1-19.

Parasuraman, A. / Berry, L.A. / Zeithaml, V. (1985): A Conceptual Model of Service Quality and Its Implications for Future Research, in: Journal of Marketing, Vol. 49, October, S. 41-50.

Parasuraman, A. / Zeithaml, V.A. / Berry, L.L. (1988): SERVQUAL: A Multiple Item Scale for Measuring Customer Perceptions of Service Quality, in: Journal of Retailing, Vol. 64, Spring, S. 12-40.

Parasuraman, A. / Zeithaml, V.A. / Berry, L.L. (1994): Alternative Scales for Measuring Service Quality: A Comparative Assessment Based on Psychometric and Diagnostic Criteria, in: Journal of Retailing, Vol. 70, No. 3, S. 201-230.

Pearce, J.A., II. / Robinson, R.B., Jr. (1991): Formulation, Implementation and Control of Competitive Strategy, 4th edition, Homewood, IL: Richard D. Irwin 1991.

Perkins, S. / Rao, R. (1990): The Role of Experience in Information Use and Decision Making by Marketing Managers, in: Journal of Marketing Research, Vol. 27, February, S. 1-10.

Perrow, C. (1967): A Framework for the Comparative Analysis of Organizations, in: American Sociological Review, Vol. 32, S. 194-208.

Peter, J.P. (1979): Reliability: A Review of Psychometric Basics and Recent Marketing Practice, in: Journal of Marketing Research, Vol. 16, February, S. 6-17.

Peteraf, M.A. (1993): The Cornerstones of Competitive Advantage: A Resource-Based View, in: Strategic Management Journal, Vol. 14, S. 179-191.

Petersen, K. / Patzke, H. (1986): Individuelles Informationsverhalten als Gegenstand des "Behavioral Accounting" - eine Meta-Analyse der empirischen Forschung, Manuskripte aus dem Institut für Betriebswirtschaftslehre der Universität Kiel, Nr. 177, Kiel 1986.

Pfaff, D. (1993): Ein Beitrag zur theoretischen Begründung der Vollkostenrechnung, in: Weber, J. (Hrsg.): Zur Neuausrichtung der Kostenrechnung: Entwicklungsperspektiven für die 90er Jahre, Stuttgart: Schäffer-Poeschel 1993, S. 137-160.

Pfaff, D. (1994a): Fix- und Gemeinkostenallokationen im Lichte der ökonomischen Theorie, in: Die Unternehmung, 48. Jg., S. 183-196.

Pfaff, D. (1994b): On the Allocation of Overhead Costs, in: The European Accounting Review, Vol. 3, No. 1, S. 49-70.

Pfaff, D. (1994c): Zur Notwendigkeit einer eigenständigen Kostenrechnung – Anmerkungen zur Neuorientierung des internen Rechnungswesens im Hause Siemens –, in: Zeitschrift für betriebswirtschaftliche Forschung, 46. Jg., S. 1065-1084.

Pfaff, D. (1995a): Der Wert von Kosteninformationen für die Verhaltenssteuerung in Unternehmen, in: Zeitschrift für betriebswirtschaftliche Forschung, 47. Jg., Sonderheft 34, S. 119-156.

Pfaff, D. (1995b): Kostenrechnung, Verhaltenssteuerung und Controlling, in: Die Unternehmung, 49. Jg., S. 437-455.

Pfaff, D. (1996): Kostenrechnung als Instrument der Entscheidungssteuerung – Chancen und Probleme, in: Kostenrechnungspraxis, 40. Jg., S. 151-156.

Pfaff, D. (1998): Wertorientierte Unternehmenssteuerung, Investitionsentscheidungen und Anreizprobleme, in: Betriebswirtschaftliche Forschung und Praxis, 50. Jg., S. 491-516.

Pfaff, D. / Weber, J. (1997): In der Kostenrechnung nichts Neues?, in: Die Unternehmung, 51. Jg., Heft 6, S. 459-472.

Pfaff, D. / Weber, J. (1998): Zweck der Kostenrechnung? Eine neue Sicht auf ein altes Problem, in: Die Betriebswirtschaft, 58. Jg., S. 151-165.

Pfaff, D. / Weber, J. / Weißenberger, B.E. (1999): Relevance Lost and Found: Kostenrechnung als Steuerungs- und Redeinstrument, in: Die Betriebswirtschaft, 59. Jg., erscheint in Heft 1.

Pfau, B. / Detzel, D. / Geller, A. (1991): Satisfy Your Internal Customer, in: The Journal of Business Strategy, November/December 1991, S. 9-13.

Phillips, L.W. (1981): Assessing Measurement Error in Key Informant Reports: A Methodological Note on Organizational Analysis in Marketing, in: Journal of Marketing Research, Vol. 18, November, S. 395-415.

Phillips, L.W. / Chang, D.R. / Buzzell, R.D. (1983): Product Quality, Cost Position and Business Performance: A Test of Some Key Hypotheses, in: Journal of Marketing, Vol. 47, Spring, S. 26-43.

Piercy, N.F. (1996): The effects of customer satisfaction measurement: the internal market versus the external market, in: Marketing Intelligence and Planning (UK), Vol. 14, No. 4, S. 9-15.

Plaut, H.-G. (1984): Grenzplankosten- und Deckungsbeitragsrechnung als modernes Kostenrechnungssystem, in: Kostenrechnungspraxis, 28. Jg., S. 67-72.

Pleitner, H.J. (1995): Unternehmensführung im Mittelstand, in: Corsten, H. / Reiß, M. (Hrsg.): Handbuch Unternehmensführung: Konzepte - Instrumente - Schnittstellen, Wiesbaden: Gabler 1995, S. 927-939.

Plinke, W. (1989): Industrielle Kostenrechnung für Ingenieure, Berlin: Springer 1989.

Popper, K.R. (1984): Logik der Forschung, 8. Auflage, Tübingen: J.C.B. Mohr (Paul Siebeck) 1984.

Popper, K.R. (1994): Objektive Erkenntnis – Ein evolutionärer Entwurf, 2. Auflage, Hamburg: Hoffmann und Campe 1994.

Porter, M.E. (1980): Competitive Strategy: Techniques for Analyzing Industries and Competitors, New York: The Free Press 1980.

Porter, M.E. (1985): Competitive Advantage: Creating and Sustaining Superior Performance, New York: The Free Press 1985.

Porter, M.E. (1987): From Competitive Advantage to Corporate Strategy, in: Harvard Business Review, Vol. 65, May-June 1987, S. 43-59.

Porter, M.E. (1996): What is Strategy?, in: Harvard Business Review, Vol. 74, November-December, S. 61-78.

Porter, M.E. / Millar, V.E. (1985): How Information Gives You Competitive Advantage, in: Harvard Business Review, Vol. 63, July-August, S. 149-160.

Powpaka, S. (1996): The role of outcome quality as a determinant of overall service quality in different categories of service industries: an empirical investigation, in: The Journal of Services Marketing, Vol. 10, No. 2, S. 5-25.

Promberger, K. (1995): Controlling für Politik und öffentliche Verwaltung, Wien: Verlag Österreich 1995.

Pugh, D.S. / Hickson, D.J. (1976): Organisational structure in its context (The Aston programme I), Westmead: Saxon House 1976.

Pugh, D.S. / Hickson, D.J. / Hinings, C.R. / MacDonald, K.M. / Turner, C. / Lupton, T. (1963): A Conceptual Scheme for Organizational Analysis, in: Administrative Science Quarterly, Vol. 8, S. 289-315.

Pugh, D.S. / Hickson, D.J. / Hinings, C.R. / Turner, C. (1969): The Context of Organization Structures, in: Administrative Science Quarterly, Vol. 14, S. 91-114.

Pugh, D.S. / Payne, R.L. (1977): Organisational behaviour in its context (The Aston Programme III), Westmead: Saxon House 1977.

Puxty, A.G. (1993): The Social & Organizational Context of Management Accounting, London: Academic Press 1993.

Raffée, H. (1974): Grundprobleme der Betriebswirtschaftslehre, Göttingen: Vandenhoeck & Ruprecht 1974.

Raffée, H. (1979): Marketing und Umwelt, Stuttgart: Poeschel 1979.

Raffée, H. (1989): Gegenstand, Methoden und Konzepte der Betriebswirtschaftslehre, in: Baetge, J. u.a. (Hrsg.): Vahlens Kompendium der Betriebswirtschaftslehre – Band 1, 2. Auflage, München: Vahlen 1989, S. 1-46.

Raffeé, H. / Abel, B. (1979): Aufgaben und aktuelle Tendenzen der Wissenschaftstheorie in den Wirtschaftswissenschaften, in: Raffeé, H. / Abel, B. (Hrsg.): Wissenschaftstheoretische Grundfragen der Wirtschaftswissenschaften, München: Vahlen 1979, S. 1-10.

Raffée, H. / Effenberger, J. / Fritz, W. (1994): Strategieprofile als Faktoren des Unternehmenserfolgs – Eine empirische Analyse, in: Die Betriebswirtschaft, 54. Jg., S. 383-396.

Raffée, H. / Fritz, W. (1991): Die Führungskonzeption erfolgreicher und weniger erfolgreicher Industrieunternehmen in Vergleich – Ergebnisse einer empirischen Untersuchung, in: Zeitschrift für Betriebswirtschaft, Vol. 61, S. 1211-1226.

Rahman, M. / McCosh, A.M. (1976): The Influence of Organizational and Personal Factors on the Use of Accounting Information: An Empirical Study, in: Accounting, Organizations and Society, Vol. 1, No. 4, S. 339-355.

Ramanujam, V. / Venkatraman, N. (1984): An Inventory and Critique of Strategy Research Using the PIMS Data Base, in: Academy of Management Review, Vol. 9, No. 1, S. 138-151.

Rappaport, A. (1995): Shareholder value: Wertsteigerung als Maßstab für die Unternehmensführung, Stuttgart: Schäffer-Poeschel 1995.

Ratnatunga, J. / Pike, R. / Hooley, G.J. (1988): The Application of Management Accounting Techniques to Marketing, in: Accounting and Business Research, Vol. 18, No. 72, S. 363-370.

Raymond, L. (1985): Organizational Characteristics and MIS Success in the Context of Small Business, in: MIS Quarterly, Vol. 9, S. 37-52.

Raymond, L. (1990): Organizational Context and Information Systems Success: A Contingency Approach, in: Journal of Management Information Systems, Vol. 6, Spring 1990, S. 5-20.

Raymond, L. / Magnenat-Thalmann, N. (1982): Information Systems in Small Business: Are They Used in Managerial Decisions?, in: American Journal of Small Business, Vol. 6, No. 4, S. 20-26.

Reichmann, T. (1993): Controlling mit Kennzahlen und Managementberichten, 3. Auflage, München: Vahlen 1993.

Reiß, M. / Corsten, H. (1995): Schnittstellenfokussierte Unternehmensführung, in: Corsten, H. / Reiß, M. (Hrsg.): Handbuch Unternehmensführung: Konzepte - Instrumente - Schnittstellen, Wiesbaden: Gabler 1995, S. 5-18.

Reiß, M. / Schuster, H. (1996): Das Personalwesen als Kooperationspartner interner Service-Bereiche, in: Zeitschrift für Personalforschung, 10. Jg., Heft 3, S. 203-222.

Reiß, M. / Schuster, H. (1998): Kunden- und Kostenorientierung interner Service-Bereiche – Aus Zentralbereichen werden Dienstleister, in: Meyer, A. (Hrsg.): Handbuch Dienstleistungs-Marketing: Grundlagen, Management, Umsetzung, Branchenkonzepte und Praxisbeispiele, Band 2, Stuttgart: Schäffer-Poeschel 1998, S. 1300-1320.

Rich, R.F. (1977): Uses of Social Science Information by Federal Bureaucrats: Knowledge for Action versus Knowledge for Understanding, in: Weiss, C.H. (Ed.): Using Social Research in Public Policy Making, Lexington, MA: Lexington Books 1977, S. 199-211.

Rich, R.F. (1991): Knowledge Creation, Diffusion, and Utilization: Perspectives of the Founding Editor of Knowledge, in: Knowledge: Creation, Diffusion, Utilization, Vol. 12, No. 3, S. 319-337.

Richter, R. / Furubotn, E.G. (1996): Neue Institutionenökonomik: Eine Einführung und kritische Würdigung, Tübingen: J.C.B. Mohr (Paul Siebeck) 1996.

Riebel, P. (1956): Die Gestaltung der Kostenrechnung für Zwecke der Betriebskontrolle und Betriebsdisposition, in: Zeitschrift für Betriebswirtschaft, 26. Jg., S. 278-289.

Riebel, P. (1959): Das Rechnen mit Einzelkosten und Deckungsbeiträgen, in: Zeitschrift für betriebswirtschaftliche Forschung, 11. Jg., S. 213-238.

Riebel, P. (1979): Zum Konzept einer zweckneutralen Grundrechnung, in: Zeitschrift für betriebswirtschaftliche Forschung, 31. Jg., S. 785-798.

Riebel, P. (1994a): Einzelerlös-, Einzelkosten- und Deckungsbeitragsrechnung als Kern einer ganzheitlichen Führungsrechnung, in: Kostenrechnungspraxis, 38. Jg., S. 9-31.

Riebel, P. (1994b): Einzelkosten- und Deckungsbeitragsrechnung: Grundfragen einer markt- und entscheidungsorientierten Unternehmensrechnung, 7. Auflage, Wiesbaden: Gabler 1994.

Riebel, P. / Sinzig, W. (1981): Zur Realisierung der Einzelkosten- und Deckungsbeitragsrechnung mit einer relationalen Datenbank, in: Zeitschrift für betriebswirtschaftliche Forschung, 33. Jg., S. 457-487.

Rieder, L. (1997): Controllers Verantwortung für zukunftsorientierte Systemgestaltung, in: Rieder, L. (Hrsg.): Controllers Zukunft: Auftrag, Verantwortung, Rollenbild und Selbstverständnis der Controller, Zürich: Orell Füssli 1997, S. 45-70.

Roberts, K.H. / O'Reilly, C.A., III. (1979): Some Correlates of Communication Roles in Organizations, in: Academy of Management Journal, Vol. 22, No. 1, S. 42-57.

Robey, D. (1979): User Attitudes and Management Information System Use, in: Academy of Management Journal, Vol. 22, No. 3, S. 527-538.

Robey, D. / Farrow, D. (1982): User Involvement in Information System Development: A Conflict Model and Empirical Test, in: Management Science, Vol. 28, No. 1, S. 73-85.

Rockart, J.F. (1979): Chief executives define their own data needs, in: Harvard Business Review, Vol. 57, March-April, S. 81-93.

Rorem, C.R. (1928): Differential Costs, in: The Accounting Review, Vol. 3, December, S. 333-341.

Rosenzweig, K. (1981): An Exploratory Field Study of the Relationship between the Controller's Department and Overall Organizational Characteristics, in: Accounting, Organizations and Society, Vol. 6, No. 4, S. 339-354.

Rösler, F. (1996): Target Costing für die Automobilindustrie, Wiesbaden: Gabler 1996.

Rozeboom, W.W. (1956): Mediation Variables in Scientific Theory, in: Psychological Review, Vol. 63, No. 4, S. 249-264.

Ruekert, R.W. / Walker, O.C., Jr. (1987): Interactions Between Marketing and R&D Departments in Implementing Different Business Strategies, in: Strategic Management Journal, Vol. 8, S. 233-248.

Rühli, E. (1977): Grundsätzliche Betrachtungen zu einem integrierten Führungsmodell, in: Zeitschrift für betriebswirtschaftliche Forschung, 29. Jg., S. 729-741.

Rühli, E. (1984): Der "Zürcher Ansatz" zu einer Führungslehre: Konzept - Hypothesen - Anwendung in der Praxis, in: Die Unternehmung, 38. Jg., S. 347-357.

Rühli, E. (1985): Unternehmensführung und Unternehmenspolitik 1, 2. Auflage, Bern: Haupt 1985.

San Miguel, J.G. (1976): Human Information Processing and its Relevance to Accounting: A Laboratory Study, in: Accounting, Organizations and Society, Vol. 1, No. 4, S. 357-373.

Sarbin, T.R. / Coe, W.C. (1969): The Students Psychologist's Handbook – A Guide to Sources, Cambridge, MA: Schenkman 1969.

Sathe, V. (1975): Contingency Theory of Organizational Structure, in: Livingstone, J.L. (Ed.): Managerial Accounting: The Behavioral Foundations, Second Printing, Columbus: Grid 1975, S. 51-63.

Savich, R.S. (1977): The Use of Accounting Information in Decision Making, in: The Accounting Review, Vol. 52, No. 3, S. 642-652.

Schäfer, E. (1991): Die Unternehmung: Einführung in die Betriebswirtschaftslehre, Wiesbaden: Gabler 1991.

Schäfer, S. / Seibt, D. (1998): Benchmarking – eine Methode zur Verbesserung von Unternehmensprozessen, in: Betriebswirtschaftliche Forschung und Praxis, 50. Jg., Heft 4, S. 365-380.

Schäffer, U. (1996): Controlling für selbstabstimmende Gruppen?, Wiesbaden: Gabler 1996.

Schäffer, U. / Weber, J. (1999): Controller können von Consultants lernen, in: HARVARD manager, 21. Jg., Heft 1, S. 21-28.

Schanz, G. (1973): Pluralismus in der Betriebswirtschaftslehre: Bemerkungen zu gegenwärtigen Forschungsprogrammen, in: Zeitschrift für betriebswirtschaftliche Forschung, 25. Jg., S. 131-154.

Schanz, G. (1975a): Einführung in die Methodologie der Betriebswirtschaftslehre, Köln: Kiepenheuer & Witsch 1975.

Schanz, G. (1975b): Nochmals: Zwei Arten des Empirismus, in: Zeitschrift für betriebswirtschaftliche Forschung, 27. Jg., S. 801-805.

Schanz, G. (1975c): Zwei Arten des Empirismus, in: Zeitschrift für betriebswirtschaftliche Forschung, 27. Jg., S. 307-331.

Schanz, G. (1977a): Jenseits von Empirismus$_1$: Eine Perspektive für die betriebswirtschaftliche Forschung, in: Köhler, R. (Hrsg.): Empirische und handlungstheoretische Forschungskonzeptionen in der Betriebswirtschaftslehre, Stuttgart: Poeschel 1977, S. 65-84.

Schanz, G. (1977b): Zum gegenwärtigen Verhältnis von Wissenschaftstheorie und Betriebswirtschaftslehre, in: Zeitschrift für betriebswirtschaftliche Forschung, 29. Jg., S. 279-296.

Schanz, G. (1979): Die Betriebswirtschaftslehre und ihre sozialwissenschaftlichen Nachbardisziplinen: Das Integrationsproblem, in: Raffeé, H. / Abel, B. (Hrsg.): Wissenschaftstheoretische Grundfragen der Wirtschaftswissenschaften, München: Vahlen 1979, S. 121-137.

Schanz, G. (1988): Methodologie für Betriebswirte, 2. Auflage, Stuttgart: Poeschel 1988.

Schanz, G. (1993): Verhaltenswissenschaftliche Ansätze, in: Chmielewicz, K. / Schweizer, M. (Hrsg.): Handwörterbuch des Rechnungswesens, 3. Auflage, Stuttgart: Schäffer-Poeschel 1993, Sp. 2005-2012.

Schauenberg, B. (1985): Der Verlauf von Informationswertfunktionen, in: Ballwieser, W. / Berger, K.-H. (Hrsg.): Information und Wirtschaftlichkeit, Wiesbaden: Gabler 1985, S. 229-251.

Schehl, M. (1994): Die Kostenrechnung der Industrieunternehmen vor dem Hintergrund unternehmensexterner und -interner Strukturwandlungen: Eine theoretische und empirische Untersuchung, Berlin: Duncker & Humblot 1994.

Schewe, C.D. (1976): The Management Information System User: An Exploratory Behavioral Analysis, in: Academy of Management Journal, Vol. 19, No. 4, S. 577-590.

Schiemenz, B. (1993): Systemtheorie, allgemeine, in: Wittmann, W. / Kern, W. / Köhler, R. / Küpper, H.-U. / Wysocki, K.v. (Hrsg.): Handwörterbuch der Betriebswirtschaft, 5. Auflage, Stuttgart: Schäffer-Poeschel 1993, Sp. 4127-4140.

Schildbach, T. (1995): Entwicklungslinien in der Kosten- und internen Unternehmensrechnung, in: Zeitschrift für betriebswirtschaftliche Forschung, 47. Jg., Sonderheft 34, S. 1-18.

Schildbach, T. / Feldhoff, M. (1993): Adressaten, in: Chmielewicz, K. / Schweizer, M. (Hrsg.): Handwörterbuch des Rechnungswesens, 3. Auflage, Stuttgart: Schäffer-Poeschel 1993, Sp. 30-36.

Schimank, D. (1990): Strategische Entscheidungsunterstützung durch prozeßorientierte Kosteninformationen, in: Horváth, P. (Hrsg.): Strategieunterstützung durch das Controlling: Revolution im Rechnungswesen?, Stuttgart: Poeschel 1990, S. 227-247.

Schmalenbach, E. (1956): Kostenrechnung und Preispolitik, 7. Auflage, Köln: Westdeutscher Verlag 1956.

Schneider, D. (1991): Versagen des Controlling durch eine überholte Kostenrechnung - Zugleich ein Beitrag zur innerbetrieblichen Verrechnung von Dienstleistungen -, in: Der Betrieb, 44. Jg., S. 765-772.

Schneider, D. (1992a): Entwicklungsschwerpunkte der heutigen Kostenrechnung, in: Männel, W. (Hrsg.): Handbuch Kostenrechnung, Wiesbaden: Gabler 1992, S. 87-96.

Schneider, D. (1992b): Theorien zur Entwicklung des Rechnungswesens, in: Zeitschrift für betriebswirtschaftliche Forschung, 44. Jg., S. 3-31.

Schneider, D. (1998): Marktwertorientierte Unternehmensrechnung: Pegasus mit Klumpfuß, in: Der Betrieb, 51. Jg., S. 1473-1478.

Schneider, R. (1996): Prozeßkostenrechnung in der Industrie: Konzeption und praktischer Anwendung eines erweiterten Ansatzes, Wiesbaden: Gabler 1996.

Schoenfeld, H.M.W. (1984): Der Bedarf an zusätzlichen Entscheidungsdaten und Kontrollmaßstäben in der Kostenrechnung, in: Pack, L. / Börner, D. (Hrsg.): Betriebswirtschaftliche Entscheidungen bei Stagnation, Wiesbaden: Gabler 1984, S. 165-179.

Schoenfeld, H.M.W. (1993): Behavioral Accounting, in: Wittmann, W. / Kern, W. / Köhler, R. / Küpper, H.-U. / Wysocki, K. von (Hrsg.): Handwörterbuch der Betriebswirtschaft, 5. Auflage, Stuttgart: Schäffer-Poeschel 1993, Sp. 280-292.

Schönfeld, H.-M. (1964): Einführung in das Rechnungswesen, Stuttgart: Poeschel 1964.

Schoonhoven, C.B. (1981): Problems With Contingency Theory: Testing Assumptions Hidden Within the Language of Contingency "Theory", in: Administrative Science Quarterly, Vol. 26, S. 349-377.

Schreyögg, G. (1993): Umfeld der Unternehmung, in: Wittmann, W. / Kern, W. / Köhler, R. / Küpper, H.-U. / Wysocki, K. von (Hrsg.): Handwörterbuch der Betriebswirtschaft, 5. Auflage, Stuttgart: Schäffer-Poeschel 1993, Sp. 4231-4247.

Schroeder, L.D. / Sjoquist, D.L. / Stephan, P.E. (1986): Understanding Regression Analysis: An Introductory Guide, Sage University Papers Series. Quantitative Applications in the Social Sciences No. 57, Newbury Park, CA: Sage Publications Inc. 1986.

Schulz von Thun, F. (1993): Miteinander reden 1 – Störungen und Klärungen: Allgemeine Psychologie der Kommunikation, Reinbek bei Hamburg: Rowohlt 1993.

Schulze, P.M. (1990): Beschreibende Statistik, München: Oldenbourg 1990.

Schütz, P. (1993): Marketing Interner Dienstleister – Marketing ohne Markt?, in: Thelen, E.M. / Mairamhof, G.B. (Hrsg.): Dienstleistungsmarketing: Eine Bestandsaufnahme, Frankfurt/Main: Lang 1993, S. 193-201.

Schwager, S. (1998): Informationsbedarf, in: Das Wirtschaftsstudium, 27. Jg., Heft 7, S. 783.

Schwalbach, J. (1988): Marktanteil und Unternehmensgewinn, in: Zeitschrift für Betriebswirtschaft, 58. Jg., S. 535-549.

Schwalbach, J. (1991): Profitability and Market Share: A Reflection on the Functional Relationship, in: Strategic Management Journal, Vol. 12, S. 299-306.

Schweikart, J.A. (1986): The Relevance of Managerial Accounting Information: A Multinational Analysis, in: Accounting, Organizations and Society, Vol. 11, No. 6, S. 541-554.

Schweitzer, M. (1978): Wissenschaftziele und Auffassungen in der Betriebswirtschaftslehre – Eine Einführung, in: Schweitzer, M. (Hrsg.): Auffassungen und Wissenschaftsziele der Betriebswirtschaftslehre, Darmstadt: Wissenschaftliche Buchgesellschaft 1978, S. 1-14.

Schweitzer, M. / Friedl, B. (1997): Kostenmanagement bei verschiedenen Wettbewerbsstrategien, in: Becker, W. / Weber, J. (Hrsg.): Kostenrechnung: Stand und Entwicklungsperspektiven - Wolfgang Männel zum 60. Geburtstag, Wiesbaden: Gabler 1997, S. 447-463.

Schweitzer, M. / Küpper, H.-U. (1995): Systeme der Kosten- und Erlösrechnung, 6. Auflage, München: Vahlen 1995.

Schweitzer, M. / Wagener, K. (1998): Geschichte des Rechnungswesens, in: Wirtschaftswissenschaftliches Studium, 27. Jg., Heft 9, S. 438-446.

Segev, E. (1989): A Systematic Comparative Analysis and Synthesis of Two Business-Level Strategic Typologies, in: Strategic Management Journal, Vol. 10, S. 487-505.

Seidenschwarz, W. (1993): Target Costing: marktorientiertes Zielkostenmanagement, München: Vahlen 1993.

Seidenschwarz, W. / Esser, J. / Niemand, S. / Rauch, M. (1997): Target Costing: Auf dem Weg zum marktorientierten Unternehmen, in: Franz, K.-P. / Kajüter, P. (Hrsg.): Kostenmanagement – Wettbewerbsvorteile durch systematische Kostensteuerung, Stuttgart: Schäffer-Poeschel 1997, S. 101-126.

Sellenheim, M.R. (1991): Performance Measurement, in: Management Accounting, September 1991, S. 50-53.

Serfling, K. / Schultze, R. (1997): Benchmarking als Tool der Unternehmensführung und des Kostenmanagements, in: Kostenrechnungspraxis, 41. Jg., S. 193-202.

Shank, J.K. (1989): Strategic Management Accounting: New Wine, or Just New Bottles?, in: Journal of Management Accounting Research, Vol. 1, Fall, S. 47-65.

Shank, J.K. / Govindarajan, V. (1988): Making Strategy Explicit in Cost Analysis: A Case Study, in: Sloan Management Review, Vol. 28, Spring, S. 19-29.

Shank, J.K. / Govindarajan, V. (1989): Strategic Cost Analysis: The Evolution from Managerial to Strategic Accounting, Homewood, IL: Richard D. Irwin 1989.

Sharfman, M.P. / Dean, J.W., Jr. (1991a): Conceptualizing and Measuring the Organizational Environment: A Multidimensional Approach, in: Journal of Management, Vol. 17, S. 681-700.

Sharfman, M.P. / Dean, J.W., Jr. (1991b): Dimensions and Constructs: A Response to Dess and Rasheed, in: Journal of Management, Vol. 17, No. 4, S. 711-715.

Sharma, S. / Durand, R.M. / Gur-Arie, O. (1981): Identification and Analysis of Moderator Variables, in: Journal of Marketing Research, Vol. 18, August, S. 291-300.

Shields, J.F. / Shields, M.D. (1998): Antecendents of Participative Budgeting, in: Accounting, Organizations and Society, Vol. 23, No. 1, S. 49-76.

Shortell, S.M. / Zajac, E.J. (1990): Perceptual and Archival Measures of Miles and Snow's Strategic Types: A Comprehensive Assessment of Reliability and Validity, in: Academy of Management Journal, Vol. 33, No. 4, S. 817-832.

Siegel, G. / Kulesza, C.S. (1996): The Practice Analysis of Management Accounting, in: Management Accounting, April 1996, S. 20-28.

Sill, H. (1995): Marktorientiertes Kostenmanagement - Erfahrungen im Hause Siemens, in: Schmalenbach-Gesellschaft für Betriebswirtschaftslehre - Deutsche Gesellschaft für Betriebswirtschaft e.V. (Hrsg.): Reengineering - Konzepte und Umsetzung innovativer Strategien und Strukturen, Stuttgart: Schäffer-Poeschel 1995, S. 173-189.

Simmonds, K. (1989): Strategisches Management Accounting - Ein Paradigma entsteht, in: Controlling, 1. Jg., S. 264-269.

Simon, H.A. / Guetzkow, H. / Kozmetsky, G. / Tyndall, G. (1954): Centralization Vs. Decentralization in Organizing the Controller's Department, Reprint of the ed. published by Controllership Foundation (1954), Houston: Scholars Book 1978.

Simons, R. (1987): Accounting Control Systems and Business Strategy: An Empirical Analysis, in: Accounting, Organizations and Society, Vol. 12, No. 4, S. 357-374.

Simons, R. (1990): The Role of Management Control Systems in Creating Competitive Advantage: New Perspectives, in: Accounting, Organizations and Society, Vol. 15, No. 1/2, S. 127-143.

Simons, R. (1991): Strategic Orientation and Top Management Attention to Control Systems, in: Strategic Management Journal, Vol. 12, S. 49-62.

Sinkula, J.M. (1990): Perceived Characteristics, Organizational Factors, and the Utilization of External Market Research Suppliers, in: Journal of Business Research, Vol. 21, S. 1-17.

Sinkula, J.M. (1994): Market Information Processing and Organizational Learning, in: Journal of Marketing, Vol. 58, January, S. 35-45.

Sinkula, J.M. / Baker, E.W. / Noordewier, T. (1997): A Framework for Market-Based Organizational Learning: Linking Values, Knowledge, and Behavior, in: Journal of the Academy of Marketing Science, Vol. 25, No. 4, S. 305-318.

Sinzig, W. (1992): Die Bedeutung relationaler Datenbanken zur DV-Unterstützung der entscheidungsorientierten Kostenrechnung, in: Männel, W. (Hrsg.): Handbuch Kostenrechnung, Wiesbaden: Gabler 1992, S. 1251-1264.

Skiera, B. / Albers, S. (1999): Regressionsanalyse, erscheint in: Herrmann, A. / Homburg, C. (Hrsg.): Marktforschung, Wiesbaden: Gabler 1999.

Slater, S.F. / Narver, J. (1993): Product-market Strategy and Performance: An Analysis of the Miles and Snow Strategy Types, in: European Journal of Marketing, Vol. 27, No. 10, S. 33-51.

Slater, S.F. / Narver, J.C. (1995): Market Orientation and the Learning Organization, in: Journal of Marketing, Vol. 59, July, S. 63-74.

Smith, K.G. / Guthrie, J.P. / Chen, M.-J. (1986): Miles and Snow's Typology of Strategy, Organizational Size and Organizational Performance, in: Academy of Management Proceedings, S. 45-49.

Smith, K.W. / Sasaki, M.S. (1979): Decreasing Multicollinearity: A Method for Models with Multiplicative Functions, in: Sociological Methods & Research, Vol. 8, No. 1, S. 35-56.

Snyder, N.H. / Glueck, W.F. (1982): Can Environmental Volatitiliy Be Measured Objectively?, in: Academy of Management Journal, Vol. 25, No. 1, S. 185-192.

Souchon, A.L. / Diamantopoulos, A. (1996): A Conceptual Framework of Export Marketing Information Use: Key Issues and Research Propositions, in: Journal of International Marketing, Vol. 4, No. 3, S. 49-71.

Spender, J.-C. (1996): Knowledge and the Firm: Overview, in: Strategic Management Journal, Vol. 17, S. 5-9.

Spreng, R.A. / Mackoy, R.D. (1996): An Empirical Examination of a Model of Perceived Service Quality and Satisfaction, in: Journal of Retailing, Vol. 72, No. 2, S. 201-214.

Spreng, R.A. / Singh, A.K. (1993): An Empirical Assessment of the SERVQUAL Scale and the Relationship Between Service Quality and Satisfaction, in: Cravens, D.W. / Dickson, P.R. (Ed.): Enhancing Knowledge Development in Marketing, Vol. 4, Chicago, IL: American Marketing Association 1993, S. 1-6.

Srinivasan, A. (1985): Alternative Measures of System Effectiveness: Associations and Implications, in: MIS Quarterly, Vol. 9, S. 243-253.

Staehle, W.H. (1976): Der situative Ansatz in der Betriebswirtschaftslehre, in: Ulrich, H. (Hrsg.): Zum Praxisbezug der Betriebswirtschaftslehre in wissenschaftstheoretischer Sicht, Bern: Haupt 1976, S. 33-50.

Stamer, G. (1987): Gestaltung des betrieblichen Rechnungswesens, in: Kostenrechnungspraxis, 31. Jg., S. 187-192.

Starbuck, W.H. (1976): Organizations and Their Environment, in: Dunnette, M.D. (Ed.): Handbook of Industrial and Organisational Psychology, Chicago, IL: Rand McNally 1976, S. 1069-1124.

Statistisches Bundesamt (1996): Statistisches Jahrbuch 1996 für die Bundesrepublik Deutschland, Wiesbaden: Metzler-Poeschel 1996.

Statistisches Bundesamt (1997): Statistisches Jahrbuch 1997 für die Bundesrepublik Deutschland, Wiesbaden: Metzler-Poeschel 1997.

Stauss, B. (1996): Internal Services: Classification and Quality Management, in: International Journal of Service Industry Management, Vol. 6, No. 2, S. 62-78.

Stauss, B. (1997): Internes Marketing, in: Die Betriebswirtschaft, 57. Jg., S. 717-720.

Stauss, B. / Hentschel, B. (1990): Die Qualität von Dienstleistungen: Konzeption, Messung und Management, Diskussionsbeiträge der Wirtschaftswissenschaftlichen Fakultät Ingolstadt, Nr. 10, Katholische Universität Eichstätt 1990.

Stauss, B. / Schulze, H.S. (1990): Internes Marketing, in: Marketing · Zeitschrift für Forschung und Praxis, 12. Jg., Heft 3, S. 149-158.

Steinhauser, D. / Langer, K. (1977): Clusteranalyse: Einführung in Methoden und Verfahren der automatischen Klassifikation, Berlin: Walter de Gruyter 1977.

Steinmann, H. / Böhm, H. / Braun, W. / Gerum, E. / Schreyögg, G. (1976): Betriebswirtschaftslehre und Praxis – Vorüberlegungen auf der Grundlage der Konstruktiven Philosophie und Wissenschaftstheorie, in: Ulrich, H. (Hrsg.): Zum Praxisbezug der Betriebswirtschaftslehre in wissenschaftstheoretischer Sicht, Bern: Haupt 1976, S. 51-92.

Steinmann, H. / Braun, W. (1979): Zum Prinzip der Wertfreiheit in der Betriebswirtschaftslehre, in: Raffeé, H. / Abel, B. (Hrsg.): Wissenschaftstheoretische Grundfragen der Wirtschaftswissenschaften, München: Vahlen 1979, S. 191-204.

Steinmann, H. / Guthunz, U. / Hasselberg, F. (1992): Kostenführerschaft und Kostenrechnung, in: Männel, W. (Hrsg.): Handbuch Kostenrechnung, Wiesbaden: Gabler 1992, S. 1459-1477.

Steinmann, H. / Schreyögg, G. (1997): Management: Grundlagen der Unternehmensführung: Konzepte - Funktionen - Fallstudien, 4. Auflage, Wiesbaden: Gabler 1997.

Stewart, G.B., III. (1990): The Quest for Value: The EVA™ Management Guide, New York: HarperCollins 1990.

Stiff, R. / Gleason, S. (1981): The Effects of Marketing Activities on the Quality of Professional Services, in: Donnelly, J.H. / George, W.R. (Ed.): Marketing of Services, Proceeding Series, Chicago, IL: American Marketing Association 1981, S. 78-81.

Swanson, E.B. (1974): Management Information Systems: Appreciation and Involvement, in: Management Science, Vol. 21, No. 2, S. 178-188.

Swanson, E.B. (1983): Rationality and Politics in Information System Design and Implementation: A Juxtaposition of Two Views, in: Accounting, Organizations and Society, Vol. 8, No. 2/3, S. 219-221.

Swenson, D.W. / Flesher, D.L. (1996): Are You Satisfied with Your Cost Management System, in: Management Accounting, March 1996, S. 49-53.

Swieringa, R.J. / Moncur, R.H. (1972): The Relationship Between Manager's Budget-Oriented Behavior and Selected Attitude, Position, Size, and Performance Measures, in: Journal of Accounting Research, Vol. 10, Supplement, S. 194-209.

Szyperski, N. (1974): Unternehmensführung als Objekt und Adressat der Betriebswirtschaftslehre, in: Wild, J. (Hrsg.): Unternehmensführung. Festschrift für Erich Kosiol zu seinem 75. Geburtstag, Berlin: Duncker & Humblot 1974, S. 3-38.

Szyperski, N. (1984): Rechnungswesen als Informationssystem, in: Kosiol, E. (Hrsg.): Handwörterbuch des Rechnungswesens, 2. Auflage, Ungekürzte Studienausgabe, Stuttgart: Poeschel 1984, Sp. 1510-1523.

Szyperski, N. / Müller-Böling, D. (1980): Gestaltungsparameter der Planungsorganisation: Ein anwendungsorientiertes Konzept für die Gestaltung von Planungssystemen, in: Die Betriebswirtschaft, 40. Jg., S. 357-373.

Szyperski, N. / Müller-Böling, D. (1981): Zur technologischen Orientierung der empirischen Forschung, in: Witte, E. (Hrsg.): Der praktische Nutzen der empirischen Forschung, Tübingen: J.C.B. Mohr (Paul Siebeck) 1981, S. 159-188.

Szyperski, N. / Müller-Böling, D. (1986): Organizational Structure of Planning Systems in Different Environments, in: Witte, E. / Zimmermann, H.-J. (Ed.): Empirical Research on Organizational Decision-Making, Amsterdam: North-Holland 1986, S. 301-326.

Tait, P. / Vessey, I. (1988): The Effect of User Involvement on System Success: A Contingency Approach, in: MIS Quarterly, Vol. 12, S. 91-108.

Taylor, R.N. (1975): Age and Experience as Determinants of Managerial Information Processing and Decision Making Performance, in: Academy of Management Journal, Vol. 18, No. 1, S. 74-81.

The Strategic Planning Institute (1980): The PIMS Program, Cambridge, MA: Strategic Planning Institute 1980.

Thompson, J.D. (1967): Organizations in Action: Social Science Bases of Administrative Theory, New York: McGraw-Hill 1967.

Thompson, J.D. / Tuden, A. (1959): Strategies, Structures, and Processes of Organizational Decision, in: Thompson, J.D. (Ed.): Comparative Studies in Administration, Chicago, IL: University of Pittsburgh Press 1959, S. 195-216.

Thow-Yick, L. (1996): The Basic Entity Model: A Theoretical Model of Information Processing, Decision Making and Information Systems, in: Information Processing & Management, Vol. 32, No. 4, S. 477-487.

Tiedtke, J. (1971): Grundlagen des Rechnungswesens, in: Lembcke, R. / Schöning, H. (Hrsg.): Das Rechnungswesen. Handbuch der Buchführungsorganisation, Bilanzierung und Kostenrechnung, 12. Auflage, Gütersloh: Bertelsmann Fachverlag 1971, S. 17-27.

Tiessen, P. / Waterhouse, J.H. (1978): A Contingency Theory of Management Accounting: A Comment, in: The Accounting Review, Vol. 53, No. 2, S. 523-529.

Tietzel, M. (1988): Eine Anleitung, empirische Hypothesen unwiderlegbar zu machen, in: Freimann, K.-D. / Ott, A.E. (Hrsg.): Theorie und Empirie in der Wirtschaftsforschung, Tübingen: J.C.B. Mohr (Paul Siebeck) 1988, S. 3-23.

Tomassini, L.A. (1976): Behavioral Research on Human Resource Accounting: A Contingency Framework, in: Accounting, Organizations and Society, Vol. 1, No. 2-3, S. 239-250.

Tosi, H. / Aldag, R. / Storey, R. (1973): On the Measurement of the Environment: An Assessment of the Lawrence and Lorsch Environmental Uncertainty Subscale, in: Administrative Science Quarterly, Vol. 18, S. 27-36.

Tosi, H.L., Jr. / Slocum, J.W., Jr. (1984): Contingency Theory: Some Suggested Directions, in: Journal of Management, Vol. 10, No. 1, S. 9-26.

Trauzettel, V.J. (1995): Kosten- und Leistungsrechnung, in: Küpper, H.-U. / Weber, J. (Hrsg.): Grundbegriffe des Controlling, Stuttgart: Schäffer-Poeschel 1995, S. 202 f.

Troßmann, E. (1998): Zur Rolle kalkulatorischer Zinsen in Entscheidungsrechnungen und Dokumentationsrechnungen, in: Kostenrechnungspraxis, 42. Jg., He, S. 310-317.

Tung, R.L. (1979): Dimensions of Organizational Environments: An Exploratory Study of Their Impact on Organizational Structure, in: Academy of Management Journal, Vol. 22, No. 4, S. 672-693.

Turney, P.B.B. / Anderson, B. (1989): Accounting for Continuous Improvement, in: Sloan Management Review, Vol. 30, Winter, S. 37-47.

Tushman, M. / Nadler, N. (1978): Information Processing as an Integrating Concept in Organizational Design, in: Academy of Management Review, Vol. 3, S. 613-624.

Uebele, H. (1981): Verbreitungsgrad und Entwicklungsstand des Controlling in deutschen Industrieunternehmen - Ergebnisse einer empirischen Untersuchung -, DBW-Depot, Stuttgart: Poeschel 1981.

Ulrich, H. (1968): Die Unternehmung als produktives soziales System: Grundlagen der allgemeinen Unternehmungslehre, Bern: Haupt 1968.

Ulrich, P. / Fluri, E. (1992): Management – Eine konzentrierte Einführung, Bern: Haupt 1992.

Ulrich, P. / Hill, W. (1979): Wissenschaftstheoretische Grundlagen der Betriebswirtschaftslehre, in: Raffeé, H. / Abel, B. (Hrsg.): Wissenschaftstheoretische Grundfragen der Wirtschaftswissenschaften, München: Vahlen 1979, S. 161-190.

Van de Ven, A.H. / Drazin, R. (1985): The Concept of Fit in Contingency Theory, in: Staw, B.M. / Cummings, L.L. (Ed.): Research in Organizational Behavior, Vol. 7, Greenwich, CT: JAI Press 1985, S. 333-365.

Vandenbosch, B. (1998): An Empirical Analysis of the Association between the Use of Executive Support Systems and Perceived Organizational Competitiveness, in: Accounting, Organizations and Society, Vol. 24, No. 1, S. 77-92.

Vandermerwe, S. / Gilbert, D.J. (1991): Internal Services: Gaps in Needs/Performance and Prescriptions for Effectiveness, in: International Journal of Service Industry Management, Vol. 2, No. 1, S. 50-60.

Venkatraman, N. (1989): The Concept of Fit in Strategy Research: Toward Verbal and Statistical Correspondents, in: Academy of Management Review, Vol. 14, No. 3, S. 423-444.

Venohr, B. (1985): PIMS Bibliography. A Listing of Research Work Done on the PIMS Database, Frankfurt/Main: Universität Frankfurt 1985.

Venohr, B. (1988): "Marktgesetze" und strategische Unternehmensführung: eine kritische Analyse des PIMS-Programms, in: , o.J., S. .

Verband Deutscher Maschinen- und Anlagenbau e.V. (1995): Statistisches Handbuch für den Maschinenbau, Frankfurt/Main: Maschinenbau-Verlag 1995.

Vitale, M. / Mavrinac, S.C. / Hauser, M. (1994): New Process/Financial Scorecard: A Strategic Performance Measurement System, in: Planning Review, Vol. 22, July/August, S. 12-16, 44.

Vörös, L. (1965): Leitfaden für Organisation und Arbeitsablauf im Rechnungswesen, Studienausgabe des Handbuchs Aktives Rechnungswesen, Berlin: Erich Schmidt 1965.

Wagenhofer, A. (1995): Versursachungsgerechte Kostenschlüsselung und die Steuerung dezentraler Entscheidungen, in: Zeitschrift für betriebswirtschaftliche Forschung, 47. Jg., Sonderheft 34, S. 81-118.

Wagenhofer, A. (1997): Kostenrechnung und Verhaltenssteuerung, in: Freidank, C.-C. / Götze, U. / Huch, B. / Weber, J. (Hrsg.): Kostenmanagement: Aktuelle Konzepte und Anwendungen, Berlin: Springer 1997, S. 57-78.

Währisch, M. (1996): Stand der Kosten- und Erlösrechnung im Maschinen- und Anlagenbau, in: Maschinenbau-Nachrichten, 75. Jg., Heft 7, S. 18-20.

Walsh, E.J. / Stewart, R.E. (1993): Accounting and the Construction of Institutions: The Case of a Factory, in: Accounting, Organizations and Society, Vol. 18, No. 7/8, S. 783-800.

Waterhouse, J.H. / Tiessen, P. (1978): A Contingency Framework for Management Accounting Systems Research , in: Accounting, Organizations and Society, Vol. 3, No. 1, S. 65-76.

Watson, D.J.H. (1975): Contingency Formulations of Organizational Structure: Implications for Managerial Accounting, in: Livingstone, J.L. (Ed.): Managerial Accounting: The Behavioral Foundations, Second Printing, Columbus: Grid 1975, S. 65-79.

Watson, G.H. (1992): The Benchmarking Workbook: Adapting Best Practices for Performance Improvements, Cambridge, MA: Productivity Press 1992.

Watzlawick, P. / Beavin, J.H. / Jackson, D.D. (1990): Menschliche Kommunikation – Formen, Störungen, Paradoxien, 8. Auflage, Bern: Huber 1990.

Weber, H.K. (1977): Die Zwecke des betriebswirtschaftlichen Rechnungswesens, in: Wirtschaftswissenschaftliches Studium, 6. Jg., S. 114-120.

Weber, H.K. (1993): Betriebswirtschaftliches Rechnungswesen – Band 1: Bilanz und Erfolgsrechnung, 4. Auflage, München: Vahlen 1993.

Weber, J. (1983a): Kosten-Grundrechnungen im entscheidungsorientierten Rechnungswesen – Konzept und Entwicklungsmöglichkeiten (I), in: Das Wirtschaftsstudium, 12. Jg., S. 500-504.

Weber, J. (1983b): Zielorientiertes Rechnungswesen öffentlicher Betriebe – dargestellt am Beispiel von Studentenwerken, Baden-Baden: Nomos 1983.

Weber, J. (1985): Kostenrechnung als Controllinginstrument, in: Kostenrechnungspraxis, 29. Jg., Sonderheft 1/1985, S. 23-31.

Weber, J. (1989): Change-Management für die Kostenrechnung – Zur Notwendigkeit des beständigen Wandels der Kostenrechnung, in: Scheer, A.-W. (Hrsg.): Rechnungswesen und EDV – 10. Saarbrücker Arbeitstagung 1989: Rechnungswesen im Unternehmen der 90er Jahre, Heidelberg: Physica 1989, S. 30-47.

Weber, J. (1990a): Change Management für die Kostenrechnung - Zum Veränderungsbedarf der Kostenrechnung, in: Controlling, 2. Jg., Heft 3, S. 120-126.

Weber, J. (1990b): Controlling der Kostenrechnung - Zur Notwendigkeit des Einsatzes von Controlling-Instrumenten zur strategischen und operativen Ausrichtung der Kostenrechnung, in: Kostenrechnungspraxis, 34. Jg., S. 203-208.

Weber, J. (1991): Kostenrechnung als Controlling-Objekt: Zur Neuausrichtung und Weiterentwicklung der Kostenrechnung, in: Kistner, K.-P. / Schmidt, R. (Hrsg.): Unternehmensdynamik. Horst Albach zum 60. Geburtstag, Wiesbaden: Gabler 1991, S. 443-479.

Weber, J. (1992): Entfeinerung der Kostenrechnung?, in: Scheer, A.-W. (Hrsg.): Rechnungswesen und EDV – 13. Saarbrücker Arbeitstagung 1992: Spannungsfeld zwischen Integration und Dezentralisierung, Heidelberg: Physica 1992, S. 173-199.

Weber, J. (1993a): Kostenrechnung im System der Unternehmensführung – Stand und Perspektiven der Kostenrechnung in den 90er Jahren, in: Weber, J. (Hrsg.): Zur Neuausrichtung der Kostenrechnung: Entwicklungsperspektiven für die 90er Jahre, Stuttgart: Schäffer-Poeschel 1993, S. 1-77.

Weber, J. (1993b): Produktions-, Transaktions- und Koordinationskostenrechnung, in: Kostenrechnungspraxis, 37. Jg., Sonderheft 1/1993, S. 19-23.

Weber, J. (1993c): Stand der Kostenrechnung in deutschen Großunternehmen – Ergebnisse einer empirischen Erhebung, in: Weber, J. (Hrsg.): Zur Neuausrichtung der Kostenrechnung: Entwicklungsperspektiven für die 90er Jahre, Stuttgart: Schäffer-Poeschel 1993, S. 257-277.

Weber, J. (1994a): Dynamik statt Strukturen, in: Kostenrechnungspraxis, 38. Jg., Sonderheft 1/1994, S. 6-8.

Weber, J. (1994b): Kostenrechnung zwischen Verhaltens- und Entscheidungsorientierung, in: Kostenrechnungspraxis, 38. Jg., S. 99-104.

Weber, J. (1995a): Einführung in das Controlling, 6. Auflage, Stuttgart: Schäffer-Poeschel 1995.

Weber, J. (1995b): Kostenrechnung-(s)-Dynamik – Einflüsse hoher unternehmensex- und -interner Veränderungen auf die Gestaltung der Kostenrechnung, in: Betriebswirtschaftliche Forschung und Praxis, 47. Jg., S. 565-581.

Weber, J. (1995c): Logistik-Controlling: Leistungen – Prozeßkosten – Kennzahlen, 4. Auflage, Stuttgart: Schäffer-Poeschel 1995.

Weber, J. (1995d): Prozeßkostenrechnung und Veränderung von Organisationsstrukturen, in: Männel, W. (Hrsg.): Prozeßkostenrechnung: Bedeutung – Methoden – Branchenerfahrungen – Softwarelösungen, Wiesbaden: Gabler 1995, S. 27-30.

Weber, J. (1996a): Einführung in das Rechnungswesen I: Bilanzierung, 5. Auflage, Stuttgart: Schäffer-Poeschel 1996.

Weber, J. (1996b): Kostenrechnung am Scheideweg?, WHU-Forschungspapier Nr. 42, Vallendar 1996.

Weber, J. (1996c): Selektives Rechnungswesen, in: Zeitschrift für Betriebswirtschaft, 66. Jg., S. 925-946.

Weber, J. (1996d): Selektives Rechnungswesen - Schlankes Controlling durch selektive Führungsinformationen, in: Kostenrechnungspraxis, 40. Jg., S. 197-201.

Weber, J. (1997a): Einführung in das Rechnungswesen II: Kostenrechnung, 5. Auflage, Stuttgart: Schäffer-Poeschel 1997.

Weber, J. (1997b): Kostenrechnung am Scheideweg?, in: Freidank, C.-C. / Götze, U. / Huch, B, / Weber, J. (Hrsg.): Kostenmanagement. Aktuelle Konzepte und Anwendungen, Berlin: Springer 1997, S. 3-24.

Weber, J. (1997c): Marktorientiertes Controlling, Band 4 der Reihe Advanced Controlling, Vallendar 1997.

Weber, J. (1997d): Prozeßorientiertes Controlling, Band 1 der Reihe Advanced Controlling, Vallendar 1997.

Weber, J. (1997e): Strategische Kostenrechnung?, in: Signale, 12. Jg., Heft 2, S. 49 f.

Weber, J. (1998): Einführung in das Controlling, 7. Auflage, Stuttgart: Schäffer-Poeschel 1998.

Weber, J. / Aust, R. (1997): Reengineering Kostenrechnung: Notwendigkeit - Benchmarking - Veränderungsschritte, Band 5 der Reihe Advanced Controlling, Vallendar 1997.

Weber, J. / Aust, R. (1998a): Reengineering der Kostenrechnung: Controller unter Veränderungsdruck, in: Management Berater, 2. Jg., September, S. 20-22.

Weber, J. / Aust, R. (1998b): Reengineering der Kostenrechnung – vom komplexen Rechensystem zur internen Dienstleistung, in: Kostenrechnungspraxis, 42. Jg., S. 133-139.

Weber, J. / Aust, R. (1998c): Reengineering Kostenrechnung (Teil 1): Veränderungsdruck und Handlungsbedarf, in: bilanz & buchhaltung, 44. Jg., Heft 5, S. 174-178.

Weber, J. / Aust, R. (1998d): Reengineering Kostenrechnung (Teil 2): Ergebnisse eines Benchmarking der Kostenrechnung, in: bilanz & buchhaltung, 44. Jg., Heft 6, S. 225-230.

Weber, J. / Aust, R. (1998e): Reengineering Kostenrechnung (Teil 3): Der Weg zu einer neuen Kostenrechnung, in: bilanz & buchhaltung, 44. Jg., Heft 7/8, S. 274-278.

Weber, J. / Brettel, M. / Großklaus, A. / Hamprecht, M. / Rösch, B.E. / Schäffer, U. (1995): Grundgedanken zur Entwicklung einer Theorie der Unternehmensführung, WHU-Forschungspapier Nr. 30, Vallendar 1995.

Weber, J. / Brettel, M. / Schäffer, U. (1996): Gedanken zur Unternehmensführung, WHU-Forschungspapier Nr. 35, Vallendar 1996.

Weber, J. / Goeldel, H. / Schäffer, U. (1996): Zur Gestaltung der strategischen und operativen Planung, WHU-Forschungspapier Nr. 34, Vallendar 1996.

Weber, J. / Großklaus, A. / Kummer, S. / Nippel, H. / Warnke, D. (1994): Methodik zur Generierung von Logistik-Kennzahlen, in: Weber, J. (Hrsg.): Kennzahlen für die Logistik, Stuttgart: Schäffer-Poeschel 1994, S. 9-45.

Weber, J. / Hamprecht, M. / Goeldel, H. (1995): Benchmarking des Controlling: Ein Ansatz zur Effizienzsteigerung betrieblicher Organisationsbereiche, in: Kostenrechnungspraxis, 39. Jg., S. 15-19.

Weber, J. / Kalaitzis, D. (1984): Aufgaben, Zwecke und Grundanforderungen einer entscheidungsorientierten Kosten- und Leistungsrechnung, in: Das Wirtschaftsstudium, 13. Jg., S. 447-452.

Weber, J. / Knorren, N. (1998): Sicherung der Rationalität durch wertorientierte Planung, in: Die Unternehmung, 52. Jg., Heft 4, S. 209-221.

Weber, J. / Kosmider, A. (1991): Controlling-Entwicklung in der Bundesrepublik Deutschland im Spiegel von Stellenanzeigen, in: Zeitschrift für Betriebswirtschaft, 61. Jg., Ergänzungsheft 3/1991, S. 17-35.

Weber, J. / Schäffer, U. (1998a): Controlling-Entwicklung im Spiegel von Stellenanzeigen, in: Kostenrechnungspraxis, 42. Jg., S. 227-233.

Weber, J. / Schäffer, U. (1998b): Balanced Scorecard, Band 8 der Reihe Advanced Controlling, Vallendar 1998.

Weber, J. / Schäffer, U. (1998c): Balanced Scorecard – Gedanken zur Einordnung des Konzepts in das bisherige Controlling-Instrumentarium, WHU-Forschungspapier Nr. 60, Vallendar 1998.

Weber, J. / Schäffer, U. (1998d): Sicherstellung der Rationalität von Führung als Controlleraufgabe?, WHU-Forschungspapier Nr. 49, Vallendar 1998.

Weber, J. / Schäffer, U. (1998e): Sicherstellung einer angemessenen Rationalität der Führung als Funktion des Controlling, WHU-Forschungspapier Nr. 48, Vallendar 1998.

Weber, J. / Schäffer, U. (1998f): Sicherung der Rationalität in der Willensbildung durch die Nutzung des fruchtbaren Spannungsverhältnisses von Reflexion und Intuition, WHU-Forschungspapier Nr. 51, Vallendar 1998.

Weber, J. / Weißenberger, B.E. (1997): Relative Einzelkosten- und Deckungsbeitragsrechnung: a critical evaluation of Riebel's approach, in: Management Accounting Research, Vol. 8, S. 277-298.

Weber, J. / Weißenberger, B.E. (1998): Finanzorientiertes Controlling, Band 6 der Reihe Advanced Controlling, Vallendar 1998.

Weber, J. / Weißenberger, B.E. / Aust, R. (1997a): Benchmarking im Controllerbereich, in: Gesellschaft für Planung - AGPLAN e.V. (Hrsg.): agplan-Handbuch zur Unternehmensplanung, Loseblattsammlung, 49. Ergänzungslieferung X/1997, Fach 5397, Berlin: Erich Schmidt 1997, S. 1-36.

Weber, J. / Weißenberger, B.E. / Aust, R. (1997b): Benchmarking von Kostenrechnungsprozessen: Ansatzpunkte für eine wirtschaftlichere Leistungserbringung, in: Kostenrechnungspraxis, 41. Jg., S. 27-33.

Weber, J. / Weißenberger, B.E. / Aust, R. (1998): Benchmarking des Controllerbereichs – Ein Erfahrungsbericht, in: Betriebswirtschaftliche Forschung und Praxis, 50. Jg., Heft 4, S. 381-401.

Weber, J. / Wertz, B. (1999): Benchmarking Excellence, Band 10 der Reihe Advanced Controlling, Vallendar 1999.

Weilenmann, P. (1992): Management Accounting und neue Technologien, in: Männel, W. (Hrsg.): Handbuch Kostenrechnung, Wiesbaden: Gabler 1992, S. 799-809.

Weiss, C.H. (1981): Measuring the Use of Evaluation, in: Ciarlo, J.A. (Ed.): Utilizing Evaluation: Concepts and Measurement Techniques, Beverly Hills, CA: Sage Publications Inc. 1981, S. 17-33.

Weiss, D.J. (1976): Multivariate Procedures, in: Dunnette, M.D. (Ed.): Handbook of Industrial and Organisational Psychology, Chicago, IL: Rand McNally 1976, S. 327-362.

Weißenberger, B.E. (1996): Accounting as a Credence Good: An Attempt to Throw Some Light in the Recent Loss of Relevance of German Management Accounting, WHU-Forschungspapier Nr. 40, Vallendar 1996.

Weißenberger, B.E. (1997): Die Informationsbeziehung zwischen Management und Rechnungswesen: Analyse institutioneller Koordination, Wiesbaden: Gabler 1997.

Weißenberger, B.E. (1998): Zur Bedeutung von Vertrauensstrategien für den Aufbau und den Erhalt von Kundenbindung im Konsumgüterbereich, in: Zeitschrift für betriebswirtschaftliche Forschung, 50. Jg., S. 614-640.

Welge, M.K. (1985): Unternehmensführung, Band 1: Planung, Stuttgart: Poeschel 1985.

Welge, M.K. (1987): Unternehmensführung, Band 2: Organisation, Stuttgart: Poeschel 1987.

Welge, M.K. (1988): Unternehmensführung, Band 3: Controlling, Stuttgart: Poeschel 1988.

Welge, M.K. / Al-Laham, A. (1992): Planung: Prozesse - Strategien - Maßnahmen, Wiesbaden: Gabler 1992.

Welge, M.K. / Amshoff, B. (1997): Neuorientierung der Kostenrechnung zur Unterstützung der strategischen Planung, in: Franz, K.-P. / Kajüter, P. (Hrsg.): Kostenmanagement - Wettbewerbsvorteile durch systematische Kostensteuerung, Stuttgart: Schäffer-Poeschel 1997, S. 59-80.

Werhahn, P.H. (1989): Menschenbild, Gesellschaftbild und Wissenschaftsbegriff in der neueren Betriebswirtschaftslehre: Faktortheoretischer Ansatz, entscheidungsorientierter Ansatz und Systemansatz im Vergleich, 2. Auflage, Bern: Haupt 1989.

Wermeyer, F. (1994): Marketing und Produktion – Schnittstellenmanagement aus unternehmensstrategischer Sicht, Wiesbaden: Gabler 1994.

Werner, H. (1997): Relationales Beschaffungsverhalten: Ausprägungen und Determinanten, Wiesbaden: Gabler 1997.

Wernerfelt, B. (1984): A Resource-Based View of the Firm, in: Strategic Management Journal, Vol. 5, S. 171-180.

Whitley, E.W. (1985): The case for postal research, in: Journal of the Market Research Society, Vol. 27, No. 1, S. 5-13.

Wild, J. (1970a): Informationskostenrechnung auf der Grundlage informationeller Input-, Output- und Prozeßanalysen, in: Zeitschrift für betriebswirtschaftliche Forschung, 22. Jg., S. 218-240.

Wild, J. (1970b): Input-, Output- und Prozeßanalyse von Informationssystemen, in: Zeitschrift für betriebswirtschaftliche Forschung, 22. Jg., S. 50-72.

Wild, J. (1971): Zur Problematik der Nutzenbewertung von Informationen, in: Zeitschrift für Betriebswirtschaft, 41. Jg., S. 315-334.

Wild, J. (1974): Betriebswirtschaftliche Führungslehre und Führungsmodelle, in: Wild, J. (Hrsg.): Unternehmensführung. Festschrift für Erich Kosiol zu seinem 75. Geburtstag, Berlin: Duncker & Humblot 1974, S. 141-179.

Witte, E. (1972): Das Informations-Verhalten in Entscheidungs-Prozessen, in: Witte, E. (Hrsg.): Das Informationsverhalten in Entscheidungsprozessen, Tübingen: J.C.B. Mohr (Paul Siebeck) 1972, S. 1-81.

Witte, E. (1981a) (Hrsg.): Der praktische Nutzen empirischer Forschung, Tübingen: J.C.B. Mohr (Paul Siebeck) 1981.

Witte, E. (1981b): Nutzungsanspruch und Nutzungsvielfalt, in: Witte, E. (Hrsg.): Der praktische Nutzen der empirischen Forschung, Tübingen: J.C.B. Mohr (Paul Siebeck) 1981, S. 13-40.

Witte, E. (1984): Informationsverhalten, in: Grochla, E. / Wittmann, W. (Hrsg.): Handwörterbuch der Betriebswirtschaft, 4. Auflage, Stuttgart: Poeschel 1984, Sp. 1915-1924.

Witte, E. / Grün, O. / Bronner, R. (1975): Pluralismus in der betriebswirtschaftlichen Forschung, in: Zeitschrift für betriebswirtschaftliche Forschung, 27. Jg., S. 796-800.

Wöhe, G. (1990): Einführung in die Allgemeine Betriebswirtschaftslehre, 17. Auflage, München: Vahlen 1990.

Wonnacott, T.H. / Wonnacott, R.J. (1990): Introductory Statistics, 5th edition, New York: John Wiley & Sons 1990.

Woodroof, J.B. / Kasper, G.M. (1998): A Conceptual Development of Process and Outcome User Satisfaction, in: Information Resources Management Journal, Vol. 11, No. 2, S. 37-43.

Woodward, J. (1958): Management and Technology, London: Her Majesty's Stationery Office 1958.

Yoshikawa, T. / Innes, J. / Mitchell, F. (1989): Japanese Management Accounting: A Comparative Survey, in: Management Accounting, November 1989, S. 20-23.

Zangemeister, C. (1972): Systemtechnik – eine Methodik zru zweckmäßigen Gestaltung komplexer Systeme, in: Bleicher, K. (Hrsg.): Organisation als System, Wiesbaden: Gabler 1972, S. 199-214.

Zedeck, S. (1971): Problems with the Use of "Moderator" Variables, in: Psychological Bulletin, Vol. 76, No. 4, S. 295-310.

Zeithaml, V.A. / Parasuraman, A. / Berry, L.L. (1985): Problems and Strategies in Services Marketing, in: Journal of Marketing, Vol. 49, Spring, S. 33-46.

Ziegler, H. (1994): Neuorientierung des internen Rechnungswesens für das Unternehmenscontrolling im Hause Siemens, in: Zeitschrift für betriebswirtschaftliche Forschung, 46. Jg., S. 175-188.

Zinkhan, G.M. / Joachimsthaler, E.A. / Kinnear, T.C. (1987): Individual Differences and Marketing Decision Support System Usage and Satisfaction, in: Journal of Marketing Research, Vol. 24, May, S. 208-214.

Zmud, R.W. (1978): An Empirical Investigation of the Dimensionality of the Concept of Information, in: Decision Sciences, Vol. 9, S. 187-195.

Zmud, R.W. (1979): Individual Differences and MIS Success. A Review of the Empirical Literature, in: Management Science, Vol. 25, No. 10, S. 966-979.

GPSR Compliance

The European Union's (EU) General Product Safety Regulation (GPSR) is a set of rules that requires consumer products to be safe and our obligations to ensure this.

If you have any concerns about our products, you can contact us on ProductSafety@springernature.com

In case Publisher is established outside the EU, the EU authorized representative is:

Springer Nature Customer Service Center GmbH
Europaplatz 3
69115 Heidelberg, Germany

Batch number: 10815964

Printed by Printforce, the Netherlands